ALLÔ... MOI?
ICI LES AUTRES

ONT COORDONNÉ LA RECHERCHE :

Pour la SIRIC : Marcel Cornelis
Isabelle Marchant
Walter Poppe
Gérard Szymanski

Pour la SIRIM : Blandine Hamon
Bernard Lamaze
Benoît Lesage, médecins

DACTYLOGRAPHIE DU MANUSCRIT :

Françoise Le Quillec

SIRIC

**Société Internationale de Recherche Interdisciplinaire
sur la Communication**

ALLÔ... MOI?
ICI LES AUTRES

**La vie quotidienne
vue à la lumière
du fonctionnement
du cerveau**

Empirika/Boréal Express

Données de catalogage avant publication (Canada)
Vedette principale au titre

Allô... moi? Ici les autres, ou, Quand il s'agit de se comprendre

(La Vie quotidienne vue à la lumière du fonctionnement du cerveau)

2-89052-144-3

1. Communication interpersonnelle. 2. Communication — Aspect psychologique. 3. Communication — Aspect social. I. Société internationale de recherche interdisciplinaire sur la communication. II. Titre: Quand il s'agit de se comprendre. III. Collection.

BF637C45A46 1985   153.6   C85-094217-9

Diffusion pour le Québec:
Dimédia, 539, boul. Lebeau,
Saint-Laurent, Québec

©Éditions Empirika 1984
ISBN 2-903972-04-4

©pour le Canada,
Les Éditions du Boréal Express
5450, ch. de la Côte-des-Neiges,
bureau 212, Montréal, H3T 1Y6
ISBN 2-89052-144-3

Dépôt légal: 4e trimestre 1985
Bibliothèque nationale du Québec

Genèse de cette recherche

Les auteurs de cet ouvrage, réunis au sein de la SIRIC *et de la* SIRIM, *exercent des professions très différentes. Comme tout le monde, ils sont affrontés dans leur vie quotidienne à toutes sortes de difficultés, d'ordre personnel : vie de couple, éducation des enfants, vie associative, rapports avec les collaborateurs au travail, etc.*

C'est sur ces préoccupations centrales pour chacun que nous faisons porter notre recherche. La formule est originale : profitant des compétences diverses des uns et des autres, nous étudions ces questions de la vie quotidienne sous un éclairage interdisciplinaire, afin d'y apporter des solutions pratiques, réfléchies largement et culturellement argumentées. Une telle collaboration entre scientifiques et littéraires, travailleurs sociaux et ingénieurs, psychologues et médecins, paramédicaux, enseignants, chercheurs et employés de la base n'est pas chose facile. Il nous a fallu, plusieurs années durant, élaborer une méthode de travail qui rende la recherche à la fois possible et efficace. Cette méthode, dûment éprouvée, fut publiée dans la première partie de l'ouvrage Communication ou Manipulation.

Bien sûr, à l'occasion de nos réunions de travail, nous nous sommes heurtés à l'inévitable : certains restaient instinctivement en retrait, tandis que d'autres occupaient tout naturellement l'avant-scène, l'un pensait qu'il n'avait rien à apporter, un autre avait de l'assurance à revendre, un autre encore n'arrivait jamais à tirer de conclusions. Or, ces attitudes de réserve, d'inhibition, d'assurance ou d'indécision étaient sans aucun rapport avec le niveau de leurs diplômes, la richesse de leurs expériences, la qualité de leur réflexion. A la suite de cette première prise de conscience, et pour y apporter une solution adéquate, les uns et les autres, souvent à l'aide de leur conjoint ou de leurs proches, se sont rendu compte que dans divers secteurs de leur vie, ils adoptaient grosso modo les mêmes attitudes, et pas toujours à bon escient. Le plus souvent inconscientes, ces conduites semblaient répondre à des automatismes.

Nous avons cherché à comprendre sur quoi repose cette tendance de chacun à retomber infailliblement dans les mêmes ornières malgré des trésors de bonne volonté. Nous avons alors trouvé un éclairage fort intéressant dans les travaux menés par le psychiatre américain Théodore Millon (1) sur les divers profils de personnalité. Son étude repose essentiellement sur l'observation, et c'est en cela qu'elle nous intéressait au premier chef.

A priori chacun est plus ou moins persuadé que les autres fonctionnent comme lui. Nous présentons bien quelques différences de détail, on peut être plus ou moins vif d'esprit, plus ou moins émotif, plus ou moins impulsif, mais au fond, nous croyons partager à peu près les mêmes catégories mentales. Eh bien non, selon Millon, les individus se regroupent dans plusieurs grandes familles de sensibilité différente. D'un type de comportement à l'autre, les façons de voir le monde, de se voir soi-même et d'envisager les rapports avec les autres, divergent fondamentalement. Nous avons essayé de voir si, dans notre champ d'observation, nous retrouvions des familles d'individus qui soient aussi nettement typées. Ce fut le cas. Nous avons pu toucher du doigt qu'au sein d'un même type de comportement, les uns et les autres perçoivent les choses de la même façon, éprouvent les mêmes émotions, font appel aux mêmes subterfuges, souffrent des mêmes inhibitions, ou se sentent propulsés par les mêmes élans assurés... et aveugles. Chacun a son histoire, qui ne ressemble à aucune autre, c'est certain, et pourtant, il faut bien se rendre à l'évidence : il existe des familles de comportement qui rassemblent des individus étonnamment semblables quant à leur mode de fonctionnement. Au sein d'un même type, la compréhension mutuelle est aisée. On retrouve une même tournure d'esprit, une même façon d'agir et de réfléchir. Il est arrivé plus d'une fois que l'un puisse terminer une phrase commencée par un autre. Mais en même temps, nous avons pu constater que, d'un type de comportement à l'autre, la compréhension est très difficile. On perçoit la réalité sous des angles différents, on ne met pas la même signification derrière les mots. Cette grande disparité entre les différentes perceptions ne facilite pas une étude de ce genre, mais en même temps, elle en constitue la grande richesse, car elle garantit une objectivité la plus satisfaisante qui soit pour traiter d'une matière où chacun, malgré toute sa bonne volonté et son honnêteté, ne peut éviter de s'impliquer.

Cette recherche fut longue et laborieuse, elle a demandé près de cinq années. Elle s'appuie sur de nombreuses observations, mais aussi sur les données fondamentales les plus récentes de la neurophysiologie et de la neuropsychologie. Parallèlement, nous avons étudié nombre d'ouvrages sur les phénomènes hypnotiques, notamment ceux de Chertok, Erickson, Dauven. Cet éclairage interdisciplinaire a permis de démonter les mécanismes des divers comportements d'une façon originale, et dans bien des cas, d'expérimenter des solutions à certaines situations bloquées. Une pièce importante est venue compléter notre étude : beaucoup de parents ont collaboré à ces travaux et ils ont pu étendre nos observations à leurs propres enfants. Qu'ont-ils constaté ? Très tôt, vers trois ou quatre ans, on voit se dessiner chez l'enfant l'un de ces grands types de comportement, pas n'importe lequel. Le plus souvent, il s'agit de celui de l'un des parents, ou à l'inverse, d'un comportement parfaitement complémentaire de celui du père ou de la mère. Nous avons pu constater alors — de visu — comment un individu peut être orienté vers l'un ou l'autre de ces types de sensibilité. De plus, lorsque le parent déterminant parvient à modifier tant soit peu sa propre façon de fonctionner, on assiste chez l'enfant à un changement spectaculaire. Lui-même modifie rapidement certains travers qui paraissaient pourtant déjà bien ancrés ; parfois cette évolution a fait suite à une explication verbale, d'autres fois, elle s'est opérée sans qu'un seul mot soit échangé.

Ainsi, cette recherche, au fur et à mesure qu'elle progres

sait, a porté ses fruits. Chacun, accédant peu à peu à une meilleure connaissance de lui-même et des autres, a pu trouver une issue à certaines impasses : ce fut la résolution de difficultés professionnelles graves, et dans bien des cas, le déblocage de situations conjugales jusque-là insolubles. En effet, de quoi souffrent la plupart des couples? D'une méconnaissance mutuelle. Les divers comportements s'emboîtent entre eux, et le choix des conjoints est sur ce point très souvent révélateur. Combien de fois avons-nous fait ce constat : une personne divorce, car la vie à deux devenait impossible, et très curieusement, elle « choisit » quelque temps plus tard, un nouveau conjoint qui ressemble trait pour trait à celui qu'elle vient de quitter en désespoir de cause. N'a-t-elle donc tiré aucune leçon de son échec précédent? Non, car elle ignore comment elle-même fonctionne, comment l'autre fonctionne, et cette double méconnaissance s'appelle communément incompatibilité d'humeur.

Cette recherche a également porté ses fruits sur le plan de la santé, grâce au travail des médecins de la SIRIM. *En effet, ceux-ci ont rassemblé plus de trois cents fiches médicales établies à partir des observations faites sur leurs collaborateurs de la* SIRIC *d'une part, et sur certains de leurs malades intéressés par cette approche d'autre part. Les premières conclusions de ce travail les ont amenés à établir une corrélation entre les situations favorables au déclenchement de la maladie et chacun des types de comportement. Que des gens de même sensibilité soient plus réceptifs à la maladie dans le même type de situation n'était d'ailleurs pas étonnant. Un seul exemple : celui qui a besoin pour son épanouissement personnel d'occuper la première place, sera très tendu et pourra tomber malade s'il se voit contraint de rester toujours en arrière-plan. Alors qu'un autre sera tout à fait satisfait de travailler en second. En revanche, il pourra être tendu jusqu'à l'ulcère s'il est forcé d'occuper un poste à responsabilité. Ainsi, comme nous le disions déjà dans* Alors survient la maladie, *« les mêmes événements suscitent des émotions différentes, ce qui signifie des réactions physiologiques différentes. Or ces réactions, lorsqu'elles sont trop importantes, sont sources de maladies. » Bien sûr, là non plus tout n'est pas résolu comme par miracle. Mais dans ce domaine, comme en tout, chaque petit pas en avant a des conséquences appréciables pour les personnes. Ainsi, certains ont vu disparaître des affections chroniques qu'ils traînaient comme un boulet depuis bien des années. Pour d'autres, une thérapie mieux adaptée est devenue possible. Pour l'ensemble, cette approche de la santé a une valeur préventive, car sachant reconnaître les situations pathogènes pour son type de comportement, chacun peut mieux s'en prémunir.*

Cette recherche n'a pas été entreprise pour la seule satisfaction de connaître, elle ne procède pas non plus d'un goût de l'introspection, souvent déprimante et peu constructive, non, notre seul but fut d'apporter des solutions éprouvées aux difficultés centrales de la vie quotidienne. Quelle conclusion pouvons-nous en tirer à ce jour ? Est-il possible de modifier en profondeur un comportement ? Il paraît juste et prudent de répondre par la négative. Le comportement de chacun de nous est inscrit au plus profond de sa structure psychique, il constitue les bases de sa personnalité. Cependant, au-delà de ce déterminisme, il existe tout de même une certaine marge de liberté, étroite, certes, mais exploitable. En effet, connaître les mécanismes des divers comportements permet d'avoir un certain recul sur soi comme sur les autres, de se désimpliquer plus facilement, de s'ouvrir à des apports extérieurs et à des solutions neuves. Enfin, connaissant la pente naturelle de son comportement, chacun est mieux armé pour éviter — s'il le veut bien — une dégradation qui avec l'âge devient préoccupante pour l'individu lui-même, et pour ses proches.

Nous espérons que le lecteur tirera de ce livre le même profit que les auteurs ont personnellement tiré de cette recherche.

INTRODUCTION

> « L'individu humain, pleinement déterminé par
> l'héritage génétique qu'il a reçu de ses parents, et
> par l'ensemble des circonstances qu'il a subies
> depuis l'âge d'œuf... »
>
> Jean ROSTAND
> (*Les grands courants de la biologie*,
> Gallimard, 1951.)

Le moteur à l'arrière. Certaine jeune fille, comme bien
d'autres de son âge, avait la hantise de ne pas trouver
chaussure à son pied. Or, ce qu'elle craignait lui est arrivé :
passé la trentaine, elle n'est pas mariée... Elle a bien connu
quelques aventures, mais sans lendemain. Tout cela ne l'a
pas empêchée d'organiser sa vie : un emploi stable, un
salaire confortable grâce à l'ancienneté, une bonne entente
avec sa famille, beaucoup d'amis, et une passion pour la
cinémathèque. Bref, tout irait pour le mieux si de temps à
autre, sa hantise du célibat ne prenait soudain des allures de
crise : l'an dernier, en vacances en Yougoslavie, elle a
rencontré un gars du pays, et sans connaître un mot de sa
langue, après l'avoir vu huit jours, elle est revenue chez elle
fermement décidée à retourner là-bas avant un an pour
l'épouser. Une grande passion ? Adieu le beau Yougoslave !
Voilà que ça la reprend : elle a fait la connaissance récemment d'un Viet-Namien qui lui propose le mariage. L'occasion est là, il faut la saisir. Pour l'instant, son ami est
chômeur. Elle mobilise ses collègues pour lui trouver du

travail, n'importe quel travail, vite, car elle veut le présenter à ses parents et il ne faudrait pas qu'ils pensent que ce garçon vit à ses crochets. Ses proches essaient de freiner quelque peu sa précipitation : « Prends ton temps, réfléchis, mieux vaut une célibataire heureuse qu'une épouse éplorée, et puis, n'oublie pas qu'en épousant un Viet-Namien, tu épouses toute une culture qui t'est à peu près inconnue. » Ses amis aussi l'invitent à réfléchir posément : « Avant de passer devant le maire, rencontre donc d'autres Françaises qui ont fait ce genre d'expérience, certaines ont réussi, d'autres ont échoué, essaie de comprendre pourquoi, pour t'engager en connaissance de cause. » Remettre à plus tard ? Laisser passer ce qui est peut-être sa dernière chance ? Pas question. « Vous êtes tous d'affreux racistes. » Voilà, le débat est clos. Les réflexions de bon sens de ses proches se heurtent à une décision déjà bien arrêtée. Elle s'estime trahie par sa famille et ses amis. Elle ne les reverra plus. Elle quitte son logement, puis son emploi ; enfin elle cesse de fréquenter pour de bon la cinémathèque et disparaît sans laisser d'adresse. « C'est incroyable » dit-on dans sa famille, « ce garçon a dû l'ensor-celer !... » A moins que ce ne soit elle qui lui ait mis le grappin dessus ! En tout cas, pour que le feu de l'amour se soit embrasé aussi vite en elle, il faut qu'elle ait été bâtie d'un matériau bien inflammable.

Mais qu'est-ce qui fait ainsi courir cette jeune femme ? L'amour ? Apparemment, le mari importe peu, c'est le mariage qu'il lui faut. *Sa motivation n'est pas devant elle, mais derrière :* sa fuite en avant ne trouve pas ses fondements dans la rencontre amoureuse du jour, mais dans un postulat qu'elle porte en elle de longue date : je-dois-me-marier. Aurait-elle en tête une de ces petites philosophies de la vie, un de ces slogans à bon marché qu'on reçoit avec le lait maternel et qu'on ne songe jamais à remettre en cause, quelque chose du genre : « Rester vieille fille, c'est rater sa vie » ou « Une femme qui couche sans être mariée est une putain » ou encore « Une femme n'est vraiment une femme que lorsqu'elle a un enfant », ou d'autres sentences imbéciles de cet acabit, qui ont fait le malheur de bien des généra-tions ? Serait-elle de ces gens qui par tempérament ne supportent pas de vivre seuls ? Qui ont besoin de compagnie comme le poisson a besoin d'eau ? Poussés par cette nécessité impérieuse, ils sont capables de s'embarquer dans n'importe quelle galère, pourvu qu'il y ait du monde à bord... Quoi qu'il en soit, qu'elle soit aujourd'hui heureuse ou non, son attitude relève de l'obéissance aveugle et irréfléchie à une motivation puissante qu'elle porte en elle, que d'autres lui ont communiquée autrefois, et qu'elle n'a jamais eu l'occasion de critiquer sainement.

Les connaissances accumulées aujourd'hui par la neurophysiologie sur le fonctionnement du cerveau, sa structure, son développement, sont de nature à nous enlever bien des illusions quant à notre liberté de pensée et d'action. Nous croyons avancer dans la vie avec la sagesse d'un automobiliste qui observe la route devant lui, et ajuste sa conduite aux nécessités du moment : il accélère à la vue d'une ligne droite, ralentit à l'approche d'un virage, et se range au besoin pour laisser passer un autre véhicule.

Erreur...

Les motivations qui dictent aujourd'hui ma conduite ne se trouvent pas devant moi, mais derrière moi, dans mon passé. Elles sont rarement adaptées aux nécessités du moment. De plus, ce moteur à l'arrière fonctionne selon certains *programmes* que d'autres ont mis en place. C'est ainsi que je suis propulsé aveuglément sur un rail dont la destination échappe à mon contrôle. Quand l'un de ces véhicules-fous rencontre un de ses semblables, il y a de la casse... Voilà à quoi ressemble notre vie sociale. Si chacun connaissait tant soit peu la façon dont il a été programmé, il serait à même de conduire plus sagement, et de se frayer un chemin dans les embouteillages de la vie en limitant les collisions.

Nous avons consacré le premier chapitre de ce livre au développement et à la maturation du cerveau de l'homme, à partir des données de la neuropsychologie. Cette fiche purement technique, à l'écart de toute considération morale ou philosophique, permet de comprendre comment se sont mis en place les automatismes qui régissent l'essentiel de notre comportement dans les décisions graves comme dans le quotidien. Connaître sa difficulté, c'est déjà avoir barre sur elle.

Eternel recommencement. « Mes parents étaient des gens en or. Ils appartenaient l'un et l'autre à des familles autoritaires, à tel point que pour se marier, ils ont dû s'enfuir de chez eux sans le sou, ce qui leur a valu quelques années difficiles. Pour avoir eux-mêmes souffert de l'autoritarisme, ils m'ont élevée dans un climat tout autre, d'ouverture d'esprit, de libéralisme intelligent. Or curieusement, je me suis mariée avec un homme... autoritaire, et même brutal. Peu à peu j'ai découvert que j'avais affaire à un déséquilibré. J'avais de lui une fille. Pour la soustraire aux violences de son père, j'ai dû prendre la fuite moi aussi, j'ai divorcé. A l'époque, et dans mon milieu, il fallait le faire...

Ma fille, dans ses premières années, a donc connu la souffrance de vivre sous le toit d'un homme autoritaire et brutal. Moralité ? Elle s'est mariée à son tour avec un homme autoritaire et brutal. Elle a eu de lui un enfant, et à son tour, elle a choisi la fuite : elle vient de divorcer.

Comment se fait-il que je n'aie tiré aucun profit de l'expérience de mes parents ? Comment se fait-il que ma fille n'ait tiré aucune leçon de ma propre expérience au point de renouveler les mêmes erreurs que moi ? »

Cet éternel retour des choses, bien connu des services sociaux, a été maintes fois mis en évidence par les statistiques : les enfants de divorcés divorcent plus que d'autres ; les enfants d'alcooliques sont plus que d'autres portés à se mettre à boire, et « les enfants battus grandissent pour battre leurs propres bébés ». (Jogling, 1975 in *Les besoins de l'enfant* — Pringle, p. 85.)

Nous sommes capables, contre toute raison, contre nos intérêts, de reproduire fidèlement d'âge en âge les mêmes errements A quelles impulsions inconscientes obéissons-nous pour tisser ainsi notre propre malheur et celui de nos proches avec une imperturbable bonne volonté ? Nous aborderons ce phénomène de façon large tout au long de ce livre, en apportant les solutions que l'un ou l'autre a trouvées pour échapper à cette fatalité.

Un cadre malade d'un ulcère. « J'occupe depuis trois ans un poste d'adjoint. Entre mon chef et moi, ça grince... Ça

grince tellement que je songe sérieusement à me faire muter
dans un autre service. Récemment, je dépose une demande
de congé sur son bureau. Il me répond qu'il y réfléchira. Les
jours passent, sa réponse ne vient pas. En attendant, il faut
que je m'organise, que je fasse mes réservations. Un matin je
reviens à la charge : visiblement contrarié, il me répond tout
de même : « Vous avez mon accord de principe. » A la
bonne heure ! Le lendemain, je lui donne donc le formulaire
officiel à signer, mais cette fois, machine arrière : il a de
nouveau besoin d'y réfléchir. Est-ce qu'il le fait exprès ?
Qu'est-ce qu'il faut faire ? Se fâcher ? Eclater de rire ?
Insister poliment ? Attendre patiemment ? Je ne sais plus par
quel bout le prendre. Son indécision permanente me porte
sur les nerfs, et je crois bien que c'est à lui que je dois mon
ulcère d'estomac. »

Comment faire pour entretenir des relations normales
avec un individu dont on ne comprend pas les réactions, mais
qu'on est bien obligé de fréquenter ?

Suis-je donc aveugle ? « Je faisais partie du bureau d'une
association. Je m'entendais très bien avec le président, un
homme dynamique et délicat : visite surprise le matin avec
des croissants, visite surprise le soir avec quelques canettes
de bière. Ma femme ne voyait pas ça d'un très bon œil : « Tu
ne fais plus rien à la maison... » Elle n'a qu'à s'organiser
autrement, j'en fais déjà bien assez. « Tu n'es jamais
disponible pour les enfants... » Ils sont assez grands pour se
débrouiller seuls, moi à leur âge... C'est vrai que cette
association me prenait beaucoup de temps, mais je m'y
plaisais, et puis, j'en tirais aussi des avantages : par exemple,
j'avais un dossier à déposer à la préfecture, je l'ai confié à
mon copain le président. Il est connu dans cette maison
comme le loup blanc, et il m'a promis de le remettre en mains
propres au directeur du service compétent pour que j'obtienne ma réponse dans les plus brefs délais. J'étais bien
naïf... Les jours ont passé, et je n'ai reçu aucune nouvelle de
mon dossier. Puis ce fut le scandale : on a découvert un
détournement de fonds dans l'association, et le coupable,
c'était le président. Dans un premier temps, j'ai eu tout le
mal du monde à y croire... Puis, dans un second temps, j'ai

eu tout le mal du monde à m'en dépêtrer ! Alors qu'on venait
de le prendre la main dans le sac, ce monsieur s'est montré
menaçant : il m'a dit sans sourciller qu'il n'avait toujours pas
transmis mon dossier, qu'il refusait de me le rendre, et
ajouta : « Un mot de moi à la préfecture, et toutes tes
démarches sont bloquées. » Tant de culot me laisse abasourdi. Il a fallu en arriver là pour que je commence à
comprendre enfin qu'en réalité, c'est moi qui portais à bout
de bras l'association, tandis que lui brassait essentiellement
de l'air. Je n'arrive toujours pas à imaginer comment ce
monsieur peut avoir un pareil toupet ; mais d'autre part, je
n'arrive pas non plus à comprendre comment je peux me
laisser aveugler de la sorte. Ce n'est pas la première fois que
je me fais berner par un profiteur, ni la dernière, certainement ; de la même façon que je n'ai pas vu venir celui-là, je
n'ai aucune chance de voir venir le prochain. »

Dans cet ouvrage, de nombreuses personnes, de comportements différents, ont accepté d'une part d'en démonter les
mécanismes, et d'autre part de mettre en commun leurs
découvertes. Cette somme d'observations qui montrent
comment chaque comportement fonctionne et comment ils
s'emboîtent les uns dans les autres, répond aux questions que
cet homme se pose comme tout un chacun à propos de la
faune humaine dans laquelle nous évoluons quotidiennement, parfois — il faut bien le dire — à nos risques et périls...
Il est clair que chacun est prisonnier d'une série d'automatismes qui déterminent sa façon de voir les choses, d'agir et
de réagir, et pas seulement lors des grands virages de sa vie,
mais aussi dans le quotidien le plus ordinaire...

Effet de surprise. Le téléphone sonne chez Loïc, un
étudiant. Il décroche :
— Allô ?
— Est-ce que tu peux me passer ton devoir avant ce soir ?
— Allô ? Mais qui est à l'appareil ?
— Je suis bien chez Loïc ?
— Oui, c'est de la part de qui ?
— C'est moi. Je voulais te demander si tu peux me passer
ton devoir parce que...

— Ah, c'est Philippe, je ne t'avais pas reconnu.

— Mais non, c'est Arnaud. Tu sais bien, tu es à côté de moi dans l'amphi. Voilà, le devoir qu'on doit rendre après-demain, tu l'as fini ?

— Non, je pense y travailler encore demain, j'ai quelques points à reprendre.

— Bon, eh bien, il faudrait que tu le finisses avant ce soir, comme ça tu pourras me le prêter. Je passerai le prendre tantôt chez toi, d'accord ?

— Mais je ne sais pas combien de temps il me faudra...

— J'ai fait un rallye moto, et du coup je suis en retard, alors, j'aimerais bien te pomper un peu ! (rire)

— Tu ne manques pas d'air, toi...

— Ecoute (sans rire), sois sympa, il me le faudrait pour ce soir au plus tard, parce que demain, j'ai encore plusieurs bricoles à faire. Alors, ce soir dernier délai, d'accord ?

— Euh... Je veux bien essayer, mais je ne peux pas te promettre...

— Bon, O.K., je passe chez toi en fin d'après-midi. Disons à six heures. Allez, je compte sur toi. Salut !

Et il raccroche.

Est-ce que ce garçon se rend compte qu'il agit comme un goujat ? Est-ce qu'il se rend compte qu'il dérange ? Apparemment non. Ce genre de question n'a pas l'air de l'effleurer. L'univers s'organise autour de sa personne. Parce qu'il a besoin d'un service, Loïc commence à exister pour lui, après quoi, il disparaîtra de nouveau dans le néant. On dirait un spirite qui évoque les esprits, les fait surgir à sa convenance, puis les renvoie au royaume des ombres.

L'attitude de Loïc est-elle plus adaptée ? Il laisse parler l'envahisseur, il écoute sans bondir des propositions tout à fait cavalières. Que va-t-il faire maintenant ? Terminer le devoir toutes affaires cessantes ? S'arranger pour être absent de chez lui ce soir ? Ou bien aura-t-il le ressort de faire valoir fermement sa façon de penser ? Pas sûr...

Et voilà comment quotidiennement, l'inadaptation des uns s'emboîte à merveille dans celle des autres !

Nous vivons les uns à côté des autres, nous croyons nous comprendre, parce que nous parlons la même langue... Or chacun de nous vit dans sa sphère, et lorsque nous croyons dialoguer, ce n'est souvent que la juxtaposition de deux monologues...

L'autre est un étranger. Ce qui m'apparaît essentiel est pour lui byzantin, accessoire, et ce qu'il considère comme primordial me semble dénué d'intérêt.

Celui-ci s'engage sur le terrain de la rivalité, perdant de vue l'objet de la discussion. Où s'en va-t-il comme ça? Qu'est-ce qu'il défend?

Celui-ci sait ce qu'il veut, mais curieusement, il ne semble pas entendre les avis et mises en garde des autres. Pourquoi cet entêtement? Qu'est-ce qui le fait courir comme ça, tête baissée?

Tel autre est toujours d'accord avec le dernier qui a parlé, on ne peut pas compter sur lui. Pourtant il n'est pas bête. Alors?

Celui-ci a l'air de bouder, qu'est-ce qu'il a? Tiens, il devient tout à coup affable avec un nouveau venu. Comprenne qui pourra.

Celui-là commence plein de choses, et ne finit rien. Dommage, mais il ne faut pas le lui dire, parce qu'il se vexe.

Celui-là ne dit rien, il s'efface toujours. Pourtant, il a plein de choses intéressantes à communiquer, mais comment le mettre à l'aise?...

Celui-ci voudrait à tout prix communiquer. Mais, pour l'instant, je n'ai rien à dire, moi...

Ces mondes étrangers les uns aux autres ne se contentent pas de s'ignorer, ils se heurtent, ils se blessent. Dès que tous ces gens commencent à s'impliquer tant soit peu dans ce qu'ils font, ça se gâte! Le dialogue de sourds s'installe pour de bon, et l'agitation générale semble inversement proportionnelle à la capacité de régler les problèmes simplement, d'homme à homme... Ce n'est pas tout! Non seulement nous adoptons toutes sortes de conduites indéchiffrables pour notre entourage, mais en plus, ces attitudes sont bien souvent inadaptées aux événements. Car sans même le vouloir, nous avons tendance à apporter *toujours le même type de réponses aux circonstances les plus diverses* de la vie. Ainsi, qu'il s'agisse de réclamer une augmentation, de consulter le médecin, de réprimander les enfants ou de contracter une assurance, l'un se montrera dans tous les cas plutôt affable, et l'autre plutôt méfiant. L'un aura tendance à se soumettre tandis que l'autre cherchera à l'emporter. Le plus fort c'est que nous ne sommes même pas conscients de ces inadaptations. Aucun espoir dès lors de se dégager un tant soit peu de ses automatismes.

Or, au fil des années apparaît un autre phénomène inquiétant. L'inadaptation qui jusque-là ne portait pas trop à conséquence commence à s'accentuer. Et l'on assiste à un durcissement. On considère souvent la jeunesse comme une sorte d'âge d'or où l'homme est capable de créativité. En effet, s'il dispose d'une certaine liberté et s'il peut se frotter à d'autres milieux, le jeune ouvre son esprit et développe des activités bien à lui. Il trouve' là, à sa manière, un certain épanouissement. C'est aussi l'époque où on se fait des amis et où on commence une vie de couple. Chacun pense s'engager dans un avenir prometteur et réaliser quelque chose d'inédit. Douce illusion ! Car dans un deuxième temps les traits de caractère se durcissent. Ce qui au temps de l'adolescence a été construit dans l'enthousiasme s'étiole chez un bon nombre et s'anéantit progressivement. La vie se rétrécit, la personnalité devient plus étriquée. Les nécessités de la vie professionnelle et les contingences de la vie familiale n'expliquent pas à elles seules ce revirement. C'est que pour certains, cette époque correspond à l'apparition d'un phénomène inquiétant : la *reproduction d'un modèle* qui pourtant dans le passé ne suscitait pas nécessairement admiration ni enthousiasme. Un homme, assez clairvoyant sur ses proches, décrit ce phénomène : « Ma sœur, pendant son adolescence, bien plus que ses frères et sœurs faisait figure de contestataire. Elle affirmait des idées et des goûts différents. Face à ces manifestations choquantes pour notre milieu rigide, ma mère a réagi en disant : « Fais ta crise, elle ne m'inquiète pas. Fais tes expériences, ça te passera ! » Effectivement ma sœur qui est aujourd'hui mariée et mère de famille a complètement abandonné ses prises de position et son style de vie d'antan. Elle reproduit aujourd'hui sa mère avec une fidélité qui me laisse rêveur. A-t-elle changé d'avis ? Je suis porté à croire que ce revirement s'est opéré sans même qu'elle s'en rende compte. Le plus grave c'est que son mari qui l'a connue toute différente pendant leurs premières années de mariage, ne s'y retrouve plus aujourd'hui. Alors il cède devant l'inévitable et s'éteint progressivement. C'est un petit vieux avant l'âge. » A la question, « Vous semble-t-il souhaitable que votre sœur prenne conscience de cette reproduction et cherche à changer ? », il répond : « Oui, car le bonheur et l'équilibre de son couple en dépendent. Puis, si elle-même aujourd'hui, à trente ans, adopte les attitudes d'une femme qui a vingt-cinq ans de plus qu'elle, cette pente me paraît dangereuse. »

Effectivement, elle l'est : certes, la reproduction n'est pas le fait de tous les individus, mais ce qui est sûr pour le grand nombre, c'est que ces automatismes de comportements s'accentuent de plus en plus avec l'âge. Peut-on avoir prise sur ce genre de dérive ?

Cet ouvrage, relatant de longues et larges recherches, tente d'y répondre à la lumière d'expériences réussies.

PREMIÈRE PARTIE

BASES DU COMPORTEMENT

CHAPITRE 1

LE DÉVELOPPEMENT
DU CERVEAU DE L'ENFANT

Pour comprendre le comportement de l'individu, il est nécessaire de s'intéresser à l'organe essentiel de sa relation avec l'environnement : le cerveau (1). Grâce à la mémoire, le passé de chacun ne cesse d'influer sur ses attitudes quotidiennes, de façon consciente ou non. Chacun de nous est déterminé par son histoire.

Les premières années de la vie constituent véritablement une étape d'imprégnation, décisive. Pendant cette période, l'enfant apprend les conduites qui lui permettront plus tard d'évoluer de façon autonome au sein de son environnement et parmi ses congénères. De la qualité et de la multiplicité de ces expériences, dépendra sa capacité d'adaptation face aux événements, mais aussi dans ses relations avec les autres.

Le comportement d'un individu est donc grandement déterminé, orienté, limité, par l'environnement matériel et humain dans lequel il a grandi.

Pendant les neuf mois de gestation, l'enfant fabrique en moyenne 250 000 neurones par minute. Il dispose donc à la naissance de quelques milliers de milliards de neurones. Ce gigantesque câblage n'est pas définitivement structuré, loin s'en faut. Le cerveau d'un nouveau-né ressemble à un ordinateur dont les mémoires, bien que déjà mises en place et prêtes à fonctionner, n'auraient reçu encore aucun programme. D'innombrables combinaisons sont possibles, et avant d'être définitives, elles seront longtemps remaniables. Ainsi le cerveau du nouveau-né apparaît comme immature et plastique. Ces deux propriétés lui assurent une potentialité énorme d'adaptation et d'apprentissage. C'est grâce à cette plasticité que l'enfant apprendra à connaître le monde, que quarante ans plus tard il parlera français, japonais ou russe, qu'il sera philosophe ou mathématicien, athée ou mystique, républicain ou anarchiste...

Cela ne veut pas dire pour autant que l'enfant nouveau-né est une terre totalement vierge. En effet, un certain nombre de facteurs héréditaires préexistent à la naissance. Quelle est leur importance? Le débat sur l'inné et l'acquis divise encore les esprits. Néanmoins l'opinion générale des généticiens s'accorde à donner une place déterminante au milieu de vie : « Ni inné, ni acquis, le comportement résulte d'une interaction entre gènes et milieu (2). »

Dans cet ouvrage, nous ne nous appesantirons pas sur les facteurs innés sur lesquels l'individu n'a aucune prise ; en revanche, nous considérerons l'influence de l'environnement tout au long du développement de l'enfant, car nous avons observé que — dans une certaine mesure — chacun peut avoir prise sur l'un ou l'autre de ses automatismes de comportement, même les plus ancrés : pourvu . qu'il en comprenne la mise en place et les tenants et aboutissants, il aura quelques chances de pouvoir adopter de nouvelles attitudes de son choix.

Avant la naissance

Pour certains auteurs, l'histoire de l'individu s'inscrit dans son cerveau dès la vie intra-utérine. Il est vrai qu'au quatrième mois de grossesse, le fœtus a déjà des yeux, des oreilles, un sens du toucher qui fonctionnent de façon rudimentaire certes, mais suffisante pour lui permettre de capter des variations de luminosité, des sons, et les changements de position de sa mère. Mais surtout, il se pourrait bien que le fœtus participe à la vie émotionnelle de sa mère par l'intermédiaire des hormones qu'elle lui transmet. On sait que toute émotion se traduit physiologiquement par une sécrétion hormonale. L'expérience animale a montré cet échange hormonal entre la mère et le fœtus : « On soumet une rate gestante à des chocs douloureux, répétitifs, sans possibilité pour elle de les éviter. On constate chez les ratons nouveaux-nés des réactions émotionnelles plus vives que chez les rats témoins... Ceci s'expliquerait par le fait que le cerveau du fœtus in-utéro pourrait subir l'empreinte des augmentations brusques de taux sanguins de corticostéroïdes, que la mère présente pendant la portée chaque fois qu'elle a une émotion (3). »

Chez l'homme, le docteur Jean Leboulch avance que « Les découvertes récentes concernant le rôle des médiateurs chimiques sécrétés par l'hypothalamus nous permettent même d'envisager que l'état mental d'une mère nerveuse ou angoissée peut avoir une incidence sur le psychisme futur de l'enfant (4). »

Le docteur Thomas Verny est plus affirmatif : « Il est net que les anxiétés directement liées à l'enfant, à la grossesse, à l'insécurité, aux insuffisances du conjoint ou de la mère ont d'énormes répercussions sur le fœtus. Mais seule l'anxiété intense et durable de la mère peut présenter un danger (...) Ce que l'enfant ne supporte pas, c'est un afflux continuel d'hormones produites par l'anxiété. (...) Ce type d'agression peut aussi régler le thermostat émotionnel de l'enfant à un niveau trop élevé ou dangereux (5). »

Verny rapporte également un certain nombre d'observations de nombreux chercheurs. Elles sont étonnantes, telle la suivante : « Le docteur Paul Bick, un médecin allemand pionnier de l'hypnothérapie, eut récemment à soigner un patient. L'intéressé se plaignait de graves crises d'angoisse accompagnées de bouffées de chaleur. Afin d'en découvrir la source, le Dr Bick mit son patient en état d'hypnose. Celui-ci explora lentement les mois qui avaient précédé sa naissance, se rappelant des incidents précis qu'il racontait d'une voix calme et égale jusqu'au moment où il atteignit le septième mois. Là, soudain, sa voix s'étrangla et il commença à s'affoler. De toute évidence, il était arrivé à l'expérience qui était devenue le prototype de son problème. Il disait avoir terriblement chaud et peur. Pourquoi ? La mère du patient lui apporta la réponse quelques semaines plus tard ; au cours d'un entretien long et pénible avec le médecin, elle avoua avoir essayé d'avorter au septième mois de sa grossesse en prenant des bains chauds. » (p. 74.)

Ainsi, dès sa naissance, le fœtus pourrait bien être déjà porteur d'une histoire déterminante pour son évolution à venir.

DE ZÉRO À DEUX ANS : À LA DÉCOUVERTE DE L'ENVIRONNEMENT

L'enfant nouveau-né dispose d'un plus grand nombre de neurones que l'adulte, mais son cerveau n'est pas encore fonctionnel : il va connaître une longue phase d'ébauche qui ne s'achèvera vraiment que vers l'âge de seize à dix-huit ans, il va se structurer selon un processus très lent qui conduira l'enfant d'une dépendance absolue à une autonomie de plus en plus effective.

— De la naissance à deux mois, le comportement de l'enfant est entièrement organisé par les besoins fondamentaux de base : alimentation et sommeil. A ce stade, c'est le cerveau reptilien, le plus archaïque, qui commande.

— De deux à huit mois, on assiste à l'entrée en fonction du cerveau limbique : ce sont alors les apprentissages de base fondés sur des expériences élémentaires de plaisir et de déplaisir. Parallèlement, les différentes structures du néocortex s'enrichissent à travers les sensations et expériences multiples, et deviennent de plus en plus opérationnelles. Jusque-là, l'enfant vit dans un état de symbiose, de fusion émotionnelle étroite avec sa mère.

— Puis, vers trois ans, il devient capable de décisions personnelles, d'esprit critique, il peut dire « je ». Il se différencie alors tout à fait de son entourage. Il accède à un début d'autonomie. Ses deux hémisphères cérébraux se mettent à fonctionner de façons différenciées.

Ces premières années sont décisives car, pendant cette période de grande dépendance, le cerveau se charge de programmes, d'automatismes qui s'inscrivent de façon définitive, et qui seront à la base de la personnalité future de l'individu.

Cette structuration fondamentale du cerveau, commandée génétiquement, se réalise à la faveur des stimulations de l'environnement, qui est à la fois matériel et humain.

Pour la clarté de l'exposé, nous distinguerons l'environnement matériel de l'environnement humain. Dans la réalité, bien sûr, ils se trouvent dans une relation d'interdépendance étroite : en effet, la qualité de la relation humaine aide l'enfant à s'ouvrir au monde des objets, de même que la découverte du monde des objets va permettre à l'enfant de développer ses échanges avec autrui

L'environnement matériel

La perception. L'enfant nouveau-né, dès les premiers nstants de sa vie post-natale, subit un véritable bombardenent de sensations qu'il intègre très vite. Au bout de quatre ιeures, il est déjà capable de reconnaître l'odeur de sa mère. Rapidement, il parvient à différencier une personne parmi les objets inanimés. Ses premières expériences de perception ont déjà commencé à structurer son cerveau.

L'action. Même s'il y coule des jours heureux en toute quiétude, l'enfant est poussé à quitter son berceau : il a besoin d'explorer. « Les biologistes ont dû reconnaître récemment l'existence d'un instinct élémentaire, la pulsion exploratrice, aussi fondamental et quelquefois même plus puissant que les instincts alimentaire et sexuel. D'innombrables zoologistes, à commencer par Darwin, ont montré que la curiosité est une pulsion innée chez les rats, les oiseaux, les dauphins, les chimpanzés et chez les hommes. C'est la force qui fait courir le rat de laboratoire dans son labyrinthe sans récompense ni punition, et qui le pousse même à traverser des grillages électrifiés. C'est cette même force qui oblige les enfants à casser leurs jouets pour voir ce qu'il y a dedans (6). »

L'enfant bouge, touche, porte à sa bouche, ses actions s'associent à des perceptions et de là naît la connaissance. Marc Jeannerod, dans son ouvrage « Le cerveau machine » rapporte plusieurs expériences qui le démontrent clairement. Il conclut : « Le sujet actif est partie prenante d'une interaction globale avec le monde extérieur où perception, action et de nouveau perception s'enchaînent (7). »

Les émotions. Chaque nouvelle expérience est mémorisée

grâce à l'émotion qu'elle suscite : elle est plaisante ou déplaisante, elle sera donc à renouveler ou non. Ce principe observé depuis longtemps par les psychiatres, a trouvé une validation biologique dans la mise en évidence des systèmes de la récompense et de la punition (8).

Toute expérience agréable stimule le système de la récompense et se trouve mémorisée grâce à lui.

De la même façon, une expérience douloureuse, l'impossibilité de se gratifier, ou la crainte de ne pouvoir le faire, activent le système de la punition, ce qui se traduit physiquement chez l'enfant par des cris, des pleurs et une contraction musculaire générale.

Ainsi, l'enfant fait ses propres expériences sous forme d'essais-erreurs. Au début, il ne peut intégrer que des expériences élémentaires : il met la main sur le feu, ça fait mal, conclusion, il ne le fera plus. Puis, peu à peu, il devient capable de nuancer son jugement : si on lui donne des cubes-gigognes, en les manipulant, après s'être trompé à plusieurs reprises, il découvrira qu'ils s'emboîtent, que les petits entrent dans les grands, et non l'inverse.

L'environnement humain

L'homme est un animal social, il est fait pour vivre avec d'autres, il compte parmi ses besoins primordiaux, celui d'entrer en relation avec ses semblables [1].

1. La relation avec d'autres relève à proprement parler d'un besoin primordial chez l'homme. En effet, un enfant en bas âge privé de façon durable de relation avec son éducateur entre dans un état de carence affective qui aura des répercussions sur sa santé. On observe fréquemment ce phénomène lors de l'hospitalisation prolongée d'enfants en bas âge. Dans un premier temps le nourrisson pleurniche, tente de s'accrocher à toute personne qui passe à proximité. Puis ses pleurs se transforment en gémissements, et progressivement il se replie sur lui-même, refusant tout contact. Son visage devient inexpressif, il perd tous ses acquis. C'est la *dépression anaclitique* qui fait place à *l'hospitalisme* si la carence affective se prolonge plus de cinq mois, les troubles seront alors irréversibles. Chez des enfants qui ont souffert d'hospitalisme, on relève une mortalité de plus de 30 % avant l'âge de deux ans, due à une sensibilité accrue aux maladies ; on observe vers quatre ans de graves retards moteurs, une absence

Habituellement, la première personne avec qui l'enfant entre en relation est sa mère. Puis, un peu plus tard, il découvre son père et tout le cercle de famille. Or ces personnes qui l'entourent ont leurs propres émotions, leur propre affectivité que l'enfant perçoit, et qu'il intègre, qu'il fait siennes, car à ce stade de son développement, il n'est pas encore différencié de son entourage.

Cette véritable imprégnation, par laquelle les autres entrent dans sa structure cérébrale, se fait essentiellement par deux canaux : la communication non verbale et l'imitation.

La communication non verbale

C'est la communication par le corps, les attitudes, les gestes, les mimiques, le regard, le ton de la voix. Autant de signes auxquels l'enfant apprend très vite à donner une signification conforme au code du milieu où il vit.

Au début, le sourire du nouveau-né est un réflexe inné, dépourvu de toute valeur communicative. L'enfant sourit « aux anges » tout simplement parce que son besoin de nourriture a été assouvi. Sa mère le voyant heureux, lui sourit à son tour. Alors l'enfant se met à sourire de nouveau, mais cette fois-ci, c'est en réponse à l'expression du visage qui est penché sur lui. On parle d'un effet-miroir. (Chez des enfants aveugles-nés, le réflexe inné du sourire disparaît au bout de quelques mois faute d'avoir pu trouver un écho.) Ainsi, l'enfant vient de découvrir un mode de communication. « En effet, peu à peu, sa mère n'est plus seulement appréciée à travers l'alimentation, mais aussi pour elle-même. Le plaisir de l'entendre, de la voir, d'être dans ses bras, s'il est né du plaisir de l'alimentation, devient un plaisir en soi (9). »

La période qui s'étend de deux à huit mois est particulièrement importante, car à ce stade, l'enfant se trouve dans un

---

d'autonomie et un grave retard de langage. Chez l'adolescent, on note des séquelles affectives (angoisse d'être abandonné, quête insatiable d'affection), intellectuelles et somatiques. Ces individus se perçoivent sans passé, et l'avenir leur apparaît de ce fait comme très flou.

état de fusion totale avec sa mère. Entre elle et lui, il existe une véritable *symbiose émotionnelle*. Les émotions de l'enfant sont le reflet en miroir de celles de sa mère. La communication entre ces deux êtres prend la forme d'une véritable « contagion émotive » selon le terme de G. Azemar : rapportant l'expérience où des nouveau-nés placés dans l'eau trouvent d'instinct les réflexes de la natation, il constate que « l'anxiété éprouvée par certaines mères transparaît immédiatement chez leur enfant âgé de quelques mois sous les traits d'une hypertonie diffuse, inhibant la motricité. Il suffit alors de ménager une courte distance entre la mère et l'enfant et de modérer les interventions souvent intempestives des adultes, pour voir enfin se manifester une authentique motricité exploratoire (10) ». Ainsi, au départ, ce n'est pas l'enfant qui a peur de l'eau, mais bien sa mère qui a peur pour lui. Il perçoit cette émotion et la fait sienne, moyennant quoi c'est lui qui, pour longtemps peut-être, aura peur de l'eau. Ainsi, l'émotion de sa mère a été déterminante pour le priver d'une de ses capacités innées. On remarque quotidiennement dans les haltes-garderies, qu'un enfant qui vient pour la première fois s'habitue très facilement si sa mère est elle-même détachée ; au contraire, si la mère est anxieusé, l'enfant lui aussi a peur et pleure beaucoup, et le plus souvent c'est en rassurant la mère qu'on arrive à apaiser l'enfant.

Dès qu'il a appris la communication non verbale, l'enfant guette les réactions corporelles de ses proches : un sourire ou un froncement de sourcils l'invitent à continuer son activité ou à la suspendre. On peut ainsi l'encourager à défendre son bien, ou au contraire à se soumettre. Le plus souvent, lorsque les parents communiquent ainsi leurs messages émotionnels, ils le font de façon inconsciente. La communication non verbale véhicule déjà énormément de jugements de valeur implicites. Or, c'est là le seul mode de communication que l'enfant est capable d'utiliser pendant les premières années de sa vie. Il est essentiellement affectif et émotionnel. La réflexion critique n'apparaîtra que bien plus tard, en même temps que le langage verbal, mais alors, l'essentiel des réactions affectives et des réponses émotionnelles sera acquis de façon durable.

Autrement dit, avant de pouvoir réfléchir tant soit peu

sur son environnement, l'enfant aura été obligé de le subir passivement, et d'intégrer profondément dans sa structure cérébrale l'image que ses proches lui en auront communiquée par le biais de leurs propres émotions. Pendant les premières années de sa vie, l'enfant se trouve en communication émotionnelle avec son entourage, pour le meilleur et pour le pire...

L'imitation

L'enfant est porté naturellement à imiter ce qu'il observe. P. Nelson considère cette tendance à l'imitation comme un véritable instinct (11). Or, l'attitude corporelle d'un individu est le reflet de son état émotionnel. En effet, selon le Dr Jean Leboulch, « La seule observation du corps en mouvement met en évidence des maladresses, des gênes, des inhibitions, des raideurs et des crispations de toutes sortes qui ont souvent une valeur révélatrice immédiate des difficultés de relation au monde. (...) Le malaise dans la relation avec autrui se manifeste par le caractère guindé de l'attitude, le manque de naturel, voire même la dysharmonie dans les mouvements. La tension intérieure s'extériorisera par des crispations et des libérations toniques inconscientes. » Ainsi, par l'imitation, « L'enfant va intégrer les attitudes d'autrui, et les ressentir alors littéralement dans son corps, grâce à son propre jeu tonique. Il vivra ainsi réellement corporellement les sentiments d'autrui, qu'ils soient agressifs ou affectueux (12). »

Auprès d'une mère craintive, il adoptera des attitudes de crainte, auprès d'une mère enthousiaste, on le verra se comporter de façon tonique, positive. Puis, peu à peu, il imitera des comportements plus complexes : il se fera câlin avec son ours en peluche comme maman avec lui, ou bien il prendra des airs assurés au milieu des autres comme papa quand on reçoit du monde.

Là encore, les autres pénètrent de façon durable au plus profond de sa structure, déterminant une façon de se comporter que rien ne motive dans son expérience personnelle. C'est ainsi qu'il hérite d'un certain nombre d'attitudes qui sont des réponses... aux problèmes d'un autre !

Une certaine façon de voir le monde

Dès huit mois, l'enfant a déjà intégré une certaine image du monde, colorée positivement ou négativement. Cette coloration est le fruit de sa courte histoire, elle dépend en premier lieu de son intégrité organique. Mieux vaut le rappeler même s'il s'agit d'une évidence, un enfant qui présente des anomalies physiques, ne peut avoir une bonne image du monde : il souffre et ses troubles le perturbent profondément, « surtout si la mère et son environnement ne parviennent pas à trouver des moyens de compensations à sa souffrance et à ses insuffisances (9) ». Mais d'autres facteurs entrent également en jeu. Pour qu'un enfant ait une image positive du monde, il faut aussi que ses besoins fondamentaux aient été satisfaits : s'il a été bien nourri, s'il n'a pas connu de perturbations physiques, violentes et fréquentes : trop de bruits, excès de lumière... S'il a eu son content de stimulations : contacts physiques chaleureux, caresses... Alors, l'enfant a connu un environnement accueillant. *Ce. premières expériences resteront inscrites durablement dans sa mémoire au point de lui donner pour le reste de ses jours un fond confiant. Si au contraire il a fait l'expérience inverse, il gardera à jamais un certain a priori d'inquiétude face au monde qui l'entoure.*

A ces expériences personnelles matérielles et physiques s'ajoutent évidemment l'apprentissage indirect du monde par la communication non verbale et l'imitation. Qu'il le veuille ou non, chaque éducateur transmet à son enfant une certaine vision du monde, la sienne bien souvent.

De cet apprentissage direct et indirect, l'enfant retient que le monde lui est favorable ou non, toute sa vie il en attendra plus ou moins de bonheur, il en redoutera plus ou moins de désagréments.

Au cours de ces deux premières années, le cerveau de l'enfant a commencé à se développer, à se structurer à la faveur des événements. Cette évolution va être marquée maintenant par une étape très importante : *la différenciation des deux hémisphères.*

LA DIFFÉRENCIATION DES DEUX HÉMISPHÈRES

« A sa naissance, l'enfant possède en quelque sorte deux hémisphères droits, il n'a pas encore d'hémisphère verbal. C'est pendant les deux premières années de sa vie que les deux hémisphères se distinguent l'un de l'autre (13). »

Que lui permet jusque-là le fonctionnement sur le mode hémisphère droit ?

— De se situer dans l'espace limité qui l'entoure, de se souvenir des parcours familiers, des visages et des objets qu'il voit quotidiennement (14). Physiologiquement, l'enfant en bas âge n'est pas apte à aborder sans cesse des situations ou des visages nouveaux. Pour s'épanouir, « il a besoin de relations familiales stables, de la sécurité d'un endroit familier et d'une routine connue (15) ».

— D'autre part, il existe dans l'hémisphère droit un système de surveillance de l'environnement qui détecte un peu comme le ferait le balayage d'un radar, toute occasion d'assouvir les besoins fondamentaux, et aussi d'une façon générale, tout ce qui constitue une menace vitale, menace réelle, ou événement perçu comme tel. Cette fonction s'accompagne d'une expression émotionnelle riche : joie, avidité, ou au contraire, anxiété, peur. Par exemple, un petit enfant s'est fait bousculer par un chien : désormais, chaque fois qu'il se trouve en présence de ce genre d'animal, il le repère rapidement (surveillance de l'environnement) et exprime sa peur par des pleurs. Cette réaction émotionnelle est immédiate, instinctive.

— Enfin l'hémisphère droit lui permet d'entrer en relation avec son entourage par la communication non verbale et l'imitation, et d'intégrer par là une certaine façon de voir le monde qui l'entoure, fruit non seulement de son expérience personnelle, mais aussi, profondément déterminée par l'influence de ses proches.

Vers l'âge de deux ans, l'hémisphère gauche va développer un fonctionnement spécifique, tandis que le droit, hémisphère émotionnel par excellence, continuera à assurer l'orientation spatiale, la surveillance de l'environnement, et la communication non verbale (16).

L'entrée en jeu de l'hémisphère gauche

Toujours poussé par son instinct d'explorateur, l'enfant se trouve peu à peu et de plus en plus confronté à des situations que son seul hémisphère droit ne lui permet plus d'aborder de façon satisfaisante. Alors, tout naturellement et progressivement, il sollicite de son hémisphère gauche des possibilités qui jusque-là étaient latentes. Pour serrer son ours en peluche dans ses bras, pas besoin de mouvements fins, l'hémisphère droit, avec ses capacités de se situer dans l'espace, y suffisait ; mais si l'enfant veut maintenant feuilleter les pages d'un livre ou tenir un crayon, il a besoin de son hémisphère gauche qui régit les mouvements fins volontaires.

Jusque-là, l'enfant constamment pris en charge par sa mère n'avait pas la notion de temps. Il confondait hier et demain, avant et après, car l'hémisphère droit est a-temporel. Maintenant qu'il connaît une vie sociale plus large en fréquentant l'école, l'enfant a besoin de s'orienter dans le temps. Le développement fonctionnel de l'hémisphère gauche va lui permettre d'acquérir cette capacité. Peu à peu il parvient à se repérer au cours de la journée, à faire des récits chronologiques. Il apprend les jours de la semaine puis l'heure. Lui qui vivait jusque-là dans un monde fragmenté, va acquérir le sens de la continuité.

L'entrée en jeu de l'hémisphère gauche se manifeste également par son expression la plus spectaculaire : *l'acquisition du langage*. L'enfant reproduisait déjà dans son babil des phonèmes prononcés par son entourage, il bredouillait « maman », « papa », et quelques autres mots, mais ce langage n'avait pas grande efficacité sur le plan de la communication. Maintenant qu'il découvre les autres, il a besoin de se faire comprendre de plus en plus clairement. C'est ainsi qu'il commence à construire ses premières phrases, il use de ses premiers rudiments de syntaxe.

L'acquisition du langage constitue un pas considérable dans le développement du cerveau de l'enfant. « Etre capable de nommer les choses accroît le pouvoir de l'enfant sur son environnement (15). » Ainsi l'enfant qui parle acquiert très rapidement de nombreux repères qui lui permettent de comprendre ce qui se passe autour de lui : son père n'est pas là ce soir, il peut formuler son inquiétude et par conséquent obtenir une réponse précise : « Papa rentrera après le dîner ! »

L'enfant peut apprendre également avec l'aide de l'adulte à maîtriser ses émotions en les verbalisant : « J'ai peur... Vite, je veux ça... » Grâce aux questions qu'il est capable de formuler, il développe son intelligence : s'il ne parvient pas à terminer son puzzle, plutôt que de se mettre en colère comme autrefois, il demande clairement de l'aide et des explications. C'est à cette période aussi qu'il montre une curiosité débordante, il a toujours un « pourquoi » à la bouche.

Pour F. Dodson, « Cette nouvelle capacité de parler signifie beaucoup pour le développement intellectuel de l'enfant. Il peut maintenant conceptualiser le monde. Il peut raisonner. Il peut projeter un futur proche. Il peut imaginer. Il peut donner libre cours à sa fantaisie (17). »

Le langage est donc bel et bien un outil de réflexion. Mia Kellmer Pringle a noté ce mot d'enfant qui nous le confirme : « Comment puis-je savoir ce que je pense avant d'avoir entendu ce que je dis (15) ? » Elle ajoute : « Le langage est à la pensée ce qu'un catalyseur est à une réaction chimique, il la fait valoir, l'accélère et la facilite. » C'est pourquoi « Le facteur probablement unique, décisif à terme, favorisant le développement intellectuel, est la qualité de l'environnement verbal de l'enfant : non seulement la fréquence avec laquelle on lui parle, mais aussi la pertinence, la clarté et la richesse de la conversation. Le langage aide à apprendre, à raisonner et à penser, mais aussi à créer des liens avec les autres. »

Ainsi le développement fonctionnel de l'hémisphère gauche marque un pas décisif vers l'autonomie de l'enfant qui accède à la créativité, à la réflexion, à l'analyse et au langage (18). Autonomie très relative cependant, puisque l'acquisition du langage fait entrer plus que jamais les autres dans sa structure cérébrale. En effet, le langage est un moyen très riche et sophistiqué d'appréhender le monde, mais ce mode d'appréhension est indirect par excellence. Le langage permet à l'enfant d'élargir considérablement son champ de connaissance. Il lui fait connaître des pays où il n'est jamais allé, des personnes qui ont vécu il y a plusieurs siècles, et toutes sortes de réalités auxquelles il n'a pas d'accès direct. Mais... Traduttore traditore... Traduction trahison, une réalité transmise par un intermédiaire est inévitablement colorée par sa mentalité, ses références socioculturelles. En effet, *chaque mot véhicule deux messages à la fois :* d'une part, il désigne un objet, un fait, c'est la *dénotation,* et d'autre part, il porte en même temps un message implicite, la *connotation,* c'est-à-dire la charge émotionnelle et les sous-entendus dont l'usage a chargé ce mot. Un agent de police n'est pas un flic, M. Ahmed n'est pas le bougnoule-d'à-côté, le rapport sexuel n'est pas le devoir conjugal, etc.

Par le langage verbal, l'individu intègre des siècles de culture et une foule d'automatismes de pensée par où les autres pénètrent en lui. Mais il ne faut pas perdre de vue que parallèlement à cette communication verbale persiste la communication non verbale, toujours aussi déterminante : des sottises proférées avec assurance sont souvent plus écoutées qu'un propos pertinent énoncé avec timidité.

L'éducation des deux hémisphères. C'est une loi quasi générale en biologie qu'un organe ne fonctionne qu'à partir du moment où on le fait fonctionner. Non utilisé il s'atrophie ou se développe peu. Ainsi « Des enfants élevés dans l'isolement et privés de l'environnement habituel de personnes qui parlent, ne parviennent pas à développer un langage articulé (19). » A l'opposé remarque Piaget, « Plus l'enfant voit et entend et plus il veut voir et entendre. »

Ainsi plus les *deux* hémisphères auront été stimulés, et plus l'enfant aura développé ses capacités. Car il n'existe pas un hémisphère noble, le gauche, siège de l'intelligence, et un hémisphère mineur, le droit, siège des émotions, mais bien deux structures complémentaires : « L'hémisphère dominant sera chaque fois celui que sa spécialisation rend le plus apte à régler le problème donné (20). » La vie quotidienne requiert un fonctionnement équilibré des deux hémisphères. Or, l'éducation a tendance à privilégier parfois le fonctionnement de l'un ou l'autre. On voit cette différence se manifester particulièrement dans les relations sociales.

Des éducateurs qui expriment trop rarement leur sentiment à l'égard d'un enfant entravent les fonctions émotionnelles de son hémisphère droit. L'enfant n'apprend pas alors à détecter les émotions d'autrui ni à exprimer les siennes qui seront d'ailleurs relativement pauvres. Cette pauvreté pourra l'handicaper dans ses relations ultérieures.

Si l'on persiste à parler « bébé » à un enfant, si on évite avec lui les conversations sérieuses, on l'empêche alors de développer ses facultés critiques et l'on entrave ainsi certaines fonctions de son hémisphère gauche. Toute sa vie relationnelle future sera teintée d'une recherche d'harmonie émotionnelle qui prendra parfois les allures d'un véritable infantilisme (21).

Selon la façon dont ses deux hémisphères sont stimulés, l'enfant acquiert un mode de perception et d'action particulier dont il subira les conséquences ou tirera avantage sa vie durant.

MOI, LES AUTRES, MA PLACE

A mesure que se développent les fonctions de l'hémisphère gauche, l'enfant change donc son mode de communication... Il se différencie des autres, et affirme cette différence. Il dit « non », il dit « je ». Il prend conscience qu'il est un individu original, indépendant, en droit de faire valoir sa volonté et de refuser celle des autres. Bref, il sort de la fusion.

Cette découverte et cette affirmation de soi ne se font pas du jour au lendemain, mais par un développement progressif des capacités de son hémisphère gauche. Mais lorsque l'enfant commence à s'affirmer, on réagit autour de lui, on apprécie plus ou moins que ce petit s'oppose, on s'en réjouit, on s'en angoisse, ou on s'en fiche... C'est ainsi qu'au moment où il découvre son individualité, l'enfant intègre en même temps les impressions, les émotions, l'opinion que sa personne suscite chez ceux qui l'entourent. « Aucun enfant ne vient au monde avec un concept de soi » dit Dodson, « il l'apprend de son père, de sa mère, et dans une moindre mesure, de ses frères et sœurs (17). »

Et ce concept de soi, qui n'est jamais que l'image que ses proches ont eue de lui, est inconscient, profondément ancré. Il va le renforcer au fil des années.

L'enfant considéré comme le centre de l'univers tend à se comporter partout comme un petit roi. Si son père voit en lui un futur Einstein, un petit Noah, ou plus modestement (voire !) un autre lui-même, cette image marquera l'enfant dans sa vie ultérieure. Au contraire, l'enfant que l'on considère comme une quantité négligeable voire comme une gêne, se fera toujours tout petit parmi les autres.

A ce stade du développement de l'enfant un premier acte vient de se jouer qui est décisif. Certes l'individu a encore de longues années devant lui pour acquérir de nouvelles capacités et une somme importante de connaissances, mais comme l'observation le montre, il semble que désormais les fondements de sa personnalité soient établis.

Avoir sa place

Avant même sa deuxième année, sa perception de l'environnement s'était déjà colorée positivement ou négativement selon que l'environnement matériel et le climat émotionnel entretenu par ses proches lui ont été favorables ou non. Et c'est à partir de cette expérience première que l'individu aura sa vie durant un fond plutôt confiant ou plutôt inquiet face aux événements et face à ses semblables. Puis les années suivantes, l'enfant fait une autre découverte d'importance : il se démarque de sa mère et prend conscience qu'il est individu. La carte mentale qu'il a de lui-même correspond alors elle aussi aux sentiments de ses proches à son égard, sentiments explicitement ou implicitement transmis ; en cette matière les émotions souterraines des parents imprègnent davantage le cerveau de l'enfant que leurs discours les mieux intentionnés.

A la naissance l'enfant portait en lui un besoin fondamental d'entrer en relation avec autrui. Vers trois ans ce besoin primaire a pris une signification personnalisée essentiellement sous l'influence des autres. L'enfant a donc expérimenté que pour sa survie, son confort, sa sécurité et son épanouissement il avait besoin d'occuper parmi les autres *une certaine place* particulière. Dès lors toute sa vie il essaiera plus ou moins consciemment de préserver ou de retrouver cette place, garante de son intégrité biologique.

Désormais l'idée que l'enfant se fait de lui-même, ses schémas d'action et de réaction et sa mémorisation semblent déterminés, orientés.

C'est ainsi que l'enfant-roi a constaté que sa place est au centre, que les autres n'existent guère que pour l'applaudir, pourvoir à ses désirs, et ne présentent pour lui aucun intérêt en dehors de cela. Bien sûr, en grandissant, il s'est frotté à une vie plus complexe, contraignante, qui est venue amender ce schéma simpliste de la petite enfance, mais tout au fond de lui demeure la motivation plus ou moins enfouie de retrouver dès qu'il entre en relation avec d'autres, le type de rapport qui a fait le bonheur de ses premières années. Celui-là est peut-être devenu aujourd'hui ce beau parleur qui rassemble du monde autour de lui, qui fait volontiers exécuter son travail par les autres, qui ne pense jamais à souhaiter l'anniversaire de son conjoint.

L'enfant surprotégé, lui, a enregistré que sa place était de rester petit auprès des grands. Ses éducateurs se sont adressés à lui dans un langage bêtifiant, ils se sont efforcés de tout prévoir, tout vouloir, tout faire à sa place, et surtout ils n'ont pas apprécié qu'il s'oppose. C'est pourquoi à l'âge adulte, cet individu attend toujours que les autres le protègent et l'aiment comme ses parents l'ont fait jadis. Par ailleurs il garde l'impression fortement ancrée d'être démuni devant la vie, incapable de vivre seul. Pour lui, avoir sa place, c'est vivre constamment au milieu des autres, dans une harmonie émotionnelle qui prend parfois les allures d'un véritable infantilisme.

L'enfant que l'on ne désirait pas, qu'on n'a pas accueilli quand il est arrivé parce que ses parents traversaient une période particulièrement difficile, l'enfant qui représentait une gêne pour ses proches, l'enfant dont on s'est occupé très peu ses premières années, à qui on n'a pas donné son comptant d'affection, celui-là, à l'âge adulte, garde le sentiment qu'il dérange, qu'il n'a pas de place parmi les autres. Celui-là craint qu'on ne le rejette à nouveau. Il a le sentiment de n'être pas très important, de ne pas compter : les autres passent avant lui. Le besoin fondamental d'avoir sa place est devenu chez lui : « Avoir quand même une place ! ».

Ainsi chaque individu organise toute sa vie autour de ce besoin fondamental tel qu'il l'a expérimenté pendant les toutes premières années de sa vie.

Nous n'avons pris ici à titre d'exemple que trois cas de figure assez typés. Ils ne représentent pas toutes les sensibilités de comportement que nous avons mises en évidence. La présentation exhaustive de ce travail sera faite ultérieurement, dans la deuxième partie de cet ouvrage.

Il est évident qu'à trois ou quatre ans, le développement de l'enfant est loin d'être achevé. Durant les années suivantes, le style familial de communication et le contenu de l'éducation vont continuer de modeler sa personnalité de façon importante. Cependant, à la lumière de l'observation il semble bien que les bases de son comportement futur soient désormais jetées et qu'*il ne pourra jamais plus foncièrement les modifier.* Pourquoi donc ? Tout d'abord parce qu'il y a fort peu de chances pour que l'attitude de ses éducateurs se modifie radicalement : l'enfant qu'on a été heureux d'accueillir, que l'on a trouvé tellement mignon, continue quand il a trois ou quatre ans, ou plus, à flatter le narcissisme parental : « Moi, mon fils a reçu les félicitations de l'éducatrice car il repère déjà toutes les lettres de l'alphabet ; ça ne m'étonne pas car à dix mois il savait déjà marcher, il a toujours été en avance pour son âge, ce n'est pas comme son cousin... » De tels discours aussi naïfs qu'autosatisfaits traînent fréquemment dans les halls des garderies où les mères viennent attendre leur progéniture. Notons au passage la faute de syntaxe « moi, mon fils » tout à fait révélatrice. D'autres éducateurs qui ont mal supporté l'arrivée du petit continuent les années suivantes à être exaspérés par ce gêneur qui leur coûte cher et les empêche de sortir comme autrefois... Bref, s'il est peu de cas où l'on constate un changement fondamental de l'attitude des parents, c'est qu'ils sont eux aussi à la merci de leurs automatismes de comportement. De son côté, l'enfant a intégré inconsciemment dans sa structure cérébrale l'image que les proches se font de lui. C'est alors que se referme le cercle vicieux : *par son attitude l'enfant induit chez ses pairs et chez les adultes certaines réponses qui vont venir renforcer son propre comportement.*

C'est ainsi que l'enfant-roi conçoit moins que jamais qu'on résiste à ses caprices ; systématiquement il cherche la meilleure place et les autres se retirent devant ce despote en herbe. L'enfant qui dérangeait, lui, ne revendique pas son bien comme le font les garçons et les filles de son âge, il s'efface maintenant de lui-même devant ses compagnons qui naturellement ne vont pas le rechercher. L'enfant surprotégé ne se sent à l'aise qu'auprès de maman. Ses premières semaines à l'école maternelle sont pénibles ; il a bien du mal à quitter la main de la maîtresse pour aller jouer avec les autres dans la cour de récréation trop bruyante et remuante à son goût. Les autres enfants auront tôt fait de repérer ce petit copain qui se conduit encore « comme un vrai bébé ».

L'observation des enfants de cet âge nous invite à penser que dès trois ans environ, le comportement semble déjà marqué dans sa structure cérébrale. Puis durant les périodes suivantes, l'attitude et le discours des parents d'une part, et la propre conduite de l'enfant d'autre part, renforcent son besoin d'occuper une certaine place parmi les autres. Bien sûr, cette sensibilité fondamentale n'empêche pas l'enfant de passer par les différentes étapes de maturation psychologique, minutieusement décrite par les spécialistes de l'enfance ; mais il semble bien qu'au cours de cette maturation, un comportement de base se dessine très tôt.

L'ÉCLAIRAGE DE L'HYPNOSE

« Avec le recul des années, avec ce que j'ai appris de la vie, avec l'expérience des êtres et des choses, mais surtout, grâce à mon métier qui m'a ouvert à l'essentiel de ce que nous savons aujourd'hui de la biologie des comportements, je suis effrayé par les automatismes qu'il est possible de créer à son insu dans le système nerveux d'un enfant. Il lui faudra dans sa vie d'adulte une chance exceptionnelle pour s'échapper de cette prison, s'il y parvient jamais (1). »

Cette réflexion d'Henri Laborit nous laisse peu d'espoir quant à une possibilité d'échapper au déterminisme dans lequel chacun de nous a été conditionné pour toute sa vie. Pourtant, la question reste posée, comment faire pour en sortir ? Le seul moyen est de chercher à comprendre toujours et encore comment ces automatismes se sont mis en place. La description de la maturation du cerveau telle que nous venons de l'aborder nous apprend que l'enfant vit en symbiose affective et communique émotionnellement avec son entourage. Mais elle ne nous renseigne pas sur le *type de relation* qu'il entretient, ni sur le *contenu de cette relation*. Dès lors, il nous faut chercher des éléments de réponse dans d'autres disciplines.

QU'EST-CE QUE L'ENFANCE DE L'HOMME ?

Un état de dépendance par rapport à ses éducateurs dans lequel l'individu ne dispose pas encore de son esprit critique, et à la faveur duquel les éducateurs déterminent sa perception et sa façon de se comporter ultérieurement. On est obligé de rapprocher ce processus de celui de l'hypnose ; en effet, qu'est-ce que l'hypnose ?

Un état de dépendance par rapport à l'hypnotiseur dans lequel l'individu ne dispose pas de son esprit critique, et à la faveur duquel l'hypnotiseur détermine par des suggestions la perception du sujet et sa façon de se comporter ultérieurement.

Le docteur Léon Chertok, psychiatre, s'intéresse depuis longtemps à l'hypnose. Il estime que « L'enjeu en vaut la peine. On ne soupçonne pas toujours que l'hypnose, qui pour certains n'évoque guère que le clinquant du music-hall renvoie à des problèmes qui touchent en fait aux racines de la conscience humaine (2). » Selon le docteur Chertok, la relation entre l'hypnotiseur et l'hypnotisé, entre le psychanalyste et son client, entre les parents et l'enfant, ont des caractéristiques fondamentales communes.

Cette similitude entre l'état d'hypnose et l'enfance mérite qu'on pousse plus avant la comparaison.

Dans une séance d'hypnose, l'opérateur fait en sorte de couper le sujet de son environnement et de le focaliser sur sa personne. Selon Chertok, l'induction (la mise sous hypnose) consiste en une « destructuration progressive des mécanismes régulateurs qui commandent la relation du sujet à l'environnement. Le sujet se trouve peu à peu coupé de toutes les sources d'excitation, à l'exception des stimuli véhiculés par la personne de l'hypnotiseur ». Cette rupture avec le monde extérieur, doublée d'une focalisation sur l'hypnotiseur crée le rapport hypnotique. Pour l'hypnotisé, l'univers se réduit à sa relation exclusive avec l'hypnotiseur. Les sujets d'Erickson, invités à commenter cette phase d'induction, disent qu'ils voient tout s'estomper dans une sorte de brouillard, les seules visions nettes qu'ils gardent à ce moment sont celles d'Erickson lui-même, de sa chaise, du petit bout de plancher qui les sépare de lui et de leur propre corps (3).

Cette relation exclusive, doublée d'une ignorance de l'environnement évoque évidemment la situation matérielle du nouveau-né : avant de commencer sa grande aventure de la découverte du monde, l'enfant ne connaît pour tout univers que la personne qui s'occupe de lui, qui le caresse, qui le nourrit. Il ne perçoit que quelques éléments du décor qui l'entoure : son berceau, le sein ou le biberon, et surtout, il est focalisé sur le visage de cette personne qui préside à sa gratification.

Dans une séance d'hypnose, le sujet abandonne ses défenses entre les mains de l'opérateur. « Il renonce temporairement à ses mécanismes innés d'autoprotection et d'alerte, remettant sa personne et son sentiment de sécurité entre les mains d'un autre. »

La situation matérielle du nouveau-né est précisément la même : il dépend entièrement de sa mère ou de la personne qui s'occupe de lui pour le protéger des dangers de l'environnement.

La relation entre l'hypnotiseur et son sujet relève littéralement de la fusion. Il ne s'agit plus de deux personnes distinctes mais d'une symbiose, d'un seul être, l'hypnotiseur ayant seul l'initiative des événements. « Le patient ainsi hypnotisé reçoit alors les paroles de l'hypnotiseur comme une expression de sa propre personne. La frontière entre l'hypnotiseur et l'hypnotisé est en quelque sorte abolie (4). »

Or l'état de fusion n'est-il pas précisément celui de l'enfant nouveau-né ? Avant de se différencier de son environnement, avant d'acquérir les premiers éléments d'une conscience de soi, l'enfant se fond avec son environnement en général, et avec sa mère en particulier.

L'individu sous hypnose a perdu conscience de lui-même, il a le sentiment de ne faire plus qu'un avec son hypnotiseur. Par la même occasion, il a perdu ses facultés critiques, ses critères de jugement personnel qui vont de pair avec la conscience de soi (5).

Là encore, il se retrouve dans la situation du jeune enfant qui est incapable d'esprit critique et de jugement personnel tant que son cerveau n'a pas atteint un certain stade de maturation.

Lorsqu'une personne se trouve sous hypnose, son hémisphère droit prend une place prépondérante dans l'analyse des situations et les prises de décision.

On a vu que chez l'enfant, l'hémisphère gauche n'acquiert sa spécificité que progressivement vers l'âge de deux ans et demi à trois ans. Jusque-là, son fonctionnement psychique est dominé par celui de l'hémisphère droit : communication émotionnelle prédominante, pas de repérage dans le temps, pas de causalité et donc, pas d'analyse critique possible.

Enfin, plusieurs auteurs, à commencer par Freud lui-même, ont tiré de leurs observations la certitude qu'entre hypnotisé et hypnotiseur, il existe une communication réellement télépathique (6).

De la même façon, de nombreux parents, de nombreuses mères surtout, ont pu faire un jour la même observation : avec leur enfant il leur est arrivé de communiquer ainsi alors que la distance leur interdisait tout autre mode de communication.

Ainsi, jusqu'au stade de la différenciation, *l'enfant se trouve avec ses éducateurs dans une relation fusionnelle de type hypnotique.* Or, la caractéristique essentielle de l'état hypnotique, ce par quoi il a retenu l'intérêt du monde médical et du public, est l'extrême réceptivité du sujet. Lorsque l'état hypnotique est établi, l'opérateur peut communiquer au sujet des suggestions, c'est-à-dire des messages que l'intéressé va recevoir sans esprit critique et intégrer comme des vérités premières, des certitudes. A la suite de quoi, il pense agir de son propre chef alors qu'en réalité, il ne fait qu'obéir aux volontés d'un autre. Le lecteur se reportera à *Communication ou Manipulation* pour une étude plus développée de l'hypnose et de la suggestion ; citons simplement quelques exemples entre mille.

Le professeur Erickson suggère un jour à un de ces patients que le chiffre 9 n'existe plus (3). Sorti de l'hypnose, ce dernier a beau compter et recompter sur ses doigts, il en trouve onze et ne comprend rien à ce qui lui arrive. Erickson a en quelque sorte jeté l'interdit sur toute une part de sa mémoire, celle qui concerne le chiffre 9. La suggestion peut interdire l'accès à des pans entiers de la réalité. Elle modifie et oriente la perception.

Jean Dauven rapporte le cas d'un étudiant à qui on a suggéré sous hypnose de s'intéresser aux loutres. Un hobby peu ordinaire. Quelques semaines plus tard, ce jeune étudiant avait dévoré plusieurs ouvrages sur le sujet et envisageait très sérieusement d'élever chez lui un de ces petits animaux, devenus pour lui un vif sujet d'intérêt. Pas un instant il ne s'est étonné de cette passion si soudaine et si peu commune (7). Ainsi la suggestion fait force de loi et le sujet réorganise tout son comportement autour d'elle.

Est-ce que chez l'enfant en bas âge on assiste à un phénomène comparable à la suggestion ? Au début de son développement, il n'existe pas de frontière entre ses éducateurs et lui, leurs émotions deviennent ses émotions, leur intérêt pour lui devient l'intérêt qu'il a pour lui-même, leur désintérêt à son égard devient son propre désintérêt pour sa personne. Il s'imprègne littéralement des messages émotionnels que ses parents lui adressent, qu'ils le veuillent ou non. A travers la communication non verbale et l'imitation, l'enfant reprend à son propre compte les jugements de valeur implicites que ses parents attachent aux mille et un petits faits de la vie courante. *Et lorsqu'il sort de cette période de fusion, il garde gravée en lui une certaine perception des choses, des gens, de lui-même, qui est le fruit de l'influence de ses proches et qui s'est bel et bien incrustée en lui comme un ensemble de suggestions, organisant de façon durable sa perception et son comportement.*

Sorti de cette phase fusionnelle, est-ce que l'enfant est sorti de l'influence de ses éducateurs ? Evidemment non ; car s'il est aujourd'hui un être différencié, il reste particulièrement réceptif — et pour de longues années — à tout ce que ses éducateurs pourront lui dire. *Entre eux et lui demeure un lien d'ordre hypnotique.* « Une autre manière d'aborder l'infirmité humaine, écrit Arthur Koestler, provient du fait que l'enfant doit endurer une plus longue période d'impotence et de dépendance totale à l'égard de ses parents que les jeunes de toute autre espèce. Le berceau est une prison plus étroite que la poche ventrale du kangourou. La première suggestion de l'hypnotiseur est pour demander au sujet de s'ouvrir aux suggestions. Le sujet est conditionné à devenir susceptible au conditionnement. L'enfant sans défense est soumis à un processus analogue. On fait de lui un récepteur docile de croyances toutes faites (8). »

Tout au long de son enfance, l'individu reste donc particulièrement réceptif aux discours et aux attitudes de ses parents, surtout sur des questions qui pour eux sont essentielles, chargées d'angoisse, ou qui font l'objet de leurs vœux les plus chers. Ainsi, il intègre comme des vérités fondamentales, que souvent il considérera comme telles toute sa vie, des notions parfaitement subjectives, aléatoires, parce qu'elles lui ont été communiquées comme des suggestions.

Devenu adulte, l'individu s'est forgé — croit-il — des convictions personnelles. En fait, il a appris à évaluer le monde qui l'entoure à partir de critères profondément ancrés en lui, vérités premières, certitudes intangibles dont il a hérité sans même le savoir...

Devenu adulte, il se croit libre, pose des actes importants, prend des décisions qui — croit-il — relèvent de son libre arbitre et d'un choix personnel. Or, il ne fait qu'exécuter fidèlement un programme inscrit en lui au cours de son enfance.

Tel se marie, et jure bien que ce sera le grand bonheur ; et au bout de quelques années, voire de quelques mois, on le voit reproduire avec son conjoint les mêmes attitudes inadaptées, blessantes qu'il avait autrefois reprochées à son père... C'est plus fort que lui, et il ne s'en rend même pas compte.

Tel semble propulsé vers une ascension sociale vertigineuse. Toujours plus haut. Mais le sommet recule au fur et à mesure qu'il l'approche. On l'enterre trop jeune au bout d'une vie d'insatisfaction et de stress. A quel programme a-t-il obéi toute sa courte vie pour en profiter si peu ?

Tel embrasse une vocation religieuse, ou militante, ou militaire... comme son père ou sa mère l'avaient fait avant lui. Ou comme ils auraient tellement aimé le faire si le cours des événements n'en avait décidé autrement. Je roule pour vous.

La nature de la relation parent-enfant donne à réfléchir. Avec les meilleures intentions du monde, nous faisons participer nos enfants à notre propre vie émotionnelle et les aléas de la vie ne nous permettent pas toujours de garder la sérénité qu'il nous faudrait dans nos contacts avec eux. Le

licenciement, le chômage, les dettes, la maladie, la crainte
d'une hérédité défavorable, les problèmes conjugaux, des
traumatismes récents ou anciens mal surmontés tels que la
perte d'un autre enfant par exemple, des difficultés affectives
liées à des conflits mal liquidés, autant de causes susceptibles
de provoquer chez nous un dérèglement émotionnel fort qui
marquera l'enfant de façon durable dans sa vie future. Citons
le cas d'une jeune femme mariée depuis quelques mois qui
craignait jusqu'à l'obsession que son mari s'éloigne d'elle ou
disparaisse. Rien dans l'attitude de ce garçon ne justifiait ses
craintes, et cependant, elle n'osait pas le lâcher d'une semelle
et avait abandonné toutes ses activités personnelles pour ne
plus se consacrer qu'à lui, tout à lui, rien qu'à lui. Evidemment, à ce régime, elle est rapidement devenue triste,
rétrécie, dépressive. Elle ne comprenait rien à cette angoisse,
c'était plus fort qu'elle, elle en perdait le sommeil. Et puis,
en réfléchissant à son histoire personnelle, elle s'est souve-
nue de ceci : son père est décédé lorsqu'elle avait cinq ans et
sa mère, très touchée par ce veuvage, lui a toujours parlé de
lui, idéalisant cette vie conjugale trop tôt interrompue et
ravivant sans cesse les émotions douloureuses liées à la perte
de son mari. Cette femme a-t-elle désiré que sa fille soit
malheureuse en ménage, comme elle-même avait connu le
malheur ? Bien au contraire, elle a voulu pour sa fille la vie la
plus heureuse possible. Mais ainsi est fait le matériel
humain : elle lui a communiqué son angoisse essentielle :
celle qui fut liée à la perte de son conjoint. Et vingt-cinq ans
plus tard, lorsque sa fille se retrouve dans une situation de
femme mariée, elle découvre en elle la même angoisse
puissante, insurmontable : celle de perdre son conjoint.
Lorsque cette jeune femme eut fait le rapprochement entre
les angoisses de sa mère autrefois et ses propres tourments
aujourd'hui — deux situations tout à fait différentes — elle
fut libérée de sa difficulté.

Et puis, sans qu'il soit besoin d'éléments particulièrement
saillants, chacun de nous réagit dans le quotidien selon un
registre émotionnel plus ou moins bien adapté aux circonstances et qui dépend directement de son propre conditionnement. L'éducation est certainement l'un des domaines où il
est le plus difficile de faire du neuf. Le plus souvent, ou bien

nous reproduisons comme des automates l'éducation que nous avons nous-mêmes reçue, ou bien nous en prenons plus ou moins systématiquement le contre-pied, ce qui ne vaut guère mieux.

Les parents ne sont pas les seuls acteurs de cette imprégnation. De la même façon qu'un hypnotiseur peut déléguer son pouvoir sur l'individu à une autre personne, ils peuvent conditionner l'enfant à la même réceptivité absolue vis-à-vis d'une personne déléguée par eux : ce sera l'instituteur, le curé, le professeur, tout ce qui porte un titre, etc.

Et puis, tout au long de sa vie, l'individu restera particulièrement sensible, fragile, à une certaine approche. En effet, rappelons que selon Chertok, l'hypnose à l'âge adulte serait une réactualisation d'une forme de relation telle qu'elle est vécue par chacun en son tout jeune âge. Chertok insiste sur la permanence de cette relation fusionnelle jusque dans notre vie d'adulte. Pour lui, l'hypnotisé se trouve « renvoyé à des formes primitives de communication, à un registre " purement affectif " correspondant aux structures les plus anciennes du système nerveux, le paléocortex. Il s'agirait là d'une potentialité relationnelle innée, originelle, qui constituerait en quelque sorte la matrice, *le creuset dans lequel viendront s'inscrire toutes les relations ultérieures* ».

Là seraient en quelque sorte les points faibles de l'individu qui permettent à celui qui a su les détecter de réactualiser la fusion originelle, c'est-à-dire d'hypnotiser et de suggérer.

L'hypnose et la suggestion ne sont pas des manifestations un peu spectaculaires ou extraordinaires réalisées en laboratoire ou sur une scène de music-hall, il s'agit d'un type de rapport entre les personnes qui vient interférer régulièrement dans nos communications les plus quotidiennes. *Les éducateurs qui ont « fabriqué » l'individu se sont imposés à lui selon une certaine approche à laquelle il restera particulièrement sensible toute sa vie.* Celui qui a été poursuivi par un père ou une mère autoritaire, fort en gueule, sera beaucoup plus prêt à abdiquer ses défenses et son esprit critique devant quiconque lui parlera plus tard sur le même ton. Celui qui a été élevé dans un moule de douce affectivité abandonnera plus facilement son esprit critique devant quelqu'un qui sait l'amadouer par la même approche, etc.

Le Docteur Ferenczy, psychiatre, praticien de l'hypnose, confirme cette observation : « D'une façon générale, nous avons deux méthodes à notre disposition pour hypnotiser un individu, pour le soumettre à la suggestion, c'est-à-dire le forcer à une obéissance inconditionnelle, une confiance aveugle : l'intimidation et la tendresse... L'hypnotiseur au physique imposant qui provoque l'état d'hypnose par intimidation et agression ressemble certainement beaucoup à l'image que l'enfant se fait du père tout-puissant, ce père que tout enfant a l'ambition de croire, d'obéir, d'imiter. Et la main douce et caressante, les paroles gentilles, apaisantes, ne sont-elles pas la répétition de ce qui s'est souvent déroulé près du berceau de l'enfant, entre lui et sa mère ou nourrice qui le berçait de chants ou d'histoires ? Et que ne ferait un enfant pour complaire à sa mère ?... Je n'accorde pas une très grande importance à une distinction rigoureuse entre hypnose paternelle et maternelle car il arrive bien souvent que père et mère changent de rôle. Je veux seulement montrer combien la situation produite par l'hypnose est propre à évoquer, consciemment ou inconsciemment, l'enfance dans l'esprit du médium, et à éveiller en lui ces souvenirs liés à l'époque de l'obéissance enfantine, si vivants en tout être humain (9). »

Citons également Freud : « La première condition de réussite d'une hypnose est que le médium trouve en l'hypnotiseur un maître, c'est-à-dire que l'hypnotiseur sache éveiller en lui les mêmes affects d'amour ou de crainte, la même foi aveugle en son infaillibilité que l'enfant éprouvait pour ses parents : (...) nous estimons que l'hypnose et la suggestion réveillent véritablement *l'enfant qui sommeille dans l'inconscient de l'adulte* » (9).

Ainsi, l'enfance de l'homme s'apparente au processus hypnotique et bien des aspects de son conditionnement relèvent à proprement parler de la suggestion. Or cette programmation conduit à des impasses, des tiraillements, des échecs graves, parfois la ruine de toute une vie. Dès lors, peut-on trouver dans l'étude de l'hypnose les moyens d'échapper à ce déterminisme ?

RETRAITER UN PROGRAMME HYPNOTIQUE

Comment procède-t-on en hypnose pour supprimer l'effet d'une suggestion ? En principe, la seule personne qui soit à même de supprimer une suggestion chez un individu est l'hypnotiseur qui l'a lui-même dictée. D'ailleurs, dans une séance de démonstration, un opérateur consciencieux a grand soin, avant de ramener le sujet à l'état de veille, de lever une à une toutes les suggestions qu'il lui a communiquées, et de supprimer explicitement le lien qui s'est créé entre le sujet et lui. S'il ne s'acquitte pas scrupuleusement de ces précautions, le sujet garde en lui de façon durable des programmes parasites qui viennent interférer dans son comportement, et il demeure dans un état de dépendance durable par rapport à son hypnotiseur.

Pour supprimer les suggestions que nous avons reçues dans notre enfance, il faudrait donc que les éducateurs qui les ont posées se chargent eux-mêmes de les enlever. Utopie évidemment puisque l'immense majorité des personnes qui ont eu un jour des enfants ne soupçonnent même pas l'existence de ce mécanisme.

Certains parents équilibrés, adultes, et donc tolérants et ouverts auront su se désimpliquer par rapport à leur enfant. Ils auront eu le souci de lui ouvrir l'esprit à la relativité des façons de penser, des idées reçues, de lui donner le goût de la différence, d'aiguiser son esprit critique, assumant ainsi sereinement le risque de se trouver eux-mêmes remis en cause. Ainsi, ils auront certainement donné à leur enfant une liberté d'action et de pensée qui lui permette de mener sa vie de façon autonome, sans inhibitions inopportunes...

Mais il faut bien le reconnaître, la plupart des hommes et femmes qui ont un enfant s'impliquent beaucoup dans son éducation. Ils le chargent ainsi de leurs espoirs, de leurs angoisses, de leurs façons de vivre ; ceux-là n'auraient aucune raison de supprimer chez l'enfant ce qu'ils ont mis tant de soin à lui inculquer. Ils ont bien cru lui donner le meilleur d'eux-mêmes...

Enfin, il existe aussi des personnalités particulièrement

immatures sur le plan psychologique et qui ne veulent à aucun prix lâcher le pouvoir qu'elles ont pris sur leur enfant. C'est le drame de la possessivité... Dans ce cas, non seulement les éducateurs ne sont pas du tout motivés pour rompre le lien de nature hypnotique qui entrave la vie de leur enfant, même lorsqu'il a quarante ou cinquante ans, mais bien au contraire, ils feront tout ce qui est en leur pouvoir pour le consolider...

Il existe un moyen de lever une suggestion lorsque celui qui l'a induite ne peut — ou ne veut — pas le faire lui-même, c'est de faire appel à un second hypnotiseur. En recréant l'état hypnotique, il permet à la personne de réactualiser certaines situations et suggestions oubliées, et par là-même, de les retraiter. C'est de cette pratique que sont nés autrefois la psychanalyse et ses dérivés. Cette démarche a incontestablement permis une meilleure compréhension du psychisme humain. Cependant, en tant que thérapie, elle reste inaccessible au plus grand nombre car elle exige beaucoup de temps et d'argent.

Mais alors, que faire ? Nous avons appréhendé la question de façon radicalement différente.

Posons d'abord clairement le problème : il ne s'agit pas de chercher au nom d'un souci obsessionnel d'hygiène mentale à dénicher dans mon histoire et dans mon entourage les sournois manipulateurs qui m'auraient mis sous leur joug, soyons sérieux. Il n'est pas question non plus de faire un procès en règle à mes parents ou mes éducateurs qui le plus souvent ont fait ce qu'ils ont pu, obéissant eux-mêmes à leur propre programmation. *De quoi s'agit-il ? De partir d'un problème concret :* aujourd'hui, ici, maintenant je me trouve dans une impasse. C'est l'échec professionnel, c'est mon couple qui se défait, c'est une impossibilité de communiquer avec mes enfants, etc. Je me rends vaguement compte que j'ai ma part dans cette difficulté, mais je ne sais pas très bien laquelle. Pour en être arrivé à cette situation bouchée, il est vraisemblable que je me sois enferré dans une attitude inadéquate, sans m'adapter aux besoins nouveaux de la réalité, exactement comme on obéit à une suggestion : on ne la remet jamais en cause, elle fait force de loi, on la défend envers et contre tout, avec acharnement s'il le faut.

Ma vie est semblable à un puzzle auquel il manque certaines pièces : on ne se fait pas une idée très claire de ce que le dessin représente, et puis soudain, en plaçant l'un ou l'autre morceau central, l'ensemble prend tout à coup sa signification ; même s'il reste encore quelques trous ici ou là, le tableau est devenu compréhensible.

De la même façon, il y a dans ma vie des trous, inaccessibles à ma mémoire et à ma conscience, ce sont des épisodes où d'autres m'ont imposé à mon insu une façon de me comporter que je n'ai pas choisie, que j'ai intégrée comme mienne et que j'exécute aujourd'hui fidèlement, sans même m'en rendre compte. Il me faut reconstituer ce qui a bien pu se passer, ce qu'on a bien pu me suggérer — plus ou moins volontairement — à la faveur de ces trous.

Ce n'est pas facile, mais c'est possible. L'exemple qui va suivre, emprunté à la vie quotidienne, nous permettra de mieux comprendre

— comment une suggestion peut conduire à une impasse,
— comment elle s'est mise en place,
— comment l'intéressé s'en est débarrassé.

Muni d'un diplôme comptable, j'ai été embauché il y a deux ans déjà dans une PME familiale. Ce qui m'avait alléché dans cette offre d'emploi, c'est que je trouvais là une opportunité inespérée : j'allais assumer les responsabilités d'un chef comptable sans avoir la qualification que donnent expérience et maturité.

Mariés depuis plusieurs années, ma femme et moi avions trouvé un certain équilibre de couple dans lequel chacun s'épanouissait : à la maison, l'un comme l'autre mettait la main à la pâte, nous avions aussi nos loisirs respectifs et d'autres en commun. Nos projets étaient périodiquement réactualisés d'un commun accord en fonction des aléas qui se présentaient.

Mais depuis que j'ai trouvé ce nouvel emploi, notre vie de couple s'est dégradée. Car de plus en plus fréquemment, je rentre tard le soir, retenu par un dossier inachevé ou une comptabilité à vérifier. Dans ce contexte, nos soirées sont désorganisées, ma femme ne s'y retrouve pas. Et à vrai dire, moi non plus. D'autant qu'au bureau, mon patron, essentiellement improvisateur et peu prévoyant, m'impose régulièrement des délais difficiles à tenir. De plus, il exige de moi que j'assume plusieurs tâches qui ne relèvent pas de ma fonction. Alors, je travaille comme un forcené, le dos courbé, en ayant toujours l'impression d'être en faute... Je me ronge les ongles plus que jamais et voici maintenant que réapparaissent des crises de tremblement. Heureusement, elles surviennent le soir quand je suis à la maison mais j'ai très peur qu'un jour ces malaises m'arrivent au bureau.

Récemment, ma femme et moi sommes allés à la soirée de mariage d'une cousine. Parmi les invités de la famille du mari, j'ai fait la connaissance d'un homme d'un certain âge, cadre supérieur dans une banque. Comme en pareille circonstance, il est toujours difficile de trouver un sujet de conversation, j'ai parlé de mon travail. Nous avons discuté tous les deux une bonne partie de la soirée autour d'une bouteille de champagne. Pendant ce temps, ma femme allait saluer d'anciennes connaissances. Après m'avoir écouté attentivement, le « banquier » m'a donné son avis autorisé sur deux points : « La situation que vous me décrivez là est aussi banale qu'insoluble, elle est souvent le fait d'un certain nombre de PME, surtout quand ce sont de petites entreprises familiales, car elles ne disposent pas des fonds nécessaires pour embaucher un personnel suffisant. Pour vous tirer de ce guêpier, il faudrait que votre patron consente à engager un conseiller de gestion et un aide-comptable. Probablement il ne le pourra pas. Alors, je n'aurai qu'un conseil à vous donner : faite vos trente-neuf heures, pas une de plus, et cherchez un poste dans une autre société. Je ne vois pas d'autre issue. »

J'avais parfaitement enregistré les conseils du « banquier » puisque six mois plus tard, ils me sont revenus en mémoire ; mais chose curieuse, sur le moment, je n'ai retenu qu'une partie de son discours : « C'est une histoire aussi banale qu'insoluble, celle d'un certain nombre de PME »... Une fois rentré à la maison, ce sont d'ailleurs les seules conclusions que j'ai rapportées à ma femme, rien de plus.

A la suite de cette conversation mal assimilée, je me suis

fixé comme but de sauver coûte que coûte mon emploi au sein de cette entreprise, et j'ai redoublé mes efforts pour sauver la maison. Car si elle faisait faillite, avec elle s'envolait ma promotion inespérée de chef comptable. Et où trouver pareille occasion ? De son côté, ma femme, de plus en plus contrariée par mon emploi du temps en dents de scie, multipliait ses protestations mais je n'y prêtais pas attention. J'étais dans une situation bloquée à laquelle je ne pouvais rien changer. Nos loisirs étaient fréquemment désorganisés car je travaillais tard le soir. Quand nous étions invités chez des amis, j'arrivais régulièrement en retard et il n'était pas rare que le samedi, je retourne au bureau. Le comble, c'est que mon patron, paniqué par les échéances, me tombait dessus. La dernière fois qu'il m'a passé un savon, j'étais tellement tendu qu'une crise de tétanie s'est déclenchée, ce qui a au moins eu le don de le calmer.

Epuisé de fatigue et de tension nerveuse, j'ai demandé à prolonger un de mes week-ends jusqu'au mardi matin afin d'aller faire du ski. Je me réjouissais de ce projet car j'allais pouvoir un peu changer d'air, et j'étais content d'aller me détendre en montagne ; depuis le temps que j'en étais privé ! J'avais donc fait les réservations et attendais le départ avec autant d'excitation qu'un enfant attend le père Noël !

Or le vendredi, veille de mon départ, mon patron m'annonce tout de go : « Je vous supprime votre congé de lundi car un conseiller de gestion viendra travailler avec vous ce jour-là, c'est urgent. » Je restai perplexe et résigné. A vrai dire, je ne réalisais pas très bien. Toutefois, mon état euphorique m'avait quitté. Je profitai d'ailleurs assez peu du week-end tant attendu qui s'était rétréci comme une peau de chagrin.

Contrarié, j'ai repris mon travail le lundi matin. Et voilà que le fameux conseiller de gestion n'a pas montré le bout de son nez de toute la journée. Un comble ! J'avais donc abrégé mon week-end pour rien. De plus, le soir même, le directeur m'a retenu jusqu'à vingt heures. De retour à la maison, je n'ai eu que dix minutes pour dire au revoir à ma femme qui partait comme prévu une semaine en vacances chez son frère. Enfin, ce même lundi, je devais passer la soirée chez des amis où bien évidemment je suis arrivé en retard et tendu. A minuit, en rentrant chez moi, je me suis effondré en larmes, écœuré. Pour la première fois, j'ai compris avec un peu de recul que j'étais en train de me faire malmener. Or, pendant la quinzaine suivante, la situation a empiré. Contraint à établir le bilan de la société dans un délai trop court, je terminais tous les soirs à vingt et une heures, travaillais le samedi, pour finir par une nuit blanche où je suis rentré à cinq heures du matin. Si j'ai tenu à rester au bureau pour achever ce bilan, c'était bien sûr pour avoir une bonne expérience mais aussi « pour prouver que j'étais capable de le faire ». Pour tout remerciement, j'ai reçu des réprimandes, la vague promesse d'une prime dont je n'ai jamais vu la couleur, deux jours de récupération à prendre « quand ce sera possible » et enfin, l'obligation de faire encore et toujours des heures supplémentaires.

Cette fois, la coupe a débordé. Le week-end de ski avait déjà provoqué en moi une sorte de déclic émotionnel mais cette dernière quinzaine avait encore accentué mon sentiment de dégoût. Cette fois, c'en était trop, la réalité s'imposait enfin à moi et je la trouvais insupportable. C'est à ce moment que les paroles du banquier me sont revenues en mémoire et à ce moment seulement. Je me suis souvenu qu'il m'avait conseillé six mois auparavant de me limiter à trente-neuf heures et de chercher au plus vite un autre travail. Du coup, j'avais l'impression d'émerger. Pour la première fois, je réalisais qu'une volonté obsessionnelle me propulsait depuis deux ans : occuper coûte que coûte ce poste de chef comptable. Et tout cela pour quoi? Pour rester dans une entreprise fragile et sans avenir parce que mal dirigée. J'ai décidé alors d'envoyer deux douzaines de curriculum vitae. Et par je ne sais quelle chance, j'ai trouvé un nouvel emploi... de comptable cette fois.

J'étais sorti d'affaire et aurais pu en rester là. Mais ma femme demeurait préoccupée : « D'où t'est venue cette obsession de passer pour un chef comptable? Avec nos deux salaires, nous arrivons à bien vivre, le surplus de toute façon va au fisc, alors? » Elle avait raison. Mais oui, d'où me venait une telle idée?

J'ai repris mon évolution à partir de mes études. Je me rappelle m'être orienté vers la profession de comptable en suivant le conseil de mon père. Puis, la matière m'avait plu. Quand j'ai obtenu mon diplôme, une question s'est posée : allais-je continuer ou non ma formation pour devenir expert-comptable ? Bien qu'au sein de la profession, on encourage fortement les jeunes à suivre cette voie, cette ascension étant considérée comme le nec plus ultra, j'ai décidé de ne pas investir encore plusieurs années à la poursuite d'un diplôme difficile et aléatoire. Personnellement, j'estimais que j'en avais fait assez comme ça. Par ailleurs, je me souviens qu'à cette époque, mon père m'avait à peu près tenu le discours suivant : « Tu fais comme tu veux, mais sache qu'avec un diplôme de comptable, tu occuperas un poste de subalterne et ta paye, même si elle n'est pas un salaire de misère, sera en conséquence. Et ce n'est pas tout : avec le titre d'expert-comptable, tu deviens vraiment quelqu'un, tu fais partie de l'élite de la profession. C'est différent, tu sais... Enfin, fais comme bon te semble... » Que voulez-vous, un père est souvent assez fier d'annoncer à son entourage que son fils exerce une profession en vue. Alors, s'il doit se contenter de dire que je suis comptable, cela fait médiocre. D'ailleurs, son fils aîné ne lui a pas donné non plus les satisfactions qu'il attendait : il est technicien supérieur, ce qui n'est pas mal, bien sûr, mais pour lui, cela ne vaudra jamais un titre d'ingénieur. Evidemment, ces choses-là ne se disent pas, on les garde par-devers soi. L'opinion de mon père ne m'a pas fait changer d'avis. J'ai trouvé un travail, je me suis marié. Mais en y repensant, je crois bien que sa déception, finalement, est devenue la mienne. Et c'est alors qu'à défaut d'un diplôme d'expert-comptable, j'ai misé sur un poste correspondant à celui de chef comptable pour prouver que... Pour prouver quoi, et à qui ? Eh bien, pour prouver à mon père que, malgré tout, je pouvais devenir un chef comptable chevronné. Ma femme trouvait cela un peu stupide. Effectivement, les faits lui donnaient raison : à la poursuite de ce fantasme, j'ai peu gagné et beaucoup perdu. J'ai failli sacrifier tout mon bonheur pour prouver à mon père que... A la suite de cette prise de conscience, j'ai pu alors séparer ce que mon père aurait désiré pour moi de mon choix personnel : un emploi de comptable me permettant de mener une vie équilibrée, selon mes vœux et ceux de ma femme.

A partir de cette réflexion, j'ai pensé à d'autres attitudes chez moi qui allaient dans le même sens. Deux exemples : je voulais offrir un sac à ma femme pour son anniversaire. Je connais ses goûts et je savais grosso modo ce qui lui ferait plaisir. Je suis parti un samedi après-midi faire les magasins de maroquinerie, sûr de moi, un peu surexcité même. Rapidement, j'ai trouvé ce qui lui conviendrait. Mais j'ai préféré courir d'un magasin à l'autre, pour faire d'abord une pré-sélection. J'avais trop peur de trouver mieux ailleurs par la suite et de regretter ainsi mon choix. Quand l'heure de fermeture des magasins est arrivée, je n'avais toujours pas acheté de sac, l'anniversaire de ma femme tombait le lendemain, dimanche. Complètement dégrisé, je me suis alors trouvé tout bête. Or, je comprends bien maintenant les motivations qui m'ont poussé à me comporter ainsi : je voulais trouver le super-sac pour prouver à ma femme que j'étais un super-mari...

Cette dernière découverte est devenue tout à fait claire lors d'une autre affaire : je devais réparer le chapeau de protection des murs de mon jardin. Ce travail était indispensable pour éviter la dégradation par l'eau de pluie mais je m'en suis acquitté avec une tension et une application hors de mesure. Pourquoi ? Parce que j'aurais voulu que mes voisins et les amis de passage remarquent immédiatement la perfection de mon travail et qu'ils m'en fassent compliment. En somme, je voulais encore que l'on dise de moi : « Vraiment, ce type est très fort, c'est un super-maçon ! » Le problème, c'est que je ne connais pas grand-chose à la maçonnerie. J'aurais pu demander à mon voisin quelques conseils, bien sûr, mais alors, de quoi aurais-je eu l'air ? J'ai donc travaillé comme un forcené, les tripes nouées à l'idée que je pouvais échouer. Une semaine plus tard, des amis sont venus et, comme je les y avais invités, ils sont allés voir mon œuvre. Ils ont écouté — indifférents — mes commentaires et ont conclu : « Ainsi, tes murs seront bien protégés. » Pas le moindre coup d'encensoir pour mon image de marque.

Après ce petit incident ridicule, je me suis quand même posé une question : « mais qu'est-ce que ça signifie de toujours faire les choses à la perfection et de vouloir passer pour un super-homme ? » Au fond, je filais toujours sur le même rail : ne pas passer pour n'importe qui, appartenir à une élite, en toutes choses. En fait, personnellement, je n'avais rien à faire d'appartenir à une élite mais je retrouvais bien là le fantasme de mon père.

Alors j'ai regardé autour de moi : l'élite, les gens ordinaires, est-ce par là que passe la frontière entre le bonheur et le malheur, est-ce cela qui distingue les gens valables des gens futiles, les amis sur lesquels on peut compter des relations sans lendemain ? Alors, je me suis rendu compte que depuis que j'avais obtenu ce poste de chef comptable avec son cortège de soucis, j'avais peu à peu pris mes distances avec une certaine catégorie de personnes. C'était pourtant de bons amis, mais ils n'appartenaient pas à l'élite. C'est à cette époque que j'ai essayé de me faire des relations dans le beau monde, mais je n'en ai tiré ni satisfaction, ni profit.

Ainsi, par ce bout de réflexion, j'avais peu à peu sorti du brouillard les options de mon père qui étaient ancrées en moi. Qu'il ait sa propre façon de voir la vie, je le conçois fort bien et respecte ses options, mais j'ai décidé de ne pas les faire miennes plus longtemps. Personnellement, il y a longtemps que j'ai abandonné la mentalité élitiste, depuis que j'ai connu un certain brassage social au lycée, puis à l'armée, depuis que j'ai passé un mois à travailler dans un kibboutz en Israël, et surtout à la suite d'un voyage d'étude en Inde où j'ai touché du doigt la misère, je ne vois plus les choses de la même façon... Or, ces deux dernières années, j'avais oublié ces expériences déterminantes en me laissant reprendre par tout un aspect de mon éducation et par le projet élitiste de mon père.

Cette prise de conscience s'est accentuée depuis que j'ai pris mon nouveau travail de comptable. Libéré de ma hantise de monter socialement, je constate maintenant que je suis beaucoup plus calme, je n'ai plus sans cesse l'estomac noué, du coup, je travaille plus rapidement. Je suis capable de prendre des décisions sans tergiverser comme autrefois car je suis uniquement préoccupé par les problèmes qui se présentent, sans m'impliquer. J'ai compris également qu'il ne servait à rien de faire la carpette devant mes chefs hiérarchiques. Ce changement d'attitude a été payant, au sens figuré comme au sens propre du terme, puisque mon patron, content de mon efficacité, m'a donné un an avant la date prévue, une augmentation confortable.

Du point de vue somatique, les choses se sont aussi arrangées. Mes crises de tremblements se sont progressivement espacées et voilà six mois que je n'en ai pas eu. J'ai même presque totalement cessé de me ronger les ongles.

C'est ainsi que je me suis « remis à mon compte » et que je suis sorti du projet de mon père. Mes relations avec lui sont au beau fixe comme toujours. Je suis d'ailleurs bien certain que son projet ne subsistait que dans ma tête. Pour sa part, il y a belle lurette qu'il en a fait son deuil et n'attend plus de moi une quelconque performance.

D'ores et déjà, nous retenons de ce témoignage les éléments suivants, qui sont d'ordre technique :

1. — Pour que cet homme se mette à réfléchir sur sa situation, il lui a fallu un *choc émotionnel :* l'accumulation importante de contrariétés lors de ce fameux lundi après le week-end de ski et la folle quinzaine qui a suivi. Pour lui, ce fut la goutte d'eau qui fait déborder le vase.

2. — A cette occasion seulement, il a pu jeter un regard plus *global* sur ses conditions de travail, et conclure : ça devient invivable.

3. — Logiquement, affronté à une situation sans issue, il aurait pu tomber malade ou faire une dépression, car il était en inhibition de l'action (10). Or, cette situation ne s'est pas produite, pourquoi ? Parce que, à ce moment de détresse, les paroles du banquier lui sont revenues à l'esprit, elles lui indiquaient une fuite possible : chercher un travail ailleurs

4. — Mais le problème n'était pas réglé pour autant : il a fallu l'intervention de quelqu'un d'extérieur, sa femme en l'occurrence, pour l'aider à éclaircir son besoin latent de courir après l'impossible.

5. — Dès lors, il a pu cerner le projet élitiste de son père. Fort heureusement, lui-même avait élaboré au fil des années un projet de vie bien à lui. Grâce à certaines découvertes, à des expériences autres, il s'était forgé d'autres critères et, finalement, des motivations pour vivre autrement. S'appuyant sur cet acquis, il pouvait décoller les deux projets —

celui de son père et le sien — pour reprendre rapidement le chemin qu'il avait choisi, même si pour un temps il s'en était écarté. S'il n'avait jamais rien expérimenté d'autre, il se serait plus difficilement tiré d'affaire, car il n'aurait eu ni l'idée, ni les moyens de faire du neuf.

6. — A partir de cette découverte, il a pris conscience que, dans d'autres domaines (l'achat du sac, la réparation du mur), il agissait suivant les mêmes automatismes ; il en a vu la répétitivité et les inconvénients... A partir de là, il a pu enfin agir autrement dans un tas de domaines et a cessé de somatiser.

Cet homme s'est tiré d'affaire. Il a pu dégager les programmes, les suggestions autour desquels il a organisé ses automatismes de comportement et orienté ses choix professionnels.

De la même façon, toute personne qui se heurte à une difficulté répétitive, insurmontable, aura intérêt à marquer un stop pour réfléchir à ses motivations de fond.

Une réflexion rigoureuse et l'éclairage d'un proche per mettent de dégager certaines suggestions, et les circonstances de leur mise en place. Cette clarification est indispensable pour avoir prise sur l'un ou l'autre automatisme inadapté. Chaque type de comportement en compte un certain nombre. Nous retrouverons donc tout au long de cette étude, en filigrane ou parfois de façon plus directe, l'éclairage de l'hypnose.

DEUXIÈME PARTIE

PANORAMA
DES FAMILLES DE COMPORTEMENT

DIFFÉRENTES FAÇONS D'AVOIR SA PLACE

Une problématique parasite

Dans la vie quotidienne, chacun de nous doit faire face à des soucis les plus divers, d'inégale importance. Il faut faire la cuisine, trouver le moyen d'aller au travail un jour de grève des trains, faire garder les enfants, changer de voiture, emprunter de l'argent, parfois il faut prendre des décisions graves : changer d'orientation professionnelle, se marier, divorcer, etc.

Or, tandis que l'individu s'occupe à régler la difficulté présente, un second problème apparaît, tout à coup, qui vient se mêler au premier, jusqu'à prendre parfois toute la place : « Comment vais-je être perçu ? » — « Est-ce que je vais bien affirmer ma supériorité ? » — « Comment faire pour ne pas déranger ? » — « Est-ce qu'on va m'aimer ? » etc. D'où viennent ces parasites indésirables et hors sujet ? De loin, de mon enfance. J'ai enregistré à l'époque que pour mon confort, ma sécurité, mon épanouissement, j'avais besoin de trouver ma place parmi les autres selon un certain mode. Et depuis lors, plus ou moins inconsciemment, j'ai organisé mes attitudes, mes réactions face aux situations les plus diverses, de manière à trouver cette place, *Ma place*. J'ai expérimenté un certain nombre de solutions à cette problématique relationnelle. C'est ainsi que s'est dessiné chez moi un certain profil de comportement.

Nos observations nous ont permis de mettre en évidence une dizaine de types différents. Chacun d'eux s'organise autour d'une certaine conception d'avoir sa place.

— Ceux qui attendent leur place des autres : les fusionnants passifs et les fusionnants actifs.

— Ceux qui tantôt l'attendent des autres, tantôt l'imposent : les contradictoires adaptants et les contradictoires normatifs.

— Ceux qui l'imposent de façon excessive : les retranchés, les dominants passifs et les dominants actifs.

— Ceux qui ont l'impression a priori qu'ils ne comptent pas, et qui ne trouvent leur place parmi les autres que par un travail ou un service rendu, les fonctionnels : les isolés exécutants, les impersonnels, et les isolés dans le service.

On ne comprend bien la spécificité d'un comportement que lorsqu'on peut le comparer à tous les autres. C'est pourquoi nous allons présenter dans les pages qui suivent un panorama d'ensemble, résumant brièvement les caractéristiques de chacun.

Grosso modo, nous sommes tous capables de toutes les attitudes : soumission, dominance, méfiance, confiance, agressivité, indifférence, etc. Cependant, à y regarder de plus près, chacun privilégie un certain nombre de conduites auxquelles il a recours dans les circonstances les plus diverses : *souvent* méfiant, *souvent* agressif, *souvent* indifférent, etc.

Le comportement se reconnaît à l'ensemble de ces réactions qui chez une même personne seront plus intenses et plus fréquentes que chez d'autres. Ce sont ces traits caractéristiques que nous décrirons pour chaque comportement. Bien sûr, ils ne suffisent pas à eux seuls pour faire le portrait de la personne dans sa richesse et sa complexité, mais ils constituent les grandes lignes autour desquelles sa personnalité s'est construite.

Pour chaque comportement, nous séparerons la description en deux rubriques : comment l'individu se décrit, et comment les autres le voient vivre. Ces deux points de vue diffèrent sensiblement, et leur rapprochement devrait limiter les risques d'erreur, surtout quand il s'agit de se reconnaître soi-même.

Dernière précision : pour faire le diagnostic d'un comportement, il ne faudrait pas s'arrêter à tel ou tel trait — que plusieurs types peuvent avoir en commun — mais bien considérer comment fonctionne la personne dans les différents secteurs de sa vie, quelles sont ses réactions premières devant une situation inédite, et le cas échéant, comment on la voit réagir dans une période de déprime, car souvent, à cette occasion, le comportement resurgit de façon plus saillante.

*
**

Ceux qui attendent entièrement leur place des autres : les fusionnants.

Avoir sa place consiste pour eux à se sentir bien au milieu des autres. Ils supportent très mal la solitude, ils ont besoin des autres pour se sentir en sécurité, protégés, « bien ». Ce besoin des autres est une attente passive chez les uns, une recherche active chez d'autres.

Le fusionnant actif

Il cherche activement la compagnie.

COMMENT IL SE DÉCRIT

— Il a une image de lui-même positive. Il se dit sans problème, et c'est vrai qu'il en a peu. Cependant, il se sent « petit » lui aussi.

— Heureux de vivre, bien avec tout le monde, une sorte d'enfance joyeuse qui se prolonge toute la vie... tant qu'il n'a pas connu de trop gros revers.

— Car alors, il est incapable d'assumer seul les difficultés de la vie. Il tombe dans l'angoisse et la dépression.

— Il ne supporte pas les conflits.

— Il recherche la vie de groupe, où il met volontiers de l'ambiance.

COMMENT ON LE VOIT VIVRE

— Personnage expansif, habituellement gai, très sociable. Il met volontiers de l'ambiance.

— Souvent bruyant, brouillon, parfois envahissant.

— Il cherche à attirer l'approbation et l'affection, au point parfois d'en devenir théâtral.

— Il est souvent idéaliste, voit la vie en rose, et se fait ainsi beaucoup d'illusions sur lui-même et sur son environnement.

— Le seul vrai point noir de sa vie : il a la hantise de la solitude, et fera n'importe quoi pour l'éviter.

— Malgré une assurance apparente, il est très influençable.

Le fusionnant passif

Il se met à la remorque d'un autre.

COMMENT IL SE DÉCRIT

— Il se sent démuni, petit, sensible, gamin, il a un besoin constant d'être en accord avec les autres, de se savoir aimé.

— Il ne sait pas s'apprécier lui-même, si ce qu'il fait est valable ou non.

— La vie lui paraît difficile. Il a l'impression de ne pouvoir y faire face sans l'aide des autres.

— Il a peur des conflits, même lorsqu'il n'y est pas impliqué.

COMMENT ON LE VOIT VIVRE

— Il est toujours coopérant, conciliant, serviable.

— Gentil, doux, affectueux.

— Son absence de confiance en soi se manifeste physiquement : petite voix, attitude discrète.

— Il apparaît comme une personnalité terne, fragile, parfois on le dit « mou ».

— Il vit dans un monde rétréci.

— Il se range souvent à l'avis du dernier qui a parlé.

*
**

Ceux qui tantôt attendent que les autres les évaluent, tantôt s'imposent : les contradictoires.

Avoir sa place, pour eux, consiste à ne pas être mal noté.

Ils sont les hommes du « qu'en dira-t-on ». Il existe deux types de contradictoires : les premiers se perçoivent généralement comme « pas à la hauteur » dès qu'ils se sentent évalués, et s'alignent comme d'instinct sur la personne qu'ils ont en face d'eux. Les seconds, normatifs, règlent davantage leur vie sur une série de conduites toutes faites — il faut — « les choses telles qu'elles doivent être ».

Le contradictoire adaptant

COMMENT IL SE DÉCRIT

— Pour avoir été comparé à d'autres, évalué, surveillé, critiqué, il évalue lui-même les autres selon un classement qui va des meilleurs aux moins bons. Lui-même a bien conscience de se situer quelque part au milieu de cette échelle.

— Devant ceux qu'il estime comme « plus », il s'efface, quête leur approbation. C'est en cela qu'on peut le confondre avec le comportement fusionnant. Cependant, s'il se montre conciliant, intérieurement il est capable de rester sur ses positions.

— Devant ceux qu'il estime comme « moins », son attitude peut varier de la neutralité bienveillante à la dominance pure et simple. C'est en cela qu'on peut le confondre avec le comportement dominant.

— Il est mal à l'aise pour travailler sous le regard d'un autre.

— Il se dévalorise beaucoup.

— Il dissimule son sentiment de moins-être derrière une façade qui peut varier selon les publics, allant de la discrétion à une aisance apparente, qu'il sait ou qu'il croit très fragile.

— Il est en général assez actif, mais ses réalisations personnelles le laissent souvent insatisfait.

COMMENT ON LE VOIT VIVRE

— Au premier abord, il peut paraître serein, assuré, plein d'humour, ou bien discret, rangé.

— Quand on le fréquente de plus près, on découvre une personne hésitante, peu assurée, qui doute beaucoup d'elle-même.

— Souvent actif, capable de développer des compétences variées, on l'entend rarement estimer son travail à sa juste valeur : parfois, il se surévalue, comme pour prouver qu'il est le meilleur, parfois, il se dévalorise.

— Devant une situation inédite, il a besoin de caution pour trouver de l'assurance pour agir.

— Il a souvent une vision négative non seulement de lui-même mais des autres.

— Son insatisfaction sur lui-même crée en lui une tension, qui peut s'exprimer de diverses façons, en particulier par une obstruction passive, des râleries, etc.

— Il décompresse rarement en public, et plus souvent auprès de ses proches.

Le contradictoire normatif

Comment il se décrit

— Il se reconnaît globalement dans le portrait du contradictoire adaptant, mais il faut ajouter certains traits qui lui sont propres :

— Il veut absolument paraître irréprochable, et pour cela règle sa conduite sur « il faut » ou « il ne faut pas ».

— Consciencieux, scrupuleux, il fignole son travail.

— Il se contrôle beaucoup, et éprouve très souvent la culpabilité.

— Cet auto-contrôle permanent et cette culpabilité créent en lui une tension forte. Il vit sous pression.

— Parfois, une colère explose, ou bien il lance des accusations à la figure d'un autre. Mais aussitôt il se le reproche.

— Certains n'explosent jamais, ils ne s'en donnent pas le droit. Mais leur tourment intérieur en est d'autant plus fort.

— Il a le sentiment de ne pas avoir une vie très heureuse.

— Il tient beaucoup à ses affaires (il avouera parfois une certaine radinerie).

— De la même façon, il tient à ce que ses proches agissent « comme il faut ». Il se reconnaît parfois possessif.

— Il n'aime pas la nouveauté, mais se sent très à l'aise dans un travail de routine.

— Prendre une décision l'angoisse beaucoup.

COMMENT ON LE VOIT VIVRE

Pour l'observateur extérieur, la différence entre le contradictoire adaptant et le normatif est visible. Le premier a l'air nettement plus dégagé, libre, par rapport au second qui apparaît contraint, conformiste, tantôt hésitant, tantôt cassant.

— Ponctuel, précis, rigoureux, capable de fignoler un travail.

— Parfois sa rigueur devient rigidité, il devient pinailleur, il impose ses façons de faire (normes), il domine alors les autres.

— Parfois, il se montre étonnamment démuni devant une situation inédite, où il ne sait « ce qu'il FAUT faire ». Alors, il s'en remet complètement au jugement d'un autre qui lui paraît une référence. L'alternance entre des moments d'assurance excessive et cet abandon désarçonne ses proches.

— Ceux qui le connaissent bien le trouvent parfois crispé sur lui-même, sur ses biens, sur ses proches.

*
**

Ceux qui imposent leur place : les retranchés, les dominants passifs et les dominants actifs.

Leur place est au-dessus des autres, en avant, à l'écart, à part, ou alors au centre, mais jamais fondus dans une masse anonyme. Ils ont le sentiment sincère d'être « plus ». L'opinion et l'attitude des autres sur ce sujet ne changeront rien à cette conviction.

Le retranché

Il s'impose de façon inquiète, voire agressive.

COMMENT IL SE DÉCRIT

— Il a le sentiment d'avoir fait les frais d'un certain nombre d'injustices, il se sent souvent mal compris.

— Il est avide d'une relation affective qui lui donne satisfaction, mais les autres le déçoivent souvent.

— Il se perçoit comme « différent », et préfère souvent la sécurité affective d'une relation à deux à l'aliénation d'un groupe. Lui aussi est certain d'être au-dessus du panier, mais cette certitude n'est pas sereine, comme chez le dominant, elle est inquiète.

— Il n'a confiance qu'en lui-même, en ses jugements propres.

— Il observe son entourage avec perspicacité et une vigilance aiguisée, car il a horreur de se faire mener par le bout du nez. Il a le sentiment d'être très réaliste.

— Il sait ce qu'il veut et mène ses projets à terme contre vents et marées.

COMMENT ON LE VOIT VIVRE

— Il est souvent énergique, déterminé, persuasif, ambitieux.

— Il va généralement jusqu'au bout de ses idées, quitte à s'enferrer parfois dans des erreurs lourdes de conséquences.

— Très sensibilisé à l'injustice, il peut s'investir pleinement au service d'une cause.

— Il se tient volontiers un peu en retrait, il a beaucoup de mal à respecter les contraintes d'une vie sociale, telles qu'arriver à l'heure, remercier, s'excuser, etc.

— Par le tout venant il est souvent bien noté, charmant... charmeur, ou énergique et fort. Parfois on trouve qu'il n'est pas à prendre avec des pincettes.

— Pour ses proches il peut être difficile à vivre : des périodes de complicité chaleureuse alternent sans crier gare avec des comportements qui peuvent être violents. Il semble cultiver un personnage énigmatique. En effet, imprévisible, lunatique, il en devient fascinant.

— Il attribue facilement aux autres ses propres travers

Le dominant passif

Il s'impose passivement.

COMMENT IL SE DÉCRIT

— Il ne confie à personne ses difficultés personnelles, ne comptant que sur lui-même pour les résoudre.

— Il se passionne pour un secteur d'intérêt privilégié

dans lequel il dépense temps, énergie, créativité, et se désintéresse totalement du reste.

— Hors de ce secteur, il se décharge habituellement sur les autres des tâches qui l'ennuient, et refuse toute contrainte.

— Il n'aime pas la routine.

— Il n'aime pas être dérangé.

— En ayant soin de garder une apparence de conformité, il contourne comme d'instinct les règlements, horaires, conventions.

— Il ne recherche pas le contact avec les autres, mais accepte volontiers les relations qu'on lui propose.

COMMENT ON LE VOIT VIVRE

— Il apparaît calme, assuré, tranquille.

— Il ne s'émeut pas facilement.

— Il semble vivre dans son monde.

— Il peut se montrer d'une inertie paralysante dans une vie sociale.

— On le voit s'investir dans un secteur d'activité unique ; hors de là, sa vie semble réduite au strict minimum.

— Il paraît insensible à tout ce qui ne s'y rattache pas, choses et gens.

— Il semble avoir un besoin d'affection limité.

— Habituellement, il ne se met pas en peine pour défendre ou imposer son point de vue, mais quand il a décidé de l'imposer, il est inébranlable.

Le dominant actif

Il s'impose activement.

COMMENT IL SE DÉCRIT

— Comme une personnalité très solide, énergique, réaliste, assurée, ce qui, à son avis, le distingue nettement du lot. Il ne compte que sur lui-même.

— Il éprouve le besoin de conquérir une juste reconnaissance de sa place.

— Il n'entreprend que les choses qu'il est sûr de réussir, il se trouve très créatif, plein d'audace, et cela lui réussit. Il a l'impression de n'avoir jamais vraiment connu d'échec.

— Il n'aime pas la routine.

— Il ne s'attache guère aux personnes, il a moins besoin d'amis que de relations.

COMMENT ON LE VOIT VIVRE

— On est frappé par son assurance, sa vivacité, son esprit d'entreprise.

— Il est souvent capable de mener de front plusieurs activités.

— Il donne l'impression que tout lui réussit, mais ceux qui le connaissent de plus près constatent qu'il ne mémorise pas ses échecs.

— Il apparaît comme nullement concerné par tout ce qui n'est pas lui.

— Son besoin d'affection semble limité. Il a une haute idée de lui-même, et fait en sorte de la faire partager largement.

— Il a toujours le dernier mot, et peut s'entêter jusqu'à soutenir des sottises.

— Il suscite l'admiration de certains, fait naître la rivalité chez d'autres, d'autres encore sourient à sa naïveté.

— Ses collaborateurs et ses proches assurent autour de lui l'intendance qui ne l'intéresse pas. Comme il a souvent les yeux plus gros que le ventre, les autres doivent mettre la différence, au bout du compte.

— Devant lui, on se sentirait facilement bête, dépassé, incapable.

*
**

Ceux qui ont l'impression qu'a priori, ils ne comptent pas, ou même qu'ils sont de trop, les fonctionnels : les isolés exécutants, les impersonnels, et les isolés dans le service.

L'attitude qu'on a eue avec eux au cours de leur enfance allait de l'indifférence au rejet explicite. Aussi, ils n'ont pas de place. Ou plutôt, l'idée de la place qui leur revient parmi les autres est celle-ci . « Je ne compte pas, voire je dérange, je suis de trop. » Cette problématique les conduit à un comportement globalement fonctionnel : ils s'attachent aux choses à faire de façon le plus souvent désimpliquée. La place qu'ils se font en société est celle qu'on veut bien leur accorder : fonctionnelle, elle repose entièrement sur leur compétence, jamais sur une assurance sans contenu. Les fonctionnels ne sont jamais des carriéristes, des ambitieux, mais des « idiots utiles » (1) : ils font tourner l'entreprise (mais aussi la société tout entière) fidèlement tandis que beaucoup d'autres dépensent leur énergie dans toute sorte de conflits stériles. Souvent très riches sur le terrain de la compétence et de leur investissement, ils respectent leurs engagements et les conventions communes. En revanche, ils sont tout à fait démunis quand il s'agit de défendre leurs intérêts, ou simplement de les faire valoir.

A la rubrique « Comment il se décrit », le fonctionnel n'a rien à dire, c'est un sujet qui ne lui vient pas à l'idée, qui ne l'intéresse pas, voire qui le met mal à l'aise. D'où la difficulté pour cette recherche sur les comportements.

L'isolé exécutant

Il prend la seule place qu'on lui ait désignée autrefois : dans le travail et nulle part ailleurs.

COMMENT IL SE DÉCRIT

— Le travail est pour lui très important.

— Il a tendance à se cantonner à la tâche qu'on lui a confiée.

— Il a besoin de travailler seul, de réfléchir seul pour faire preuve d'initiative.

— Il a besoin d'un certain temps de recul, de réfléchir à froid pour se faire une opinion. Devant une personne qui réagit selon des émotions fortes, son intelligence se bloque.

— Il est conscient d'avoir des compétences, issues de son expérience.

— Ne rien faire lui est insupportable.

— Il aime à développer d'autres secteurs mais il sait qu'il les abandonnera facilement dès que ses soucis professionnels se feront un peu plus pressants.

— En société, il est mal à l'aise, il éprouve des difficultés à trouver des sujets de conversation et à formuler ce qu'il pense. Il n'entre en relation avec quelqu'un que pour un objet qui lui paraît utile.

COMMENT ON LE VOIT VIVRE

— Un homme seul, qui a des difficultés de contact, discret, taciturne. Incompréhensible ou froid pour certains, il travaille beaucoup, mais il ne sait pas le faire valoir. Il semble éprouver peu d'émotions et mener une vie terne et rétrécie.

— Il gagne à être connu, on découvre alors une personnalité mesurée, pondérée, réfléchie. Il est souvent plein de bon sens et de sens pratique.

L'impersonnel

Quand il était enfant, on ne s'est guère occupé de lui. On se souvenait de son existence pour l'utiliser comme tampon dans les conflits familiaux, comme faire-valoir, confident ou déversoir pour les émotions d'un autre, parent, frère ou sœur. On l'a souvent comparé à un autre, en sa défaveur. Aussi sa place se trouve-t-elle réduite ainsi au strict minimum.

COMMENT IL SE DÉCRIT

— Il se considère comme sans grande valeur, et pense que tout le monde peut faire aussi bien ou mieux que lui. Il a l'impression d'être facilement interchangeable.

— Il s'efface devant les autres, il n'aime pas s'imposer.

— Il est capable de prendre des décisions ponctuelles, surtout quand elles se présentent à lui comme une nécessité extérieure, mais se sent paralysé et vide pour exprimer et satisfaire ses goûts personnels.

COMMENT ON LE VOIT VIVRE

— Gentil, effacé, émotionnellement pondéré.

— Les choses à faire pour son entourage passent toujours avant ce qu'il doit faire pour lui-même.

— Il minimise à ses propres yeux et aux yeux des autres ce qu'il fait, et semble oublier ses propres réalisations.

— Il n'a pas d'ambition et se laisse mener passivement par l'événement.

— Quand on le connaît de plus près, il apparaît très riche, agréable à vivre, réfléchi.

L'isolé dans le service

Au sein de sa famille, il n'a pas été gâté sur le plan de la tendresse. Sa personne en tant que telle a été peu prise en compte. On l'a rendu sensible à ceux qui étaient dans le besoin. Il a été amené à se rendre utile aux autres. C'est en agissant ainsi qu'il prend sa place. Il rend service par réflexe, nullement pour se mettre en avant, mais parce qu'il pense que ce service est à rendre.

COMMENT IL SE DÉCRIT

— Sa motivation pour agir : se rendre utile aux autres. Il est alors imaginatif, entreprenant et s'il le faut, combatif. Il prend parti pour celui qu'il voit injustement traité.

— Il aime la compagnie, mais n'entre en relation avec les autres que pour une raison utile et précise, sinon il a peur de déranger. Une fois le travail terminé, il se retire.

— Il ne comprend rien aux jeux relationnels.

— Dans un travail avec d'autres, il est important pour lui de pouvoir s'organiser. Il a besoin de connaître, l'horaire, le planning, la suite des affaires. Quand quelqu'un change l'organisation à l'improviste, il est perdu... et contrarié. Quand il lui revient d'organiser le travail pour d'autres, il a le souci que chacun ait bien sa place et puisse se réaliser à travers ce qu'il fait, avec une bonne marge de liberté. Il a le souci de féliciter et d'encourager les autres.

— Il supplée facilement aux oublis et aux négligences des autres plutôt que de faire des remarques.

— Il trouve normal de servir gratuitement, il est gêné quand on lui fait un cadeau quand on veut le remercier, le mettre en avant. Ce qui le concerne a peu d'importance.

— Dans les moments difficiles, il pense qu'il doit se débrouiller seul, soit pour ne pas déranger, soit parce qu'il n'est pas sûr de pouvoir compter sur les autres. Il a peur de se retrouver abandonné, rejeté.

— Il a un sens aigu de son autonomie, tout comme il essaie de respecter l'autonomie des autres. C'est là une des raisons pour lesquelles travailler dans la solitude ne lui déplaît pas. Il éprouve le besoin de réfléchir seul.

COMMENT ON LE VOIT VIVRE
— Il apparaît sociable et tonique.

— Très vigilant pour les intérêts des autres, très sensible aux injustices, on le voit s'engager pour les autres, sans hésiter, quitte à se mettre ainsi au service de gens qui abusent de lui. Il assure souvent des suppléances.

— Entreprenant, serviable, il n'attire pas la considération car il ne fait rien pour cela. Il n'est jamais mondain. Il fait son travail, puis s'efface ensuite.

— Il n'aime pas être mis sur l'avant-scène, mais il est très sensible au mépris et au rejet. Agressé personnellement, il se retire au lieu de se défendre. Son désarroi surprend d'autant plus que lorsqu'il s'agit des intérêts des autres, il est capable d'une bonne dose de combativité.

— Contrairement aux autres fonctionnels, il réagit selon des émotions fortes, qui se répercutent sur sa santé.

*
* *

Enfin, nous avons observé un très petit nombre de personnes (de l'ordre de un pour cent) qui ne répondent à aucun de ces différents types de comportement. Il s'agit d'individus particulièrement équilibrés, qui ne sont parasités par aucune inquiétude relationnelle enfouie, et qui de ce fait, se trouvent beaucoup plus sereins pour aborder les difficultés ordinaires de la vie. Ils prennent leur place parmi les autres tout naturellement, ils savent s'estimer à leur juste valeur, et garder leur indépendance tout en s'insérant dans une vie collective.

Cette étude des divers types de comportements sera répartie sur deux volumes. Le premier portera sur les fusionnants actifs et passifs, les contradictoires adaptants et normatifs, et sur les retranchés. Le second (qui paraîtra ultérieurement) traitera des dominants actifs et passifs, et des trois types de comportements « fonctionnels » : isolés exécutants, isolés au service, et impersonnels.

CHAPITRE 2

« AVOIR SA PLACE »
MÉCANISMES NEURO-PHYSIOLOGIQUES

Chaque comportement s'organise autour d'une certaine conception de sa place parmi les autres. Cette notion vitale est prise en charge par un dispositif de surveillance très sophistiqué (le B.I.S. [1]), placé dans le cerveau, au carrefour de nos cinq sens. Ce système d'alarme vérifie constamment si ma sécurité, mon confort, ma place parmi les autres sont menacés ou non. Au moindre danger, réel ou perçu comme tel, ce système met l'organisme en éveil. Il peut être comparé à une sentinelle surveillant l'horizon au mirador ; sans cesse aux aguets, elle ne donne l'alerte qu'en cas de danger. Ainsi, dans l'organisme, l'alerte est déclenchée dès que la place est menacée.

Que se passe-t-il alors ?

La réflexion se bloque et l'organisme a recours à des réactions quasi instinctives. Plus l'urgence est grande, plus l'angoisse me submerge et plus la réflexion — seule capable d'imaginer des solutions nouvelles et adaptées — devient difficile. Les attitudes que j'adopte alors sont des automatismes. Les mêmes auxquels j'ai recours depuis mon enfance pour sauvegarder ma place.

---

1. B.I.S. Behavioral Inhibiting System : Système inhibiteur du comportement.

Ce que j'attends et ce qui m'arrive : le B.I.S.

Une explication plus technique est proposée en fin d'ouvrage (4).

Nous sommes constamment sollicités par une foule d'informations dont la plupart ne retiennent pas notre attention. La couleur des voitures dans la rue, les habits portés par les gens, la petite musique de fond dans les supermarchés, les hirondelles sur les fils téléphoniques, etc. S'il fallait s'arrêter à tout cela, la vie serait impossible. Nous filtrons les événements et ne retenons que ceux qui sont importants pour nous.

Ce filtrage est dû à une sorte de sentinelle, le B.I.S. qui correspond à une structure du cerveau archaïque. Le B.I.S. ne traite qu'une seule information à la fois. Chaque information neutre filtrée laisse la place à la suivante. Il agit par confrontation constante entre ce que je perçois du monde environnant et ce qui est important pour moi, c'est-à-dire avant tout *ma place,* mes projets, et d'une façon globale, mes attentes dans la vie.

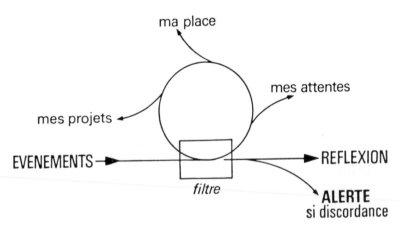

Le B.I.S. fait donc appel à différentes mémoires, localisées dans les différentes parties du cerveau.

La façon dont chacun *conçoit sa place* parmi les autres semble être stockée à la face profonde du néocortex (cortex entorhinal).

Ce matin, de retour de congés, je suis allé prendre mon café et lire le journal dans un bar avant d'aller à l'usine. Je parcours distraitement les premières pages tout en grignotant un sandwich. La chronique des chiens écrasés, les exploits sportifs du club local, les recettes pour ne pas grossir, tout cela me laisse indifférent, je passe. Soudain, mon attention est attirée par un titre : « Grève à l'usine X. » C'est là que je travaille. Voilà une information qui a de l'importance pour moi : la sentinelle donne l'alarme. De façon quasiment inconsciente, s'effectue une première évaluation : s'il y a grève, c'est que quelque chose d'anormal se produit. Y aurait-il menace pour mon emploi ? Ce serait grave. Surtout que j'ai des travaux en cours dans ma maison...

Arrêt des actions en cours. Il y a alors cessation des autres activités, mise en éveil et focalisation de toute l'attention sur l'événement. Je lis soigneusement l'article : « Ce matin les délégués syndicaux ont débuté une grève suite à l'annonce par la direction de cinquante licenciements. » La menace se précise, anxieux je quitte le bar, laissant là café, sandwich et journal, et me précipite à l'usine pour en savoir plus.

Le B.I.S. fonctionne comme un filtre qui retient les événements importants, c'est-à-dire ceux qui sont nouveaux et donc potentiellement dangereux, ceux qui annoncent un désagrément, et ceux qui annoncent qu'un bénéfice escompté n'arrivera pas.

Un événement est important parce que d'autres expériences antérieures me le font juger comme tel. L'analyse d'un fait présent par le B.I.S. est tributaire du passé que ce soit au niveau de la première opération : le filtrage, ou au niveau de la seconde opération : la recherche d'une discor-

---

« Ce que j'attends de la vie », notion essentiellement axée autour du gratifiant, déplaisant, serait mémorisée dans la zone la plus archaïque du cortex, le cingulum.

Enfin, les projets et stratégies sont principalement traités par le cortex préfrontal.

Le système de sentinelle, lui, est situé dans l'hippocampe, une structure essentielle du cerveau limbique (ou affectif).

Une fois que la sentinelle a filtré une information, elle l'injecte dans un circuit qui va permettre de confronter cette information avec « ma place » « mes attentes », « mes projets ».

dance. En effet ma place, mes attentes, mes projets, tout cela est stocké en mémoire et dépend donc de mes expériences antérieures.

Si chacun possède un B.I.S., le contenu des mémoires diffère d'un individu à l'autre. (Il est donc impossible de tomber dans un réductionnisme simpliste qui ramènerait le fonctionnement psychique à l'activation d'une série de circuits de neurones.)

Recherche d'information. La réaction d'alarme provoque une recherche d'informations supplémentaires, de façon à me donner une opinion sur la situation. Au problème détecté, je vais donc accorder une signification : il peut apparaître après réflexion qu'en fait il n'y a pas de problème. C'était une fausse alerte. Il y a alors extinction du B.I.S.

Si en arrivant à l'usine j'apprends que je ne suis pas dans le lot des licenciés, il y aura sûrement extinction de la réaction d'alarme.

En revanche si mes craintes se confirment, la situation devient bel et bien alarmante. Si de plus j'ai connu auparavant d'autres expériences douloureuses de chômage, je n'en serai que plus anxieux aujourd'hui.

Ainsi la menace se précise, le B.I.S. reste activé et le restera tant qu'une solution satisfaisante n'aura pas été trouvée.

Réactions. Face à une menace, il y a différentes attitudes possibles. Là encore, en fonction de l'apprentissage, j'aurai tendance à réagir de telle ou telle façon. Différents circuits neuro-endocriniens peuvent être mobilisés suivant la stratégie adoptée.

La perspective d'un chômage me pousse à *faire quelque chose* pour en sortir coûte que coûte : démarches, soutien actif au piquet de grève ou recherche d'un nouvel emploi... Je me lance dans l'action, sachant bien que si je me laisse aller, je risque la dépression pure et simple.

Ici intervient le circuit qu'on pourrait qualifier de « système de l'action », celui qui mène à l'action offensive (M.F.B.) ou défensive (P.V.S.) (3). Il s'agit ici d'œuvrer pour faire disparaître la menace et éteindre la réaction d'alarme, génératrice d'anxiété.

Dans cette réaction *active* il y a une participation émotionnelle importante, une tension qui peut perturber le fonctionnement des organes, et donc aboutir à des maladies.

Et si une solution apparaît et se révèle satisfaisante, l'alerte s'éteint et l'ensemble est mémorisé comme satisfaisant, c'est-à-dire avec participation du système de récompense. A cause de cette expérience, je serai la prochaine fois plus opérationnel, plus confiant, donc plus apte à résoudre le problème.

Je peux également sombrer dans la résignation : « C'est la crise, on n'y peut rien. » Comme beaucoup de chômeurs, je glisserai alors dans une sorte de mélancolie prostrée. De récents sondages estiment qu'en Grande-Bretagne, le chômage tue plus de mille personnes par an, à cause de la sensibilité accrue des chômeurs à la maladie.

Dans ce cas-là, le circuit neuro-endocrinien qui est sollicité est celui de l'inhibition (S.I.A.).

La réaction est toute différente. Elle peut survenir soit d'emblée, parce que l'individu juge sa situation sans espoir, soit après avoir essayé des solutions qui n'aboutissent pas. Notons que ce sentiment d'impuissance n'est pas forcément objectif.

Ici encore intervient l'apprentissage : si j'estime être aujourd'hui dans une impasse, c'est parce qu'avant j'ai essayé de m'en sortir, et que ça n'a pas abouti, ou bien c'est parce que dans le passé, devant une situation semblable, je n'ai pu faire face. Cette situation d'inhibition correspond à une attente passive, *en tension* (c'est-à-dire avec beaucoup d'angoisse), qui met là aussi l'organisme dans une situation périlleuse.

Il y a en effet une perturbation hormonale importante susceptible de faire apparaître ou survenir des maladies.

Ces deux circuits de réponse ne fonctionnent pas indépendamment l'un de l'autre ; ils sont en compétition. Cela signifie qu'agir aura pour conséquence directe de moduler l'angoisse de l'inhibition. A l'inverse, l'angoisse paralyse l'action et la réflexion.

S'il arrive que nous puissions apporter une solution à un problème posé par l'environnement, il arrive également qu'aucune solution satisfaisante ne soit trouvée. Or, dans une telle situation, beaucoup ne sombrent pas dans la dépression mais continuent à se démener, à agir. Néanmoins, le problème posé par l'environnement n'est pas réglé, et la réaction d'alarme persiste. L'individu doit donc, pendant un certain temps tout au moins, assumer la tension émotionnelle engendrée par l'alarme. En fait, il s'agit ici d'un compromis, car il y a un déséquilibre, le B.I.S. reste activé.

Certains l'expriment au niveau somatique (maladies), d'autres au niveau psychique (bouffées d'angoisse, passages à vide, tics, excitation...), d'autres au niveau social (agressivité, dévouement, délinquance...).

D'autre privilégient un type de réponse bien particulier : l'évasion. Ils se lancent dans une activité qui ne résoud pas le problème posé, mais leur évite de tomber dans l'angoisse. Ce peut être la pêche, la drogue, la télévision...

Dans ces différentes réponses possibles, l'anxiété due au B.I.S. demeure en toile de fond.

Nous avons vu que c'est au cours des premières années que se structure la personnalité. Durant cette période, chacun de nous est sensibilisé à certaines situations et le restera toute sa vie.

La conception que chacun se fait de sa place est un de ces points sensibles particulièrement important. Celui qui a été rejeté restera hypersensible et désarmé face à toute attitude de rejet. Celui qui a grandi en vedette familiale cherchera par la suite à retrouver ou à garder cette première place.

En fait, notre interprétation du présent est très orientée par nos expériences passées, d'autant plus qu'elles ont concerné des notions vitales, ce qui est le cas pour « avoir sa place ». Aux difficultés actuelles, nous avons tendance à superposer une autre problématique qui renvoie à ces situations d'enfance. Il y a alors réactivation de cette problématique jamais résolue, ou plutôt mal résolue : celle qui détermine le type de comportement.

On devine que chaque individu, chaque type de comportement, possède ses points sensibles, c'est-à-dire, ses situations pathogènes [1].

---

1. Une étude approfondie de cette physiopathologie spécifique à chaque type de comportement, nous entraînerait trop loin pour cet ouvrage. Nous la réservons donc pour une publication ultérieure.

Quelle thérapeutique peut-on dès lors proposer ?

Une première possibilité serait d'agir en aval de la réaction, c'est-à-dire tenter de limiter les manifestations d'anxiété. C'est ce que fait toute la série des médicaments anxiolytiques. C'est ce que font aussi toutes les thérapies basées sur le contrôle des émotions. Il s'agit là d'adjuvants précieux, mais qui ne résolvent pas le problème fondamental.

Une autre voie possible consisterait à *changer l'environnement,* c'est-à-dire agir pour le rendre conforme aux attentes. C'est ce que nous avons tous tendance à faire. Ce n'est malheureusement pas toujours possible : je ne peux pas être en harmonie avec tout le monde, ou toujours au centre, ou toujours compris...

Reste une troisième voie, qui consiste à *changer mon attente* elle-même. Cela signifie la connaître, et savoir en quelles circonstances elle s'est élaborée. A partir de cette prise de conscience, je peux opérer une réflexion (et non pas une introspection), afin d'ajuster mes attentes à la réalité.

C'est là l'objet de notre recherche.

Avertissement au lecteur

La personnalité d'un individu ne se limite pas à ses automatismes de comportement; il est évident que chacun adopte beaucoup d'attitudes qui ne peuvent se limiter à un portrait-robot. Chacun est le fruit d'une histoire personnelle qui ne saurait se confondre avec aucune autre.

Pour faciliter la lecture de cet ouvrage, nous parlerons par un raccourci de langage délibéré du *fusionnant,* du *contradictoire,* etc. Il faudrait en toute rigueur écrire à chaque fois : *le comportement fusionnant, le comportement contradictoire,* etc. Disons une fois pour toutes que le but de cet ouvrage n'est pas d'étiqueter ni de cataloguer des personnes, mais d'étudier des traits de comportements, pour y remédier.

Les témoignages et histoires rapportés évoquent des situations où apparaît le caractère inadapté à l'environnement de chaque type de comportement. Une personne appartenant à un type de comportement ne présente pas forcément tous les traits qui sont ici mis en lumière, il se dégage néanmoins *un fonctionnement global* dans lequel l'un ou l'autre se reconnaîtra certainement.

Comment lire ce livre ? Il parle **au** lecteur, il ne parle pas **du** lecteur. Inutile donc de s'impliquer dans ces pages, même si telle ou telle situation ressemble étonnamment à quelque expérience personnelle. Il sera vivement conseillé de lire cet ouvrage en se tenant bien à l'extérieur par rapport aux expériences évoquées et en ne tombant pas dans l'introspection. C'est le meilleur moyen pour rester attentif aux solutions proposées au fur et à mesure, et dont le lecteur pourra faire son profit.

TROISIÈME PARTIE

LES COMPORTEMENTS FUSIONNANTS

Comment se présente le comportement fusionnant ?

Avant d'en démonter les mécanismes, et pour faire connaissance avec ce comportement, observons-le brièvement dans la vie quotidienne.

Un seul cœur, une seule émotion, Claire et sa fille.

Le cœur serré, Claire presse le pas pour rentrer chez elle. Ce matin, sa fille Sandrine était en larmes : au moment de partir pour l'école, elle n'avait pas fait ses devoirs. Comment aurait-elle pu les faire puisqu'elle avait oublié son cahier ? La pauvre ! Elle avait tellement peur des reproches de l'institutrice... Que voulez-vous, elle n'a que sept ans, elle est très émotive, pauvre chou. Alors Claire l'a rassurée :

— Ne pleure plus, je dirai à la maîtresse que tu avais oublié ton cahier. Il ne faut pas te mettre dans des états pareils...

Et que lui avait répondu la maîtresse ?

— Cela fait plusieurs fois que vous vous dérangez pour excuser Sandrine, madame, je ne suis pas sûre que ce soit un service à lui rendre. Je comprends votre souci de l'aider, mais vous la privez des conséquences de ses actes. Sandrine aura beaucoup de mal à se débrouiller plus tard si vous la couvez comme cela... Et puis, je ne l'aurais pas accablée pour un oubli, vous savez...

Claire a rougi, confuse, et s'est esquivée rapidement,

prétextant une course urgente. Elle n'a pas le courage d'en entendre plus long, ni surtout d'entamer une discussion.

Un seul cœur, une seule émotion, Claire et son père.

En effet, ce qui vient de se passer rappelle à Claire de vieux souvenirs. Lorsqu'elle avait six ans, elle avait fait plusieurs ratures sur son devoir. Elle craignait tellement la colère de la maîtresse que son père l'avait accompagnée jusqu'à l'école pour lui « expliquer ». En règle générale, dès qu'elle avait la moindre difficulté, il volait à son secours. Elle trouvait ça plutôt sécurisant.

Aujourd'hui, Claire agit avec sa fille exactement comme son père le faisait avec elle.

L'éternelle enfant d'une mère surprotectrice.

C'est pourtant vrai que Claire ne se sent pas à la hauteur face aux difficultés de la vie. Dès que les soucis s'accumulent, elle se surprend à regretter l'époque où elle était chez ses parents : « C'était le bon temps, ce n'était pas à moi de prendre des initiatives. » Il est vrai qu'elle n'avait alors d'autre rôle à tenir que celui de petite-fille qui fait la joie des siens. Sa mère s'extasiait devant les petits enfants : « C'est mignon à cet âge-là ! Il ne faudrait pas que ça grandisse… ! » En fait, ce genre de lieux communs reflètent exactement sa mentalité. Elle a toujours considéré Claire comme une enfant : jusqu'à ce qu'elle quitte la maison, elle lui achetait ses vêtements, ses chaussures, choisissait la décoration de sa chambre. Lorsque Claire était étudiante, sa mère continuait à régenter sa vie ; si on l'appelait au téléphone, elle demandait à chaque fois : « Qui c'est ? » Elle ouvrait son courrier — oh, par erreur, évidemment —. Quant à ses amis, ils étaient passés au crible de ses jugements. Révélateur est le surnom dont elle l'affuble encore, à trente ans passés : « la gamine ».

Une jeune fille émotive et influençable.

Quand Claire était adolescente, la rubrique des chiens écrasés la faisait pleurer, un poème la mettait en émoi, il lui arrivait de s'enflammer comme un fétu de paille pour des idées. Un jour, elle avait discuté avec une femme qui travaillait dans un kibboutz. Le temps d'un repas pris ensemble et Claire avait déjà résolu de partir en Israël, laissant là amis, études, relations… Pendant quelques années, elle s'est occupée d'une association d'handicapés. Pas par choix personnel, mais simplement parce que quelqu'un lui avait dit un jour d'un ton assuré : « Tu es la personne qu'il nous faut, tu feras ça très bien. »

Incapable de dire « non ».

Les siens sont loin aujourd'hui, cependant demeure chez Claire ce réflexe de vouloir à tout prix *être bien avec tout le monde*, être agréable à chacun dans l'instant : elle est incapable de dire « non ». Mercredi dernier, on comptait sur elle pour la répétition de l'ensemble vocal : elle devait assurer un solo dans un madrigal de Monteverdi. Elle avait bien promis d'être présente, mais voilà que la veille, sa cousine lui avait demandé de l'aider pour une réception qu'elle donnait précisément ce même mercredi. Craignant d'être débordée, elle comptait absolument sur Claire qui a l'habitude d'organiser ce genre de soirée. Claire avait donc accepté : après tout, l'ensemble vocal pourrait bien se passer d'elle pour une fois ! Il y aurait encore d'autres répétitions. Elle avait donc décidé d'aider sa cousine, quand mercredi après-midi son frère, de passage dans la région, lui avait téléphoné pour la rencontrer. Comment refuser ? Bien sûr, il aurait pu prévenir un peu plus tôt, mais elle le voit si rarement. Tant pis pour la cousine ! D'ailleurs, elle se débrouille très bien, et au fond elle avait plus besoin d'un soutien moral que d'une aide effective. Une fois de plus, incapable de refuser, Claire avait donné plusieurs rendez-vous à la même heure. Bien entendu, les jours suivants, elle redoutait de rencontrer ceux à qui elle avait si cavalièrement fait faux bond.

Désireuse de plaire à chacun successivement et incapable, telle une enfant, de contrôler ses emballements, Claire met tout le monde dans l'embarras.

Tout au long de ce chapitre, nous nous appliquerons à démonter les mécanismes de ce comportement, et nous mettrons en lumière ses inadaptations. Nous présenterons également divers retraitements émotionnels qui, à l'expérience, ont aidé tel ou tel fusionnant à avoir prise sur ses automatismes de comportement.

MÉCANISMES

Ce comportement s'organise autour d'une problématique que la personne essaie plus ou moins consciemment de résoudre par divers moyens.

Une problématique : le fusionnant se sent démuni, petit, il se considère comme un gamin. Il ne supporte pas la solitude.

Sa solution : il ne se sent en sécurité qu'en compagnie des autres. Son mode de relation préférentiel consiste à établir une harmonie émotionnelle avec les autres. Il a besoin de se sentir dans une sorte de fusion avec eux.

Cette façon particulière d'avoir sa place le rend très dépendant et oriente sa perception, ses réactions, son langage.

On le reconnaît facilement à ses traits caractéristiques.

— Très malléable, il tombe souvent d'accord avec le dernier qui a parlé.

— Il a horreur des conflits, jusqu'à en perdre la santé.

— On peut lire sur son visage les émotions qu'il ressent ; très spontané, il est incapable de dissimuler.

— Il paraît souvent idéaliste et naïf.

PROBLÉMATIQUE
« Je me considère comme un gamin, une gamine »

Vous reconnaîtrez facilement le fusionnant à ses allures bon enfant : il a un sourire candide, un maintien toujours un peu gêné et dans nombre de cas, même sa voix est restée enfantine. *Il fait jeune pour son âge :* combien de fois Agnès s'est-elle plainte que les commerçants l'appellent « mademoiselle » et non « madame » alors qu'elle a plus de trente-cinq ans et qu'elle est mère de trois enfants. Vincent, lui, a pris le parti de se laisser pousser la barbe pour se vieillir un peu : « Comment veux-tu qu'avec une tête comme la mienne, on pense à moi pour un poste de responsabilité ? J'ai cinq ans d'ancienneté, mais je suis sûr que mes patrons pensent toujours que je suis un petit nouveau. Et puis mes collègues se paient souvent ma tête sans méchanceté, c'est vrai, mais à la longue, je souffre de n'être pas pris au sérieux. »

Ce physique et ces attitudes puériles ne proviendraient-ils pas de *l'attitude des parents ou des frères et sœurs* qui ne peuvent se résoudre à voir grandir le petit ? « Je viens de réussir mon permis, raconte Henri, pour moi c'est une victoire car j'ai longtemps hésité avant de le passer, je ne me sentais pas de taille. Pour fêter ça, ma mère m'a laissé sa vieille 2 CV, il a donc fallu changer la carte grise. Craignant que je ne me perde dans les couloirs de la préfecture ou que je ne trouve pas le bon guichet, elle a tenu absolument à m'accompagner. Un autre jour, je voulais m'acheter un pantalon. Quand j'ai demandé de l'argent à ma mère, elle a souri : « Allons Minou, tu ne vas quand même pas aller t'acheter un pantalon tout seul ! » Quand je pense que j'ai vingt-cinq ans ! » Mais pourquoi cette femme et celles qui lui ressemblent refusent-elles inconsciemment de laisser grandir leur progéniture ? C'est qu'elles ont en commun une prédilection pour l'enfance et la maternité. (« L'homme n'a jamais pour lui que le cœur de sa mère. » Paule Régnier.) Une mère de dix enfants avoue qu'elle n'est vraiment heureuse que lorsqu'elle pouponne. Son seul regret : ne pas en avoir eu deux de plus. Une autre pourtant enseignante agrégée explique : « Si j'ai tant tergiversé pour savoir si oui ou non j'en aurai un quatrième, c'est parce qu'en dehors de la maternité, j'ai l'impression de ne pas exister. » Une femme plus âgée talonne sa fille mariée depuis un an : « Quand vas-tu avoir un enfant ? Si tu tardes, tu vas devenir frigide. Et puis écoute bien, de toute façon, moi je ne peux vivre sans enfants, alors si tu ne m'en fais pas un, j'en adopterai. » Et ce dernier témoignage d'une mère de cinq enfants qui vient d'adopter deux mongoliens : « Ceux-là au moins ne me quitteront pas. Ils auront toujours besoin de moi. » (sic.)

Aux yeux de ces femmes, *l'enfance est donc le plus bel âge de la vie,* mais que cache cette petite philosophie ? L'angoisse d'une mère elle-même fusionnante qui n'est à l'aise qu'avec des enfants ? Ou encore des tempéraments de type dominant qui trouvent dans la totale dépendance du nourrisson puis de l'enfant, matière à satisfaire leur besoin de supériorité et d'admiration ? Quoi qu'il en soit, c'est imprégné de ces émotions maternelles que l'enfant fait ses premiers pas dans la vie. Dans les fondements de sa personnalité (très probablement dans son hémisphère droit) est inscrite l'idée fixe de sa mère : « tu es un gamin ». Devenu adulte, cet homme — ou plus souvent cette femme — perçoit la réalité et sa propre personne à travers ce prisme.

Ne pas devenir adulte. Certains fusionnants se souviennent que la grande hantise de leur adolescence était de basculer un jour dans le monde des adultes. « Chaque fois que je l'ai pu, explique Nathalie, j'ai violemment manifesté mon refus de vieillir : lors de mon treizième anniversaire j'ai piqué une colère mémorable parce qu'on m'avait offert un pull. J'aurais préféré qu'on me donne un jouet, comme les années précédentes. Aînée de la famille, j'étais jalouse de mes frères et sœurs qui avaient la chance d'être traités encore en enfants. D'ailleurs, je n'ai pas fait de crise d'adolescence, longtemps je suis restée petite fille avec mes nattes dans le dos et ma petite jupe plissée. » Un autre précise : « Adolescent, j'avais une vision très négative du monde des adultes et je disais que je ne voulais pas grandir car j'étais sûr que cela entraînerait pour moi la fin d'une ère de bonheur ! Aujourd'hui encore quand je vois des enfants jouer ensemble, je suis pris d'une certaine mélancolie. A la réflexion, je me demande à qui ces pensées appartiennent : sont-elles miennes, ou ne seraient-elles pas plutôt le reflet des émotions maternelles qui m'imprègnent jusqu'à ce jour ? »

SOLUTION : LA FUSION
« Les autres et moi ne faisons qu'un »

Si nous avons choisi d'appeler ce type de comportement : fusionnant, c'est que ces gens privilégient un mode de communication particulier : la fusion.

De quoi s'agit-il ?

La fusion est une étape normale dans le développement de l'enfant. Jusqu'à l'âge de six mois environ, l'enfant vit en symbiose avec sa mère : le sein qu'on lui présente, le bras qui le caresse, il les perçoit comme partie intégrante de lui-même. Puis progressivement l'enfant différencie son corps de celui de sa mère : il réclame une caresse, un jouet... Si sa mère le fait attendre pour terminer d'abord ses occupations en cours avant de lui donner satisfaction, elle lui fait découvrir grâce à ce délai qu'elle est une personne distincte de lui. A l'inverse le psychiatre hollandais, De Witte, souligne que la mère qui répond immédiatement et sans condition aux désirs du nourrisson pendant ce stade de différenciation, le fixe dans un état de fusion. Après six mois, l'enfant commence à explorer activement l'espace qui l'entoure, il s'agrippe, empoigne, mord... Cependant il reste entièrement dépendant de l'appréciation de son éducateur.

Après huit mois, à quatre pattes, puis debout, l'enfant voit son territoire s'agrandir. Il parvient aussi à coordonner la vision et la préhension des objets, progressivement il apprend à estimer ses capacités et ses limites. Face à ses velléités d'indépendance, l'éducateur peut adopter ici encore, deux types d'attitudes : ou bien il favorise ou du moins n'entrave pas les tentatives de l'enfant, ou bien, inquiet de la fragilité de ce petit être, ou craignant au fond de lui-même que l'enfant lui échappe, il limite ses expériences pour le convaincre que décidément il est vraiment trop petit pour se passer de sa présence protectrice. Puis des balbutiements naît le langage — l'enfant s'affirme en s'opposant. « Non, je ne veux pas ! » est l'entrée en matière habituelle de ses conversations.

Cette saine assurance, cette différence tranquillement

affirmée, le fusionnant n'y accède pas globalement, surtout si au-delà de sa petite enfance, il continue à se faire dorloter et surprotéger. Ne sachant pas de quoi il est capable, il se perçoit comme un être immature, incapable d'évoluer seul à travers les embûches de la vie, et c'est pourquoi il continue à fusionner. Diverses situations familiales peuvent favoriser la mise en place de ce type de communication. En voici quelques-unes :

— une famille tribu où l'on entretient soigneusement l'harmonie dans les relations interpersonnelles ;

— une mère surprotectrice ;

— la présence de frères ou sœurs au caractère très affirmé qui poussent l'enfant à adopter des attitudes apaisantes, affectueuses et soumises ;

— un grand attachement entre frères et sœurs peut également mettre en place chez un individu une communication fusionnelle. L'un des cas les plus sérieux est celui de certains jumeaux.

Les jumeaux

Si aucun soubassement physiologique n'explique leur étroite union, la pression sociologique qui pèse constamment sur eux peut apporter des explications : les jumeaux sont souvent considérés par leur entourage non pas comme deux personnalités à part entière, mais comme un être unique. Dès leur plus jeune âge ils font l'objet d'une curiosité maladroite, on les interroge sans vergogne, on commente leur ressemblance, on les confond, on rit... Et puis du côté familial, bien souvent on accentue ces similitudes et on craint de les séparer. La télévision a consacré une émission aux jumeaux de tous âges. Rassemblés pour un séminaire sur la gémellité, tous se posaient la même question : pourraient-ils vivre l'un sans l'autre ? Pourraient-ils se dégager de la fusion qui les unit depuis si longtemps ?

Caroline et Christine, deux vraies jumelles, se sont heurtées à ce problème. Jusqu'à la fin de leur adolescence, elles *étaient toujours ensemble et partageaient tout,* la chambre, l'armoire, le bureau, les vêtements ; les seuls objets qui leur appartenaient en propre étaient le lit et le cartable. Il était clair que dans la tête de chacun des membres de leur famille, Christine et Caroline étaient perçues comme une seule entité. Aux yeux de tous elles ne faisaient qu'un et cette perception se traduisait dans le langage, on les appelait : les filles, les jumelles, ou encore on les affublait d'un même surnom. Leurs parents pensaient faire pour le mieux en favorisant ce rapprochement : ne dit-on pas que les jumeaux sont inséparables, qu'ils ne peuvent vivre l'un sans l'autre ?

Cependant, l'une comme l'autre souffrait d'être à ce point confondues et dès qu'elles l'ont pu, elles ont tout fait pour se différencier. Mais malgré ce net désir d'autonomie, les deux filles étaient liées l'une à l'autre bien au-delà de leur ressemblance physique et de leur pan-territoire. Enfants, elles utilisaient un langage qu'elles étaient seules à comprendre ; elles n'éprouvaient pas le besoin de communiquer avec l'extérieur. Plus tard, elles ont gardé cette sorte de connivence, elles se comprenaient sans mot dire, l'une était-elle blessée par une remarque, l'autre le sentait aussitôt ; Caroline avait-elle quelque souci scolaire, et Christine le savait. Il n'était pas nécessaire qu'elles soient ensemble pour avoir ce genre de pressentiment, en somme, elles étaient l'une avec l'autre en *communication télépathique*. Chose curieuse, les deux sœurs ne mettaient pas à profit cette compréhension profonde pour s'entraider, jamais elles n'ont réussi à se donner des conseils, à réfléchir ensemble. L'une souffrait de la souffrance de l'autre, se réjouissait de ses succès sans parvenir pour autant à exprimer à haute voix conseils et encouragements. Cependant, quand l'une devait prendre une décision, elle avait besoin de savoir que l'autre l'approuvait ; il leur était impossible d'agir sans ce consentement implicite. En tout point, chacune avait besoin de sentir que l'autre vibrait avec elle dans une même harmonie. Ainsi, d'année en année, cherchant pourtant à prendre leurs distances, Caroline et Christine continuaient de faire route ensemble, exerçant le même métier, fréquentant les mêmes amis, passant leurs vacances au même endroit.

Un autre point important qui unissait les jumelles était leur perception intuitive de la fragilité de l'autre. Elles étaient inquiètes l'une pour l'autre, sûres que seule l'autre ne pourrait venir à bout des difficultés de la vie. Etait-ce parce

qu'elles avaient l'impression de n'être que la moitié d'un tout ?
Cette osmose leur fut préjudiciable à l'âge adulte. Tout d'abord l'une comme l'autre ne concevait pas que, dans une relation amoureuse, il faille parler pour se comprendre en profondeur. Ainsi Christine après un an de mariage était-elle désappointée par son mari qui ne devinait pas ses besoins, tandis qu'il lui reprochait de rester secrète. Christine était également incapable de réfléchir seule, de se concentrer. Chaque fois qu'elle devait prendre une décision pour elle-même ou pour le couple, elle sollicitait son mari et se rangeait à son avis. Si ce choix la contrariait, elle refoulait tout au fond d'elle-même tout mouvement de désapprobation. En outre, elle avait une horreur physique de la solitude forcée dans laquelle les déplacements professionnels de son mari la laissaient deux ou trois fois par mois. Enfin, elle révéla honnêtement qu'elle était hantée par sa sœur. Malgré leur séparation physique, elles restaient unies en esprit au point que parfois le visage de Caroline venait se superposer à celui de son mari.

René Zazzo, professeur de psychologie à la faculté de Nanterre, décrit ainsi la profonde union des jumeaux : « Au début, ils restent toujours ensemble, se tiennent par la main, ne ressentent pas la nécessité de communiquer avec l'extérieur. Il arrive toujours un moment où, cependant, ils cherchent l'évasion, se séparent et tentent une expérience ou des expériences chacun de leur côté. Le plus souvent, ils se retrouvent et se ressoudent plus solidement que jamais. » Si Caroline et Christine sont parvenues à se séparer physiquement, on voit combien elles restent fusionnées mentalement.

Cette conception des relations avec l'autre sous forme de fusion est tout à fait exemplaire des automatismes du comportement fusionnant. Elle se caractérise par :
— un pan-territoire ;
— une communication émotionnelle et intuitive avec l'autre, parfois même d'ordre télépathique ;
— une absence d'identité propre, et un besoin vital de chercher son point d'ancrage chez l'autre.

Cette conception de soi et des rapports avec les autres influe, bien sûr, sur la perception.

LA PERCEPTION DU FUSIONNANT

Le climat émotionnel l'emporte sur le contenu

Une personne de comportement fusionnant est particulièrement réceptive aux émotions d'autrui. De ce fait, lorsqu'elle engage une conversation, elle focalise son attention sur le climat émotionnel, tandis que le contenu du message lui paraît secondaire. Tout se passe comme si le fusionnant présentait une hypertrophie fonctionnelle de l'hémisphère droit inhibant les facultés de réflexion, d'analyse et d'esprit critique de l'hémisphère gauche.

Une situation familiale fera comprendre aisément cette perception tout à fait subjective. Elisabeth apprend par un tiers, que conformément aux habitudes de sa famille, sa sœur Brigitte a répandu sur elle des propos malveillants. Elisabeth saisit la première occasion pour dire calmement mais fermement à la médisante : « Si à l'avenir tu as des reproches à me faire, tu voudras bien me les communiquer directement au lieu de les colporter derrière mon dos. » Brigitte s'est montrée gênée. Pour Elisabeth, l'incident était clos. Or quelques semaines plus tard, de passage chez son frère, elle apprend que cette même Brigitte est allée raconter ceci : « Récemment j'ai vu Elisabeth, elle était très en colère contre moi, mais je ne sais plus ce qu'elle m'a reproché. »

Prenons un peu de recul sur cette histoire, aussi banale que fréquente, pour en comprendre les mécanismes :

— Si Elisabeth fait une remarque à sa sœur, c'est pour avoir avec elle des rapports plus sains. Ses propos étaient simples. Pourtant, sa sœur ne semble pas les avoir entendus.

— Pourquoi ? Parce qu'Elisabeth a parlé d'un ton ferme et résolu. Brigitte, qui n'est habituée qu'à des conversations feutrées au ronron confortable, s'est alors angoissée. Et c'est cette émotion qu'elle a mémorisée.

— Elle n'a retenu de la scène qu'un souvenir purement émotionnel, une impression générale déplaisante, qu'elle traduit à sa façon : « Elisabeth est très en colère contre moi, mais je ne sais pas pourquoi. »

— A la suite de quoi, elle est allée rapporter chez son

frère l'incident, non pas tel qu'il s'est passé mais tel qu'elle l'a vécu.

Conclusion : sa perception était partielle, partiale, sa mémorisation l'est donc aussi... Et loin de changer d'attitude, elle a plus que jamais poursuivi ses commérages.

Ainsi, la perception émotionnelle du fusionnant peut faire de lui un interlocuteur peu fiable et par conséquent dangereux. Quand il rapporte un fait qui l'a tant soit peu bouleversé, son entourage doit l'écouter avec une certaine prudence ; et si le message est important, mieux vaut se renseigner directement à la source. Car son hyper-émotivité peut le conduire à semer de fausses nouvelles et donc à créer malentendus et discordes. De son côté, il devrait s'imposer une discipline salutaire : noter par écrit les propos entendus d'une part, et ses propres émotions d'autre part. Et s'il se rend compte qu'il n'a pas une perception claire des propos tenus, qu'il s'interdise d'aller rapporter ses impressions à qui que ce soit. Au début, il ressentira cette réserve comme une frustration, car il éprouve un grand besoin de s'exprimer et de communiquer des émotions qu'il ne peut garder pour lui. Mais rapidement, il se rendra compte que cette hygiène de vie apporte calme et sérénité.

Passage d'émotions et interprétation

Non seulement le fusionnant a besoin de communiquer ses émotions, mais de plus, il est très perméable à celles des autres. C'est ainsi que, pris dans des émotions qu'il ne comprend pas, il peut glisser dans l'interprétation.

Dans un bureau d'études, Pierre et son collègue travaillent depuis une semaine sur le projet d'un pont métallique. Un matin, le grand patron fait irruption dans leur bureau, serre la main des deux ingénieurs, allume nerveusement une cigarette, fait quelques pas de long en large, puis ressort comme il est entré, sans avoir desserré les dents, laissant les deux hommes intrigués. Le collègue hausse les épaules et se remet au travail tandis que Pierre, lui, demeure soucieux.

— Tu as vu le boss ? Quelle humeur ! Je me demande après qui il en a...

Entre M. Guy, le chef de service. Aussitôt Pierre va vers lui et lui glisse :

— Vous savez, le patron n'est pas très satisfait de me voir faire équipe avec mon collègue.

M. Guy a un mouvement de recul, fronce les sourcils et sort. Mais déjà, Pierre craint d'en avoir trop dit. Il essaie de le rattraper dans le couloir. Trop tard, M. Guy vient d'entrer chez le grand patron. Ce dernier, évidemment, ne comprend rien à toute cette histoire et invite le chef de service à ne plus le déranger pour des ragots de couloir. M. Guy, très mécontent, revient dans le bureau de Pierre pour obtenir quelques explications.

— Mais enfin, qu'est-ce qu'il vous a dit ?

— Rien, répond le collègue, il n'a pas ouvert la bouche. Il avait l'air de mauvais poil.

— Pourtant, j'ai bien eu l'impression que... glisse Pierre embarrassé.

— La prochaine fois, gardez vos impressions pour vous, coupe le chef de service. Vous m'avez fait perdre mon temps et vous perdez le vôtre.

Situation grand-guignolesque, certes, mais qui n'est pas rare. Que s'est-il donc passé dans la tête de Pierre ? Sa perception s'est immédiatement focalisée sur la température émotionnelle de l'autre, et cette émotion, il l'a faite sienne. Le patron a peut-être des ennuis avec un fournisseur, il vient peut-être d'apprendre qu'une grève s'est déclenchée dans un autre service, ou bien il est préoccupé par quelque souci personnel. Mais cette appréhension globale de la situation, Pierre ne l'a pas. Il n'a enregistré qu'un aspect de la scène : le patron ne lui a pas serré la main avec la cordialité habituelle. C'est donc qu'il lui en veut... Submergé par l'émotion, Pierre cherche une explication, et glisse dans l'interprétation. En temps ordinaire, il aurait gardé pour lui ses élucubrations intérieures, mais ces temps-ci, il est particulièrement tendu, il a des difficultés conjugales. Aussi, n'y tenant plus, il a confié ses fantasmes au chef de service. *En voulant préserver l'harmonie à tout prix,* il vient de la compromettre lourdement.

Le comportement fusionnant s'organise donc autour de la problématique « Je me sens démuni », et d'un ensemble de fausses solutions qui consistent à créer ou préserver l'harmonie à tout prix dans ses relations avec les autres.

Cependant, on distingue deux types de fusionnants très différents :

Les fusionnants actifs. Ils sont heureux de vivre, bien avec tout le monde, ils ont une image positive d'eux-mêmes. C'est une sorte d'enfance heureuse qui se prolonge toute l'existence... tant qu'ils ne se heurtent pas à de trop grosses difficultés. Leur philosophie de la vie se résume assez bien dans ce titre de Jean Yanne : « Tout le monde il est beau, tout le monde il est gentil ! » Leur besoin des autres se traduit par une recherche active.

Les fusionnants passifs. Ils estiment que la vie est désespérément trop compliquée pour qu'ils s'y attellent seuls. Ils ont une image négative d'eux-mêmes. Ils se limitent à mener une vie routinière, sans histoire, souvent à l'ombre d'un protecteur. Leur besoin des autres est une attente passive.

LE COMPORTEMENT FUSIONNANT ACTIF

Une fusionnante active vue par elle-même

« Avenante de tempérament, j'accorde largement ma confiance au tout-venant et, comme on dit, j'ai toujours été bien avec tout le monde. Etre bien avec les autres, voilà qui motive encore aujourd'hui la plupart de mes actions.

Un pan-territoire « Pour vivre heureux, vivons groupés »

Quand j'étais enfant, j'aimais déjà beaucoup être entourée, il est vrai que j'ai grandi dans une maison où je ne me retrouvais jamais seule : mon frère, ma sœur, mes parents et moi-même partagions notre logement avec mes grands-parents et arrière-grands-parents. Pourquoi vivions-nous si nombreux sous le même toit ? Pour des raisons financières ? Pas exactement. Plutôt par esprit de famille, vertu très prisée, surtout du côté maternel. « Quatre générations réunies sous le même toit, comme c'est beau » répétait-on souvent autour de moi.

Le confort d'une harmonie apparente

Cette cohabitation se passait apparemment sans heurts. A table, les conversations étaient animées et faisaient généralement l'unanimité. Personne n'aurait songé à se mettre en colère ou à hausser le ton ; chacun savait comme d'instinct ce qu'il fallait dire et ne pas dire. Moi-même, je fus initiée à cette pratique lorsque, une fois ou deux, en présence de toute la maisonnée, et poussée par une curiosité bien naturelle, je me hasardai à demander quelques explications sur la vie sexuelle ou sur les revenus familiaux. Les sourires et les moqueries qui accueillirent mes naïves interrogations me dissuadèrent à jamais d'aborder en famille ces sujets tabous. La paix domestique était donc basée sur ce consensus tacite. Cette harmonie irréprochable n'était qu'une façade ; j'appris par la suite — avec étonnement — qu'elle dissimulait des tensions entre les quatre générations parquées sous le même toit. Mais on n'en laissait rien paraître devant les enfants, et quand ceux-ci se disputaient, ma mère intervenait aussitôt : « C'est le plus intelligent qui cède »... J'étais convaincue qu'il n'était pas bon de se battre, et encore moins de revendiquer.

La vie quotidienne se déroulait ainsi dans un apparent calme plat. Chaque semaine, la famille au grand complet faisait sa promenade dominicale au parc de la ville. Bien entendu, les enfants portaient la même tenue. Ces sorties familiales me laissent encore aujourd'hui un souvenir réjoui. J'avais l'impression d'appartenir à une famille idéale, unie et aimante. Pendant la semaine, je jouais puis faisais mes devoirs dans la salle commune où tout le monde se retrouvait. Plus tard, quand j'ai disposé d'un bureau dans une chambre que je partageais avec ma sœur, je ne l'utilisais pas, je préférais la chaude ambiance de la salle à manger à la solitude des pièces de l'étage.

La communion dans la maladie

Un autre élément central de la vie familiale était la santé de ma mère. Elle n'était affectée d'aucune maladie sérieuse mais souffrait plutôt d'un tas de ces petits maux qui alimentent les conversations et font qu'on se persuade d'avoir besoin des autres pour assumer sa propre vie. Ma grand-mère trouvait là une occasion pour seconder sa fille. « Qui, plus qu'une mère, peut venir en aide à sa fille ? Certainement pas un mari ! » répétaient mes aïeules, « les hommes ne comprennent rien à ces choses-là. » Et voilà que moi-même j'étais une enfant fragile, des otites à répétition me faisaient manquer l'école, situation que je ne trouvais d'ailleurs pas désagréable ! Toute mon enfance je fus entourée d'une attention toute particulière, inlassablement parents et aïeules me répétaient « prends garde, tu vas te fatiguer » ou encore « laisse donc, tu sais bien que tu n'as pas la santé ! » Ma mère me ménageait autant qu'elle le pouvait, tissant autour de moi le même cocon affectif que celui dans lequel sa propre mère l'enveloppait depuis toujours. Et c'est ainsi que les femmes de la maison vivaient, l'une par l'autre, dans une étroite fusion.

Je me noie dans un verre d'eau

Cette sollicitude inhibante m'a laissé un sérieux handicap dans la vie adulte. Assistée depuis toujours, je me noyais dans un verre d'eau, j'étais persuadée que seule, je ne pouvais faire face aux difficultés quotidiennes de la vie. Dans les moments de fatigue, normale pour tout un chacun, j'étais prise d'inquiétude, un sentiment d'anxiété m'empêchait alors d'agir ou de trouver des solutions concrètes. Incapable de porter seule mon fardeau, j'abreuvais alors mon entourage de râleries et de plaintes que je ponctuais de profonds soupirs, véritables s.o.s., lancés à la cantonade, car plus ou moins consciemment, j'attendais que les autres viennent à mon secours.

Je suis imprégnée des autres

Dans mon travail, mes relations avec les autres, je me sentais désarmée : si on m'avait appris à être gentille, à ne pas heurter l'autre si peu que ce soit, en revanche on ne m'avait pas appris à me battre. J'avais avant tout un besoin irraisonné d'être entourée, comprise. Pour ce faire, d'instinct, je me mettais au diapason de mon interlocuteur pour lui plaire et créer avec lui une relation harmonieuse, sécurisante. Tout ce que je pensais, disais, aimais, me venait directement des autres. En tout j'avais besoin de me fondre, de me confondre avec les autres dans les plus petites choses comme dans les plus importantes. Je ne pensais pas *je,* mais *nous.* Ainsi, un jour, une amie m'a dit qu'elle n'appréciait pas le vert. Moi, jusque-là je portais volontiers des vêtements de cette couleur, mais depuis sa remarque, le vert me déplaît à moi aussi.

Tel un caméléon, j'adaptais mes tenues vestimentaires au style des gens que je côtoyais. Or, comble de malheur pour ma garde-robe, je fréquentais des gens très différents. J'épousais non seulement leurs goûts, mais aussi leurs opinions politiques ; ainsi au cours des années j'ai été P.S.U., jeune gaulliste, non violente... J'abandonnais les uns pour en

rejoindre d'autres sans même une explication, car je redou-
tais d'avouer mon désaccord... Cependant je dois dire qu'à
l'époque où je m'enthousiasmais pour une idée, puis pour
son contraire, je le faisais toujours avec la même sincérité ;
c'est dire comme j'étais une alliée peu sûre. Pourtant j'avais
l'impression d'avoir beaucoup de personnalité. Incapable
d'avoir des convictions personnelles, je fusionnais ainsi avec
l'interlocuteur du moment. Comment en papillonnant de la
sorte, pouvais-je me construire des convictions personnelles ? Jamais je ne me retirais pour réfléchir seule ou prendre
des décisions par moi-même. Si ponctuellement je prenais
conscience de ce handicap, une angoisse quasi métaphysique
me prenait à la gorge : « Qui suis-je ? » Ces brefs moments
d'introspection me faisaient déprimer, et je faisais ma crise
d'identité. Sans tarder, je me tournais alors vers les autres,
toujours les autres. Ils représentaient pour moi mon véritable
centre de gravité. Privée de leur appui, je titubais. Dans ces
jours noirs, j'attendais d'eux une réponse ou plutôt une
consolation : « Allons, petite, courage, on t'aime bien ! » Un
compliment, même anodin, me donnait du tonus pour
plusieurs jours tandis qu'une remarque négative, même
justifiée, m'ébranlait. Et au milieu de tout ce bric-à-brac
émotionnel, mes difficultés de la vie quotidienne restaient
entières.

Le mari de mes rêves

Ma vie affective est restée longtemps celle d'une adolescente. Je tombais fréquemment amoureuse et rêvais des
heures durant à l'élu de mon cœur. Vais-je lui déclarer ma
flamme ? Je ne savais... et c'était là l'un de mes principaux
sujets de conversation et de préoccupation. Un jour, cependant, je trouvai chaussure à mon pied, et je me lançai. Les
premiers mois furent difficiles. Je rêvais de faire de mon ami
mon autre moitié. Aimer pour moi, c'était toujours être
ensemble, être d'accord sur tout... c'était fusionner. Or le
garçon que j'avais choisi était bien différent de moi. Qu'à
cela ne tienne, j'allais le transformer. Sans ménagement.
Ainsi lors d'un voyage de près de mille kilomètres que nous
faisions ensemble, un pneu creva. Mon ami, empressé,
changea la roue pendant que je m'asseyais sur un talus et
dévorais le « Nouvel Obs ». Et soudain, je m'inquiétai : « Et

toi, lis-tu ce journal ? » Non, il ne le lisait pas ; d'ailleurs, il m'apprit qu'il lisait très peu, sa profession d'agriculteur ne lui en laissait pas le temps. Que n'avait-il pas dit ! Moi qui désirais me marier à un intellectuel ! Tout était remis en cause. Et c'est la mine sombre que nous arrivâmes chez nos amis. Bientôt, je ne pus m'empêcher de confier mon dépit à la jeune femme qui nous recevait, une ancienne collègue. Elle partit d'un grand éclat de rire : « Allons, sois raisonnable, es-tu sûre d'être toi-même une intellectuelle ? Il me semble que ton intérêt s'arrête en tout et pour tout, du moins ces dernières années, au dépouillement exhaustif du catalogue de la Redoute et des Trois Suisses. Laisse donc ce garçon tranquille, il a par ailleurs plein de qualités que tu as appréciées justement. » Il m'a fallu plusieurs prises de conscience de ce genre pour que j'admette que ce garçon vive sa vie comme il l'entend, et pour que je sache apprécier sa différence. »

Cette jeune femme a tenté de cerner le plus justement possible les mécanismes de son comportement. Or, pour son entourage, il est clair que, comme tout un chacun, elle se perçoit de façon partiale.

La même, vue par les autres

Une compagne agréable... mais égocentrique
C'est vrai que beaucoup la trouvent gentille, plutôt agréable à vivre, mais il est vrai aussi qu'habituellement ses conversations ne présentent pas grand intérêt. Elle vit dans un monde qui gravite autour de sa personne et dans lequel elle a besoin d'établir des contacts pour son confort personnel. De temps à autre, elle se donne des airs d'intellectuelle, abordant quelques sujets plus élevés. Mais elle ne peut donner que ce qu'elle a. Les mots sonnent creux. On dirait alors l'une de ces petites filles qui pour jouer à la grande, déambule dans toute la maison, les chaussures de sa maman aux pieds.

Avide de réconfort et non de solutions
Souvent quand elle rentre du travail, elle s'arrête chez l'une de ses nombreuses amies pour demander de l'aide, elle

se sent perdue. Faut-il d'ailleurs vraiment parler d'aide? Celles qui ont écouté ses plaintes plusieurs années durant ont plutôt l'impression d'avoir joué à la maman avec cette gentille enfant en détresse. Car de ces discussions, il ne sortait pas grand-chose. Ses amies en sont d'autant plus convaincues que de semaine en semaine, les mêmes difficultés revenaient sur le tapis sans qu'elle ait tenté d'y remédier comme elle se l'était pourtant promis. Mais que voulez-vous, elle est souvent fatiguée. « Tu n'auras pas la santé » lui avait maintes fois répété sa grand-mère. Et c'est vrai, elle est souvent lasse, débordée de travail ou plus exactement... débordée par ses émotions. Fréquemment elle connaît des accès de déprime.

Un travail sporadique qui ne prend en compte ni les priorités ni les conséquences

Elle se voit comme une fille généreuse et attentionnée. C'est vrai qu'elle est capable de l'être, son entourage bénéficie périodiquement de petits cadeaux délicats. Mais ce qui la caractérise, c'est qu'elle travaille par à-coups. Accomplir consciencieusement un travail routinier lui est pratiquement impossible. Résultat, on ne peut pas vraiment compter sur elle. Au centre social où elle travaille, l'équipe organise des après-midi récréatives pour les enfants. Elle s'est chargée d'acheter la boisson. De temps en temps, elle arrive une heure après le goûter, les mains vides et l'air contrit. Que lui dire? Elle a l'air tellement débordée! De plus, ces manquements ne sont pas systématiques, car d'autres fois elle a montré des vrais talents d'organisatrice. L'ennui avec elle, c'est qu'on ne sait jamais à quoi s'en tenir. Dans son métier d'assistante sociale, son manque de maturité et de régularité portent à conséquence. Parfois, touchée par la situation réellement catastrophique d'un client, elle est capable de remuer terre et ciel pour lui; par ailleurs, elle continue à suivre des familles qui ne sont plus sur son secteur et que personne ne prend en charge. Fort bien, pourquoi pas? Mais voilà, il lui arrive aussi de materner ses clients : elle téléphone à l'un pour lui rappeler qu'il doit demander le renouvellement d'une aide, se déplace à la préfecture pour demander les papiers d'un autre qui pourrait tout à fait entreprendre lui-même cette démarche, il lui est même arrivé de donner à certains de l'argent de sa propre bourse. Le plus ennuyeux c'est que, parallèlement à ces grands élans de générosité pas toujours adaptés, elle laisse traîner des dossiers importants. Elle s'en culpabilise, mais elle évalue souvent mal la gravité de ses négligences. Attire-t-on son attention là-dessus, elle se justifie gentiment : « Je mets de côté les dossiers les plus compliqués pour traiter en priorité les plus simples. » Mais les affaires les plus compliquées ne sont pas forcément les moins urgentes... pour les gens. Ce qu'elle perd de vue, c'est que derrière chaque dossier, il y a une famille en attente d'un logement, un chômeur à qui il manque une pièce pour pouvoir se faire embaucher, des personnes qui, à force d'attendre, risquent de couler dans leur bourbier social. Or, toutes ces conséquences, elle ne les voit pas. Elle plane seulement quelques mètres plus haut.

TRAITS CARACTÉRISTIQUES

Le fusionnant actif recherche donc *activement* la compagnie. Malgré une bonne volonté évidente, il se montre souvent irréaliste, car son besoin irraisonné et inconscient de *vivre en harmonie successivement avec chacun* est souvent prioritaire sur le travail à faire. Observons maintenant dans la vie quotidienne, les manifestations extérieures du comportement fusionnant actif. Il aime à rendre service. Dynamique et inventif, il peut être efficace sauf aux heures où il se laisse happer par un désir de plaire et d'être aimé par tout le monde à la fois.

Gentille mais brouillon

Pour les vacances, Hélène s'est trouvé un job d'hôtesse d'accueil standardiste dans un camping de la côte. Un animateur est demandé au téléphone ; sans perdre une minute, Hélène essaie de le joindre par l'interphone. A peine a-t-elle fait son annonce qu'un vacancier réclame :
— Le bungalow retenu pour M. Dupont !
— Tout de suite, monsieur, suivez-moi, c'est par ici. Puis-je vous décharger d'une valise ?

Empressée, Hélène guide le nouvel arrivant à travers le dédale du camping quand un touriste l'accoste à son tour :
— Y a-t-il des curiosités dans la région ?
— Mais certainement, vous avez un magnifique château médiéval. Et s'adressant à M. Dupont, elle lance :
— Continuez, c'est tout droit, je vous rejoins...
Et elle enchaîne aussitôt :
— Ce château donc...
Dix minutes plus tard, Hélène discute toujours. Près des bungalows, M. Dupont s'impatiente. A la réception, deux voitures klaxonnent pour faire enregistrer leur entrée. Le téléphone sonne sur une autre ligne et l'animateur n'a toujours pas été trouvé... Courant plusieurs lièvres à la fois, Hélène termine ses journées exténuée mais contente d'elle-même. Elle semble ne pas se rendre compte qu'elle n'a cessé d'indisposer les clients les uns après les autres : en ne finissant rien, elle a suscité l'impatience, et en brassant de l'air, elle a surtout propagé le désordre.

Hélène doit apprendre ceci : quand elle a commencé à assurer un service au profit d'un client qui, bon gré, mal gré, a eu la politesse d'attendre son tour, qu'elle ait donc la courtoisie de faire jusqu'au bout ce qu'elle a commencé. Pourquoi n'ose-t-elle pas écarter ces gens qui débarquent à l'improviste et qui, vivant dans leur bulle, se croient prioritaires par essence ? Aurait-elle peur de leur déplaire ? Pourtant, elle ne semble pas avoir ces mêmes craintes quand elle plante là ses clients interloqués ? Non, ce qui est central pour un fusionnant actif, ce n'est pas le service lui-même mais les relations qu'il permet d'établir. Et dans le domaine des relations, *il préfère le tourbillon à la qualité des contacts.*

Gentille, mais tête de linotte

Les années passent. Mariée depuis trois ans, Hélène vient d'emménager dans un nouvel immeuble. Mal à l'aise dans sa solitude, elle est à l'affût d'occasions d'établir de bonnes relations avec ses voisines. Elle est déjà au mieux avec la vieille concierge, une bavarde à qui les sujets ne manquent pas : la vie chère, les faits et gestes des locataires, l'ingratitude de certains, « Et savez-vous qu'avec le travail que je fais, je n'ai jamais un jour à moi ! » Hélène boit ses confidences et partage toutes ses amertumes. Dans sa candeur, Hélène demande :

— Vous ne pouvez pas prendre de vacances ?

— Bien sûr, en principe nous avons des congés comme tout le monde, mais il faut se faire remplacer, et par quelqu'un de consciencieux de préférence. L'an dernier, si vous aviez vu, celle que j'avais trouvée, une vraie calamité ! Pour tomber sur des gens sûrs par les temps qui courent...

Hélène vibre encore à ses lamentations que déjà la concierge lui confie un nouveau souci :

— Et dire que bientôt je vais devoir entrer à l'hôpital pour me faire opérer. Mon pauvre mari qui souffre de varices, jamais il ne pourra prendre ma place.

N'écoutant que son cœur, Hélène propose aussitôt :

— Si cela peut vous soulager, je pourrais assurer la distribution du courrier.

— Oh, comme c'est gentil à vous.

Hélène remonte dans son appartement, heureuse de cet échange chaleureux, dont elle oublie aussitôt le contenu.

Quinze jours plus tard, le mari de la concierge sonne à la porte. Il est huit heures et quart.

— Ma femme est entrée à l'hôpital hier soir...

Hélène demande si elle n'a pas eu trop d'appréhension, si elle... Mais déjà son visiteur lui coupe la parole :

— Donc pour la distribution du courrier, vous commencerez dès ce matin. Le facteur passe aux environs de neuf heures. Pour le ménage des escaliers : lundi, mercredi, vendredi, c'est dans cet immeuble ; les trois autres jours de la semaine, vous le ferez dans l'autre. Je ne peux pas me permettre d'engager deux personnes, c'est évident. Le syndic veut que tout soit réglé aujourd'hui. Enfin, ça vous fera toujours un petit pécule pour les trois ou six mois à venir.

Hélène, rougissante, reste bouche bée. La tête lui tourne. Gardienne à domicile de trois petits enfants, elle ne peut évidemment pas s'absenter. La distribution du courrier déjà à elle seule relevait d'une proposition insensée. Mais avec le nettoyage des escaliers en plus... Elle balbutie quelques mots confus pour expliquer que vraiment, il lui est impossible d'abandonner les trois gamins dont elle est responsable. L'autre tombe de haut et entre dans une grande colère. De ce flot de paroles, Hélène n'enregistre que « ... désistement à la dernière minute. C'est inadmissible... » S'agit-il d'un désistement ? A vrai dire non. Avec son cœur grand comme un bureau de bienfaisance, Hélène n'avait fait qu'une petite proposition, comme ça, en l'air. D'ailleurs, rien n'avait été convenu clairement sur le moment. Et ce qu'on attendait d'elle aujourd'hui dépassait de beaucoup le peu qu'elle avait proposé... il faut le reconnaître.

Trêve de justifications : puisqu'elle n'était pas disponible, elle n'aurait dû proposer aucun service. Moralité : celle qui ne voulait compter que des amis, s'est fait un ennemi dans l'immeuble qui dorénavant ne lui adressera plus la parole. Que lui est-il donc arrivé ? Tout simplement ce qui lui arrive fréquemment : rien de méchant, si ce n'est un *impérieux appétit de fusionner dans l'instant, avec le tout-venant, à propos de n'importe quoi.* Les conséquences — surtout pour les autres — n'apparaissent qu'à retardement. Ainsi le besoin d'harmonie rend le fusionnant actif peu efficace, dans ses tentatives de coups de main ponctuels. Il promet beaucoup et tient peu. Dans les relations plus durables, comme celles du couple, il en va de même.

Une certaine idée du bonheur familial

Le fusionnant actif a une conception tout à fait idéaliste de l'harmonie familiale. Si le plus souvent il se comporte en conjoint et en parent chaleureux, il a une vision peu réaliste des contingences matérielles.

Guy et Liliane sont mariés depuis dix ans. Les années se sont succédé, paisibles, mais ces derniers temps, rien ne va plus : les disputes mesquines s'enchaînent aux explications houleuses. Que se passe-t-il ? Eh bien, Liliane vient de reprendre son emploi à plein temps qu'elle avait abandonné huit ans auparavant lors de la naissance de leur premier enfant. A la maison, le travail s'accumule et Liliane estime que Guy devrait la seconder davantage dans les travaux ménagers. Guy, fatigué par ces tensions sans fin, propose une discussion de fond pour régler le problème. Il est de comportement fusionnant actif.

Guy : Eh bien, comment envisages-tu le bonheur familial ?

Liliane : Pour être heureux en famille, il faut un bon logement, et aujourd'hui, nous devons payer la maison confortable que nous nous sommes fait construire. Quand nous avons pris cette décision, nous savions à quoi nous nous engagions : travailler tous les deux pendant au moins dix ans. Eh bien, nous y voilà. Mais pendant ce temps, il faut que la maison tourne : courses, cuisine, vaisselle, raccommodage, ménage ; toutes ces tâches prennent du temps. C'est grâce à ce travail quotidien que la vie familiale est possible. Mais cela suppose que chacun y mette sa part.

Guy : Décidément, je n'envisage vraiment pas les choses comme toi. Pour moi, le plus important, c'est d'abord que les enfants, toi et moi, soyons heureux ensemble. Toi, tu ne parles que de choses à faire, c'est desséchant. Et puis de toute façon, je fais des choses à la maison, non ?

Liliane : C'est ça, tu fais des choses, mais je ne peux pas dire que tu prennes vraiment à bras-le-corps ta part de travail.

Guy : C'est vrai qu'il m'arrive de remettre à plus tard l'un ou l'autre service, mais ce n'est pas toujours urgent...

Liliane : Et puis, tu oublies.

Guy : D'accord, ça m'arrive d'oublier de prendre le pain à midi, ou de poster une lettre, mais ce ne sont là que des banalités.

Liliane : Mais c'est de ces banalités que la vie est faite.

Guy : Alors agrémentons-les autant que possible. Tu vois, moi par exemple, je préfère jardiner ou bricoler à tes côtés que seul, c'est plus agréable, non ? Comme ça, tout en travaillant, on peut échanger. Et la tendresse trouve sa place. Je raffole aussi de ces moments où nous allons faire les courses ensemble. Les vitrines, la foule, l'animation des grands magasins, tout cela, j'adore, sans compter les petites gâteries qu'on grignote chemin faisant. Pour moi, c'est chaque fois un peu la fête, comme pour les enfants. Mais ce que je ne supporte pas, c'est de te voir déambuler dans les magasins, rivée à ta liste de courses. Et quelle horreur cette manie d'avoir toujours un œil sur la montre, même le dimanche quand nous allons nous promener sur le marché ! Ça m'agace, je ne peux pas le supporter.

Liliane : Non, Guy, ce n'est pas comme cela que les choses se présentent. Faire des courses, ce n'est ni se promener ni faire du lèche-vitrine, mais s'approvisionner pour les jours à venir. Je ne peux pas faire deux choses à la fois. Et il s'agit de ne rien oublier, car je n'ai pas le temps d'aller en ville deux fois par semaine. Quand le dimanche matin nous partons au marché vers dix heures, je me dis : « Le gamin a un match de foot à deux heures, il faut donc que nous déjeunions à une heure au plus tard, donc je dois être de retour vers midi pour mettre en route la cuisson du poulet. Et si j'achète mes légumes au marché, ce n'est pas parce qu'il y règne cette ambiance particulière dont tu parles tant, mais parce que les légumes y sont frais et moins chers qu'ailleurs.

Guy : Moi je trouve que ta conception de la vie manque totalement de fantaisie, d'imprévu. L'amour n'y trouve pas son compte. C'est une vie de forçat, et non plus une vie de couple...

Liliane : Forçat ou pas, c'est l'heure qui commande. Il ne faut pas que le petit soit en retard pour son match, il faut que...

Guy : Mais ne t'énerve pas comme ça, on peut s'expliquer calmement.

Liliane : S'expliquer ! Quand je te dis de préparer le bain des enfants...

Guy : Eh bien, je le fais, non ?

Liliane : Oui, tu fais couler l'eau du bain, puis tu laisses les enfants jeter leurs vêtements n'importe où, et quand ils sont tous les deux dans l'eau, tu retournes à ton fauteuil et à tes chers bouquins.

Guy : Ça suffit, tu me prends pour un imbécile...

Liliane : Ne prends pas la mouche, je te dis simplement ce qui se passe. Donc, pendant que tu lis dans ton fauteuil, satisfait d'avoir fait ta B.A., les enfants éclaboussent toute la salle de bains. Ils n'ont ni pyjamas ni serviettes sèches quand ils sortent de l'eau. Alors ils traînent et hurlent jusqu'à ce que je vienne m'en mêler. Et tout est à l'avenant, tu commences et tu ne finis rien, et pour moi qui écope au bout de la chaîne, c'est épuisant...

Guy : Que veux-tu, un homme n'est pas une femme. Le bain des enfants, ce n'est pas mon rayon.

Liliane : Quand les deux conjoints travaillent, il est normal qu'ils se répartissent équitablement les tâches, on ne va pas revenir là-dessus.

Guy : Oui, mais quand je te donne un coup de main, c'est pour te faire plaisir, et toi, tu ne me dis jamais merci. Je trouve ça un peu fort ! Ce n'est pas très stimulant.

Liliane : Et moi, je fais la vaisselle parce qu'elle est à faire. Je fais la lessive, le repassage chaque semaine pour que nous portions tous quatre des vêtements propres, c'est tout...

Guy : C'est tout, voilà le hic. Je trouve que ça manque de tendresse tout cela.

Liliane : Pour moi, la tendresse passe à travers mon souci permanent que la maison soit bien tenue et que chacun ait tout ce qu'il lui faut à temps.

Guy : Mais à la fin du repas, pourquoi débarrasser aussitôt, moi je préférerais que le soir, on s'asseye tous les deux au salon pour bavarder un peu ou regarder la télévision ensemble. C'est un temps fort dans la vie d'un couple...

Liliane : Mais il faut que la table soit desservie, non ?

Guy : On peut le faire plus tard...

Liliane : C'est ça, après le film du soir, je connais : épuisé par ta journée, tu montes te coucher pendant que moi, j'en ai encore pour une bonne demi-heure de rangement...

Guy : Tu vois à quoi on arrive : on finit par se disputer pour des histoires matérielles. Allons, calme-toi, ça allait pourtant beaucoup mieux ces derniers temps. C'est d'ailleurs pour ça que je t'avais proposé cette discussion.

Liliane : Et tu n'as même pas remarqué que, si ça allait mieux, c'est parce que depuis un moment, j'ai résolu de ne plus rien te demander. Quel homme perspicace tu fais...

Guy : Bon d'accord, je ferai des efforts...

Liliane : Il ne s'agit pas de faire des efforts, Guy, mais de changer de mentalité. Tiens, tu me fais penser à notre fille Blandine. Quand elle fait de la pâtisserie, elle abandonne son gâteau avant même de l'avoir enfourné, et habituellement, elle laisse tous les ustensiles en plan. Quand elle bricole, elle m'appelle régulièrement pour s'assurer que je suis toujours là. Et pour que son bricolage avance, je sais que je dois fréquemment l'encourager. Tu remarqueras au passage que Blandine n'a que cinq ans. Et puis, tu me parles de dialoguer, mais chaque fois que tu es coincé par mes réponses, tu sautes du coq-à-l'âne et moi, je me laisse entraîner. Maintenant, ça suffit.

Guy : Bon, ça va, à partir de demain, c'est moi qui m'occupe des enfants.

Liliane : Doucement, pas de grandes promesses. Ce qui me paraît important, c'est que tu commences à mettre vraiment la main à la pâte, les enfants de leur côté se montreront plus coopérants et l'atmosphère générale de la maison sera plus tonique. Car il faut bien le dire, actuellement les enfants, encouragés par ton attitude, en font le moins possible. Le moindre service que je leur demande est toujours de trop, ils râlent tout le temps.

Guy : Tu as raison, je vais m'y mettre. Peut-être que nous pourrions partager les tâches ménagères avec les enfants, il serait normal qu'ils commencent à prendre leur part. Ils pourraient mettre la table et la débarrasser chaque jour, et moi je m'occuperai de leur bain et vérifierai leurs devoirs chaque soir.

Liliane : C'est une idée, si chacun se sait responsable d'une tâche précise, nos rapports pourront changer... Car pour l'instant, je suis un peu le larbin de tout le monde.

Guy : Essayons cette formule et dans un mois nous en reparlerons. J'y pense ! Ce sera ton anniversaire ! Crois-moi, nous te ferons une fête à tout casser.

Liliane : Le plus beau cadeau que vous puissiez me faire, c'est que tous les trois vous vous teniez à vos engagements ; tu sais ma fête...

Cet homme et cette femme ont des comportements fort différents et donc des motivations différentes. C'est en mettant à jour ces divergences qu'ils parviendront à mieux se comprendre et à mieux communiquer. Entre la rigueur un peu froide de Liliane et l'enthousiasme brouillon de Guy, il existe probablement un modus vivendi satisfaisant pour chacun.

Une vocation d'ambulancier

Dépanner les autres est un élément central dans le comportement fusionnant actif. En effet, il résoud parfois activement son besoin d'être entouré en se découvrant une vocation d'ambulancier. Personnage au grand cœur, il vole au secours de toute âme en peine... qu'elle le demande ou non. Il est alors accueillant, chaleureux au point d'en devenir parfois étouffant. Puis soudain, étonnamment infidèle, il est capable de laisser tomber son protégé pour porter secours à d'autres âmes en peine. Beaucoup de fusionnants actifs s'entourent ainsi d'une véritable cour des miracles. Il n'est pas rare d'ailleurs que dans le lot se cache quelque profiteur qui, se jouant de sa naïve générosité, lui extorque de l'argent.

« Quand j'étais jeune, je me suis mise en tête de sortir l'une de mes amies d'une dépression grave. Elle était anorexique et avait fait à plusieurs reprises des tentatives de suicide. Progressivement, toute ma vie s'est organisée autour d'elle. Après le bac je voulais, par goût personnel, faire les Beaux-Arts. Mais quand cette amie m'apprit qu'elle avait choisi la Fac de Lettres, je courus m'y inscrire moi aussi, pour ne pas la laisser tomber, à moins que ce ne soit pour ne pas me retrouver seule ! Je me disais qu'après ma licence je ferais psycho pour pouvoir « aider les autres ». Puis j'ai perdu de vue cette amie, je ne sais plus bien comment. A la Fac, je ne faisais rien. Les cours me semblaient sans intérêt, je préférais de beaucoup recevoir mes amis autour d'une tasse de café et discuter avec eux de leurs problèmes. A cette époque, je me sentais prête à secourir le monde entier. En fait, je parlais beaucoup, écoutais mal et n'entreprenais rien de très sérieux pour dépanner vraiment l'un ou l'autre. Malgré mon manque de compétence, je m'improvisais conseiller psychologique, matrimonial, éducatif ou professionnel. Avec chacun je me montrais persuasive, autoritaire même. *J'imposais aux autres mes propres solutions, sans comprendre une minute qu'ils n'étaient pas bâtis comme moi.* Subjugués sur le moment, mes interlocuteurs prenaient pour argent comptant ce qui n'était souvent de ma part que débordement d'imagination. *Ma chaleur me tenait lieu de sagesse.* A ce rythme, mes études n'avançaient guère, si bien que mes parents finirent par me couper les vivres. D'ailleurs ils ne comprenaient pas que je dépense tant. Il est vrai que plusieurs fois j'ai aidé des têtes en l'air à payer leur loyer. Je dois reconnaître que certains ont abusé de ma générosité. Vaille que vaille, il me fallait rapidement trouver un emploi : je sollicitai un poste d'institutrice auprès de l'Inspection Primaire. Et voilà que du jour au lendemain je fus mutée dans une petite ville où je ne connaissais personne. Sans ami, sans appui, entourée de collègues sur lesquelles je ne pouvais pas compter, j'ai dû pendant cette année-là organiser ma vie à ma façon. Je n'avais sous la main personne à remorquer. Or, j'ai constaté avec étonnement que ce nouveau style de vie me convenait. Pour la première fois, je savais où j'allais, j'avais des projets personnels. Enfin, je n'improvisais plus. Cette année de recul me permit de comprendre que si j'éprouvais ainsi toujours le besoin de venir en aide à d'autres, c'est que tout au fond de moi je me répétais : « tu ne peux vivre seule, la solitude, c'est la mort. » Or l'expérience salutaire de cette année-là, m'a permis de remettre en cause ce postulat autour duquel j'avais organisé ma vie depuis toujours. »

Apprendre à vivre seul est certainement le début de la sagesse pour le fusionnant actif. En vivant seul, il pourra prendre ses distances avec son besoin impérieux de fusion et acquérir ainsi une certaine maturité. S'il est alors capable d'une réserve prudente, s'il ne s'implique plus dans la vie des autres, il pourra mettre — efficacement cette fois — sa générosité naturelle au service de celui qui en a vraiment besoin.

Piégé dans un rôle de leader

La naïveté du fusionnant actif l'amène à essuyer bien des déboires dans sa vie professionnelle, surtout lorsque son comportement actif l'amène à jouer au sein d'une équipe de travail un rôle de leader...

« Dans l'hôpital où je travaille, certaines infirmières ont

pris la fâcheuse habitude de changer leurs dates de congé à la dernière minute. Moi, je ne dis rien, je ne veux pas faire d'histoires. Mais ce que je ne peux pas supporter, c'est de voir ces filles se chamailler tout le temps pour un sujet aussi anodin. (Est-ce vraiment anodin que de voir un service hospitalier désorganisé par les fantaisies de l'une ou l'autre ?) Alors, pour arrêter ces conflits stupides, je me propose parfois pour assurer les gardes dont personne ne veut. Comme ça, les esprits sont apaisés, et moi, je retrouve ma sérénité, car j'ai horreur des disputes. La difficulté commence lorsque j'annonce à mon mari ces changements de programme. Il est furieux, il pique une colère. (Le langage du fusionnant est facilement excessif, disons pour serrer de plus près la réalité, que le mari est passablement agacé.)

— Mais enfin, nous devions faire du ski le week-end prochain, et tu vas travailler ? J'en ai assez de tes fantaisies !

Il a raison. Je me suis une nouvelle fois laissé prendre au piège. *En voulant apaiser les conflits au travail, j'en crée à la maison.* Non, ce besoin d'être bien avec tout le monde n'est vraiment pas réaliste. C'est décidé : je n'accepterai plus de remplacement. Quelques temps plus tard, une de mes collègues se permet de modifier ses dates de congé, m'obligeant, ainsi que plusieurs autres, à la remplacer. Cette fois, je vois clairement l'abus, et je me fâche. Bien résolue à ne plus me faire avoir, j'en parle à mon mari qui m'encourage à ne pas me laisser faire, et à revendiquer mes droits jusqu'au bout. J'informe donc les collègues concernées par cet abus et ensemble, nous décidons d'aller trouver la surveillante du service, pour lui demander de reprendre en main la répartition des congés. Tout le monde est d'accord, nous avons convenu de ce que chacun dira. Mais une fois devant le chef, plus personne ne parle, je me retrouve seule à prendre la parole, faisant figure de porte-drapeau. Naturellement, la surveillante est furieuse de se voir ainsi publiquement remise en cause par ses subordonnées. Une heure plus tard, elle me convoque et m'accuse d'être l'instigatrice de cette fronde : « Vous n'aviez pas besoin de lever une mobilisation générale pour si peu de chose. On n'est plus en Mai 68. » Ceci dit, elle convient qu'il y a effectivement des abus dans le service, et promet d'y mettre bon ordre. Bref, j'ai obtenu gain de cause.

Pourtant, je reste sur une mauvaise impression. Je suis tracassée parce que je suis maintenant mal vue par la surveillante ; et puis mes collègues m'ont déçue : alors qu'elles avaient promis de parler chacune à leur tour, elles se sont défilées. Les conseils de mon mari étaient ceux d'un homme assuré, qui ne recule devant aucun affrontement ; mais moi, je suis bâtie tout autrement, et je n'aurais peut-être pas dû l'écouter car finalement, j'ai été bernée par mes collègues.

Je rentre chez moi abattue, et je raconte en détail les derniers événements à mon mari. A ma grande surprise, il me félicite :

— Bravo, tu t'es bien défendue ! Maintenant, au moins, tu seras sûre de tes jours de congé.

— Mais tu ne te rends pas compte, la surveillante, les collègues...

— Qu'est-ce que tu cherchais en faisant cette démarche ? Tu voulais remettre de l'ordre dans le planning ? Eh bien c'est fait. Pourquoi veux-tu en plus mendier l'estime de ces gens ? Tu n'es pas à l'hôpital pour te faire aimer, que je sache, c'est moi qui suis là pour ça, non ? Tu as réussi à faire respecter tes droits, n'en demande pas plus. Allons, pas d'enfantillage.

Les félicitations de mon mari, et son évidente satisfaction à l'idée de ne plus voir ses week-ends perturbés m'ont réconfortée. Mais je reste perplexe pour l'avenir. Je vois deux façons de réagir devant les abus de certaines collègues : ou bien je pars en guerre mais finalement je me retrouve seule au combat, ou bien je me contente de dénoncer leurs agissements par derrière sans faire de vagues. D'ailleurs, je préfère cette deuxième solution, car elle me permet au moins de vivre en paix.

— Moi je trouve que tes deux solutions sont aussi malsaines l'une que l'autre.

— Je voudrais bien t'y voir, il y a une telle ambiance dans ce service...

— Il ne s'agit pas d'ambiance, ni des autres. Il s'agit de toi. De toi et de ton travail. Tu as toujours besoin de te mettre avec d'autres, de jouer au wagon ou à la locomotive.

Apprends donc à mener ta vie de façon indépendante, à faire cavalier seul.

— Mais seul, on est moins fort.

— Tu crois que tes collègues se mettent à plusieurs quand elles veulent déplacer leurs dates de congé au dernier moment?

— Oh non! C'est à qui tirera la couverture à elle.

— Eh bien, tu n'as qu'à en faire autant. Tu n'es pas responsable de la bonne marche du service, la surveillante est payée pour ça. Et plus cher que toi encore. Par contre, ce qui te revient, c'est de refuser catégoriquement qu'on déplace ta journée de congé.

— Oh, mais il ne faut pas rêver, ça arrivera encore.

— Dans ce cas, va voir la surveillante, parle-lui de ton cas personnel, et sois intraitable. Tu l'indisposeras moins que si tu viens avec ton troupeau de moutons, et tu verras qu'il est beaucoup plus simple de défendre tes propres droits que ceux de l'ensemble.

— Oui... Mais que vont dire les autres? Elles comptent sur moi...

— Elles ont fait leurs preuves, non? Cesse donc de vouloir être bien avec tout le monde. C'est un problème insoluble.

Face aux injustices dont elle faisait les frais, Christiane a choisi la conduite qui lui paraissait la mieux adaptée. Du moins, elle croit qu'elle a choisi. Comme tout un chacun, elle est persuadée que devant les difficultés quotidiennes, elle agit en fonction d'une réflexion personnelle qui travaille au mieux de ses intérêts. Malheureusement, c'est un leurre.

Réflexion

Visiblement, Christiane a été programmée à céder, car « il n'est rien de pire qu'une dispute. » En quels termes cette sentence a-t-elle été formulée? Christiane ne s'en souvient sûrement pas. Si l'éducateur qui l'a marquée était de comportement fusionnant, son état d'esprit, et donc son principe d'éducation, a pu se formuler à peu près comme ceci : « Puisque moi je n'ai pas une personnalité solide, je ne supporte pas les disputes. Moi, j'ai besoin de vivre entouré d'affection dans un monde uni. Pour me procurer cette tranquillité, dont moi j'ai besoin, je veux que toi, tu cèdes. » Et cet état d'esprit inconscient se traduit par quelque sentence recevable comme : « Mon chou, le plus intelligent c'est celui qui cède. »

Ce discours a agi comme une *suggestion* qui a organisé le comportement de Christiane. Quelles que soient les circonstances, elle utilise d'instinct et de façon répétitive les mêmes circuits de neurones. Tout ce qui touche à la dispute lui est devenu fort déplaisant. Revendiquer ses droits lui est déplaisant. Refuser une injustice lui est déplaisant. Les automatismes de son comportement la conduisent à rétablir toujours l'accord avec les autres. Quel que soit le prix à payer, Christiane trouve toujours cette attitude gratifiante. On abuse d'elle, on se moque d'elle derrière son dos, mais elle continue à trouver cela gratifiant, car « c'est le plus intelligent qui cède ». C'est à travers le prisme de cette suggestion qu'elle a perçu les abus de ses collègues ; et lorsqu'elle se propose pour assurer des remplacements au pied levé, c'est — croit-elle — pour agir intelligemment.

Il s'agit bien d'une suggestion hypnotique. Elle a été communiquée à Christiane enfant avec une émotion très forte de la part de son éducateur, et ceci des années durant. En même temps, l'enfant n'a pas pu exercer son esprit critique sur cette sentence inepte, ni à plus forte raison sur les motivations enfouies de son éducateur qui cherchait avant tout à se ménager pour lui-même un environnement paisible. Et puis, Christiane n'imagine pas qu'elle pourrait agir autrement. C'est plus fort qu'elle. Lorsqu'elle choisit de faire valoir ses droits auprès de la surveillante, elle semble pour une fois prendre le contre-pied de sa programmation. Qu'on ne s'y trompe pas. Si Christiane ose briser l'harmonie au travail, c'est pour sauvegarder une autre harmonie qui lui tient à cœur bien plus encore : l'entente avec son mari.

C'est à la fréquence de ces réponses stéréotypées, répétitives, face à des situations pourtant très diverses, qu'on reconnaît un type de comportement. Lorsque quelqu'un a mis à jour les suggestions auxquelles il a toujours obéi, ainsi que leur intérêt véritable, alors, il peut laborieusement mettre en place d'autres circuits, et *finalement se mettre à son compte.*

Un retraitement émotionnel inefficace

Désormais consciente d'avoir des émotions trop fortes et mal adaptées, Christiane s'astreint à faire régulièrement le point de sa journée. Or, au bout de quelques semaines, elle se rend compte que ce retraitement journalier est inefficace, voire même nuisible. Tous les événements qu'elle a vécus restent profondément inscrits dans sa mémoire. Dès qu'elle y songe, elle les revit émotionnellement, se souvenant des moindres détails qu'elle visualise parfaitement. Elle se sent de plus en plus angoissée et ses émotions la submergent...

Pour bien comprendre comment elle procède, reprenons avec elle une situation qui l'a beaucoup peinée : le revirement de ses collègues lors de la rencontre avec la surveillante. Christiane, encore toute chavirée par l'incident, pose le problème en ces termes : « Je suis déçue par l'attitude de mes collègues ! » Du but de sa démarche : remettre de l'ordre dans le planning des congés, il n'est plus question. Ce qui lui paraît central, c'est l'émotion déplaisante rattachée à ce fait, et c'est sur cette émotion qu'elle va réfléchir... Elle s'engage alors sur le terrain peu fiable du relationnel : « Comment se fait-il qu'une telle m'ait fait faux bond ? Depuis quand les collègues ont-elles décidé de me lâcher, à la pause café ? ou à dix-huit heures ? Comment puis-je reprendre des rapports amicaux avec elles ? Et pourquoi ont-elles fait ça, c'est pour elles que je me battais ! »... Et Christiane se perd dans toutes sortes de considérations stériles sur lesquelles elle n'a aucune prise. Son désarroi s'accroît. En fait, elle cherche comme d'instinct à rétablir avec ses collègues l'harmonie perdue. Conclusion : elle a oublié l'essentiel : le but de sa démarche. Son angoisse est un peu plus forte car elle ne voit pas d'issue pour rétablir une bonne entente dans le service. Bien loin de lui donner prise sur ses émotions, ce retraitement renforce sa problématique de fusionnante.

Chacun est ainsi naturellement porté à retraiter les événements... *en fonction de sa problématique.* Tel un culbuto, nous revenons inexorablement sur notre position de départ, quels que soient les aléas auxquels nous sommes soumis. Chacun est programmé à prendre une certaine place parmi les autres, et c'est cette place précise qu'il cherche à préserver ou à retrouver inconditionnellement. Pour sortir de cette ornière et faire du neuf, il faut donc prendre clairement conscience de ce programme.

Retraitement efficace d'un fait matériel

Christiane a fait cette prise de conscience, et voici comment aujourd'hui elle s'y prend pour retraiter la même situation : tout d'abord elle a compris à l'expérience, qu'il est plus sain de mettre ses émotions de côté pour s'en tenir au fait matériel, tangible. Puis, elle aborde un sujet à la fois. Dans cette affaire, il y a deux problèmes : premièrement, la demande auprès de la surveillante et deuxièmement, la lâcheté des collègues. Christiane traite donc un sujet après l'autre. De plus, cette situation n'est pas arrivée par hasard, mais dans un contexte global dont il faut tenir compte. Puis ce fait se décompose en plusieurs éléments : il y a un acteur, un acte et des conséquences qu'il faut distinguer. Quand elle aura bien cerné le fait, Christiane pourra alors tirer des conclusions claires en vue d'une prochaine action.

Premier fait : la requête auprès de la surveillante.

— Contexte global : le planning est désorganisé par des profiteuses, il faut réagir.

— Acteur : moi, Christiane.

— Acte : je demande à la surveillante de faire son travail en remettant de l'ordre dans ce planning.

— Conséquences : elle promet d'intervenir.

— Conclusions : je suis arrivée à mes fins, je peux être satisfaite ; émotion adaptée.

Deuxième fait : la lâcheté des collègues.

— Contexte : idem.

— Acteurs : les filles et moi.

— Acte : malgré leur promesse, elles ont retiré leur épingle du jeu en pleine bagarre.

— Conséquence : j'ai servi de bouc émissaire à la surveillante.

— Conclusion : la prochaine fois, j'agirai seule, ce sera plus payant ; émotion adaptée.

Les conclusions sont claires et donc la mémorisation l'est aussi. L'émotion est adaptée et mesurée. Christiane est sur le sol ferme des faits matériels, elle sait où elle va. Les motivations profondes de ses collègues ne la regardent pas. Chacun chez soi, chacun ses problèmes... adieu la fusion ! C'est ainsi que progressivement, Christiane apprend à maîtriser ses automatismes de comportement fusionnant.

Slalom entre les conflits

Lorsqu'il se situe au bas de l'échelle, le fusionnant actif est souvent seul à faire les frais de son comportement inadapté. Mais quand il occupe un poste à responsabilité, son manque d'assurance qui se cache derrière un tempérament enjoué, retombe sur ses subordonnés en conséquences parfois lourdes.

La directrice d'une école privée est de comportement fusionnant actif. A la fin de chaque année scolaire, elle participe avec tous les enseignants à un dernier conseil de classe où l'on statue sur l'orientation des élèves. Chaque année, le scénario est le même : les enseignants font le point sur les capacités des élèves, et la directrice, pour tenir son rang, avance de temps à autre quelques réserves de simple convenance puis se range rapidement aux avis de la majorité. Après quoi, des parents d'élèves viennent protester pendant les vacances, vexés parce que leur enfant doit redoubler sa classe. Elle perd pied devant eux, et face à ces gens déterminés, surtout s'ils ont un certain statut social, elle répète, comme pour se justifier, les remarques faites par l'un ou l'autre des professeurs, se démarquant déjà d'une décision qu'elle a pourtant ratifiée. Solidaire hier des enseignants, elle se range aujourd'hui aux côtés des parents. Pourquoi ? Parce que cette femme a besoin avant tout de tomber d'accord avec son interlocuteur du moment. Avant de raccompagner ses visiteurs, elle les retient encore un bon quart d'heure pour leur confier ses soucis, pauvre femme qui porte sur ses frêles épaules une si lourde charge. Heureux d'avoir eu gain de cause, ils lui prêtent volontiers une oreille compatissante, et l'assurent avec empressement de la haute estime en laquelle ils la tiennent. Pauvre chère femme, si elle savait qu'à peine sorties de chez elle, les mêmes personnes se gaussent de son tempérament si faible, si facile à manœuvrer! Voilà pourquoi à chaque rentrée scolaire, les professeurs trouvent dans leurs classes des élèves qui ne devaient pas s'y trouver. Voilà pourquoi à la fin de chaque année, les conseils d'orientation prennent pour eux un goût d'amertume. Quel souci la directrice a-t-elle de l'intérêt des élèves, et du travail des professeurs? Poser la question, c'est déjà y répondre. Evidemment, la renommée de l'école en pâtit : les élèves surévalués n'arrivent pas à suivre, le corps enseignant dont les directives ne sont pas suivies, est déconsidéré, et chacun se rend compte que la directrice, véritable girouette, ne fait pas le poids. Elle veut être considérée et aimée par tout le monde? Pour cette vaine illusion elle entraîne le navire et tout son équipage vers un naufrage certain.

Dire oui sans réfléchir

Une autre fusionnante active s'est trouvée bien malgré elle, à un poste de direction dans l'enseignement [1]. Elle non plus ne semble pas taillée pour ce type de responsabilité, mais cette fois c'est elle qui en a subi principalement les conséquences.

« Fraîchement sortie de deux années de formation d'institutrice, je prends mon premier poste dans un établissement qui n'a d'école que le nom : les salles de classe en préfabriqué résonnent, il n'y a pas de téléphone, pas de bureau pour la directrice et la clôture n'est pas entièrement posée. On m'attribue une classe de trente-cinq petits diables de deux à quatre ans, la plupart d'entre eux sont des cas sociaux ou issus de familles d'immigrés. Et pour comble de malheur, on me confie la fonction de directrice bien que je sois la plus

---

1. Il faut noter que l'on trouve beaucoup de comportements fusionnants dans l'enseignement, notamment dans l'enseignement primaire et maternel. Ce choix professionnel correspond certainement à un désir souvent inconscient de rester dans le monde de l'enfance.

jeune institutrice et la seule débutante. Or dans deux mois, je devrai passer l'épreuve pratique de mon c.a.p. Face à un tel tableau, n'importe quelle personne de bon sens aurait filé tout droit chez son employeur pour l'avertir de cette aberration. Eh bien moi, je ne bouge pas, je ne me rends pas compte de la situation. Je suis même ravie que l'on ait pensé à moi. Bien sûr, tout me pose problème, et pour commencer je ne sais rien sur mon métier. Certes, à l'Ecole Normale j'ai suivi avec intérêt des cours de sociologie et de psychologie, mais personne ne m'a jamais appris concrètement comment mener une classe. Une conseillère pédagogique venue observer mon travail me lance cet avertissement : « si vous voulez avoir votre examen, vous avez intérêt à vous améliorer. » Polarisée par mon unique désir d'avoir mon c.a.p., je me mets à travailler sans relâche pour l'école, laissant tomber tous mes autres centres d'intérêt. Parallèlement, dans mon travail de direction, j'essaie de concilier les intérêts de tous. J'écoute avec attention et sans prendre de recul : enfants, parents, collègues, personnel de service, employeur... Tous à la fois, je veux les satisfaire, sans parvenir à me fixer des priorités. Moi-même je n'ai souvent aucune opinion personnelle. Chaque fois que je discute, je me sens entraînée comme par réflexe à tomber d'accord avec mon interlocuteur ; d'ailleurs, je ne supporte pas de rentrer en conflit.

Un mois après la rentrée, les parents d'élèves organisent une rencontre avec les élus en vue d'exiger l'amélioration des locaux. Or, j'apprends que durant cette réunion, un adjoint m'a qualifiée de « jeune écervelée sans expérience ». Profondément blessée, une fois encore je ne réagis pas. Je me terre seulement un peu plus, souhaitant que mon inspectrice ne soit pas tenue au courant de l'esclandre. Et les malheurs s'accumulent : deux semaines avant l'examen, je me fais voler le cahier de texte dans lequel j'ai consigné quotidiennement les activités que j'ai réalisées avec les enfants. Or ce classeur est une pièce centrale pour l'obtention de l'examen. Je suis prise de panique. Vient le jour du c.a.p. Dans un état second, j'accumule les erreurs. Les enfants me sentent tellement perdue qu'ils commencent à se lancer de la farine à la figure pendant l'inspection. Evidemment le verdict tombe : « Recalée, ne fait pas preuve d'un comportement d'adulte. » Cette appréciation fait mouche. Oui, c'est vrai, je ne suis qu'une gamine. Tous ceux qui me connaissent un peu ne s'y trompent pas quand ils m'appellent *la petite*. Moi-même quand je me regarde dans la glace, je comprends bien qu'on ne me donne pas mon âge. L'adjoint du maire et l'inspectrice ont vu juste. »

La jeune institutrice s'est sentie diminuée, incapable. Peu de temps après cet échec, elle a eu un accident de voiture. Elle n'avait pas le sou pour en acheter une autre, or, elle habite à vingt kilomètres de son lieu de travail. Ce dernier coup fut le point de départ d'une dépression.

Pour remonter la pente, s'atteler à un projet

« A partir de cette époque, explique-t-elle, je fonds en larmes dès qu'on m'adresse la parole, je ne peux rien faire d'autre que rester au lit toute la journée à repenser sans arrêt à ce qui m'est arrivé depuis trois mois. J'ai des insomnies. Je ne mange presque plus et commence à maigrir. Lors de ma quatrième semaine de congé de maladie, je reçois une lettre d'un ami qui me dit : « Je connais des gens qui se sont sortis de dépression en s'attelant à la réalisation d'un projet. » Alors, pour la première fois, je réalise qu'effectivement je suis en pleine dépression, et que, peut-être, je pourrais faire quelque chose pour en sortir. Cette impression d'être une gamine, qui me paralyse, il ne tient qu'à moi de la surmonter en agissant en adulte. En dressant un bilan sérieux de la situation, je me rends compte que les deux années d'études que j'ai suivies à l'Ecole Normale, je les ai faites sous contrat. Or si je rate mon C.A.P. une seconde fois, je devrai rembourser l'Etat et, de plus, je me retrouverai sans qualification. Il est donc prioritaire que je reprenne le travail. Je me dresse une liste des démarches à entreprendre : il me faut d'abord trouver un véhicule, ma banque me consent un prêt sans trop de difficultés. Mais une fois que je serai à l'école, il faudra que je sache quoi proposer aux enfants. Je profite donc de mon arrêt pour aller rendre visite à une institutrice qui m'invite à suivre quelques journées de stage dans sa classe, puis je me mets à lire des ouvrages sur la question. Et pendant le dernière semaine qui me reste, j'élabore un planning d'activités à réaliser avec les enfants pour une durée de trois mois. Et enfin, je comprends qu'il est inadmissible de m'avoir attribué ce poste de direction qui me donne un surcroît de travail alors que je suis débutante. Malgré mon appréhension, je contacte le représentant du personnel et le syndicat pour leur demander conseil. Des deux côtés on m'encourage vivement à envoyer une lettre à mon employeur, afin de le mettre au courant de mes ennuis de santé et de la proximité de mon examen. Cependant, j'hésite à faire cette démarche, craignant par là d'indisposer l'inspectrice. Quand je fais part de mes craintes à l'une de mes amies, elle me répond nettement : « Ne fais pas l'enfant, tu sais, dans la vie il faut savoir se battre. » Cette réflexion tombe à pic, cette fille a raison. J'écris donc ma lettre et j'obtiens satisfaction. Cinq mois plus tard, l'inspectrice revient. Elle ne me tient absolument pas rigueur de ma demande. Après une demi-journée d'inspection, elle m'accorde mon c.a.p. Et depuis, me définissant régulièrement de nouveaux objectifs dans différents domaines, je n'ai plus jamais lâché devant les difficultés. Peu à peu, je prends du recul sur le problème de mon comportement, car j'expérimente quotidiennement que je n'ai rien d'une enfant. »

Le langage du fusionnant actif

Pour repérer aisément une personne de comportement fusionnant actif, il suffit bien souvent de l'écouter parler.

Tout langage comporte à la fois une composante *verbale* et une composante *émotionnelle*. Chez le fusionnant actif, la seconde prend incontestablement le pas sur la première. Il soigne peu son discours, mais extériorise fortement ses émotions. Sa voix est tonique, son rire franc et communicatif, voire fracassant. Il fait beaucoup de gestes et de mimiques. Il émaille ses phrases de nombreuses expressions bouche-trous telles que « tu vois, si tu veux, tu sais, etc. ». Autant de locutions parasites qui visent à entretenir le contact, à chercher l'accord avec l'interlocuteur. Souvent, il laisse échapper des exclamations plus ou moins bruyantes, onomatopées purement émotionnelles. (Dans son expression écrite, elles sont remplacées par une ponctuation surabondante : un point d'exclamation ne suffit pas, il en faut trois.)

Certain fusionnant actif avait pris l'habitude, au début de sa vie professionnelle, de ne plus guère s'exprimer que par onomatopées. Le récit d'un entretien avec un de ses clients devenait à peu près ceci : « Alors là, moi : Crac!!! Et lui : Bof... Moi, aussi sec — tu me connais- : re-crac!!! Et lui ? Ououou ! » Habituellement, une gestuelle appropriée donnait la clef de ce langage hermétique, mais parfois, même les habitués ne comprenaient pas ce que pouvait signifier tant de bruitages bizarres. Comme une table de multiplication dont les enfants ânonnent la mélodie en omettant les paroles, il ne gardait du langage que la musique émotionnelle, ne prenant même plus la peine d'en livrer le sens. Ce mode d'expression est une résurgence du langage élémentaire du jeune enfant. En effet, le nourrisson ne dispose que d'un langage produit par le cerveau limbique, fait de cris, de pleurs, de gazouillis divers, et qui n'est pas destiné à la communication avec d'autres. Simplement, l'enfant exprime spontanément sa satisfaction ou son déplaisir ; ce n'est que plus tard, lorsqu'il éprouve le besoin de communiquer qu'il apprend à parler. Le langage verbal (dont le siège se trouve dans l'hémisphère gauche du cerveau) remplace alors peu à peu le langage limbique, purement émotionnel. Tout le monde mêle au parler quotidien un certain nombre d'exclamations émotionnelles qui sont des résurgences de ce langage primitif, mais le fusionnant plus que tout autre laisse pointer dans son expression ces réminiscences de sa petite enfance au détriment d'une communication efficace. Dans le domaine du langage — comme dans bien d'autres domaines — il lui faut achever un apprentissage, une maturation qui semblent s'être interrompus en cours de route.

Dans une conversation, il prend facilement la parole de façon impulsive : « Je vais peut-être dire une bêtise, mais... » Il est pour lui plus urgent de s'exprimer que de réfléchir à ce qu'il va dire, à la façon dont ses interlocuteurs vont le comprendre. C'est au nom de cette même impulsivité qu'il coupe souvent la parole aux autres avec impatience.

Il aime entraîner son interlocuteur dans son monde émotionnel. Il cherche à tout prix à être bien compris, et répète souvent une même explication plusieurs fois. La première version lui paraissant trop abrupte, il en livre aussitôt une seconde plus enveloppée, puis une troisième formulée encore autrement. Le plus souvent, une seule suffirait.

Son langage est approximatif, le geste palliant la carence du verbe. Le fusionnant actif n'est pas très motivé pour apprendre des mots nouveaux qui l'aideraient à exprimer plus justement sa pensée. C'est pourquoi il se contente souvent d'un vocabulaire assez pauvre. Une jeune femme entend son mari utiliser à plusieurs reprises le terme « pragmatisme » qu'elle ne connaît pas, mais elle ne pense pas un instant à lui demander ce que cela veut dire ni à consulter un dictionnaire : elle se dit que ce mot-là sonne bien savant, et qu'il appartient à ce monde des grandes personnes qui ne sera jamais vraiment le sien. Plutôt que de chercher le mot juste, certains n'hésitent pas à inventer de nombreux néologismes personnels que l'interlocuteur ne décrypte pas toujours.

Le vocabulaire du fusionnant actif est tantôt excessif, tantôt en deçà de la réalité, rarement adapté. Pour rapporter des situations positives, il abuse de superlatifs : extrêmement, très, toujours, absolument, le plus, etc. ; un film réussi est pour lui génial, un film médiocre est qualifié d'épouvantable ; un homme sympathique devient un type extraordinaire, ou bien super-sympa, car il n'est pas rare que le fusionnant actif conserve son langage de potache bien au-delà de l'âge scolaire. A l'inverse, lorsqu'il s'agit de qualifier une situation déplaisante qui dérange sa vision idyllique du monde, il emploie un langage insuffisant : « Ce n'est rien du tout ; ce n'est pas grave, ça va s'arranger ; bof, faut pas s'en faire ; c'est sans importance, etc. »

Son discours n'est pas toujours construit. Il peut passer du coq-à-l'âne sans crier gare. Il ne se soucie guère de respecter la chronologie ou les causalités, mais obéit davantage à ses impulsions émotionnelles du moment qui lui viennent d'une extrême sensibilité aux réactions instantanées de son auditoire. Il se lance ainsi dans de nombreux excursus qui peuvent le conduire bien loin de son sujet de départ. De plus, pour être sûr d'être bien compris, il donne une abondance de détails qui nuisent à la clarté de son propos, et qui l'entraînent facilement hors sujet.

Son besoin de fusion se traduit parfois par un usage aberrant des pronoms personnels : « *Il* va aller se coucher ce grand garçon, et Maman va monter *lui* dire bonsoir. » Une jeune mère fusionnante emploie ainsi la troisième personne indifféremment pour son fils et pour elle-même. Passe encore avec un enfant, mais certains s'adressent à des adultes sur le même mode, telle cette infirmière au chevet d'un malade : « *Nous* avons bien dormi, Monsieur Durand ? Allez, *nous* allons *nous* lever un petit peu maintenant. » Ce langage dépersonnalisé est celui de la fusion.

Le langage est le reflet fidèle de la pensée. Si le fusionnant actif prend la peine de choisir des termes appropriés, d'élargir son vocabulaire, d'apporter un peu de sobriété dans son expression, il a toutes chances d'améliorer sensiblement la qualité de sa réflexion.

ITINÉRAIRE D'UNE FUSIONNANTE ACTIVE

Pour terminer cette étude du comportement fusionnant actif, nous allons suivre une jeune femme, Fabienne : ses errements, son évolution et les solutions qu'elle a trouvées pour pallier ses carences sont riches d'enseignement. Ils pourront aider celui ou celle qui se heurte au même type de difficultés et qui ne voit pas bien comment avoir prise sur des automatismes aussi profondément ancrés.

La famille

Les Dupin ont sept enfants. Les voisins disent que c'est une famille modèle, accueillante et unie. Les sept enfants ont d'ailleurs conscience d'appartenir à une famille bien. Jusqu'à ce que les aînés soient majeurs, les parents organisent pendant les vacances, des sorties passionnantes : grands jeux en forêt, visite des châteaux de la Loire en caravane. Au mois d'août, on plante la tente, toujours au même endroit. Les enfants invitent leurs copains sans prévenir, si bien qu'on ne connaît jamais à l'avance le nombre de convives. La mère et la fille aînée qui font la cuisine pour tout ce monde, n'apprécient pas ces improvisations de dernière minute. Mais les enfants trouvent cela amusant et donc normal. D'autant que leur père se montre satisfait de jouer au grand chef au milieu de cette flopée d'adolescents. Jeune de caractère, boute-en-train, M. Dupin aime à rire et à raconter des histoires — vraies ou fausses — dont il est le plus souvent la vedette. Quel comédien! Lui aussi compte de nombreux amis qui gravitent autour de la famille. Les petits l'admirent beaucoup. Mme Dupin, elle, est une femme efficace, mais plus réservée. Fabienne, le numéro six de la famille, se souvient qu'un jour, à l'âge de cinq ans, elle s'est perdue sur la plage. Quand les sauveteurs l'ont ramenée, elle s'est précipitée dans les bras de sa mère. Au lieu d'en éprouver du réconfort, elle a senti que sa mère était gênée de la tenir contre elle. Mme Dupin était sans doute à la fois soulagée et culpabilisée, mais l'enfant n'a pas compris. Elle a traduit l'événement à sa façon : Maman n'aime pas les câlins. Et depuis ce jour, Fabienne n'a plus quêté auprès d'elle de marque d'affection particulière. Père et mère ont donc un tempérament fort différent, mais Fabienne ne se souvient pas qu'ils se soient jamais accrochés. A ses yeux, c'est un couple modèle. Le monde qui l'entoure lui paraît tout harmonie.

La petite préférée

Les quatre aînés qui ont reçu une éducation plus stricte, envient la liberté qu'on laisse aux petits derniers. Leur préférée est nettement Fabienne. Toute petite, elle est tellement drôle et gaie que les aînés se disputent leur petite Fabichou comme ils disent. Fabienne accorde une grande importance à ses frères et sœurs. Mais son frère de prédilection, c'est François, de deux ans son aîné. Ce garçon est assez mystérieux, parfois loquace, parfois bouder, toujours imprévisible. Il émane de lui un certain charme qui touche Fabienne. Le frère et la sœur sont très liés et se comprennent à demi-mot. Quand François rentre de pension, il lui raconte sur un ton épique, ses derniers exploits sportifs et ses chahuts de collégien. Sur le moment Fabienne boit ses paroles même si après coup elle se demande où s'arrêtent les faits et où commence la fiction. Néanmoins, François la fascine, comme il fascine d'ailleurs beaucoup de filles. La petite Fabienne est flattée d'être la confidente de ce don juan. Elle ferait n'importe quoi pour garder son amitié.

Fabienne a aussi une petite sœur, Sylvie, qui l'agace : « Cette fille pleure pour un rien, elle se fait une montagne de tout » (un rien, vraiment ? une montagne, tant que ça ?). Fabienne qui se montre si délicate avec ses aînés, rejette donc sa jeune sœur, comme d'instinct. « Elle n'a qu'à ravaler ses larmes de crocodile et se secouer un peu ! » rétorque Fabienne à sa mère qui lui reproche d'abandonner sa sœur. « Y'a qu'à » est la formule magique par laquelle Fabienne, l'optimiste, efface toute difficulté. Bien qu'elle opère des sélections dans ses amitiés, et qu'elle soit capable de mettre certains au rebut, elle garde une bonne image d'elle-même, sûre d'être partout considérée comme une fille sympathique. Il est vrai qu'elle a un caractère heureux et qu'elle se montre entreprenante. Comme ses aînés, elle fait en dilettante du volley, de la musique et du dessin. Tout lui réussit.

Fabienne a aussi ses carences mais elles ne l'affectent guère. Elle n'a aucun sens de la valeur des choses. Depuis son plus jeune âge, elle reçoit cent puis deux cents francs pour ses étrennes. Qu'en fait-elle ? Le plus souvent, elle en donne la moitié à François qui, en joyeux profiteur, a toujours un achat urgent à faire. L'autre moitié, elle la dépense rapidement. A huit ans, elle a pris l'habitude d'inviter ses amies à faire des tours de manège et à manger des bonbons à la fête foraine. Pourquoi ferait-elle des économies, elle n'a jamais eu de tirelire, et ses parents ne lui demandent pas de comptes. Chez les Dupin, on ne parle jamais argent devant les enfants.

Même si Fabienne est une enfant docile, il lui arrive de commettre quelques bêtises. Une fois, elle dépose négligemment son vélo contre la voiture du voisin ; le vélo tombe et la carrosserie est rayée. Fabienne n'a jamais su combien la réparation a coûté à ses parents, ni quels ennuis cela a pu leur occasionner. Elle a pourtant quatorze ans ! De toute façon, pour Fabienne, rien n'est jamais grave, elle est convaincue que les choses s'arrangeront toujours. Est-ce parce qu'on ne lui a jamais appris à voir ni à réparer les conséquences de ses actes ?

Boute-en-train

Pendant ses études secondaires, Fabienne est élue presque chaque année chef de classe. Parfois, cette élection crée des rivalités, mais elle semble ne pas les remarquer. Pourtant, quand elle n'a pas été choisie, elle est chagrinée sur le moment. Ses études se passent sans histoire. Elle a bien dû redoubler sa cinquième et ainsi être séparée de ses meilleures amies, mais elle n'en est pas affectée, elle noue facilement de nouvelles relations. Fabienne s'arrange de tout. Jusqu'à la quatrième, elle n'a jamais rien compris aux mathématiques. Mais voilà que cette année-là, elle a un professeur masculin. Il est beau garçon et Fabienne a le béguin pour lui. C'est ainsi que ses cinq et six sur vingt habituels se muent en quinze et en seize. A la maison, personne ne s'explique ces progrès surprenants. A quoi tiennent les réussites scolaires ! A quinze ans, elle manifeste son envie de sortir le soir. Elle comprend alors que François représente un filon à exploiter. Elle lui demande de lui présenter ses amis et tout naturellement, elle est alors invitée aux mêmes soirées que son frère. Elle a bien manœuvré. Et c'est ainsi que François et Fabienne désertent de plus en plus fréquemment le cercle familial qui ne leur suffit plus, bien qu'ils en apprécient toujours la chaleureuse ambiance. Leur père en est contrarié. Il aimerait que ses sept enfants continuent à se rassembler chaque week-end dans la maison familiale. Mais Fabienne préfère de beaucoup retrouver sa bande de copains. Elle les quitte rarement. Une fois pourtant, elle a envie de faire un stage d'audiovisuel sans eux. Le premier jour, elle est perdue, un peu anxieuse même, car elle ne connaît personne. Mais dès le deuxième jour, elle se voit adoptée par un petit cercle de six ou sept camarades venus ensemble au stage. A la fin de la première semaine, chacun la considère comme la mascotte du groupe, le boute-en-train de service que l'on charrie gentiment à l'occasion. A ce stage participe un garçon timide, un peu complexé mais passionné d'audio-visuel. Il a sûrement dû prendre beaucoup sur lui pour accepter de mener une vie collective pendant trois semaines. Il s'appelle Gaétan, elle le surnomme « Gaffe-étan » et tout le monde lui emboîte le pas. Le pauvre garçon doit porter ce sobriquet jusqu'à la fin du stage. L'insouciante ne s'est jamais rendu compte du tort qu'elle lui a fait. Elle aime rire et ne va pas chercher plus loin. Il faudrait pourtant qu'elle sache que rire sur le dos d'un autre, c'est un peu l'assassiner, le condamner. Car personne, dans sa joyeuse bande, ne peut plus voir ce garçon sans penser immédiatement à l'étiquette de gaffeur dont elle l'a affublé pour son amusement d'un instant. Qu'elle en ait eu ou non l'intention, le résultat est là · Gaétan a été descendu en flèche aux yeux des autres et a perdu en même temps le peu d'assurance qu'il avait.

Insouciance

Après le bac, Fabienne entre en faculté de médecine. Elle travaille sérieusement et réussit ses examens. Mais la médecine ne l'intéresse pas. Elle préfère entreprendre des études moins longues, moins fastidieuses. Elle aimerait aussi exercer un métier où elle serait en relation avec des jeunes. Le monde des adultes ne lui dit rien. Elle choisit alors de s'inscrire en fac de sciences pour devenir professeur de sciences naturelles. Ce choix lui permet d'avoir une vie d'étudiante un peu plus décontractée. On l'entend souvent à la cafétéria rire avec d'autres, pendant les heures de cours. Au sein de sa bande de copains, elle occupe bien sa place. Ses amis savent qu'ils peuvent compter sur elle chaque fois qu'il y a une sortie à organiser, une fête à préparer. Mais parmi ceux qui la connaissent bien, plus personne ne vient discuter avec elle de difficultés importantes. Chacun sait à l'avance quelle sera sa réponse : des phrases toutes faites, empreintes d'optimisme et d'insouciance. Fabienne ne s'en rend pas compte car elle distribue largement ses conseils, ses encouragements et même son argent à des camarades d'un jour, des paumés en quête d'une oreille attentive. Et d'où vient cet argent qu'elle prête sans jamais oser le réclamer ? C'est son argent de poche ; et quand elle est à court, elle en emprunte à ses parents, sans mauvaise conscience, persuadée qu'eux-mêmes auraient agi de la sorte. Tant de générosité contribue à persuader Fabienne qu'elle est une fille bien, une Dupin.

Projet de couple : « Je vais le rendre heureux »

Pendant les vacances, elle organise avec ses amis un voyage à l'étranger. Dès les premiers jours, chacun s'étonne de voir Fabienne tourner autour du garçon le plus réservé de la troupe. Quelle motivation peut donc pousser ce clown de Fabienne à mettre le grappin sur quelqu'un d'aussi discret que Régis ? Personne n'y comprend rien. C'est que Fabienne se sent pousser des ailes pour apporter un peu de bonheur à ce triste garçon. Et puis, honnêtement, elle l'apprécie beaucoup, car il se moque rarement d'elle. Secrètement, elle souffre de se trouver prisonnière de son personnage de « petite marrante, touche-à-tout ». Fabienne et Régis sortent ensemble, mais ils sont si différents que cette époque est remplie de heurts. Pour elle, l'amour, c'est être ensemble. Régis est un bûcheur, il n'admet pas que Fabienne vienne sonner chez lui à n'importe quelle heure, quand ça lui chante.

— Non, je ne peux pas te recevoir maintenant, j'ai un devoir à réviser.

— Mais je me mettrai dans un coin, je ne te gênerai pas.

— Moi, je ne peux pas faire deux choses à la fois, ou bien je travaille ou bien on se rencontre. Allez, dehors; à demain...

Fabienne est fâchée. Elle n'apprécie pas qu'on lui fasse des remarques. En revanche, elle ne s'en prive pas. Un même reproche revient souvent dans sa bouche.

— Tu n'es pas comme mon frère, avec lui au moins, on se comprend...

Pendant longtemps, Régis ne réagit pas, jusqu'au jour où ne supportant plus la comparaison, il met les choses au point :

— Ecoute, tu veux savoir ce que je pense, moi, de ton frère ? C'est un bluffeur, puant de suffisance. Et puis quand vous êtes ensemble, les autres autour de vous ont l'impression d'être de trop. A quoi cela vous sert-il de vous entourer de tant de gens, si vous ne vous intéressez pas à eux. Alors si tu préfères la compagnie de ton frère ne te gêne pas, va pleurer dans son giron et fiche-moi la paix.

— Si c'est comme cela, c'est terminé entre nous, lance Fabienne, piquée au vif.

— C'est ça, sourit le calme Régis, c'est terminé comme la dernière fois où tu es venue sonner chez moi, trois heures après m'avoir fait la même déclaration.

— Non, cette fois, c'est fini, fini...

Et elle tourne les talons, la rage au cœur... pour revenir le soir-même, repentante, se confondant en excuses jusqu'à ce que Régis l'arrête, exaspéré. Elle tient à lui, et craint trop la solitude pour mettre ses menaces à exécution.

Mon bonheur est donc le tien

Deux ans plus tard, les orages se sont apaisés et Fabienne parle mariage. Régis attendrait volontiers un an de plus car il n'a pas terminé ses études, et il pressent que sa compagne manque de maturité. Mais ce que femme veut, Dieu le veut, et elle parvient à le persuader. Pourtant les parents de Fabienne eux aussi se montrent réticents. Mme Dupin est même catégorique :

— Attendez encore un an, Régis aura terminé ses études. De toute façon, il est contre nos principes d'entretenir un couple. Alors si tu veux te marier, il faudra que vous subveniez vous-mêmes à vos besoins.

Qu'à cela ne tienne, Régis obtient une bourse tandis que Fabienne fait des pieds et des mains pour trouver un emploi. Et elle y parvient : on lui propose une série de remplacements comme professeur de sciences naturelles. En même temps, elle terminera sa licence en suivant les cours du soir prévus pour les étudiants salariés. Ses proches sont un peu affolés par ce lourd programme. Mais Fabienne, impatiente, les rassure : « Mais non, ça ira, ne vous en faites pas... »

Une ambiance de kermesse

La réalité n'est pas aussi rose qu'elle l'avait prévu. Entre les cours du soir de Fabienne, ses remplacements et les études de Régis, il ne reste guère de temps pour une vie de couple. Régis s'en plaint, mais Fabienne s'active. Elle court tout le temps, même le week-end où elle propose qu'ils retournent régulièrement dans chacune de leur famille.

Les années passent : Fabienne a trente ans mais elle vit toujours comme quand elle en avait vingt ! Pourtant, elle est mère de deux enfants. A sa sœur Sylvie qui s'inquiète de les voir si souvent livrés à eux-mêmes, elle réplique en riant : « Il ne faut pas les couver. » Belle théorie, certes, mais les enfants de Fabienne n'ont que six et cinq ans.

— Tu devrais les entourer un peu plus, insiste Sylvie.

— Mais je m'en occupe. Tiens, l'autre jour, je les ai emmenés au cinéma avec tous leurs copains du quartier. Quelle équipée, ça m'a rappelé la famille Dupin à ses plus beaux jours !

— Mais penses-tu vraiment que c'est dans de telles

sorties que tes enfants peuvent te retrouver? C'est d'une
attention régulière, routinière, qu'ils ont besoin.

— Ecoute, répond Fabienne, moi je ne peux pas rester
clouée à la maison. Je suis bâtie comme ça. Et puis ne
t'inquiète pas, mes gosses, je les adore.

Et dans un tourbillon, la jeune femme s'éclipse, lançant
négligemment :   ·

— Je te laisse, j'ai une réunion au collège dans une demi-
heure. Peux-tu rester encore un peu pour garder les enfants,
le temps que Régis rentre du travail?

Sans attendre de réponse, elle saute dans sa voiture.
Pourquoi Sylvie lui refuserait-elle ce service? C'est bien
naturel qu'on se donne des coups de main! Main de fer dans
un gant de velours, Fabienne a l'art et la manière d'imposer
aux autres ses desiderata. D'ailleurs elle a bonne conscience
puisque le mois dernier, c'était elle, Fabienne, qui lui avait
gardé ses enfants. Nuance. Sylvie avait demandé ce service
une semaine à l'avance et ne l'avait pas imposé. Mais
Fabienne ne sait pas respecter l'emploi du temps des autres.
En fait, elle n'a pas le sens du territoire de chacun. Ainsi elle
trouve normal que sa maison soit fréquemment mise en
désordre par les copains de ses enfants, et de son côté elle
envahit les autres et dispose de leurs bons services. Si
personne ne l'arrête, cette tendance risque fort de s'aggraver.

Activisme pour aboutir à quoi?

Au collège où elle enseigne, Fabienne s'attèle, en dehors
de ses heures de cours, à l'élaboration d'un projet pédagogique. Régis lui fait remarquer ses fréquentes absences. Alors
pour ménager la chèvre et le chou, elle propose parfois à ses
collègues de finir la réunion en allant boire un verre chez
elle. Les collègues s'attardent jusqu'à une heure avancée de
la soirée, perdus dans des discussions sur la pédagogie
auxquelles Régis ne comprend rien. Après trois mois de
recherche, le projet, mené à terme est présenté au comité de
parents. C'est bien sûr Fabienne qui anime la réunion.
Confiante, elle introduit le sujet quand deux professeurs
étrangers au groupe de travail lui coupent la parole et la
monopolisent pendant plus d'une demi-heure. Sont-ils opposés au projet? Là n'est pas la question, ils saisissent

seulement ce prétexte pour faire valoir des divergences syndicales dont personne n'établit très bien le rapport avec le sujet de la réunion. Au bout de cinq minutes, leurs intentions malveillantes sont apparues clairement. Fabienne qui préside la séance, devrait couper le micro ou quitter l'assemblée pour marquer publiquement sa désapprobation. Complètement déstabilisée, elle n'ose pas. Au contraire, à la pause elle discute avec les deux contestataires pour tenter de trouver un compromis. Pour leur donner la preuve de sa bonne volonté, Fabienne leur livre même un renseignement encore confidentiel : le projet est agréé par le recteur et il sera subventionné. Les deux syndicalistes notent cette information précieuse et concluent d'un air faussement détaché...

— Mais oui, ma petite Fabienne, on va te laisser parler.

Evidemment à la reprise, ils ne tiennent pas parole. Tout au contraire, ils dénoncent ce qu'ils appellent la collusion du rectorat avec un syndicat privilégié. C'est alors vraiment la débâcle. Les parents quittent la réunion, fâchés d'avoir perdu leur temps. Le directeur du collège ne comprend rien à cette confusion, et les collègues de Fabienne sont découragés de voir leur travail ainsi saboté, et irrités par l'indiscrétion de la bavarde. Fabienne rentre chez elle, déçue et culpabilisée. Dès qu'elle voit Régis, elle s'effondre en faisant le récit détaillé de la journée. Elle aimerait tant qu'il lui dise que tout cela n'est pas grave. Mais la réponse arrive, tout autre.

— Maintenant tu vas aller faire dîner les enfants, nous nous retrouverons après qu'ils soient couchés. Moi aussi, j'ai des choses à te dire.

— Mais enfin, Régis, je ne comprends pas, tu ne te rends pas compte, cette réunion échouée...

— Ce n'est pas l'heure d'en parler. Maintenant les enfants t'attendent.

RETRAITEMENT

Le mur. Après le dîner, Régis et Fabienne se retrouvent au salon.

— Ce soir, nous ne parlerons pas de ta réunion. Telle que je te connais, tu es tout à fait capable de rattraper la situation. Sache que dorénavant, je ne veux plus te servir de conseiller privé. Les problèmes du collège, c'est ton affaire.

— Mais Régis, tu m'as souvent aidée à voir clair dans des situations où je me faisais berner.

— J'ai passé trop de temps pour toi. Maintenant tu empoigneras toi-même tes difficultés, tu te feras une opinion personnelle. Je ne discuterai plus avec toi que sur des solutions concrètes mûrement réfléchies.

Fabienne est muette, elle ne comprend pas encore bien ce qui se passe, elle pressent seulement que l'heure n'est plus aux revendications.

— Voyons maintenant le problème qui nous concerne tous les deux, continue fermement Régis. Tes nombreuses absences m'ont permis de réfléchir tout à loisir. Ce qui m'apparaît aujourd'hui clairement, c'est que toute la maison-née vit au rythme de tes activités : paisible en début d'année scolaire parce que tu es généralement assez organisée, puis échevelé à la fin du trimestre. C'est la débandade : les enfants sont survoltés, comme toi. Avec les vacances de Noël commence la course aux cadeaux et aux invitations fami-liales. Du premier janvier au 31 décembre la famille navigue au gré de tes humeurs. Tu ranges la maison quand tu as un creux dans ton emploi du temps, c'est-à-dire pas souvent. Tu t'occupes des enfants par à-coups. Puis, plus rien. Moi, je me suis marié pour partager ma vie avec une femme. Or, si je sais en détail ce qui fait ta vie, toi, que sais-tu vraiment de moi, de mes soucis personnels ? Pas grand-chose. Par contre tu n'hésites pas à me proposer d'aller au cinéma le soir alors que je viens de te dire que je suis fatigué. Et quand ce n'est pas le cinéma, c'est la télé. Tu veux toujours que je reste à côté de toi parce que l'important c'est qu'on soit ensemble. Et puis ta dernière trouvaille, ce sont les invitations à l'improviste. L'autre jour, je rentrais d'un déplacement fatigant, content de pouvoir enfin souffler, et voilà que j'ai dû subir ta clique de collègues toute la soirée. Aujourd'hui, je ne marche plus. Au début de notre mariage, j'ai bien tenté de préserver un minimum d'autonomie à la maison, mais tu as fini par obtenir ce que tu voulais, à l'usure. Quand je tentais de me soustraire à une nouvelle invitation chez une vague cousine ou un vieux copain, tu me poursuivais sur tous les tons jusqu'à ce que je cède. Fabienne, tu es une enfant gâtée à qui je dois répéter jour après jour le oui du mariage. Tu m'as fait entrer dans ta conception fantasmatique du mariage parfait où les deux conjoints ne doivent faire qu'un. Ou plus exactement, tu m'as annexé à ton service. Mais aujourd'hui la coupe déborde. Car tes improvisations de plus en plus fréquentes ont maintenant des répercussions sur ma vie professionnelle. A cause d'une garde d'enfant mal organisée, j'ai manqué l'autre jour un rendez-vous avec un client. Tes coups de téléphone au bureau pour m'avertir d'un changement d'emploi du temps désorganisent mon travail. Je ne veux plus continuer comme cela.

Fabienne est assommée. Pendant que Régis parlait, elle a machinalement attrapé un cahier et pris des notes. Elle comprend que l'heure est grave, car son mari n'a pas l'habitude de parler sur ce ton. A la fin de son explication, elle demande, la gorge serrée :

— Mais qu'est-ce que je peux faire ?

Nullement affecté par les larmes qui commencent à perler dans les yeux de sa femme, Régis continue, déterminé. Il sait que pour lui comme pour les enfants, l'enjeu est important.

— La première chose que je te demande, c'est un minimum : commencer par ranger régulièrement la maison pour que chacun s'y retrouve. Puis, tu vas définir tes priorités : la maison, les enfants, ton mari et tes cours. Si tu abandonnais l'une ou l'autre de tes activités, tu y verrais déjà un peu plus clair.

— D'accord, j'essaierai, dit Fabienne d'une petite voix plaintive. Et elle se lève.

— Rassieds-toi, je n'ai pas terminé. J'ai réfléchi encore un peu plus avant. Je voulais comprendre comment tu peux vivre ainsi avec une telle bonne conscience. Et j'ai compris. Depuis le temps que nous vivons ensemble, je commence à te connaître. En fait, il me semble que tu vis sur une certitude : celle d'être sympathique et attentive à tous. Mais, ma pauvre, tu es en pleine illusion ! Tu ne vois donc pas qu'en réalité tu n'es préoccupée que de toi, de ton confort émotionnel du moment ? Toi qui fonces dans la vie sans jamais regarder ce que tu laisses derrière toi, retourne-toi maintenant deux minutes vers ton passé. En fait, tu n'as jamais recherché la sympathie de tous d'une façon égale. Tu étais flattée de fréquenter certains que tu trouvais brillants : dans ta famille, les aînés plutôt que Sylvie. Dans notre bande d'étudiants, les forts en gueule plutôt que les camarades plus effacés. Peut-être parce qu'à leurs côtés tu avais l'impression d'être enfin acceptée parmi les « grands ». Et les autres qui vivaient autour de toi mais auxquels tu t'intéressais presque avec condescendance, satisfaite de ta bonté, les as-tu seulement connus et compris ? As-tu remarqué combien ta mère et ta sœur aînée ont trimé pendant que ton père que tu admires tant, organisait la kermesse permanente ? As-tu cherché à comprendre un jour la tristesse de Sylvie ? Sais-tu aussi que dans notre groupe d'amis, Philippe a tenté de se suicider et que Monique s'est fait avorter ? Et de nos fiançailles jusqu'à ce jour, as-tu conscience du temps et de l'énergie que tu m'as volés pour que je satisfasse tes caprices ?

Que reste-t-il de tout cela aujourd'hui ? Ton frère, tu ne le vois plus, à moins que tu ne te déplaces, des camarades de nos années de fac, plus aucun ne donne signe de vie. Et moi, aujourd'hui, je suis fatigué de toi. Tu n'as rien construit de solide. Regarde bien : toutes les amitiés sur lesquelles tu t'appuyais il y a dix ans t'ont filé entre les doigts comme du sable fin. Sur qui peux-tu compter aujourd'hui ? Quand tu as fait ta fausse couche, qui s'est déplacé ? Sylvie et notre amie Monique. Et pour les enfants, je fais le même constat. Ils me préfèrent à toi parce qu'ils voient bien que moi, au moins, je les écoute. Or, ils ont besoin de nous deux. Fabienne sanglote, elle a abandonné son cahier. Ce que Régis lui dit aujourd'hui, elle en a pris conscience depuis un moment, vaguement, par bribes, mais elle n'est jamais parvenue à en faire la somme. *Ce regard extérieur lui est précieux. Il l'aide à appréhender son comportement d'une façon globale.* Cependant, la tension est si forte que Fabienne ne tient plus, et veut aller se coucher. Mais Régis insiste :

— Finissons-en. Quand tu discutes avec tes collègues, ça ne te dérange pas de te coucher à une heure du matin. Alors rassieds-toi, et reprends tes notes. Comme ça, tu pourras y réfléchir à froid. Pourquoi cours-tu en avant sans jamais prendre le temps de réfléchir ? Là-dessus aussi j'ai mon idée. C'est que tu es prise par un besoin permanent d'être en harmonie, dans l'instant, avec ton entourage. Tu dis oui à tout ce qu'on te demande, tu es toujours d'accord avec ton interlocuteur du moment, quitte à te contredire sans même t'en rendre compte d'une heure à l'autre, ou à cumuler des heures de rendez-vous. Conséquence : loin d'apparaître comme une fille sympathique, tu t'es fait une solide réputation de tête en l'air ; et à la maison c'est pareil. Les petits voisins viennent de perdre leur mère, tu les invites donc pour qu'ils soient moins seuls. A la fin de la journée, quand ils ont mis la moitié de la maison sens dessus dessous, tu es contente que ces pauvres enfants se soient bien amusés. Tu les gâtes de chocolat et de bonbons. Mais quand ils sont partis, tu te retrouves seule pour ranger tout ce désordre. Conséquence : ça te prend du temps et l'heure du repas du soir est reculée. Au collège presque chaque année, tu as un emploi du temps impossible. Pourquoi ? Parce que tu as voulu arranger tel ou tel collègue, toujours les mêmes qui savent s'y prendre avec toi. Que tu en payes les frais, c'est ton affaire, mais aujourd'hui tu n'as plus vingt ans. Tu as charge d'une famille, je te le rappelle. Autre chose, pour ce fameux projet pédagogique, tu étais un élément moteur. Mais à quel prix ! Pour ne pas déplaire, tu as fait seule une bonne partie du travail dont les autres ne voulaient pas. Conséquence : supplément de fatigue, et mauvaise humeur que nous devons supporter.

Venons-en maintenant à ta réunion. Tu t'es laissé déborder par tes deux collègues syndiqués, non pas parce que tu voulais faire respecter les principes démocratiques comme tu le prétends, mais parce que tu avais la trouille et que tu te sentais incapable de t'imposer. Résultat : au lieu de trancher et d'arrêter la réunion, tu as voulu te montrer agréable aux deux parties et tu as navigué de l'une à l'autre. Naïvement tu as transmis aux deux contestataires des informations qu'ils devaient ignorer et ainsi, tu as mis en péril le travail de tes collègues. Pourtant, voilà trois mois que tu cherches à fusionner avec eux. Tu ne voulais pas les trahir, dis-tu ? Les effets sont pourtant là. Mais comme tu ne peux pas supporter les conflits, tu as essayé de réconcilier les gens, en leur faisant bêtement confiance et te laissant impressionner par le dernier qui a parlé. Toi qui as voulu jouer au médiateur, tu n'as fait qu'envenimer les choses. Et ce n'est pas la première fois qu'une telle mésaventure t'arrive. Si au moins tu en tirais une leçon.

— Je n'ai jamais su me défendre, conclut Fabienne.

— Il n'y a qu'un seul lieu où tu saches élever la voix, c'est à la maison. Là tu te sens en sécurité. Sûre que quoi que tu dises ou fasses je ne t'abandonnerai pas. Là aussi tu es dans l'illusion.

— Tu veux divorcer? Lâche Fabienne au comble de l'angoisse.

— Nous ne sommes pas dans un roman. Et puis je ne suis pas idiot. J'ai deux enfants; j'ai payé cette maison, j'y ai fait des travaux; je ne vais pas tout abandonner. Simplement pour l'instant, je ne me considère plus comme ton mari. Ça fait un moment d'ailleurs que je ne suis plus attaché à toi. Comment pourrais-je être attaché à un courant d'air? Alors, je m'installe une chambre dans mon bureau; il est assez grand. S'il faut prendre une décision, ce sera dans trois mois. Et elle dépendra de toi, de ce que tu auras fait et compris. Ce qui me semble clair, c'est que plus tu vieillis et plus tu te comportes comme ton père. Cet homme est au fond tellement creux qu'il a besoin de faire du bruit et de rassembler du monde autour de lui pour se donner de la consistance. Alors moi, je ne tiens pas à vivre avec mon beau-père. Maintenant, je vais me coucher et nous reprendrons tout cela plus tard. Tu as le week-end pour y réfléchir.

Si Régis se montre aussi inflexible, c'est qu'il connaît bien sa femme. D'une part il sait qu'elle dispose de suffisamment d'énergie pour se reprendre, et d'autre part, il est convaincu que s'il n'intervient pas fermement aujourd'hui, il ne trouvera peut-être jamais plus le ressort suffisant pour se dégager de son tourbillon de plus en plus vertigineux. Fabienne, elle, se heurte à un mur. C'est la première fois que cela lui arrive. A aucun moment elle ne cherche à se dérober dans des justifications fallacieuses. Elle constate que son mari ne l'accepte plus, que l'harmonie est rompue entre eux. Si elle veut la rétablir, elle doit donc changer. Armée de cette motivation typiquement fusionnante, dès le lendemain, Fabienne essaie de faire le point.

Elle se prend en main.

Pour l'instant il lui faut parer au plus urgent : la réunion pédagogique. Instinctivement, elle a envie de téléphoner à ses collègues pour tenter de restaurer de bonnes relations. Mais elle se l'interdit. Peu importe l'opinion qu'on se fait d'elle, l'essentiel est de remettre le projet sur pied. Mais que faire ? Sur son agenda elle note : pour lundi ;

— prendre rendez-vous avec le directeur : objet, faire descendre rapidement du rectorat le dossier dûment estampillé ;

— convoquer une nouvelle réunion, restreinte : objet, expliquer clairement le projet, écarter toute digression. Un point au programme, pas deux ;

— question : faut-il inviter des membres du syndicat adverse ? Pour ce point précis, elle demande l'avis de Régis habitué aux démêlés syndicaux. Il lui donne son point de vue mais ne tranche pas. A Fabienne de conclure. Tant que l'affaire ne sera pas réglée, elle ne l'évoquera plus devant son mari, à chacun ses soucis. C'est là pour elle une nouvelle façon de travailler.

Puis elle reprend ses notes de la veille. Ce qui la frappe surtout, c'est le dernier point soulevé par Régis : « Tu te comportes comme ton père. » Elle a toujours su qu'elle lui ressemblait mais c'est bien la première fois qu'on lui en fait le reproche. Jusque-là, elle pensait que cet homme brillant faisait l'unanimité. Pourtant les éléments que Régis a donnés sur la famille Dupin sont justes. Pour matérialiser cette ressemblance, Fabienne trace deux colonnes sur son cahier, l'une est réservée à son père, l'autre à elle. Et elle commence à examiner les différents domaines de leur vie :

— couple : tous deux sont des conjoints capricieux, improvisateurs, fatigants ;

— enfants : absence d'éducation cohérente ;

— relations : besoin de créer une ambiance, conversations futiles dont ils occupent le centre ;

— argent : insouciance. L'argent sert avant tout à établir ou entretenir les relations.

La concordance est frappante. C'est vrai que globalement, le père comme la fille sont des personnalités superficielles, égocentriques. L'un comme l'autre se soucie davantage de son confort émotionnel que des gens qui l'entourent. Fabienne commence à comprendre par l'intérieur les tensions qui ont dû nécessairement exister dans le couple de ses parents. Le monde ne lui paraît plus aussi idyllique. Elle conclut alors fermement : « Que Monsieur Dupin agisse comme il l'entend, ça le regarde. Moi, je vais mon chemin mais les valeurs de mon père ne me serviront plus de référence. » Au fil des mois, Fabienne se bat contre ses automatismes de comportement. Elle a observé qu'ils reviennent au galop chaque fois qu'elle omet de faire le point ou qu'elle ne s'en tient plus à ses décisions. On ne se débarrasse pas du jour au lendemain de réflexes ancrés depuis tant d'années.

Vraiment, ça valait la peine !

Deux ans plus tard, Fabienne constate qu'elle a gagné au change. Maintenant, ses relations de couple notamment sont plus épanouies. Il faut dire que pendant ces deux années, Régis est resté très honnête : il n'a pas cherché à inverser le rapport de dominance en sa faveur ; il est resté ferme mais toujours en se cantonnant à des faits objectifs en se gardant bien de les interpréter ; il a nettement pris son indépendance par rapport à sa femme, et ne s'est pas impliqué dans son changement.

Aujourd'hui, Régis et Fabienne sont peut-être moins fréquemment ensemble, mais ils tiennent vraiment compte l'un de l'autre. Ils partagent certaines préoccupations : les enfants, la maison, la sexualité et quinze jours de vacances en commun. Mais les difficultés professionnelles, et le reste du temps de loisir restent l'affaire de chacun. Leur dixième anniversaire de mariage qui tombe cette année-là sera vraiment une fête, la fête d'un nouveau type de relations.

Demeure le problème des enfants. Ils sont marqués par le manque de rigueur dont ils ont souffert dans leurs premières années. Cependant, Fabienne a vu qu'elle était en train de recommencer avec eux une nouvelle famille Dupin. Elle a donc essayé de changer d'attitude avec eux. Pour qu'ils aient un rythme de vie plus équilibré, elle a appris à s'organiser. Elle a veillé par exemple à ce que la maison ne soit pas chaque jour envahie par les petits copains. Et pour leur donner le sens de la valeur des choses, elle leur a acheté une tirelire et c'est avec leur argent de poche qu'ils paient ce qu'ils ont cassé dans la maison. Elle ne s'adresse plus à eux comme à des enfants, mais comme à des personnes à part entière qui doivent faire certains apprentissages. Ce sont de futurs adultes qu'il faut armer pour la vie.

QUAND LE COMPORTEMENT
SE RÉPERCUTE SUR LA SANTÉ

Monique a vingt ans. Elle quitte le chaleureux climat familial, où tout le monde apprécie sa gaieté et sa gentillesse, pour aller faire ses études d'infirmière dans une grande ville. Mais ce changement ne l'effraie pas, au contraire : elle est sûre de se faire rapidement de nombreux amis. Monique aborde sa première année d'études. Mais cette nouvelle situation lui réserve quelques surprises. En semaine, elle est bien trop prise par ses cours pour sortir ou voir du monde. Et sur les bancs de l'école, les amitiés ne sont pas faciles à lier. Monique a tout au plus l'occasion de discuter avec quelques camarades à la fin des cours. Ces contacts sporadiques ne la satisfont guère, elle se sent seule. Elle ne le supporte pas et tombe dans l'abattement.

Mais Monique n'est pas fille à subir passivement les événements. Elle multiplie les occasions de créer des amitiés. Du reste, elle n'a aucun problème pour rencontrer des gens : sa facilité de contact, sa chaleur communicative et son enthousiasme l'y aident énormément. Hélas, sa grande générosité attire les profiteurs. Ainsi, plusieurs de ses camarades utilisent régulièrement sa voiture pour se rendre au restaurant universitaire, situé loin de l'école. Lorsque Monique leur demande de participer aux frais d'essence, elles la traitent de radine. Ce genre de remarque la blesse profondément et la plonge dans l'amertume. Mais elle ne se décourage pas. En groupe, elle s'emploie à prendre, voire à monopoliser la parole ; à se montrer spirituelle, drôle ; à animer les soirées un peu languissantes. Ses fréquentations vont de la féministe à la jeune fille bon chic, bon genre, en passant par deux copains homosexuels. En deux mots, elle ratisse large ! Mais il arrive qu'au cours des séances de travail de groupe, Monique émette des propositions qui ne sont pas retenues sur le moment. Elle se sent écartée, d'autant plus que par la suite, ses idées sont reprises par l'une ou l'autre de ses camarades. A plusieurs occasions, elle a prêté des sommes rondelettes sans qu'on les lui rembourse. Ces périodes la laissent déçue, triste, abattue... Ainsi, durant ses trois années d'études, Monique *oscille entre des périodes d'euphorie et d'abattement.* Peu à peu, elle ne sait plus comment se comporter avec les gens : « Plus je me donne aux autres, et moins j'ai l'impression de recevoir en retour. » Hypersensible aux marques d'attention de son entourage, *elle fond en larmes à la moindre parole désobligeante.*

Alors, à l'abattement succède la dépression. Monique songe au suicide. Désemparée, elle se décide à consulter un psychiatre. Pour ce dernier, le tableau est clair : les rapports que Monique souhaite entretenir avec les autres sont irréalistes. A force d'accorder sa confiance au tout-venant, elle ne peut que s'attirer des ennuis. Au bout de trois ans de psychothérapie, le psychiatre conclut : « C'est à vous de vous prendre en main, je ne peux rien pour vous. » Mais Monique ne conçoit pas que l'on puisse se comporter autrement. Elle continue à s'emballer pour l'un ou l'autre, et, le plus souvent, ne récolte que des déconvenues. Echaudée, elle perd sa gaieté naturelle. A la fin de ses études, Monique est embauchée dans un service hospitalier. Elle trouve un nouvel appartement, agréable et spacieux. Et puisque l'une de ses camarades, Geneviève, n'a pas de logement, elle lui prête une chambre et va même jusqu'à mettre la voiture à sa disposition. Monique est persuadée qu'en retour, elle pourra compter sur Geneviève pour un partage équitable des tâches ménagères. Au début, elle est ravie d'avoir une présence à la maison. Maintenant qu'elles sont deux, les copains se succèdent, les discussions se terminent tard dans la nuit. Monique, qui n'aime pas la solitude, est comblée. Mais peu à peu, elle commence à déchanter : « Geneviève vient téléphoner dans ma chambre à toute heure du jour et de la nuit, y compris à deux heures du matin. Elle n'est nullement gênée pour m'emprunter à mon insu des vêtements propres et repassés... pour me les rendre sales. En mon absence, elle dort dans mon lit qu'elle trouve plus confortable que le sien, et le matin elle le laisse défait. » Non seulement Geneviève s'est installée chez Monique, mais de plus, elle invite ses propres amis à disposer de l'appartement. L'un vient prendre sa douche ; l'autre, téléphoner ; le troisième s'invite à dîner et passe la soirée entière à écouter de la musique. Jamais Geneviève ne demande à Monique la permission d'inviter quelqu'un. Peu lui importe de voler les soirées et le sommeil de son amie.

Paradoxalement, Monique ne réagit pas. Qui plus est, elle paie sans broncher nourriture et boissons, range l'appartement, nettoie la vaisselle, la salle de bains, les habits de Geneviève et ceux des intrus qu'elle draine autour d'elle. Après un mois de ce régime, Monique tombe de fatigue. Elle manque de sommeil ; et le surcroît de travail ménager après une journée d'hôpital ne lui laisse pas une seconde de répit. Elle doit prendre des somnifères pour dormir. Tous les matins, elle a des nausées suivies de vomissements, et elle ne peut se rendre à son travail qu'après avoir pris des antiémétiques. Ses idées noires reviennent en force ; et chaque fois qu'elle tente de s'expliquer avec Geneviève, elle fait marche arrière ou éclate en sanglots, incapable d'aller plus loin. Elle aimerait confier son problème à certaine collègue avec qui elle s'entend bien, mais dès qu'elle aborde le sujet, elle se met à bafouiller. Finalement, quelques semaines plus tard, elle se résoud à parler à Geneviève. Gentiment, elle lui demande de ranger ses affaires, de respecter son sommeil, de mettre un frein à ses invitations et enfin de prendre part aux tâches ménagères. La réaction est brutale et sans nuance : « Tu n'es qu'une petite bourgeoise. Moi, le désordre ne me gêne pas ; je n'ai pas le même sens du confort que toi. L'essentiel dans la vie, c'est de faire des rencontres, de discuter : l'intendance et le ménage ne m'intéressent pas. » Après cette discussion, Geneviève, sûre d'elle, redouble de sans-gêne. Alertée par l'apathie de Monique, par ses nausées et ses fréquentes crises de larmes, sa collègue s'inquiète : « Que se passe-t-il ? Tu m'as l'air épuisée et à bout de nerfs. » Monique lui décrit la situation. « Chez moi tout part à vau-l'eau, conclut-elle. Je n'arrive plus à faire face. Je vois bien que Geneviève profite de moi et que je devrais la mettre dehors, mais je n'ose pas et je ne sais pas comment m'y prendre. Pourtant, j'ai tout fait pour que ça marche entre nous... » La réaction de sa collègue est aussi virulente qu'inattendue : « Cela ne m'étonne pas ! Tu as une conception trop idéaliste de l'amitié. Tu t'imagines mettre la barre haut, or en réalité — excuse-moi de dire les choses crûment — tu t'offres à bon marché au premier venu. Cette fille t'envahit et non seulement tu l'entretiens sans mot dire, mais tu as peur de lui mettre les points sur les i. C'est un comble. Allons, secoue-toi, réagis ! »

Un peu choquée, mais en même temps rassurée et stimulée par le soutien de sa collègue, Monique se décide. « J'ai tout fait pour rendre notre cohabitation agréable, mais par la faute de Geneviève, elle est devenue insupportable. » Forte de cette réflexion, elle met Geneviève en demeure de quitter les lieux dans un délai d'une semaine. Sans s'expliquer davantage, Monique prend ses distances : elle prépare les repas pour elle seule, débarrasse sa chambre de tout ce qui appartient à l'intruse, et interdit à tout étranger de pénétrer chez elle : « Si vous voulez voir votre amie, allez au café d'en face. » Quant à Geneviève, n'ayant plus grand-chose à lui dire, Monique garde le silence en sa présence. Rapidement, tension nerveuse, crises de larmes, vomissements et insomnies disparaissent. Et la fermeté de Monique s'avère payante : profitant de son absence lors d'un week-end, Geneviève déménage trois jours avant l'expiration du délai... pour aller s'installer chez une autre bonne âme qu'elle parasitera de la même façon !

Monique a fini par trouver auprès d'un garçon l'équilibre affectif qui lui faisait défaut. Elle s'est fait des amis sur lesquels elle peut enfin compter. Pourtant, si elle ne s'investit plus à perte dans les relations avec les gens, dès qu'elle a l'impression que l'un de ses proches lui retire sa confiance, elle s'effondre à nouveau.

FICHE MÉDICALE

Propulsée par une problématique dont elle n'a pas conscience, Monique cherche à vivre en harmonie avec son entourage. Mais l'environnement ne répond pas toujours à son attente. Au gré de ses rencontres, elle oscille entre des périodes d'euphorie et des périodes d'abattement.

— Début des études : elle est tonique, pleine d'espoir.

— Première déception : elle ne rencontre pas l'accueil escompté.

— Elle lutte pour se faire des amis. Nouveaux espoirs...

— Deuxième déception : elle se fait exploiter et insulter injustement.

— Nouvelle période d'euphorie : elle occupe le centre des soirées entre amis.

— Abattement : lors des réunions de travail, ses amies ne l'écoutent pas et exploitent ses idées.

Cette oscillation qu'elle ne maîtrise pas pompe son énergie.

— Rencontre avec Geneviève : Monique voit dans cette cohabitation sa planche de salut. Elle retrouve espoir et joie de vivre.

— Cependant, entre sa fatigue professionnelle et le surcroît de tâches ménagères, Monique s'épuise physiquement.

— Après un mois à ce régime, elle ne baisse pas les bras, mais continue à lutter pour que la cohabitation avec Geneviève reste possible :

• au point de vue matériel, elle met les bouchées doubles ;

• au point de vue relationnel, elle imagine des explications avec son amie mais n'ose passer à l'acte.

Son organisme ne suit pas : perte de sommeil, nausées, crises de larmes. C'est la dépression (S.I.A.).

— Monique parvient à remonter la pente en s'appuyant sur sa collègue avec laquelle elle se sent en sécurité, en harmonie.

Conclusion : la santé du fusionnant actif est étroitement liée à son environnement. Pour se sortir de cette impasse, il faut qu'il puise ses ressources non chez les autres, mais en *lui-même*. Pour y parvenir, il doit *retraiter sa problématique :* se sentir gamin, et *la solution* qui s'y rapporte : la fusion. C'est à ce prix seulement qu'il mettra fin à l'oscillation euphorie-abattement et qu'il trouvera un équilibre durable.

CHAPITRE 3

LE COMPORTEMENT FUSIONNANT PASSIF

Le comportement fusionnant peut s'exprimer sur un mode actif chez les uns, ou sur un mode passif chez d'autres. Ces deux types de comportement ont en commun une problématique assez proche et le même type de solution : la fusion. Un même sens de leur place relationnelle : ils ont besoin des autres pour se sentir en sécurité, protégés, bien.

Cependant, ce besoin des autres s'exprime différemment :

— le fusionnant actif recherche activement la compagnie ;

— le fusionnant passif, lui, ne s'impose pas, tout au contraire, *il attend passivement, dans l'ombre, un protecteur avec lequel il pourra fusionner.* Bien qu'ils répondent à une problématique similaire, leurs apparences extérieures sont aux antipodes l'une de l'autre.

Une fusionnante passive se décrit

Mise en place de la problématique

Une enfant très sensible qui manque d'assurance. « Ma mère nous a toujours abreuvés d'émotions et mon enfance a été gâchée par les comparaisons qu'elle établissait entre ma sœur aînée et moi. (Mon enfance ? Ou plutôt toute ma vie !) Ma sœur avait la chance de ressembler à ma mère, tandis que moi, j'étais sa déception : elle attendait un garçon et ce n'est qu'une fille qui est venue, une fille petite et maigrelette. Devant les invités, ma mère s'excusait de ma maigreur et de ma petite taille : « Que voulez-vous, disait-elle, Fany ressemble à ses tantes paternelles... », ce qui n'était pas un compliment car ces tantes au nombre de cinq, étaient toutes vieilles filles et dotées d'un physique peu engageant... Ma mère n'en finissait pas de dénigrer mon père et sa famille. Pensez donc, mon père était un buveur, un joueur de cartes, disait-elle. De plus, il avait échoué dans les affaires alors que ses deux frères avaient si bien réussi ! Pourtant mon père avait des qualités, mais ma mère ne les prenait pas en considération. Il était travailleur, il attachait beaucoup d'importance aux études et ne manquait pas de me féliciter de mes réussites scolaires ; mais cet homme bourru me paraissait froid. De plus, il se montrait agacé par la paresse de ma sœur aîné. Et puisque ces reproches contrariaient ma mère, j'en étais peinée, moi aussi. Toutes les remarques ou les attitudes qui pouvaient rompre l'harmonie familiale me touchaient profondément. J'étais considérée comme une fille sérieuse, et assez jeune je me vis confier la responsabilité de mes autres frères et sœurs quand mes parents sortaient. C'est alors que je me suis plus particulièrement attachée à mon plus jeune frère, je cédais à tous les caprices de ce petit prince. Pourquoi ? Parce que je ne voulais pas qu'il souffre dans la vie comme moi... Est-ce que je souffrais vraiment ? Moi non, c'était plutôt ma mère qui souffrait et sa souffrance m'habitait. Quand elle se fâchait avec mon père à table, elle se mettait à pleurer doucement, sans rien dire, devant tout le monde. Alors un grand malaise planait qui m'étouffait. Mon cœur se serrait et moi-même, je commençais à verser des larmes. Les grands moments de la vie familiale s'arrosaient de pleurs. Ainsi, quand mes parents rentraient de vacances, prise par l'émotion des retrouvailles, ma mère nous serrait dans ses bras... et pleurait. Et moi, bouleversée,... je pleurais. Pendant que mon père travaillait dur au négoce, ma mère recevait. Elle recevait beaucoup de monde chez elle et elle parlait beaucoup... des autres. Et moi, baignant dans ce climat, je suis devenue une âme sensible. Pour compenser le malaise permanent dans lequel je vivais, je quêtais discrètement des marques d'affection. Quand je suis allée chez les Guides, celles-ci m'ont donné comme totem : « Coccinelle laborieuse et câline », coccinelle parce que c'est une petite bête, laborieuse, j'abattais effectivement beaucoup de travail lors des sorties, et... câline. Pourquoi câline?... J'ai mis longtemps à comprendre.

Je manquais tellement d'assurance que d'instinct j'évitais la nouveauté, je préférais vivre dans le train-train quotidien. En présence d'inconnus, j'étais mal à l'aise. Devant une situation inédite, face à des innovations, j'étais sûre de ne pas comprendre, et effectivement je ne comprenais pas. Je n'essayais même pas tant je me sentais inhibée, physiologiquement inhibée. En revanche, si quelqu'un me poussait, alors je me sentais motivée, non pas tant pour apprendre que pour faire plaisir à celui qui m'encourageait. Et cette sensation d'être démunie est chez moi d'autant plus accentuée que j'imagine les autres mieux armés que moi.

« *Solution* » : *vivre à l'ombre d'un protecteur et fusionner avec lui*

A l'ombre des garçons. Pendant mon adolescence, j'étais un véritable cœur d'artichaut. J'accumulais les amourettes auprès de garçons solides, tendres et sentimentaux. Rarement je leur déclarais ma flamme, le plus souvent je me contentais de rêver et de soupirer à leurs côtés. Pendant des mois, j'ai été la confidente d'un garçon qui me racontait ses difficultés avec sa fiancée! Situation ambiguë, choquante pour mes camarades mais qui me comblait de bonheur.

A l'ombre d'un groupe. En Fac de Psycho j'avais pris la périlleuse habitude d'exprimer devant tout le monde mes sentiments de dévalorisation, mes états d'âme. Alors que cette intense communion avec les autres me convenait parfaitement, j'ai mis du temps à m'apercevoir combien les autres s'en régalaient et que je devenais la risée de tout le monde.

A l'ombre d'un chef hiérarchique. Rentrée dans la vie professionnelle, je récidivais. Envahie une nouvelle fois par l'angoisse de n'arriver à rien, je fusionnais donc avec le psychiatre. C'était une femme avenante qui au premier contact sut capter mon entière confiance : « Avec toi, je sais que je n'aurai pas d'histoires. Tu es une fille sincère, tu dis tout ce que tu penses, même si c'est négatif. Toi, au moins, tu n'es pas dominante. » Ainsi la voie était tracée et je m'y engageai en toute sérénité. A la façon d'une petite fille, je lui confiais tout ; je la tenais au courant dans les menus détails de tout ce que j'entreprenais auprès des patients. Quand il m'arrivait de commettre une erreur, j'étais au bord des larmes, une simple remarque de ce chef suffisait à m'anéantir. Il m'est arrivé d'avoir quelque réserve sur son diagnostic, mais je n'osais lui faire part de mes observations, craignant trop de la contrarier. »

Dévalorisation

Le fusionnant passif serait une personnalité sans étoffe ? Pas du tout ! Consciencieux au travail, beaucoup d'entre eux ont de belles réussites à leur actif. Alors, ne peuvent-ils pas prendre un peu d'assurance en s'appuyant sur leurs réalisations ? Seuls, sûrement pas puisqu'ils ont besoin de l'appui des autres. Et les autres ? Peuvent-ils les valoriser ? Eh bien, justement, non !

Deux situations empruntées à l'histoire de Fany aideront à comprendre comment le fusionnant passif a toutes les peines du monde à s'arracher à ses automatismes de comportement qui le poussent à se dévaloriser.

« Je manque à ce point d'assurance que je m'estime incapable d'assumer seule une responsabilité. Ainsi, quand j'étais cheftaine de Guides, je partageais avec une autre fille de mon âge la responsabilité d'une compagnie, et sa présence à mes côtés me rassurait. J'avais l'impression que nous faisions tout à deux. Or aujourd'hui, avec quinze ans de recul, je prends conscience qu'il n'en était rien : moi je m'occupais entièrement de l'organisation interne tandis que ma compagne faisait les démarches pour préparer les camps. Chacune avait ainsi une tâche bien à elle. Aveugle sur mes propres capacités, j'admirais surtout ce que réalisait ma compagne. Pourtant celle-ci me complimentait : « Grâce à toi, les sorties sont impeccables et les repas plus que corrects. » Réaction aberrante : ces encouragements, loin de me donner de l'assurance, me plongeaient dans un malaise. Je m'étais tellement faite à l'idée de ne pas valoir grand-chose que si quelqu'un disait le contraire, je protestais sincèrement. Or cette réaction tordue ne s'est pas limitée à l'adolescence ; je la retrouve encore aujourd'hui dans l'exercice de mon métier de psychologue. Il est certain que je perçois mon travail d'une façon négative alors que bien souvent mon entourage l'apprécie. Ainsi, je suis persuadée de n'avoir aucune opinion personnelle ; cela me pèse, m'angoisse et me dévalorise à mes propres yeux. Or, récemment, j'ai essayé une thérapie nouvelle auprès d'un enfant autistique ; j'étais incapable d'en évaluer moi-même la réussite. D'anciens camarades de promo sont passés dans mon service et ils ont trouvé ma méthode à ce point intéressante qu'ils m'ont incitée à la communiquer dans un bulletin interne. Là encore une bouffée d'angoisse m'a serré la gorge. Résultat : non seulement je n'ai rien publié, mais je n'ai même pas essayé de rédiger cet article. Inhibition : qu'est-ce qu'une pauvre gamine comme moi pourrait bien apprendre aux autres ? »

Pris par sa problématique, le fusionnant passif se sent donc démuni, petit, mal assuré. Il glisse alors naturellement vers sa solution tout aussi inadaptée : trouver la sécurité auprès d'un protecteur. Sortir ce fusionnant de l'ombre en mettant en évidence ses réalisations, c'est le plonger immanquablement dans l'anxiété, car dans sa tête ne peuvent cohabiter un juste sentiment de fierté et le sentiment d'être démuni, de manquer d'assurance.

Alors que se passe-t-il dans une telle situation ? Le fusionnant ne pouvant accepter les compliments, se sent happé par sa problématique alors avivée. Valorisé, il est malheureux et n'a qu'une envie, disparaître de l'avant-scène pour se cacher dans un trou de souris. Le fusionnant passif n'est donc pas heureux dans son comportement : dans l'ombre, il s'éteint, et la pleine lumière le rend mal à l'aise. Que faire alors ?

— Retenons qu'il faut éviter de complimenter artificiellement un fusionnant passif, et de le pousser en avant malgré lui.

— Mieux vaut l'aider d'abord à prendre conscience de sa

problématique en lui montrant combien aujourd'hui elle est révolue et inadaptée.

Un fusionnant passif qui a pu soigner le mal à la racine dit lui-même : « Depuis que j'ai pu me dégager de mon angoisse d'être petit, insignifiant, j'ai décidé de mener ma barque seul. *Une inhibition s'est levée en moi,* je suis très combatif. Et, bien qu'aujourd'hui j'aie des décisions importantes à prendre, je suis plein d'assurance. »

TRAITS CARACTÉRISTIQUES

Le fusionnant passif n'est pas un homme heureux. En effet, ses automatismes de comportement font souvent de lui une victime :

— sa trop grande *naïveté* fait de lui un *homme facilement exploitable ;*

— par son *extrême serviabilité* qui le pousse à intervenir à mauvais escient dans la vie des autres, *il provoque lui-même le rejet de sa personne ;*

— par ses *attitudes de soumission,* il induit chez l'autre la *dominance ;*

— et sa *grande dépendance* appelle la *séquestration.*

Une proie facile pour les profiteurs

Le fusionnant passif a un comportement qui le rend particulièrement sensible à la détresse. Mais son manque de discernement le porte à secourir indistinctement ceux qui sont réellement dans le besoin aussi bien que les profiteurs. C'est ainsi que trop souvent il se fait abuser par ceux qu'il voulait aider.

« J'ai éprouvé beaucoup de difficultés à exercer sainement mon métier d'assistante sociale. Au début, je ne pouvais m'empêcher d'avancer de l'argent de ma poche à mes clients. Il m'est même arrivé d'en héberger quelques-uns. Heureusement, certaines collègues, affolées par mes procédés, m'ont ouvert les yeux... Incorrigible, peu de temps après cette mise au point, j'entourais de toute mon affection une collègue, nouvelle dans le service, qui connaissait des difficultés conjugales. A maintes reprises, j'écoutais ses confidences et je lui donnais pas mal de coups de main : déménagement, prêt de voiture, prêt d'argent... Je lui ai même proposé que nous passions nos vacances ensemble pour qu'elle se sente moins seule. Bref, je lui consacrais une grande partie de mon temps libre. Après deux ans d'amitié sans nuage, elle quitta la ville sans plus jamais me donner signe de vie. Peu après je faisais la connaissance de mon mari, et bien sûr, je lui parlai de cette amitié idéale si curieusement interrompue. Il fut surpris : « Que t'a-t-elle donné en retour ? » Voilà une question que je ne m'étais jamais posée. Alors, je pris la peine de passer en revue les faits et gestes de cette fille. Je dus me rendre à l'évidence : elle avait su m'utiliser pour ses intérêts, et m'avait laissé choir comme on abandonne un jouet usé. Pire : elle ne m'avait même pas rendu l'argent que je lui avais prêté. Echaudée par cette dernière mésaventure, j'ai voulu comprendre une bonne fois pour toutes, pour quelles raisons je me faisais exploiter par ce type de personnage. Tout d'abord, cette collègue m'a séduite parce qu'elle partageait mes idées généreuses sur ce que devait être et ne pas être le service social. Moi, qui jusque-là éprouvais des difficultés à m'affirmer devant les autres collègues, j'ai trouvé en cette nouvelle amie un précieux soutien. Et puis, je dois l'avouer, toutes ses confidences me flattaient ; si une femme de cet âge consentait à s'ouvrir à moi, c'est que manifestement je n'étais plus aussi gamine que je le pensais. » Elle conclut : « Depuis que je suis haute comme trois pommes, on me répète : sois gentille, sois serviable, pense aux autres. Le choix de mon métier n'est pas anodin. De plus, on dirait que j'ai le chic pour attirer les parasites. »

Serviable... mais à mauvais escient

Le fusionnant passif est habituellement doux, apaisant, serviable. A ses heures, il devient trop doux, trop apaisant, trop serviable. Pourquoi ne sait-il pas s'arrêter à une plus juste mesure ? C'est qu'en réalité, il est plus soucieux d'obtenir *affection et protection* que d'accomplir une tâche bien faite.

« J'amène une bassine pleine de laine brute dans le petit village où ma tante s'est retirée, car il y a là une fontaine non calcaire qui coule en permanence. Après avoir déposé la bassine sous la fontaine pour que la laine se lave jusqu'au lendemain, je passe rapidement chez ma tante pour lui dire un petit bonjour.

— Demain je repasserai et nous pourrons causer plus longuement. Mais ce soir je suis pressée, les enfants m'attendent à l'école. J'ai déposé ma laine à la fontaine, ne t'en occupe pas, il n'y a rien à faire pour l'instant.

Déçue de la rapidité de ma visite et surtout de ne pas pouvoir se rendre utile, ma tante insiste. Je la rassure :

— Demain je t'amènerai mon raccomodage en retard. Si tu peux le faire à ton rythme, tu me rendras bien service, mais aujourd'hui, je n'ai rien à te demander.

— Mais si tu m'expliques rapidement comment traiter la laine, je pourrai avancer ton travail demain avant que tu n'arrives.

— Merci, tu es bien gentille, mais c'est un travail délicat, il faut connaître, vraiment, je préfère m'en occuper moi-même, allez, je me sauve, à demain...

Je l'embrasse et saute dans la voiture tandis qu'elle me pose encore des questions sur le pas de sa porte. Arrivée à la maison, je m'inquiète encore : pourvu qu'elle n'aille pas fourrer son nez du côté de la fontaine. Par acquis de conscience, je lui donne un coup de fil... pour lui demander une nouvelle fois de ne toucher à rien. Le lendemain matin, je retourne au village : la laine entièrement lavée est en train de sécher sur l'étendage. Malheur ! les fibres sont coupées en deux, la partie propre d'un côté, la moins propre de l'autre. Or pour mon tissage, il me fallait garder des fibres longues. Avec son désir intempestif de se rendre utile, ma tante a gâché mes écheveaux. C'en est trop, la colère monte, elle comprend vite, et se lamente aussitôt :

— J'ai cru bien faire, j'ai voulu te soulager, et j'ai encore fait une bêtise !

Ses propos m'irritent encore plus. Je sais qu'elle voudrait que je lui dise : « Ce n'est pas grave, ne t'inquiète pas. »

Mais cette fois, je ne tombe pas dans le piège et ne cherche nullement à la déculpabiliser. Elle était suffisamment prévenue. Mon oncle apparaît sur le pas de la porte et fonce sur moi pour me chuchoter :

— Tu ne vois pas que ta tante ne va pas bien. Tu lui as fait un choc, elle va encore nous faire une dépression.

— Eh bien, moi aussi j'ai reçu un choc ce matin en voyant mon ouvrage saboté. Je n'ai plus qu'à racheter de la laine et m'excuser auprès de mes clientes pour le retard que je vais prendre. Et avec tout le travail que j'ai par ailleurs, je n'ai pas le temps d'en faire une dépression, moi... Non, je ne marche plus. »

« Ce n'est pas gentil » diront certains. Mettons-nous bien d'accord, et envisageons les différentes attitudes que l'on peut adopter en pareilles circonstances.

— Ou bien on se tait devant le gaffeur et on passe son temps à essuyer les plâtres en maugréant derrière son dos. Ce qui n'est une solution pour personne.

— Ou bien, on se met en colère, puis on se culpabilise de faire souffrir un être aussi fragile. Ce qui ne résout rien non plus.

— Ou bien on propose une psychothérapie. De bonne volonté, le fusionnant s'y rendra peut-être. Mais le psychiatre américain Millon constate que si les premiers contacts sont encourageants, à moyen terme la thérapie s'avère décevante. Car loin de vouloir voler de ses propres ailes, le fusionnant passif se raccroche éperdument à son thérapeute. Il entretient son besoin de se sentir toujours aimé et protégé et ainsi s'installe dans son problème de départ. Une fois de plus, rien n'est réglé.

— C'est une quatrième solution que cette femme a adopté. Elle a traité sa tante en adulte, ce qu'elle est. En la renvoyant à ses responsabilités, elle ne l'a pas accablée outre mesure. Ainsi elle rompt le cercle vicieux dans lequel sa tante est enfermée, tout en sauvegardant sa propre indépendance. Comment faire mieux ?

La générosité désastreuse de cette tante trop gentille met en évidence le mécanisme de renforcement du comportement fusionnant passif.

Pour éviter ses bourdes, son entourage prend l'habitude de ne lui confier que des tâches parcellaires. En cas de coup dur, ce n'est pas vers lui qu'on se tourne, car on le sait de faible consistance. En somme, ses proches finissent par se conduire avec lui comme on le ferait avec un enfant. Or, cette réserve à son égard entretient et renforce le fusionnant passif dans son malaise intérieur : « Je suis démuni. » Et c'est ainsi qu'il s'enferme avec son entourage dans un cercle vicieux.

Faute de se dégager de cette problématique infantilisante, il risque de glisser tout doucement... vers la bêtise.

A moyen terme, le fusionnant passif finit donc par connaître des difficultés dans ses relations amicales. Mais quand sa peur du désaccord et ses automatismes de soumission viennent interférer sur son secteur professionnel, les conséquences peuvent être parfois lourdes pour lui-même, car il est capable de mettre sa carrière en péril.

Une soumission qui induit la dominance

Pour un satisfait, dix mécontents

« Lorsque je me suis installé comme kinésithérapeute il y a dix ans, je me sentais peu compétent. C'était bien naturel, puisque je manquais de cette assurance que seule l'ancienneté peut procurer. A défaut, j'ai misé sur la qualité du contact avec mes clients. J'étais avant tout soucieux de ne pas leur déplaire. Lorsque je me trouvais en présence d'un client difficile, de peur de le fâcher, je préférais me montrer gentil et aimable, quitte à y perdre en efficacité. Par exemple, je me souviens de certain patient avec qui je travaillais à la suite d'une fracture. A la première grimace de sa part, je m'arrêtais, bien qu'il m'eût fallu insister davantage pour lui permettre de récupérer tout le mouvement de son articulation. Ou bien, dès qu'un client se sentait fatigué, j'interrompais la séance, même s'il n'avait pas atteint un niveau d'effort suffisant pour retrouver une bonne forme. Je me mettais en quatre pour que chacun obtienne l'heure de rendez-vous qui lui convenait le mieux. Ce qui me faisait consentir parfois aux lubies de certains enquiquineurs. A ce rythme, je terminais mon travail tous les soirs à des heures impossibles. Quand un client arrivait en retard, je le prenais quand même, retardant ainsi tous les autres qui eux, étaient venus à l'heure. Finalement, pour me montrer conciliant avec quelques-uns, je me mettais mal avec tous les autres ! J'ai fini par comprendre que. cette politique n'était pas payante car ma femme ne supportait plus mes retards quotidiens, et à plusieurs reprises, j'ai eu des mots avec des clients mécontents d'attendre. Je discutai alors avec des confrères plus anciens dans le métier qui surent me donner des conseils pertinents. Je compris grâce à eux que je n'étais pas maître chez moi. En effet, sans cesse préoccupé de ne froisser personne, ce n'était plus moi qui tenais en main mon cabinet, mais je me laissais conduire par les humeurs de mes clients. Jusqu'aux soins que j'écourtais pour ne pas leur déplaire ! Sur ce point, un de mes confrères me donna son avis sans douceur : « Quand des patients viennent chez toi, ce n'est pas pour se faire dorloter, mais pour recevoir des soins efficaces. Tu les trompes sur la marchandise, au fond, tu es malhonnête ! — Malhonnête, moi ? » C'était une belle gifle, mais au fond il avait raison. Ce que je considérais comme de la gentillesse relevait effectivement de la faute professionnelle, de l'abus de confiance. Cette prise de conscience m'a motivé pour changer d'attitude. J'ai pris l'habitude de refuser tout net les retardataires chroniques, quant aux soins, j'établis désormais une sorte de contrat avec mes patients : « Vous voulez récupérer une bonne jambe ; alors il faudra en mettre un coup, et ce sera quelquefois un peu difficile. Mais si vous voulez retrouver le mouvement et la force, c'est à ce prix-là. » Ce qui m'importe aujourd'hui, c'est de remettre les gens sur pieds, et rien d'autre. Chacun s'y retrouve. »

Ce kinésithérapeute est son propre maître dans son cabinet, il lui a suffi de prendre conscience de son propre travers pour redresser la barre. Mais il en va tout différemment quand un fusionnant est amené à travailler avec d'autres dans un cadre hiérarchisé. Là son handicap lui joue de vilains tours. Peu assuré, d'un naturel confiant, craignant par-dessus tout le conflit, il incite les dominants à l'exploiter par son penchant à la soumission.

Berner un fusionnant passif : un jeu d'enfant

Michel appréhende son entrée dans la vie professionnelle. Pourtant il a pour lui plusieurs atouts : un tempérament sociable et un diplôme honorable qu'il croit curieusement devoir à un coup de chance. Sa plus grande hantise est de prendre seul des responsabilités et de diriger une équipe de travail. Pour y échapper, il oriente ses recherches vers un emploi obscur dans l'administration. Mais sa femme qui veille au grain épluche pour lui les petites annonces et Michel, un peu forcé, finit par adresser sa candidature à un poste de cadre pour lequel il a les qualifications requises. C'est la grande surprise : cinquante candidats étaient en lice, et c'est lui qu'on a retenu, à la suite d'un unique entretien. « Je me suis appliqué à détecter les points sur lesquels je pouvais plaire à l'employeur. Je ne me souviens plus très bien du contenu de notre entretien, mais ce qui m'a frappé, c'est que le courant passait bien. » En fait, le directeur a monologué tout le temps, tandis que Michel greffait ici ou là un mot confortant ses propos. Du travail proprement dit, il a été peu question. Michel n'a évoqué ni les horaires ni les attributions précises de son poste. Il a accepté sans discuter le salaire proposé, et en prenant congé de son futur patron, il a tenu à l'assurer de sa capacité d'intégration et à lui certifier qu'il tenait lui aussi les conflits en horreur.

Dans ce nouveau travail, Michel se lance à cœur perdu, ne comptant ni son temps, ni sa peine, il domine assez rapidement les dossiers qu'il doit traiter. Premier accroc : dans son bureau travaille un autre cadre engagé moins d'un an avant lui au même échelon hiérarchique. Les deux employés ont sensiblement le même âge. Or, peu de temps après son arrivée, Michel constate que ce collègue joue des coudes pour se poser en intermédiaire exclusif entre leur service et la direction. Après plusieurs semaines d'hésitations, Michel hasarde une mise au point timide que l'autre neutralise aussitôt par des justifications : « Ne t'inquiète pas, cela ne changera rien à ta fonction. Tu sais, moi depuis le temps que je connais le boss, je sais comment il faut le prendre... C'est un service que je te rends pour te faciliter la tâche. » Cette réponse mettrait la puce à l'oreille à plus d'un, mais Michel, naïf, se contente de conclure : «Il a raison ! Il a plus de bouteille que moi, c'est donc normal que certaines initiatives lui reviennent, je ne vais pas prendre la mouche pour si peu. Et puis : ce n'est pas un méchant bougre, il ne cherche certainement pas à me piquer ma place. »

Le fusionnant, programmé à éviter le désaccord, répugne à engager une explication un peu musclée. Il préfère se réfugier dans des considérations lénifiantes pour apaiser sa propre angoisse. Cette politique de l'autruche, Michel va en faire les frais, car deux ans plus tard, son pressentiment se voit confirmé : son collègue a obtenu une qualification et un salaire bien supérieurs aux siens. Quoi de plus normal ? En manifestant fréquemment sa présence auprès du directeur, l'un a donné l'image d'un employé zélé, tandis que l'autre, bien que travailleur assidu, a presque disparu dans la grisaille des murs... Cependant, Michel ne s'alarme pas. Il trouve même que sa propre augmentation dépasse largement ses mérites. Pensée rassurante qui le dispense à nouveau de revendiquer ses droits. Mais sa femme ne l'entend pas de cette oreille : « Il ne faut pas en rester là, demande une entrevue à ton patron pour qu'il rectifie le tir. » Tout à fait désarmé pour aborder une telle négociation, Michel invite son frère pour lui demander conseil. Il lui plante brièvement le décor et conclut :

— Mon collègue a bénéficié de quarante points et moi je n'en ai eu que quinze. Il faudrait tout de même que j'arrive à obtenir vingt points.

— Mais vous avez été embauchés au même échelon, tu as donc droit à la même augmentation, on dirait que tu te mets à la place du patron !

Et la discussion s'engage, âpre. Le doux Michel, si accommodant au travail, sort ses griffes... face à ceux qui veulent l'aider. Un comble ! C'est que ses proches le poussent à se battre. Ils le dérangent. Et comme il est sûr de ne pas perdre leur affection, il se permet avec eux de hausser le ton. Contrarié, son frère coupe court :

— Tu as droit à quarante points et tu vas les demander ! Assez perdu de temps, nous allons simuler l'entretien, tu joues ton propre rôle, moi je suis le patron ! »

Le temps passe, les deux frères prennent et reprennent le jeu de rôle. Manifestement Michel est mal à l'aise. Il est deux heures du matin quand son frère le quitte, espérant que ses encouragements lui auront donné un peu d'assurance. Une semaine plus tard, le directeur reçoit Michel dans son bureau.

— De quoi s'agit-il ? Vous avez des problèmes ?

— Oh, non pas du tout ! Voilà, je sais que l'entreprise connaît des difficultés budgétaires, mais je ne comprends pas pourquoi vous ne m'avez donné que quinze points d'avancement au lieu de quarante.

— Vous l'avez dit vous-même : notre budget est trop serré cette année.

— Mais vous êtes pourtant satisfait de mon travail ?

— (Le directeur un peu agacé.) Mais oui, je suis pleinement satisfait.

— J'aurais aimé quand même que vous m'accordiez mes quarante points...

— ...

— Ou je ne sais pas... Vingt ou trente points m'auraient semblé plus justes...

— Bon, vous avez raison, j'essaierai de faire un petit quelque chose pour vous dans six mois. Mais je ne vous promets rien.

— Merci, Monsieur le Directeur. De toute manière, le travail ici me plaît énormément.

Michel sort content et rassuré, ils se sont quittés sur un accord... Mais de retour chez lui, en faisant le récit de l'entretien à sa femme, il réalise avec gêne combien il s'est montré petit garçon. Lui-même a proposé une augmentation dérisoire. Et pourquoi avoir évoqué d'entrée les difficultés budgétaires quand il sait par ailleurs que le patron les gonfle exagérement ? Et pourquoi prétendre que tout va pour le mieux, et même insister pour dire qu'il se plaît bien dans l'entreprise alors que la mainmise de son collègue lui pèse de plus en plus ? On dirait qu'en entrant dans le bureau, Michel a épousé parfaitement les idées du patron au point d'en oublier totalement ses propres intérêts. La leçon lui a coûté cher, mais il la retiendra. Quatre mois plus tard, il sollicite une nouvelle entrevue auprès du directeur pour lui demander de rappeler son collègue aux dents longues à plus de retenue.

— Je sais bien que vous avez autre chose à faire, mais je voudrais vous entretenir deux minutes sur le partage des tâches dans le service.

— Allez-y.

— Mon collègue est très compétent, très gentil, je ne le mets pas en cause et nous nous entendons bien, mais je trouve qu'il a tendance à vouloir tout régenter.

— Je ne vois pas où est le problème, réglez directement ce différend avec lui. Vous ne vous entendez pas ? Souvenez-vous, je n'aimerais pas que l'esprit d'équipe se dégrade dans mon service.

— Non, non, il ne s'agit pas de ça, nous nous entendons très bien.

— Ecoutez mon cher Monsieur, allez régler vos affaires de votre côté ; ce qui m'importe, c'est que le travail se fasse dans la bonne humeur. Vous n'avez pas l'air malheureux que je sache. Je toucherai un mot à votre collègue sur l'organisation de votre travail, si vous le souhaitez vraiment. Est-ce tout ?

— Oui, Monsieur le Directeur, excusez-moi de vous avoir dérangé.

Michel sort déçu de son entretien, plus petit garçon que jamais. L'heure est venue de tirer des conclusions de cette mésaventure. Ce collègue en qui Michel a mis sa confiance, qui est-il ? Un bluffeur, qui derrière son bavardage et ses airs mielleux dissimule mal son incompétence. Un arriviste dont les manœuvres ne sont plus un secret pour personne... sauf pour Michel. Comment ce dernier a-t-il pu être aveugle à ce point, lui qui le côtoie journellement ? Bien sûr, au fil des mois il a trouvé de temps à autre le bonhomme un peu léger. Mais dès leurs premiers contacts, Michel s'est mis tout naturellement en position de dépendance. Puis la gentillesse de ce petit monsieur n'a fait qu'accroître son sentiment d'infériorité et de reconnaissance. Oui, Michel, est persuadé qu'il doit à cet homme de la reconnaissance pour les services qu'il lui a rendus. Quels services ? « Un jour, ma voiture était en panne et il s'est aussitôt proposé pour me conduire au garage. » Mais Michel a oublié, qu'en retour il a travaillé plus d'une fois tard dans la soirée pour rattraper les bévues de son protecteur. L'expérience aidant, Michel aurait dû se sentir de plus en plus assuré : or voilà qu'il a l'impression de ne pas progresser. Incapable de travailler seul, il a rapidement pris le pli de demander l'avis de son collègue, de le tenir au courant de tous ses dossiers en cours, et de le remercier à tout propos. Au départ, Michel et son collaborateur s'étaient trouvés au même échelon sur l'organigramme. Mais à la suite des manœuvres habiles de l'un, et de l'effacement infantile de l'autre, le collègue s'est créé en douceur un nouveau poste, et Michel s'en est trouvé rétrogradé du même coup. Moins que jamais il se sent la force de remettre en cause ce consensus frauduleux auquel il a lui-même activement collaboré.

Ce sentiment de n'être qu'un enfant, Michel le porte en lui partout où il va. Quand il rencontre des clients, il est toujours un peu confus de s'entendre annoncer comme le représentant de la société. Tout de suite, il se sent obligé de préciser la place de subalterne qu'il occupe dans l'échelle hiérarchique de son entreprise. Quand va-t-il donc devenir adulte et responsable ? Sans doute jamais. A moins qu'il sache s'arracher à ses automatismes. Aujourd'hui âgé de trente ans et père de trois enfants, cet homme a son avenir tout tracé : celui d'un éternel second, sous-payé et sous-employé, prédestiné au licenciement, le jour où l'entreprise se résoudra à un dégraissage d'effectifs. Un mouton, destiné à l'abattoir.

Un comportement dépendant qui appelle la séquestration

Pour bien appréhender le comportement fusionnant passif, il est essentiel d'observer sa conduite avec ses proches. On comprendra alors à quel point il est dépendant et comment il induit lui-même des attitudes séquestrantes, aussi bien chez son conjoint que chez ses enfants, surtout s'ils ont tendance à être possessifs. Le fusionnant passif ne peut agir sereinement que lorsque ses actes rencontrent l'approbation des autres. Sans cet accord, il reste inhibé.

« Depuis notre mariage, mon mari et moi n'étions jamais partis en vacances, ni à deux ni avec les enfants. Toute la famille regrettait cet état de fait. Mais l'exploitation horticole de mon mari passait avant tout, il n'était pas envisageable de fermer boutique. Or, l'année dernière, nous avons pris la décision de partir une semaine en septembre, car les affaires tournaient bien. Les enfants sautaient de joie ! Dépassant mon manque d'assurance habituel, je me suis lancée plusieurs mois à l'avance dans l'organisation de ces vacances. J'ai contacté plusieurs syndicats d'initiative, et j'ai recherché une personne compétente capable de veiller sur l'exploitation et les ventes en notre absence. Je n'ai éprouvé aucune difficulté à entreprendre toutes ces démarches qui n'étaient pourtant pas toujours simples. En effet, un mois avant notre départ, j'appris que l'appartement que j'avais réservé n'était finalement plus disponible. Je me suis démenée, j'ai pris contact avec divers organismes : lettres, coups de fil, télégrammes, jusqu'à ce que j'arrive à mes fins. Résultat, début septembre, toute la famille s'embarquait pour ses premières vacances. *Sûre de faire la joie des miens, je n'ai eu aucune difficulté pour mener à bien ce projet.*

Tout autre est ma réaction lorsqu'il s'agit de mes intérêts personnels. En effet, pendant des années, j'ai vécu enfermée entre mes quatre murs, au service de l'exploitation de mon mari. L'affaire a commencé à devenir prospère, les enfants ont grandi, je pouvais donc envisager de sortir un peu. Je décidai de m'inscrire à un cours de couture. Or, j'ai eu tout le mal du monde à m'y rendre régulièrement : tantôt c'était mon mari qui me parlait longuement de ses soucis, alors, je n osais pas le laisser seul ; tantôt c'étaient mes enfants qui me sollicitaient pour leurs devoirs, et je leur sacrifiais régulièrement mon heure de cours, tout en sachant parfaitement qu'ils avaient traîné pour faire leur travail. Et puis, chaque fois que je sortais, mon mari me faisait sentir sa désapprobation : « Ah, tu sors ? Tu n'es jamais là en ce moment... » Sa mine contrariée suffisait à me faire ôter mon manteau. J'ai cessé d'aller au cours.

Aujourd'hui, j'ai pris du recul sur ma façon de me comporter. Ma générosité conduit à de mauvais résultats : les enfants ne se retrouvent jamais confrontés aux conséquences de leurs actes, puisque je supplée chaque fois à leurs négligences. Ce n'est pas par cette voie que je les amènerai à devenir responsables et autonomes. Par ailleurs, si je n'apprends pas à construire un peu ma vie sans eux, je serai complètement désemparée lorsqu'ils quitteront la maison, et cette époque est peut-être moins éloignée qu'il y paraît. De mon côté, il est sûr que je me laisse prendre par les émotions de mon mari, qui considère d'un mauvais œil mes velléités d'émancipation. Cette prise de conscience m'a ébranlée. Voyant l'enjeu, j'ai décidé de ne plus donner prise à la séquestration de mes proches et j'ai pris deux fermes résolutions : premièrement, lorsque je déciderai d'avoir une activité personnelle, je ne me laisserai plus polluer par les émotions de mes proches. S'ils ne sont pas satisfaits que je sorte, c'est leur affaire. Quant à moi, il est grand temps que j'apprenne à vivre pour moi. Deuxièmement, je consacrerai dorénavant une demi-heure par jour à des loisirs personnels : dessin, lecture, je vais prendre une carte d'abonnement à la bibliothèque. Il est clair que je suis bâtie pour rester soumise et me faire séquestrer, mais ce programme mis en place par d'autres, je le refuse et je me mets à mon compte. »

Le témoignage de cette femme reprend les observations que nous avons réunies notamment sur la conduite des mères fusionnantes avec leurs enfants. Comment se comportent-elles ? La plupart manifestent beaucoup de joie et de tendresse à l'égard de leur nourrisson. Cette attitude accueillante a pour conséquence de donner à l'enfant une image positive de lui-même, ce qui est une bonne chose. (Bien sûr, l'influence d'un mari difficile à vivre par exemple, ou de graves contraintes extérieures, peuvent modifier l'accueil maternel. Nous ne donnons ici que le cas de figure le plus courant, sachant bien qu'il n'est pas unique). Cependant, à la qualité de l'accueil vont s'ajouter d'autres attitudes plus contestables. Tout d'abord la mère a bien du mal à considérer l'enfant comme un être en soi, elle vibre avec lui dans une même émotion : pleure-t-il, elle en est toute chavirée ; sourit-il, la voilà au comble du ravissement, elle fusionne d'instinct avec lui. Cette attitude positive les premiers mois devient problématique lorsqu'elle se prolonge au-delà. Car au moment où l'enfant va tenter de s'affirmer, il ne trouvera pas en face de lui une volonté distincte. En effet, entre deux et trois ans, c'est en s'opposant que l'enfant cherche à se différencier de sa mère.

Comment une mère fusionnante réagit-elle lors de cette phase ? Ou bien par des émotions négatives elle parvient à rendre déplaisante la prise d'autonomie, ou bien l'égocentrisme naturel mais envahissant de l'enfant ne se heurtant à aucune opposition, il s'oriente vers un comportement de type dominant. Ce deuxième cas de figure est fréquent, car la mère fusionnante redoute les conflits et cède souvent aux caprices de l'enfant. Très sensible au débordement émotionnel — tel que les pleurs — elle a bien du mal à sévir quand il le faut.

Autre remarque encore, ce type de mère ne voit pas que l'enfant grandit, elle adopte toujours avec lui le même type de conduite : quand il avait un an ou moins, il ne savait pas ranger seul ses jouets, il fallait l'y aider, c'était là une attitude normale, mais maintenant qu'il a cinq ou dix ans, il est capable de ranger seul ses affaires et de participer aux travaux ménagers ; or sa mère n'exige rien de lui et continue de suppléer à tous les manquements de l'enfant, qui trouve cela tout naturel. C'est ainsi qu'elle prend aux yeux de son petit tyran, un statut de larbin.

Pour sortir de ce consensus frauduleux, il faut prendre un sérieux recul, car ces automatismes sont tellement forts de part et d'autre, que le désemboîtement est difficile. Expliquer à l'enfant la mise en place de ses réflexes, et trouver avec lui des solutions très concrètes à la fois pour la mère et pour lui, a déjà constitué ici ou là une issue favorable à cette impasse.

Le langage du fusionnant passif

Plusieurs personnes de comportement fusionnant passif ont tenté avec d'autres, de décrire leurs habitudes langagières. Elles sont évidemment tout à fait révélatrices de leur comportement.

Le plus souvent, quand un fusionnant passif prend la parole, il cherche à sentir les réactions de son interlocuteur.

Cela se manifeste dans la syntaxe : ses phrases sont en

général menées à terme, mais le plus souvent il rajoute des mots, soit au milieu, soit à la fin de la phrase, dans le but de déceler si l'interlocuteur est d'accord ou non avec son propos. Il ajoute par exemple un « non » interrogatif : « tu ne penses pas, non ? » ou il utilisera une tournure atténuante comme : « qu'en penses-tu, je dis cela, mais je me trompe peut-être... » Un homme de ce comportement explique. Ma femme a acheté du papier kraft et me montre la facture. Je commente doucement : « c'est quand même cher ce papier... » Elle fait une petite moue que je juge désapprobatrice. Je poursuis aussitôt : « si on le compare à du papier peint, c'est moins cher ! » Pour lui, le plus important n'est pas son propos, mais le fait de trouver un point d'accord ; l'avis de l'interlocuteur prévaut toujours sur le sien.

Lorsqu'il a un objectif précis, le fusionnant passif est à l'aise, il cherche en douceur à amener l'autre à son point de vue. Il ne heurte jamais l'interlocuteur de plein fouet, mais contourne plutôt d'éventuels désaccords. Cependant, quand quelqu'un est d'un avis contraire au sien, même s'il parvient sur le moment à rester sur ses positions, le fusionnant passif s'aperçoit que peu à peu l'opinion de l'autre pénètre en lui et modifie son point de vue, au point qu'il y adapte sa façon d'agir. Une femme de ce comportement donne la solution qu'elle adopte en pareille circonstance : « Dans ces cas-là, je mets hors de mon esprit les propos qui commencent à m'influencer, et je reformule presque à haute voix mes propres convictions. De même, quand je change d'avis, je me pose quelques questions fondamentales : « Sur ce sujet précis, depuis quand ai-je modifié mon opinion ? A la suite de quelle information ? Quel est précisément mon nouveau point de vue ? Cette série de questions peut paraître fastidieuse, mais pour moi qui suis tellement influençable, elles sont une protection efficace contre ma pente naturelle, mon insignifiance et l'éventuelle manipulation d'autrui. »

Le vocabulaire : il use d'un vocabulaire courant avec lequel il est à l'aise. En revanche il mémorise et manie difficilement un lexique plus savant. Quand il utilise ce type de langage, il a l'impression de faire de l'esbrouffe. En revanche tout comme l'actif, le fusionnant passif est admiratif et impressionné par ceux qui sont capables d'user d'un tel vocabulaire.

Le fusionnant passif tient rarement des propos catégoriques. Dans une conversation il est rarement hors sujet. Il déploie beaucoup d'énergie pour soutenir verbalement quelqu'un qui est dans le marasme. Et il accompagne souvent le discours de l'autre de mimiques d'acquiescement ou de brefs commentaires. Habituellement, il réagit émotionnellement au discours de l'autre : « c'est affreux, c'est bien. » Quand il doit s'exprimer en public, il n'improvise jamais car il craint de ne pas trouver ses mots. Il a besoin d'un support écrit. Par ailleurs, il cherche à avoir du répondant dans l'assistance, au besoin il le provoque par une interrogation appuyée du regard.

Intensité de la voix. Quand quelqu'un parle fort, fermement, le fusionnant passif prend peur et voudrait rentrer dans un trou de souris. Il lui est très difficile d'élever la voix : s'il se trouve seul dans un magasin, il redoute de hausser le ton pour demander simplement « il y a quelqu'un ? » Certains disent alors qu'entendre le son de leur propre voix leur fait un peu peur. Souvent, ils ont une voix discrète et douce. Une jeune femme raconte : « La seule fois où j'ai réussi à utiliser un ton déterminé et à changer d'intonation, c'est lorsque la situation avec mon interlocuteur était clairement conflictuelle et que je savais que c'était la dernière fois que je le rencontrais. Par la suite, j'ai eu la hantise de tomber à nouveau sur lui, je n'aurais pas su alors quelle attitude adopter. » Habituellement, lorsqu'il doit faire des reproches, ou simplement une mise au point, le fusionnant passif ne sait plus comment tourner ses phrases, et les mots se bousculent dans sa tête. Le ton de sa voix manque de fermeté. En revanche, quand il doit féliciter quelqu'un, il s'exprime clairement.

Mimiques, gestes, paraverbal. En situation de fort désaccord, il est physiquement inhibé : expression figée, mutisme. A l'expérience, certains ont constaté que cette raideur soudaine peut parfois impressionner l'interlocuteur qui ne sait pas d'où vient cette froideur. Mais quand il est à l'aise, il dispose de tout un arsenal paraverbal : il a des mimiques expressives, il sourit... Lui-même est très attentif à la communication non-verbale avec les autres : courant de sympathie, d'antipathie, sourire, rejet, bouderie. Lorsqu'il adresse un reproche à quelqu'un, il doit s'efforcer de ne pas regarder son interlocuteur, sinon il risque de perdre son peu d'assurance.

Solutions expérimentées. Par rapport aux mots techniques : ils sont nécessaires pour se faire bien comprendre, ils sont indispensables dans le cadre d'une activité professionnelle ; leur utilisation ne relève pas du bluff. En couple, la communication est souvent très émotionnelle : le fusionnant passif doit donc apprendre à cerner les faits sans déverser ses émotions. D'un tempérament plutôt pessimiste, il ne doit pas omettre de parler de ses réussites et lorsqu'il évoque ses échecs, qu'il envisage chaque fois une solution concrète afin de ne pas broyer du noir. Par ailleurs certains exercices peuvent l'aider à élargir ses possibilités vocales. Ce conseil n'est pas inutile pour certaines professions, notamment celle de l'enseignement.

ITINÉRAIRE D'UN FUSIONNANT PASSIF

Un enfant fragile
Joël est le petit dernier de trois enfants. Il est venu sur le tard, bien après les deux autres. Ses parents le sur-protègent. Devant un accident de la route, sa mère lui défend : « Ne regarde pas, tu es bien trop sensible. » Quand la télévision transmet des scènes de violences ou d'horreur, elle lui met vite la main devant les yeux. « Il ne faut pas que tu voies ça, ce n'est pas pour toi. » Chaque fois qu'il sort elle lui recommande « Couvre-toi bien ». Joël a treize ans.

Fusion avec ses parents protecteurs
Tout au long de son adolescence, il continue à passer ses vacances entre ses parents et ses tantes. C'est un milieu paisible où il n'y a jamais un mot plus haut que l'autre. Il fait souvent des bronchites et des angines, mais sa maman est toujours aux petits soins pour son garçon qu'elle sait tellement fragile. Joël a fait une bonne terminale, s'est bien préparé au Bac et devrait le réussir. Il a dix-huit ans. A la rentrée, il compte poursuivre ses études à trois cents

kilomètres de chez ses parents. L'homme propose... mais c'est la santé qui dispose. A une semaine des épreuves du baccalauréat le voilà qui tombe dans une affreuse dépression. Il est inhibé par une angoisse qui le rend sauvage. Il ne veut plus voir personne. Sa maman ne s'en étonne qu'à moitié, un garçon qui est tellement sensible... Pendant un an, Joël ne bouge pas de chez lui. Il n'a d'autres sorties que ses visites chez le médecin : son père conduit la voiture, père et mère entrent avec lui dans le cabinet du docteur, et quand ce dernier pose des questions, c'est maman qui répond. Forcément, elle est au courant de toutes ses maladies infantiles mieux que personne. Joël va alors sur ses vingt et un ans.

Lorsqu'il est convoqué au centre de sélection de l'armée, ses parents qui pensent à tout ont rassemblé tous les certificats dont il pourrait avoir besoin. Son père le conduit en voiture jusqu'au centre et propose de venir le chercher trente-six heures plus tard à sa sortie. Non. Joël refuse. Il préfère rentrer en stop.

Lorsqu'il a vingt-deux ans, il commence à travailler ; c'est son père qui lui a trouvé une place. En semaine, Joël se porte bien, mais les week-ends sont régulièrement compromis : il souffre d'un rhume de cerveau qui le prend le samedi matin pour ne le lâcher que le dimanche soir. Fatigué, il reste à la maison. Son père a aussi tout prévu pour ses vacances : il ira avec un cousin et deux de ses cousines à Saint-Jean-de-Luz du 14 juillet au 13 août. D'ailleurs la location est déjà réservée. Joël essaie bien de protester ; l'an prochain, il aimerait tout de même se débrouiller seul pour disposer de ses congés, mais son père lui répond : « Tu ferais mieux d'en profiter aussi longtemps que tu as la chance de nous avoir à tes côtés. » Sa mère se montre toujours très présente dans sa vie matérielle : c'est elle qui tient ses comptes, qui veille au paiement de ses impôts, de son assurance, elle lui lave son linge, l'accompagne pour s'acheter un costume, lui dit quand il doit aller chez le médecin, chez le coiffeur. Quand il sort le soir, elle ne s'endort pas, et laisse la lumière allumée. Joël a vingt-quatre ans.

Il voudrait maintenant sortir avec une fille. La veille du second rendez-vous, il fait une grippe carabinée. Sa mère le soigne, et le console : « Tu as bien le temps pour te marier.

Profite d'abord de ta vie de célibataire, rien ne presse ! Tu n'es pas à la rue. Tu n'es pas de trop à la maison, tu sais...» Il s'obstine et remet son rendez-vous de huit jours... Au cours de la semaine, il retombe dans un état dépressif, comme à la veille de son bachot. Il demeure ainsi accablé jusqu'à ce qu'il décide d'arrêter toute relation avec cette fille.

Joël va maintenant sur ses vingt-sept ans. Il dit à ses parents qu'il compte louer un appartement. Sa mère répond qu'évidemment, un jour ou l'autre, il partira de la maison. Mais qu'il sache bien qu'il y a de la place ici, et que vraiment, il ne dérange pas... Joël attend encore un bon mois avant d'annoncer chez lui qu'il va changer de travail, déménager dans une autre ville, et qu'il va cohabiter avec une fille. Ses parents restent silencieux. Sachant la peine qu'il allait leur faire, il a attendu le dernier moment pour leur parler de tout ça. « Tu vas venir nous voir régulièrement, j'espère ? Et puis, on aimerait tout de même connaître cette fille avec qui tu vas vivre.» La semaine précédant son départ, Joël présente Sabine à ses parents. Sa mère confie à la jeune fille tous les papiers de son fils : « Vous prendrez bien soin de lui, n'est-ce pas ? Il faudrait d'ailleurs payer bientôt ses impôts et la mutuelle...» Sabine répond qu'il est assez grand pour s'en occuper lui-même. « Joël ? Oh non. C'est un garçon qui ne nous a jamais quittés. Nous avons toujours fait toutes les démarches administratives pour lui. Si je vous demande ça, c'est pour qu'il ne se sente pas trop perdu...» Six jours plus tard, Joël entreprend de poser du papier peint dans son nouvel appartement. Le midi, il se sent fiévreux. N'ayant pas encore de meubles sur place, il rentre chez ses parents. Sa mère lui fait un bon grog, pendant que son père le rassure : « Je vais m'occuper de ton papier peint demain matin. Deux heures de route à l'aller, deux autres au retour : en partant tôt et en rentrant tard, j'espère finir dans la journée.» Six mois plus tard, Joël se prépare à passer un examen pour un travail dans le midi. Il est à nouveau saisi par une angoisse terrible, toujours la même qu'à la veille de son bac, et retombe pendant quinze jours dans un état dépressif. La chance lui passe sous le nez.

RETRAITEMENT

Le mur

Cette fois, Sabine se lasse. Elle s'est montrée patiente, mais c'en est trop : Joël n'est pas un homme, c'est un gamin. Il lui rend des comptes sur tout ce qu'il fait. Ce pauvre garçon est sans consistance. Son passé que nous venons d'évoquer, il le lui a raconté par bribes, mais rien dans tout cela n'a semblé le choquer. Bien sûr, il a été sur-protégé, bien sûr, il aurait mieux aimé un peu plus d'autonomie à certaines heures, mais il ne peut tout de même pas en vouloir à ses parents qui lui ont vraiment donné le meilleur d'eux-mêmes. Ce sont des gens exceptionnels. Il a eu beaucoup de chance, plus que les autres. Et il se rend bien compte que son départ a dû être pour eux un grand déchirement. Il ne s'en culpabilise pas, non, mais il aimerait concilier sa vie de couple avec un attachement affectueux à son père et à sa mère. Sabine reprend alors son passé avec lui.

— Ne vois-tu pas qu'il y a dans toute ton histoire un fil conducteur, une constante ? En te gardant chez eux et en faisant un tas de démarches à ta place, tes parents n'ont rien fait pour que tu deviennes un homme, c'est-à-dire un adulte autonome. Résultat, tu es resté un enfant qui ne peut se passer d'eux.

— Je suis souvent tombé malade ; heureusement que j'ai pu compter sur mes parents à chaque fois pour me soigner.

— Tes maladies ont eu pour conséquence de te maintenir à la maison.

— Mais si je tombe malade, je ne le fais tout de même pas exprès !

— Non, bien sûr. Mais c'est dans ta petite tête que cela se passe. C'est là-dedans que s'organisent ta santé et tes maladies. Qu'est-ce qu'il y a donc dans ta tête pour que tu tombes malade chaque fois que tu dois t'éloigner de chez tes parents, que tu dois prendre ta vie en main ? Tu es persuadé que tu ne peux pas te passer de tes parents malgré ton âge ; eh bien moi, je te pose la question : ne serait-ce pas aussi tes parents qui ne peuvent pas se passer de toi ?

— Comment cela ?

— En s'occupant de toutes tes affaires, ils prolongent sans fin ton enfance. Tout paraît s'organiser pour que tu ne quittes plus la maison et que tu deviennes leur bâton de vieillesse. Vu de l'extérieur, c'est évident ; mais toi, de l'intérieur, tu ne vois rien.

— Mais tout cela ne m'a pas empêché de venir vivre avec toi. Il ne faut pas exagérer...

— Parlons-en ! Tu te conduis avec moi exactement comme avec tes parents. J'ai décidé de ne pas l'accepter. Je veux vivre avec un homme, moi, et pas avec un enfant. Tu t'es installé dans un comportement d'enfant et tes parents sont présents dans ta tête. Je veux un couple à deux, et non à quatre.

— Mes parents ont toujours été gentils avec moi, tu sais...

— Je te réponds encore une fois — mais tu n'as pas l'air d'entendre ce que je dis — j'ai l'impression que ces gens n'ont jamais vraiment envisagé que tu les quittes. Je me demande s'ils savent faire autre chose que d'être père et mère. Cela leur donne une raison de vivre. En tout cas, c'est de cette façon que tu considères tes parents. Vivre sans eux paraît pour toi impensable.

— C'est vrai, car je sais que cela leur ferait de la peine.

— Et te voyant à ce point démuni devant la vie, tes parents n'osent pas te laisser voler de tes propres ailes. Or quand on fait des enfants, Joël, c'est pour qu'ils puissent un jour faire leur bonheur à leur façon. C'est aux parents de leur donner toutes les armes nécessaires pour empoigner la vie de façon autonome. Au-to-no-me, tu m'entends ?

— Mais qu'est-ce qui te permet de parler ainsi de mes parents ? Tu les a vus une fois ou deux. (Silence) De quel droit peux-tu les juger ainsi ?

— Ah non, pas de malentendus. Tes parents, je ne les juge pas.

— Alors, que fais-tu ?

— Que les choses soient claires entre nous : la façon dont tes parents conçoivent leur vie ne me concerne pas. Je ne cherche pas à m'en mêler. Ma préoccupation est celle-ci : depuis six mois nous vivons ensemble et les choses ne vont plus. J'ai donc réfléchi pour savoir quelle décision je devais prendre. Mon problème n'est pas de juger ce qui se passe sous ton toit familial, mais de comprendre les répercussions que tout cela a dans ta tête. De toute façon, un jour ou l'autre, tu devras te faire une idée sur la question par toi-même, en douceur, en voyant vivre les autres jeunes autour de toi. Essaye de te souvenir comment tes copains menaient leur vie quand ils avaient quinze, dix-neuf ou vingt-cinq ans. Regarde, compare. Et tu constateras que, pour la plupart, ils ont fait leur vie depuis bien des années, et que leurs parents ne s'en portent pas plus mal. En tout cas, il faut savoir ce que tu veux. Si tu préfères ne pas changer, inutile de commencer quelque chose avec une fille.

Joël reste abasourdi. Ses parents font partie non seule-ment de sa vie, mais de sa personnalité en quelque sorte. C'est quand il est fusionné avec eux qu'il se sent en sécurité. Mais sans eux, que reste-t-il de lui ? Un personnage fragile, incapable d'aborder les difficultés de la vie. Après un long silence, Sabine reprend sur un ton plus calme, mais toujours aussi assurée :

— Bon. Si tu veux, prenons l'affaire par l'autre bout. Parlons de toi. Est-ce que tu étais heureux dans ce petit monde clos ?

— J'avais quelquefois l'impression d'étouffer. C'est vrai que j'étais parfois tiraillé entre l'envie de vivre autrement, et l'ambiance de la maison.

— Tu la trouves sécurisante, parce que toutes les difficul-tés y sont aplanies ?

— Oui, je crois que c'est cela.

— Et qu'appelles-tu vivre autrement ?

— Je pense à des copains de mon âge qui sont avec une fille depuis dix ans, qui sortent en bande, qui partent en vacances à l'étranger. La plupart ont leur voiture, certains ont déjà des enfants...

— Et toi, tu as remis à plus tard tous ces projets, ces envies ?

— Oui, c'est un peu cela.

— Et ainsi, au lieu de faire ta vie comme font les autres de ton âge, tu t'es contenté de partager le bonheur de tes parents. Tu seras perdant au bout du compte. (Silence) Ta mère pleure-t-elle souvent ?

— Oui, je l'ai souvent vue pleurer.

— Quand, pour quels motifs ?

— Quand j'étais en dépression.

— Bon. Posons la question : qu'est-ce qui te fait tomber malade ? N'est-ce pas le même scénario qui se répète chaque fois ? Pour faire tes études, pour ton travail, pour sortir avec une fille, tu dois t'éloigner de tes parents. Ta mère s'angoisse, ton père devient triste et toi, tu tombes malade. Et une fois ton projet annulé, tout rentre dans l'ordre.

— Alors d'après toi, tout serait de la faute de mes parents ?

— Ce n'est pas du tout ce que je dis. C'est bizarre que tu n'arrives pas à comprendre. (Silence) Je vais encore essayer de le dire autrement. Tu as l'impression que tes parents ne peuvent pas se passer de toi ; et eux ont l'impression que tu ne peux pas te passer d'eux. Et c'est ainsi que le cercle se referme sur lui-même. En principe, cela devrait être rassurant pour tout le monde. Or ce n'est pas le cas. Car périodiquement, un point d'inquiétude vient troubler cette paix précaire. Alors la tension ne cesse de monter..., puis le calme revient. Ta mère souffle un peu, et vous vous dites : Ouf ! Evitons les contrariétés. Chacun met du sien pour rétablir une bonne ambiance ; ta mère se rend indispensable, ton père en rajoute, et toi, tu te dis : il ne faut rien brusquer, mieux vaut que je prenne mon mal en patience. Et quand revient le moment où il faut prendre des décisions, une nouvelle fois tu hésites ; ta mère le pressent et elle te dit : « Tu me caches quelque chose, mon garçon. Tu ferais mieux de tout me dire, tu sais... »

Joël éclate en sanglots :

— Sabine, arrête, je t'en supplie, arrête...

— Comprends que cela ne peut durer. Personne n'est gagnant là-dedans.

Joël cache son visage dans ses mains. Il est secoué par des sanglots. Quand il se calme un peu, Sabine reprend :

— Je pense que nous nous sommes tout à fait compris. En ce qui me concerne, j'ai tiré de tout cela des conclusions : tel que tu es aujourd'hui, tu ne m'apportes rien. Il est donc inutile de continuer plus longtemps. Ma décision est prise : à partir d'aujourd'hui, tu te retrouves seul, et tu as le choix entre deux solutions : ou bien tu retournes chez tes parents ; ils seront ravis de t'accueillir, tu ne te fais aucun souci, et tout sera comme avant. Mais que ce soit clair : tu n'auras aucun avenir à toi. Quand tes parents mourront, tu resteras comme un vieux célibataire, malheureux, désemparé ; tu chercheras à te rapprocher de ta sœur ou de ton frère, mais ces gens ont leur vie, ils ont des gosses, ils ne vont pas te prendre en charge comme un tonton dépressif et gâteux avant l'âge qui vous impose la corvée de le sortir tous les dimanches ; tu seras toujours à la traîne de quelqu'un qui devra remplacer pour toi ton père et ta mère. Ou bien tu as une autre solution : tu commences dès maintenant à t'organiser. Tu cesses de te laisser porter par la vie comme un bouchon sur l'eau, et tu prends en main un secteur après l'autre. Tu te décarcasses pour construire un vrai secteur travail. Tu suis des stages, s'il le faut, pour améliorer tes compétences. Tu participes à un syndicat, tu cherches à devenir délégué du personnel, que sais-je ! Tu fais ton trou. Tu te fais des copains avec lesquels tu sors régulièrement. Occupe-toi aussi de ton appartement : décore-le à ta façon, avec un papier selon tes goûts. Prends le temps qu'il faut pour que ce soit bien fait. Avec ton salaire, tu peux t'acheter des meubles qui te plaisent, au lieu de récupérer les vieilleries de tes parents. Tu peux commencer par la cuisine, et puis quand tu auras assez d'argent de côté, tu pourras t'acheter un salon, par exemple, ou une chambre à coucher. Il faudra que tu t'achètes des vêtements qui te plaisent, que tu penses à remplacer à temps ta voiture. Tu devrais aussi développer tes loisirs : achète-toi une télé, va au cinéma, au concert, invite des gens, accepte des invitations, inscris-toi dans un club ou dans une association. Au début, ça te sera certainement difficile, mais il faut persévérer. Et quand tu as des problèmes dans un secteur, accroche-toi pour que les autres secteurs ne soient pas submergés par tes états d'âme. Si tu as des ennuis au travail, va quand même à ton cours de tennis après. Tu verras, progressivement, tu prendras goût à être seul et responsable, responsable et libre, autonome et créatif. Et quand tout cela aura pris du muscle, alors, tu pourras songer à te rapprocher d'une fille et envisager une vie de couple. Pas avant.

— Et pourrai-je envisager... plus tard... de reprendre vie commune avec toi ?

— Ecoute, nous ne sommes vraiment pas sur la même longueur d'onde. L'heure est à la prise de conscience, et pas à de nouveaux engagements. Je ne dis pas oui, je ne dis pas non... si jamais tu changes vraiment. Mais je ne vais pas rester là à t'attendre comme une maman attend le retour de son petit garçon parti pour un mois de colonie de vacances... Si d'autres occasions intéressantes s'offrent à moi, je tenterai ma chance. Et de ton côté, si un jour tu trouves une fille qui te plaît, sois tout à fait dégagé à mon égard. Si je ne rencontre pas d'autre gars qui me plaise, et si de ton côté tu deviens adulte, quelqu'un d'autonome, ayant su développer les divers secteurs de sa vie, alors peut-être que nous pourrons nous retrouver à la croisée des chemins.

— D'ici combien de temps par exemple ?

— Pas d'échéance, pas de demi-promesse. Fais ta vie, construis-la vraiment, en fonction de ta solidité et de ton bonheur personnel. Tu n'as pas d'autre perspective pour aujourd'hui. Tiens je te donne ces quelques feuilles, j'y ai noté ton passé tel que j'ai pu le reconstituer à partir de ce que tu m'en as dit. Tu vois, il y a des inscriptions au crayon rouge dans la marge : il s'agit d'une version remise à l'endroit des événements qui dans ta tête sont enregistrés à l'envers. Cela pourra t'aider à sortir du brouillard, à te remettre sur pieds. Seulement, il faut commencer par mettre tes parents *hors de ta tête*. Chacun chez soi. A chacun de mener sa vie comme il l'entend, mais sans annexer celle d'un autre. Au fond, tu dois adopter le même statut que ton frère et ta sœur aînés. Rien de plus. Il faut que tu puisses te dire à toi-même : « Mes parents ont été gentils avec moi, et j'ai cru longtemps que j'étais gagnant avec eux. Mais je me rends compte qu'à moyen terme, je vais tomber de haut. Car leur vie se termine tout doucement alors que moi, j'ai toujours remis à plus tard le moment de commencer la mienne pour de bon. C'était une erreur. Moi aussi, je n'ai qu'une vie, et je ne veux pas la rater. »

— Et donc, selon toi, il ne faut plus que je revoie mes parents ?

— Là n'est pas la question ! Mettre tes parents hors de ta tête ne veut pas dire ne plus les voir, ou rompre avec eux. Moi, si je m'entends bien avec les miens, c'est justement parce qu'ils ne se mêlent pas de ma vie, ni moi de la leur, je sais que ma mère n'aime pas la famille de mon père, et que lui, ça l'énerve. Mais je ne prends pas parti dans ce débat. Ce sont leurs affaires. Il y a quatre ans, mon frère a divorcé. J'ignore qui a tort et qui a raison. Son divorce ne me regarde pas. J'ai un mouvement de recul quand mes parents veulent me faire entrer dans leurs confidences, et de la même façon, je ne leur dis pas tout. Ils ne sont pas au courant de mes relations avec toi, par exemple.

— Ah non ?

— Bien sûr que non. C'est ma vie à moi. Et si je cesse de te fréquenter, je n'attends ni les avis ni les commentaires des miens là-dessus. Quand j'ai acheté ma première voiture, mes parents m'ont prêté de l'argent sans intérêt. Cela m'a rendu un fier service dont je leur sais gré. Et quand il leur arrive de faire des transformations dans leur maison, je me mets en quatre pour rassembler toute une documentation à laquelle j'ai accès ; et cela leur rend un précieux service en retour. On peut s'aider entre adultes ! Quand je vais chez mes parents pour les fêtes, je leur amène de la charcuterie de la région qu'ils apprécient beaucoup. Et quand je reviens, j'ai le coffre de la voiture rempli de légumes de leur jardin. Ainsi je fais des économies avec lesquelles je peux m'acheter quelque chose qui me plaît. J'ai appris que depuis six mois, mon frère est au chômage. Je pense que mes parents l'ont aidé financièrement, mais il ne me vient pas à l'esprit de leur demander là-dessus des comptes. Nous savons que nous pouvons compter les uns sur les autres en cas de coup dur. Pour moi, un esprit de famille, c'est tout cela. Ceci dit, chaque famille a son style propre. A chacun d'inventer le sien, pourvu que ce soient des relations saines et efficaces. Je pense que tu disposes maintenant de pas mal de matière à réflexion. Mais à toi de décider et d'agir. Surtout, n'essaie pas de te coller à moi... Si un jour tu tires profit de la conversation que nous venons d'avoir, alors, tu comprendras qu'avant de te quitter, j'ai sincèrement voulu t'aider, sans m'impliquer pour autant dans tes choix et dans tes décisions.

Et tu verras alors que pour aider quelqu'un efficacement, il importe justement de ne pas faire avec lui « une seule chair, indivisible ». Il nous reste maintenant une question matérielle à régler : cet appartement est trop cher pour une seule personne, il faudra peut-être que tu en trouves un autre. Quant à moi, dès ce soir j'irai dormir chez une copine, et je repasserai dans deux jours pour reprendre mes affaires.

— Et le bail de location ?

— L'appartement est à ton nom, c'est donc toi qui vas te débrouiller avec le propriétaire. J'ai ma part de responsabilité, et je tiens à payer la moitié du loyer pendant un mois ou deux, le temps que tu trouves un locataire pour te remplacer. Je n'ai pas de raison de jouer les peaux de vache avec toi, mais je ne veux pas non plus te materner.

Une attente passive

Il y a un mois que Sabine et Joël se sont séparés. Elle disait que, tôt ou tard, il tomberait de haut : elle avait raison. Au début, Joël n'a pas eu le temps de se pencher sur ses états d'âme : il a dû multiplier les démarches pour résilier son bail, pour affronter un propriétaire contrarié et peu coopérant, pour mettre une annonce dans le journal à la recherche d'un locataire de remplacement. Il lui a fallu dénicher un autre appartement. Après plusieurs visites, son choix s'est arrêté sur un studio petit, mais en bon état. Pas besoin de refaire les peintures et papiers peints dans l'immédiat. Trois de ses copains avaient promis de l'aider à déménager : l'un d'eux n'a pas donné signe de vie, un autre n'est resté qu'une heure à cause d'un rendez-vous, mais le troisième, un fana de moto, a aidé Joël jusqu'au bout. Joël l'a invité au restaurant pour le remercier. Tout compte fait, la journée s'est bien passée.

Mais à présent, seul dans son studio, Joël se morfond. Il a beaucoup de mal à trouver le sommeil. « Quant à l'avenir, je ne dis pas non... » avait répondu Sabine. Il se raccroche à cette petite phrase pour ne pas tomber dans le marasme. D'accord, Sabine a posé des conditions plutôt dures, mais il est prêt à payer le prix qu'il faut pour ne pas la perdre... pour avoir quelque chance de la retrouver. Et le temps presse puisque Sabine lui a fait comprendre qu'elle ne refuserait pas de faire sa vie avec un autre que lui si l'occasion s'en présentait. Mais en même temps, il n'a le cœur à rien. Au bout de deux semaines, il n'a toujours pas sorti son linge de sa valise. Dans ce studio, il se sent comme un voyageur de passage dans une chambre d'hôtel. Ici, rien ne lui appartient, hormis sa brosse à dents, son savon et sa serviette de toilette. Joël passe ses soirées à attendre. Il attend que quelqu'un vienne frapper à sa porte lui dire un petit bonjour, prendre de ses nouvelles, mais non. Personne ne vient. Il dort de plus en plus mal malgré les somnifères. Il se sent devenir fou. A midi, il prend ses repas à la cantine, sans goût, sans appétit, en dix minutes. Le soir, il ouvre une boîte de ravioli ou de cassoulet ou se fait un œuf au plat. Il a maigri, il se sent déjà devenir le vieux garçon rétréci dont parlait Sabine... Un jour, Joël rencontre par hasard son copain le motard arrêté à un feu rouge.

— Comment ça va dans ton nouveau chez-toi ?

— Euh... pas très fort.

C'est la première fois depuis longtemps que quelqu'un lui demande de ses nouvelles.

— Qu'est-ce que tu fais ce soir à six heures ? Si tu es chez toi, je passe prendre une bière.

— D'accord, répond Joël.

Le feu est passé au vert, et déjà son copain a démarré en trombe. Viendra-t-il vraiment ? Peut-être qu'il aura oublié. De toute façon, il vaut mieux acheter quelques canettes de bière en prévision. Le soir à six heures, on sonne. C'est lui, il est venu. Le motard pose son casque sur la table et déboutonne sa veste de cuir.

— Alors, qu'est-ce qui t'arrive ? Tu es malade ?

— Non, pas vraiment. Je m'ennuie à crever depuis que j'ai arrêté avec Sabine. En attendant, je ne sais plus à quoi me raccrocher, ni à qui. Je n'arrive pas à remonter la pente.

— Allons, une de perdue, dix de retrouvées. Les filles, ce n'est pas ce qui manque.

Joël regarde son copain, interloqué.

— Ne me regarde pas comme ça, dit le motard en dégustant sa bière. Je ne vais pas te raconter ma vie, mais des embêtements, j'en ai connu moi aussi. Un moment, je me voyais devenir fou. Je n'avais personne à qui parler, alors je me suis dit qu'il fallait me jeter à l'eau, faire quelque chose...

— Oui, c'est ça, se jeter à l'eau, mais comment?

— Ça, c'est à chacun de voir. Un jour, je me suis dit : « Ecoute, vieux, si tu attends que quelqu'un t'apporte le bonheur sur un plateau d'argent, tu peux attendre encore longtemps. Ça, c'est du cinéma, dans la vie, ça se passe autrement. Si tu veux ton bonheur, tu n'as qu'à le bricoler toi-même. Et c'est comme ça que j'ai acheté ma moto. Oh, c'était une occasion, un vieux clou, mais j'ai passé tous mes week-ends à la bricoler. Si tu savais le temps et le fric que j'ai claqué là-dedans! Seulement voilà, aujourd'hui, c'est un engin qui fait des jaloux. Tu l'as vue?

— Et la moto, ça t'a suffi pour vivre?

— Non, bien sûr, mais c'est comme ça que je me suis remis sur pieds et que j'ai pu rencontrer des gens. Pendant six mois, j'ai travaillé sur ma bécane sans que personne s'y intéresse, mais je me disais que quand j'aurais réussi à la retaper, j'aurais des copains à la pelle qui me demanderaient des conseils, et puis, je trouverais une fille pour chaque jour de la semaine! Celui qui échoue fait le vide autour de lui! Mais un gars qui réussit attire les autres comme un sucre fait venir les mouches; après ça, tu n'as plus qu'à faire le tri : tu fréquentes qui tu veux, et tu laisses les autres de côté.

Se jeter à l'eau

Joël n'a jamais éprouvé le moindre intérêt pour la mécanique, mais la visite de son copain lui a fait beaucoup de bien. Elle l'a réveillé. Ce garçon aux allures de fanfaron est un brave type, serviable et délicat. Il est le seul à l'avoir aidé jusqu'au bout le jour de son déménagement. Et aujourd'hui, il a eu la gentillesse de venir lui remonter le moral quand il l'a vu désemparé. Mais surtout, ce garçon heureux de vivre a dit quelque chose de fort intéressant : *c'est à chacun de se faire l'artisan de son propre bonheur.* C'est vrai. Pourquoi ne pas s'y mettre tout de suite? Joël sort son linge de sa valise et le range dans l'armoire. Il accroche un poster qu'il avait emporté, puis le décroche. Cette photo lui rappelle trop Sabine. Il en achètera une autre, pour se sentir davantage chez lui. Il veut vivre vraiment au présent et non dans la nostalgie. De même, cette vaisselle est celle de ses parents. Il s'en achètera une autre, une bien à lui, à son goût. Et puis, c'est décidé, au lieu d'attendre qu'on vienne à lui, c'est lui qui va sortir. Pour meubler ses loisirs, il a décidé de participer à une association de quartier. Deux soirs par semaine, il collabore avec d'autres personnes à la rédaction d'un bulletin mensuel. Il est satisfait d'avoir des contacts. Mais au bout d'un mois, il commence à comprendre que des querelles internes déchirent l'association. Comme tout associé, il reçoit les confidences des uns et des autres et, incapable de discerner où se situe la frontière des divers clans, il colporte maladroitement des propos qu'il aurait mieux fait de garder pour lui, créant ainsi un beau remue-ménage dans ce panier de crabes. Quelque peu refroidi par les embarras de la vie associative, trop compliquée pour lui, Joël préfère démissionner, mais il ne s'avoue pas vaincu pour autant. Il se laisse entraîner par un copain dans un club de tennis. C'est bien organisé, les moniteurs sont sérieux, on y discute moins que dans une association, c'est sûr ; on ne s'y rencontre guère que pour jouer, mais rapidement, Joël prend goût au tennis et fait effectivement des progrès. De plus, il parvient à se faire quelques amis.

Peu à peu, il a pris une certaine assurance, une solidité qu'il ne connaissait pas jusqu'alors. Pour émerger de ses états d'âme, il note chaque soir sur un cahier le planning du lendemain, et barre ce qu'il a pu faire dans la journée. Cette mesure toute simple lui a permis de donner un peu plus de relief à ce qu'il réalise au jour le jour, et à sortir d'une impression globale d'incapacité ou d'indigence qui le submergeait jusqu'alors à la moindre difficulté. Il a réservé plusieurs pages aux projets qu'il poursuit à long terme dans divers secteurs et, régulièrement, il s'oblige à faire le point sur chacune de ces pages. A la rubrique vie sociale, il avait rangé l'association de quartier ; en rayant cette activité de sa vie, il fallait bien qu'il en trouve une autre pour que la page ne reste pas blanche.

Trois mois ont passé depuis sa rupture avec Sabine. Il n'a pas prévenu ses parents. Pour quoi faire, puisque de toute façon, il considère lui-même cette situation comme provi-

soire ? Régulièrement, il reçoit de longues lettres commen-
çant par « Chère Sabine, cher Joël ». Il y répond très
brièvement, par des mensonges. Pour justifier son changement d'adresse, il leur a écrit qu'il avait eu des problèmes
avec son ancien propriétaire. Pour expliquer la brièveté de
ses lettres, il leur a écrit qu'il avait beaucoup de travail dans
son entreprise et que le soir il devait étudier encore pour
s'adapter à son nouveau poste. Ce n'était pas encore chose
faite, mais il en avait l'intention. Il a ajouté au passage que
Sabine se plaint qu'il lui consacre si peu de temps, prenant
ainsi les devants si ses parents devaient débarquer un jour à
l'improviste.

Par retour du courrier, il reçoit à cette dernière missive
une réponse toute prévenante : « Reviens donc à la maison
avec Sabine. Nous avons de la place. Nous pouvons vous
aménager une cuisine-salle à manger dans l'ancienne chambre de ta sœur, si vous préférez prendre vos repas dans
l'intimité. Nous pourrons vous trouver du travail près de la
maison à tous les deux. Papa connaît beaucoup de monde. Le
voisin doit déménager vers la fin de l'année, paraît-il ; vous
pourrez alors louer sa maison. Comme ça, vous serez
indépendants, et pas trop loin de chez nous. Quand vous
aurez des enfants, vous apprécierez d'avoir vos parents tout
près. »

A la lecture de cette lettre, Joël comprend qu'un fossé
s'est creusé entre ses parents et lui. Leurs projets ne se
rejoignent plus. Il faudrait qu'il aille les voir, mais il
appréhende les retrouvailles.

Retour à une situation-tilt puis retraitement

Il se rend chez eux un week-end. Sa mère est visiblement
émue de le revoir, et devant elle, Joël se sent redevenir un
petit garçon. Quand elle demande pourquoi Sabine n'est pas
venue, il rougit très fort, et ne parvient pas à inventer un
mensonge tant soit peu crédible. Il avoue tout de go que pour
le moment, c'est fini entre eux.

— Ça ne marchait pas avec cette fille ? demande son
père.

— Si, mais...

Déjà la voix de sa mère couvre la sienne :

— Je n'ai vu Sabine qu'une fois ou deux, mais j'ai tout de

suite senti qu'elle n'était pas faite pour toi. Enfin, l'expérience montre que j'avais raison.

Joël est à ce point gêné qu'il ne parvient plus à trouver un autre sujet de conversation. Mais sa mère y pourvoit sans peine :

— Comment t'es-tu débrouillé pour ton déménagement ?

Et Joël raconte. *Il dit tout.* Il parle aussi de son copain le motard qui est venu boire une bière et qui trouve que chacun doit pouvoir se bricoler son bonheur lui-même.

— Et tu le vois souvent ce motard ? s'inquiète la mère qui n'aime pas beaucoup cette étrange façon de voir les choses.

— Non.

Joël a répondu avec assurance, car c'est vrai qu'il ne le voit plus, il le regrette d'ailleurs. Sa mère conclut :

— Quand on est loin de chez soi, il ne faut pas fréquenter le premier venu.

Puis, elle change de sujet :

— Nous aimerions venir passer un week-end chez toi pour voir comment tu es installé.

Joël, un peu surpris, explique que c'est petit chez lui, qu'il n'a pas de place pour les loger. Qu'à cela ne tienne, ils comprennent très bien, et dormiront à l'hôtel.

— J'espère que ça te fait plaisir ? s'enquiert son père.

— Bien sûr, bien sûr, répond Joël un peu dépassé.

Il change aussitôt de conversation et raconte ses déboires dans l'association de quartier. Son père n'est pas surpris :

— Tu sais, dans toutes les associations tu trouveras la même chose : des gens qui viennent pour se disputer un brin de pouvoir, et quelques larbins qui font tout le travail.

— Au fond, on n'est jamais si bien qu'avec les siens, conclut la mère.

— Maintenant je fais du tennis, dit Joël pour changer de sujet.

— Du tennis ? Quelle idée ! Et ça te plaît ?

— Bien sûr, sinon je n'en ferais pas !

— Tu devrais faire attention, c'est très fatigant, toi qui n'as pas de santé !

La mère met de l'eau à bouillir pour le thé, et tout en préparant les tasses, elle raconte qu'elle a été malade, mais qu'elle n'a pas voulu prévenir Joël pour ne pas l'inquiéter.

C'était grave ? Non : elle a eu des maux de ventre qui l'ont obligée à rester au lit. Longtemps ? Quelques jours seulement. Mais maintenant, ça va tout à fait bien. Oui, ils ont toujours le même médecin. Pourquoi changer, puisqu'ils ont l'habitude avec lui ? Est-ce que Joël se plait dans son nouvel emploi ? Oui, beaucoup.

Le week-end lui a paru interminable. Au moment du départ, sa mère lui a donné une grande boîte de galettes qu'elle avait faites à son intention. Pour la remercier, il l'a embrassée, elle en avait les larmes aux yeux.

— Je me demande si tu es bien heureux dans ta nouvelle vie...

Sur la route du retour, Joël n'en peut plus. Il s'arrête au bout de quelques kilomètres pour pleurer. A-t-il raison ou non de s'obstiner à vivre loin des siens ? Il a l'impression de voir double. Rentré chez lui, il a du mal à retomber sur ses pieds, et le lendemain, il se réveille avec une bronchite carabinée qui l'oblige à rester au lit. Personne pour le soigner. Pour chasser l'ennui, il relit les feuilles que Sabine lui a laissées avant de le quitter. Elle disait : « Chaque fois que tu cherches à prendre ton autonomie, tu tombes malade. » Effectivement, cela se confirme une nouvelle fois. On dirait que cette visite chez ses parents l'a en quelque sorte ramené à la case départ.

Joël mène lui-même sa vie en s'appuyant sur son carnet de bord. C'est un compagnon fidèle qui lui permet de s'organiser au jour le jour, mais il n'a jamais pensé à le relire de façon globale. Il le feuillette et constate qu'il a fait des progrès. Il a pris goût à une vie autonome. Il a fini par se faire plusieurs copains au club de tennis où il est assidu. Il sort quand il veut, ce qu'il ne pouvait pas faire chez ses parents. Joël retrouve un sol ferme sous ses pieds : oui, il a fait des progrès, oui, il a aujourd'hui un certain acquis personnel auquel il tient. Mais alors, reste une question : comment se fait-il que devant ses parents il ait ainsi perdu toute consistance ? Là encore, Sabine a eu raison : ses parents n'étaient pas seulement en face de lui, mais aussi dans sa tête. Par écrit, il n'a eu aucune difficulté à leur cacher ce qu'il ne voulait pas leur dire, mais face à eux, il s'est senti obligé de ne rien garder pour lui, comme s'ils avaient pu lire jusqu'au plus profond de lui. Pas question de retomber dans le même travers quand ils viendront chez lui. Il les recevra au mieux, mais il tient à demeurer lui-même, extérieur à eux Joël établit un programme : le midi, repas dans son studio, l'après-midi, visite touristique de la ville et des environs ; le soir, il les emmènera au cinéma ou au théâtre, et le dimanche midi, il les invitera au restaurant chinois. Comme ils vivent à la campagne tout cela devrait les sortir de l'ordinaire. Il achète un cadeau pour chacun : une pipe fera sûrement plaisir à son père, mais pour sa mère ? Après réflexion, il lui achète une plante verte. Joël s'est mis en frais pour eux, mais le jour venu, son programme se révèle trop chargé. Après la promenade en ville, ses parents aimeraient mieux rester chez lui plutôt que de sortir au spectacle. Ils sont fatigués, et préfèrent bavarder avec leur fils qu'ils voient si peu. Ils se montrent plus discrets que d'habitude. Bien sûr ils apprécient les attentions de Joël à leur égard, mais ils sentent bien que quelque chose est changé dans leurs relations avec lui.

Le dimanche soir, Joël fait un bilan sur son cahier de bord : il se sent bien dans sa peau à la fin de ce week-end. A l'avenir, il fera plusieurs propositions à ses parents, et leur laissera le soin de faire un choix. Cette formule plus souple devrait créer un climat plus détendu.

Enfin un homme debout... et heureux

Les mois ont passé. Tout au long de l'année, Joël a suivi des cours du soir pour obtenir son certificat final, il doit présenter un mémoire. Quel sujet traiter ? Les textes officiels annoncent que le choix est libre, mais certains enseignants laissent entendre qu'il serait préférable de prendre un sujet qui s'appuie sur des statistiques. Se sachant incapable de réaliser ce type de travail, Joël s'oriente prudemment vers un sujet plus pratique, mais il est l'un des seuls, semble-t-il, à faire ce choix. Lui qui s'affole facilement devant une difficulté est pris de panique. Chaque jour, l'angoisse monte un peu plus et le paralyse. Pourtant, il n'a aucune raison de s'inquiéter, il est bien documenté, son sujet est conforme aux directives officielles. Mais le problème est ailleurs : en présentant un sujet différent des autres, Joël a l'impression de se démarquer. Or, par nature, il aime à se fondre dans la masse. Alors il fait son plan, le défait, le refait, sans parvenir à aligner trois mots pour commencer la rédaction. Il se voit déjà tremblant devant des examinateurs mécontents. Que faire ? Pour sortir de sa torpeur, il marque un stop, réfléchit. Enfin, il se décide à demander conseil à un enseignant à peu près du même âge que lui et qu'il connaît bien : le moniteur de travaux pratiques. Celui-ci le rassure : « Allons, pourquoi vous crisper comme ça ? Il n'y a pas de raison pour que vous n'y arriviez pas ; regardez un peu vos résultats de l'année, vous devriez vous en tirer sans problème. » C'est vrai, se dit Joël ; encore une fois, je me suis senti perdu et j'ai oublié mon acquis. Je devrais relire plus souvent mes succès sur mon cahier de bord, pour pouvoir m'y référer quand je perds pied, quand j'ai l'impression de ne rien savoir. Le moniteur continue : « Ce mémoire n'est jamais qu'un devoir de plus ; simplement, il est quatre fois plus long. Votre sujet est intéressant. L'année dernière, un étudiant en avait choisi un de ce type, il n'a reçu que des félicitations. Mais j'aime mieux vous prévenir, surtout n'attendez rien du professeur qui supervise votre mémoire. Allez le voir une première fois avec un plan provisoire, peu élaboré, il ne le regardera pas. Il vous dira que c'est très mauvais, qu'il faut le refaire. N'en tenez aucun compte. Il fait la même chose avec tout le monde. La simple satisfaction de vous avoir envoyé sur les roses une première fois le disposera favorablement à votre égard le jour où vous présenterez votre mémoire définitif. Il ne s'apercevra même pas que vous avez développé le même plan et vous donnera une bonne note. »

Joël n'en revient pas. Décidément, il n'est pas habitué à regarder les gens d'un œil aussi aiguisé. Heureusement qu'il était prévenu ! Qui sait dans quelles angoisses il aurait encore mariné... Les choses se sont passées comme prévu : il ne s'est pas laissé désarçonner par les remarques du prof qui visiblement n'avait pas lu son projet. A travers les critiques de pure forme, le prof a cependant indiqué lui-même le plan qu'il aurait aimé trouver. Joël a su en tirer profit et a obtenu une note de quinze sur vingt. Le voilà heureux comme il ne l'avait pas été depuis longtemps. Ce modeste certificat lui permet de monter en grade sur le plan professionnel mais, surtout, il représente une victoire sur lui-même. Il a su se mettre au travail sans l'encouragement de personne, ramant à contre-courant de ses états d'âme pendant une année entière. Et s'il a pris contact avec le moniteur de t.p., ce n'est pas pour obtenir un soutien moral mais des conseils pratiques fort utiles.

Le soir même, le cœur serré, il veut écrire à Sabine. Plusieurs fois, il recommence le brouillon, mais chaque fois, la lettre compte un feuillet supplémentaire. C'est que Joël veut faire un état détaillé de tout ce qu'il a pu mettre en place dans sa vie cette année. Mais au bout d'une heure, il s'arrête : pourquoi écrit-il au juste ? Premièrement, il veut reprendre contact avec Sabine. Deuxièmement, lui donner succinctement des informations : sa nouvelle adresse et son récent succès. Troisièmement, lui demander un rendez-vous. Inutile donc de se répandre en longues explications débordantes d'émotions. Il sera bien temps, si toutefois Sabine accepte l'invitation, de lui raconter en détail cette période pénible mais enrichissante, d'autant plus qu'il ignore tout de l'état d'esprit actuel de son ex-amie. Et les vingt pages se réduisent à un unique feuillet, ne présentant rigoureusement que des faits accompagnés d'une demande précise. C'est en homme debout que Joël veut s'adresser aujourd'hui à Sabine. Trois jours plus tard, la réponse arrive, positive. Très brièvement, Sabine à son tour donne de ses nouvelles. Elle est sortie pendant quelques semaines avec un garçon boudeur et possessif et il a rompu avec elle. De rupture en rupture, elle a trouvé le temps long. Joël en pleure de joie. Le cœur léger, quoiqu'un peu inquiet, il prépare le week-end. Sabine est venue, un peu gênée. Il n'y a ni conquérant, ni conquis. Chacun a gagné avec le temps ; Joël apparaît manifestement dans tous les détails de la vie comme un garçon mûri tandis que Sabine, marquée par ses déboires affectifs, semble avoir acquis un esprit plus conciliant. Au bout de deux ou trois rencontres, tous deux décident de reprendre la vie commune sur de nouvelles bases. En rentrant de vacances, il faut louer un appartement plus spacieux. Le prix est déjà convenu avec l'agence mais l'ancienne locataire réclame deux mille francs de reprise. Un peu surpris, Joël qui se charge de la transaction donne son accord de principe mais, rentré chez lui, il voit l'air étonné de Sabine. Aussitôt, il se ravise : « Je me suis fait avoir. Comment rattraper cette erreur ? » Seul dans sa chambre, il reprend la visite : « Que m'offre cette femme en contrepartie de deux mille francs ? Des meubles vétustes, un poêle inutilisable et des papiers peints en mauvais état. Elle veut m'escroquer, il n'y a aucune raison pour que je tombe d'accord avec elle et lui fasse un cadeau. » Il se met alors à chercher des arguments. Il les formule à haute voix d'un ton de plus en plus assuré et, peu à peu, il *se voit* en train de refuser les deux mille francs. Dégagé de son profond besoin de tomber d'accord, la crainte le quitte. Fort de ce retraitement émotionnel, il va retrouver la locataire. Sans sourciller, il l'informe qu'il n'est pas question pour lui de payer les deux mille francs de reprise, étant donné la vétusté et l'inutilité des objets cédés. La locataire est furieuse, mais Joël ne vacille pas. Fier de sa victoire, il s'en retourne chez Sabine qui n'en revient pas ! « Dis donc, toi tu as fait du chemin !

— C'est vrai. Je vois bien que ce n'est pas demain que je serai complètement libéré de mon premier réflexe de soumission, mais ayant bien compris comment je fonctionnais, j'ai de plus en plus de moyens pour rectifier le tir. »

C'est en se dégageant ainsi peu à peu de ses automatismes de comportement que Joël prend de l'assurance.

FICHE MÉDICALE

Joël a connu des maladies des deux types : les maladies infectieuses et la dépression.

18 ans : Joël prépare son bac. S'il réussit, il ira poursuivre ses études à trois cents kilomètres de chez ses parents. Jusque-là, il n'a jamais quitté le cocon sécurisant de la famille. Inhibé devant une situation aussi neuve pour lui, il tombe en dépression.

22 ans : Joël vient de trouver un travail. Il est partagé entre l'envie de vivre comme ses copains et l'attachement à l'ambiance douillette de la maison. La maladie vient résoudre ce dilemme. Il se conforme à la place qui lui a été donnée par sa programmation : rester à la maison.

24 ans : Il décide de sortir avec une fille. Pour la première fois de sa vie, il a fait un choix personnel. Or la grippe le retient à la maison. C'est l'occasion pour sa mère de lui rappeler qu'il n'est qu'un petit garçon qui a encore besoin d'elle.

Joël s'obstine et... fait une dépression. Car son dilemme — rester à la maison ou vivre sa vie — demeure entier. Les symptômes de la dépression disparaissent dès qu'il renonce à son projet personnel.

26 ans : Joël fait un grand pas vers l'autonomie. Il va vivre avec Sabine. Mais, alors qu'il aménage leur nouvel appartement, la fièvre le ramène à la maison. Comme si la maladie survenait à point nommé pour lui rappeler que, sans ses parents, il n'arriverait à rien.

Par la suite, il connaîtra des périodes dépressives à deux reprises :

— quand il prépare un examen pour partir travailler dans le midi ;

— quand il se retrouve seul dans un studio après le départ de Sabine.

Chaque fois, il s'agit de grandes orientations dans sa vie qui le poussent à quitter le cocon familial. Le pas est d'autant plus difficile à franchir qu'il est persuadé de « ne pas y arriver », d'être « trop fragile, incapable de se débrouiller seul »...

Le fusionnant passif attend la protection et l'approbation de ses parents d'abord, puis des personnes de son entourage. Tout projet remettant en cause cette harmonie le rend malade.

Ce mécanisme, Sabine a bien su le démonter. Eternel petit garçon, Joël ne connaît que ce mode de vie-là. Et le jour où, enfin, il se rend compte qu'il est adulte et capable de se suffire à lui-même, ses maladies disparaissent.

QUATRIÈME PARTIE

LES COMPORTEMENTS CONTRADICTOIRES

Chapitre 1

MÉCANISMES

Au moment où l'enfant commence à se déplacer par lui-même, à explorer son environnement, à prendre des initiatives, il guette les réactions de sa mère : va-t-elle apprécier et l'encourager d'un sourire ? Va-t-elle interrompre sa tentative ? Il se trouve là à une charnière de son évolution ; entre la dépendance absolue vis-à-vis de l'éducateur, et la prise d'indépendance qui va découler tout naturellement de l'affirmation de soi.

Le comportement contradictoire semble un prolongement tout au long de la vie, de cette étape d'indécision · « *J'aimerais bien, mais je n'ose pas, car j'ai peur de ce qu'on va dire...* » Le contradictoire est l'homme du « qu'en dira-t-on ? »

Maïté se promène dans la rue avec sa petite fille de quatre ans. Chemin faisant, elle rencontre une de ses amies : « Tiens, quelle surprise, bonjour ! » On s'embrasse, mais la petite ne veut pas faire de bise à la dame qu'elle ne connaît pas. « Bravo ! » commente l'amie, « ta gamine sait ce qu'elle veut » ! On se quitte et Maïté poursuit son chemin le cœur léger, ravie de passer pour une mère moderne et émancipée aux yeux de son amie. Le lendemain, la même scène se reproduit : en rentrant de l'école, Maïté et sa fille font à nouveau une rencontre. Mais cette fois, c'est Monsieur Gaston, une vieille connaissance de la famille, un peu collet monté, mais brave homme. Naturellement, la petite n'a pas plus qu'hier de raison valable pour faire la bise à un inconnu. Pourtant cette fois-ci, sa mère insiste : « Si, je veux que tu dises bonjour à Monsieur Gaston. » Et de mauvaise grâce, la petite n'a plus qu'à s'exécuter, car le ton de sa mère est celui des décisions sans appel. Aujourd'hui, Maïté poursuit son chemin, contrariée : qu'est-ce que Monsieur Gaston va penser d'elle ? Cette jeune femme se croit sans cesse jugée par les autres. Elle se sent évaluée, en bien ou en mal, à partir de la conduite de sa progéniture qui plaît aux uns, et qui déplaît aux autres. Elle a peur d'être mal jugée à travers sa fille...

Où mène ce genre d'éducation ? L'enfant ne peut pas mener sa vie propre. Il est fortement invité à *ne pas déplaire* à la-personne-d'en-face. Mais qui est la-personne-d'en-face ? La multitude imprévisible des gens dont l'un veut un bisou, l'autre n'en veut surtout pas, un autre encore a des jours avec bisou, et des jours sans, allez savoir pourquoi ! Enfin, il y a tous les autres, les inconnus dont l'enfant ne sait pas s'ils sont pour ou contre les bisous. Ceci n'a rien à voir avec la politesse, évidemment. Au-delà de cette affaire de bisous, toute l'éducation s'étend selon le même principe : « Dans tout ce que tu fais, ne déplais pas à la-personne-d'en-face. » Ce qui revient à faire croire à l'enfant, puis plus tard à l'adulte, que l'autre a le droit d'avoir ses préférences, ses goûts et ses lubies, et pas lui. Mais surtout, l'autre a sur lui un droit de regard, il a le droit de le noter, de l'évaluer...

Avoir sa place

Pour un contradictoire, avoir sa place c'est être bien noté. Ou plutôt... ne pas être mal noté. Cette formulation négative a son importance, car son attente de l'évaluation des autres est rarement positive, au contraire, elle est le plus souvent inquiète, voire angoissée.

Comment il se voit

C'est ainsi que le contradictoire a beaucoup de mal à s'estimer lui-même à sa juste valeur. Elisabeth Badinter, parlant de Mme d'Epinay [1], décrit très bien la problématique centrale de ce comportement : « L'opinion des autres est l'aune à laquelle elle se mesure elle-même. Elevée pour plaire à tout le monde de façon contradictoire, Louise a toujours peur de ne plaire à personne. »

Enfin, c'est Mme d'Epinay elle-même qui met le doigt sur les conséquences de ce mécanisme : « Quand je réfléchis sur toutes les contradictions que je trouve en moi, je suis réduite à avoir une bien petite idée de moi-même. »

En effet, à force de se conformer aux jugements des autres tout en gardant ses opinions et desiderata personnels, le contradictoire s'éprouve le plus souvent comme *moins*. Moins que quoi? Moins que les autres, moins que ce qu'il faudrait être... Il est souvent insatisfait de lui-même et vit dans la tension.

Comment il voit les autres

Il évalue les autres comme étant *plus* ou *moins* que lui. Les critères de ce classement peuvent être les plus divers, autorité, hiérarchie professionnelle, situation sociale, âge, niveau de culture, aspect physique, etc., l'ascendant, la détermination ou l'aisance de son interlocuteur suffiront souvent pour qu'il les classe parmi les *plus,* c'est-à-dire ceux dont il redoute particulièrement les jugements. La hantise de ce que les autres pensent de lui l'inhibe lorsqu'il doit prendre une décision. Alors il recherche volontiers le secours d'une caution.

Nous avons mis en évidence deux types de contradictoires : tous deux sont prisonniers de l'évaluation des autres, mais chacun à sa façon.

Les contradictoires adaptants. Ils ajustent leurs attitudes de façon à garder ou à gagner l'estime des personnes présentes.

Les contradictoires normatifs. Ils sont très sensibles eux aussi à l'opinion immédiate des autres à leur égard. Mais

BADINTER Elisabeth, *Emilie, Emilie,*, l'ambition féminine au XVIIIe siècle, Ed. Flammarion, 1983.

dans un certain nombre de domaines, ils règlent davantage leurs attitudes sur un mode de comportement idéal, une sorte de modèle déposé fait d'idées reçues, d'usages, de normes plus ou moins clairement définies. Ils apparaissent plus contraints que les précédents.

LE COMPORTEMENT CONTRADICTOIRE ADAPTANT

Le comportement contradictoire adaptant s'organise autour de trois composantes :
— Un sentiment de moins-être
— Le domaine du « faire », ce que l'individu réalise, ses réussites, ses échecs
— Le « paraître »

Un sentiment de moins-être. Le contradictoire adaptant a souvent de lui-même une image négative. Il se perçoit comme inférieur à ce qu'il devrait être. Ce sentiment purement émotionnel ne repose sur aucune réalité tangible. Il lui a été transmis dans son enfance par l'un ou l'autre de ses éducateurs qui l'a particulièrement marqué. Puis, une fois cette émotion parasite de moins-être déposée en lui, il a essayé de l'habiller, de l'expliquer à partir des éléments de sa propre expérience. C'est ainsi qu'il a retenu avec acuité tous ses échecs comme autant de confirmations de son infériorité, et qu'il n'a que vaguement mémorisé ses réussites. Par exemple, il lui arrive de penser que les diplômes qu'il a décrochés sont dus davantage à la chance qu'à ses capacités personnelles ou son travail. Il se compare souvent aux autres, et cette comparaison tourne assez souvent en sa défaveur.

Le domaine du faire. Comme tout le monde, il travaille, il fait des tas de choses, comme tout le monde il a ses compétences et ses lacunes, comme tout le monde il doiʳ livrer le combat de la vie. Il est souvent très capable, mais le sentiment de moins-être dont il est porteur ne lui permet pas de s'estimer à sa juste valeur. Quel que soit le poste qu'il occupe, il est persuadé au fond que beaucoup d'autres à sa place feraient tout aussi bien l'affaire, et même certainement mieux. N'ayant pas une conscience objective de ses compétences, il peut difficilement trouver une certaine assurance. Devant une situation inédite, il est démuni ; et parfois, même devant une difficulté connue qu'il a su dépasser autrefois, il demeure toujours aussi désemparé. Le compteur est retombé à zéro.

Le paraître. La troisième face de ce comportement représente le mode de relation de l'individu. Le contradictoire craint d'être évalué, et pour faire bonne figure, il trouve des solutions personnalisées. Elles peuvent être les plus diverses : l'un cherchera à ne pas se faire remarquer, à se fondre dans la grisaille de Monsieur-tout-le-monde. Un autre se montrera boute-en-train. Un autre se rangera facilement à l'avis de son interlocuteur — apparemment du moins — ou bien il évitera de se prononcer. Beaucoup passent de l'une à l'autre de ces stratégies selon le public qui se trouve en face d'eux. Tel se lance souvent dans un bavardage sans fin pour se justifier, pour se donner de l'importance, il veut donner l'impression qu'il n'est pas sot, qu'il a des choses à dire. Tel autre joue au fanfaron, il sait tout, il a tout vu, rien ne semble lui faire peur... en paroles du moins. Un autre encore manie l'humour à jet continu pour s'assurer à chaque instant une place parmi les autres, fut-ce une place d'amuseur public. Tel autre est beau parleur, il a appris à manier le langage en virtuose pour cacher ce qu'il croit être le vide de sa pensée. Dans cet arsenal du paraître, on peut trouver de tout : des cache-misères dérisoires auxquels personne ne croit, mais aussi de vraies qualités, telles que le bagoût ou l'humour entre autres. Mais pour l'intéressé, même ce qui paraît une valeur aux yeux des autres dans sa façon de se comporter, n'est vu que comme une façade.

Le contradictoire ne voit de lui-même que deux faces : un sentiment de moins-être, et ¹es façades qu'il entretient pour

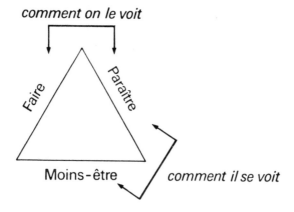

être bien noté. Habituellement, il n'a pas une juste conscience de sa valeur personnelle.

Les autres eux aussi ne voient de lui que deux faces sur trois, mais ce ne sont pas les mêmes. Ils ont une vue extérieure de ce dont il se montre capable, ses réalisations, ses engagements, et ils voient aussi le *paraître* qu'il déploie à leur intention. Mais ils sont loin de soupçonner cette blessure secrète du moins-être.

Ironie du sort, le contradictoire s'épuise à donner de lui-même une image favorable, or c'est précisément cette attitude qui le dessert, à force de vouloir prouver, parfois il en fait trop : le bavard devient lassant, le fanfaron insupportable, l'amuseur public finit par paraître bien léger. Celui qui se montre trop prudent n'est plus écouté, et celui qui se fond dans le décor se fait oublier tout à fait.

Et puis, en dernier recours, lorsqu'il se laisse submerger par son sentiment de moins-être, il devient chicaneur, rivalisant, voire agressif.

TRAITS CARACTÉRISTIQUES

Inhibé sous le regard des autres

Un contradictoire peut se révéler très opérationnel tant qu'il n'est pas parasité par la crainte d'être évalué. Car alors, il peut entrer dans une inhibition qui le rend tout à fait inopérant. Il peut se saborder sur le terrain même qui devrait pour lui constituer un sol ferme, celui de ses compétences, comme les deux situations suivantes en font foi.

Au travail. Georges est instituteur dans un Groupe d'Aide Psycho-Pédagogique. Son travail consiste à s'occuper de façon individuelle d'enfants en difficultés scolaires pour les aider dans les matières qui leur posent problème. En dehors de ces cours particuliers, les enfants suivent une classe ordinaire avec d'autres instituteurs. Il est donc nécessaire que Georges travaille en étroite collaboration avec ses collègues, à la fois pour organiser son emploi du temps, et pour faire le point sur les progrès des élèves. Mais chaque fois qu'il frappe à la porte d'un autre instituteur, il est toujours un peu inquiet : « Que va-t-il penser de moi ? » Et plus d'une fois, il lui est arrivé de retourner sur ses pas sans même oser frapper. Parfois il se jette à l'eau, il frappe, entre, commence à discuter, apparemment à l'aise, mais au bout de quelques phrases, le voilà de nouveau parasité par ses appréhensions : « Il va trouver que je m'impose, que je lui prends son temps, ça y est, il a regardé par la fenêtre, c'est bien la preuve que je l'ennuie, oui, c'est évident. » Il perd pied, comme un funambule qui se mettrait soudain à regarder le vide sous ses pas. Georges ramasse rapidement ses papiers, coupe court à l'entretien et se sauve plutôt qu'il ne se retire, laissant son collègue un peu interloqué par ce changement d'attitude si soudain, mais surtout, laissant son travail inachevé... C'est que l'entretien écourté comportait plusieurs questions, et certaines restent en suspens. Un de ses collègues a l'art de désorganiser le travail des autres par ses improvisations. Soucieux avant tout de ne pas passer pour un râleur, Georges accepte ces fantaisies sans broncher. Résultat : à certaines heures, il est surchargé, et à d'autres, il regarde voler les mouches. Alors, pendant ces moments d'oisiveté forcée il se morfond : « je ne suis pas en règle, je suis un mauvais instituteur. Pourvu que le directeur ne me voie pas sans travail... »

Dans les loisirs. Antoine, trente ans, participe aux activités proposées par le comité d'établissement de son entreprise. Doué pour la photo, il a suivi des cours depuis plusieurs années, et l'idée lui est venue d'organiser un clubphoto dont il assumerait l'animation, étant donné ses compétences. Le comité se réunit aujourd'hui pour décider des activités proposées cette année : Antoine a travaillé de longues heures pour préparer un projet qu'il va présenter au cours de la réunion. Il en est tout bouillant d'impatience : son travail risque de plaire, et même de susciter quelques sifflements admiratifs. Mais cette jouissance anticipée est altérée par une inquiétude : et si on allait penser qu'il veut se mettre en avant ? Ce serait évidemment mal vu. Il n'aimerait pas passer pour un petit prétentieux. Partagé entre deux émotions contraires, l'impatience d'un succès assuré et la crainte de susciter des critiques, il se laisse envahir par ce conflit intérieur, il se replie sur lui, au point de ne plus pouvoir participer à la réunion. C'est la pause. Bon, songe Antoine, je présenterai mon projet à la reprise. Mais quand la réunion reprend son cours, il n'a toujours pas su trancher : parler ? Se taire ? Le temps passe, et finalement tout le monde se lève. C'est fini. Trop tard. Et puis c'est trop bête, dans un ultime sursaut, Antoine accroche l'un ou l'autre des retardataires qui mettaient déjà leur manteau et leur montre son projet en catimini. Leur réaction est celle qu'il n'attendait pas : on lui reproche de n'avoir pas montré son travail plus tôt, c'est fichu pour cette année, on vient de voter la distribution des crédits, et il n'y a plus de place pour un projet qui aurait pu être bon. Antoine rentre chez lui, jurant — mais un peu tard — qu'on ne l'y prendrait plus... jusqu'à la prochaine occasion.

Le paraître

Au travail. Julien est passé maître dans l'humour. A la cantine, on repère facilement la table à laquelle il mange, car tous les autres convives éclatent de rire pendant tout le repas. Il se montre vraiment drôle. Ses répliques sont aussi inattendues qu'amusantes, et rarement blessantes, du moins pour les personnes présentes. Mais une demi-heure plus tard, le même homme au travail n'est plus du tout détendu. Il hésite beaucoup, se montre anormalement scrupuleux, et communique son manque d'assurance à ses subalternes. Jamais satisfait de ce qu'il vient de faire, il recule sans fin le moment de remettre un dossier à la direction. Rentré chez lui, il est lunatique avec ses enfants, et se montre parfois très dur avec sa femme. Pourquoi des attitudes aussi incohérentes ? Parce que selon les cas, selon les publics, il adopte l'attitude qui sur le moment lui paraît la mieux adaptée pour détendre la tension interne qui monte en lui, surtout quand il a des décisions à prendre. Secrètement, il s'éprouve comme insuffisamment armé devant la vie, ce qui le fait plonger régulièrement. Or, pour tous ceux qui le connaissent, il est clair que ce sentiment d'être moins ne repose sur rien, car cet homme est par ailleurs très doué, muni de diplômes impressionnants, et chargé de responsabilités professionnelles de haut niveau.

En famille. Benoît a été reçu à plusieurs reprises chez les parents de la fille qu'il fréquente depuis six mois. D'un milieu supérieur au sien, ils font au jeune homme un accueil aimable, mais gardent néanmoins vis-à-vis de lui une certaine distance, ne voulant pas l'introduire vraiment dans l'intimité du cercle familial tant qu'aucun engagement définitif ne s'annonce. Benoît perd pied devant cette réserve, pourtant bien compréhensible... Pour se faire mieux connaître, il devrait parler de son travail. Il a dans ce domaine des informations à donner qui peuvent rassurer sa belle-famille future, car il est compétent. Mais ce n'est pas ce qu'il fait. Le voilà qui se met à parler de l'école technique où il a fait ses études. Il la présente comme animée de l'esprit du compagnonnage remontant aux bâtisseurs de cathédrales. Pas moins. Il a subi quelques brimades au cours de sa formation, et en parle comme d'un véritable rite d'initiation. Son beau-père lève un sourcil étonné :

— Quel genre de brimades avez-vous subies ?

— Eh bien, nous devions, par exemple, nettoyer l'atelier une fois par semaine.

— Etes-vous sûr que ce soit une brimade ? Ce n'était pas plutôt une simple question d'organisation ?

— Oui, peut-être, mais dans l'esprit de l'école...

Benoît désarçonné se raccroche à son histoire de brimade, et s'enferre. Les rapports entre élèves et enseignants, il les traduit en terme de rivalité de castes. Le diplôme final, il le présente comme l'entrée dans une corporation, une sorte de vieille noblesse, déphasée dans notre société qui évolue selon un rythme accéléré. Un discours prétentieux que son futur beau-père a écouté d'abord avec un certain sourire, puis un ennui à peine dissimulé. L'effet est raté, et Benoît le sent douloureusement. Pour paraphraser Jacques Brel : il voulait avoir l'air, et il n'a pas l'air du tout... Depuis ce jour-là, son beau-père le regarde d'un peu plus haut qu'auparavant. Une fois ou l'autre, mi-paternel, mi-railleur, il l'a appelé « Benito », (le prénom de Mussolini, mauvais présage !). Le pauvre garçon, blessé, a rétorqué avec fermeté qu'il aimait beaucoup son prénom, et que de plus, il avait horreur des prénoms étrangers. Le sourire du beau-père s'est fait goguenard :

— Seriez-vous raciste ? Oh...

Au moins, Benoît a réussi à se débarrasser ainsi de ce surnom chargé de mépris. Le surnom est tombé, mais le mépris est resté. L'opération m'as-tu-vu ne lui a pas réussi. Sachant son image de marque lézardée, il a voulu se rattraper lors des visites suivantes. Il a offert des fleurs à sa belle-mère : trois roses auraient suffi, il a fait les frais d'un gros bouquet. Trop gros. Enfin, pour tenter de se donner du poids, il a abandonné brusquement son emploi pour en prendre un autre plus alléchant, plus à sa hauteur, disait-il, et il s'est retrouvé chômeur. Une fois de plus, il avait raté la marche, mais cette fois, ses beaux-parents ont froncé le sourcil.

Telle est la spirale dans laquelle un contradictoire peut s'engager parfois assez tôt dans la vie : à force de s'attacher avec une certaine angoisse, à sauver les apparences, ou à se présenter sous des dehors flatteurs, il en fait trop et finit par se trahir. Dans l'affolement, il est capable de sacrifier au paraître au point de se saborder sur le plan professionnel, domaine qui le plus souvent représente une valeur réelle.

L'indécision

Jérôme est comptable dans une société de la région bordelaise. Depuis six ans, il occupe un emploi sous-qualifié, et travaille pour un salaire insuffisant sous les ordres d'un chef alcoolique aux humeurs imprévisibles. Cette situation le laisse insatisfait, évidemment, surtout lorsqu'il se compare à ses camarades de promotion qui pour la plupart, ont de meilleures places que lui. Mais il n'ose pas prétendre à mieux, car il redoute d'assumer un poste à responsabilités. Finalement, encouragé par sa femme, et après avoir pesé le pour et le contre, Jérôme décide de se mettre en quête d'un nouvel employeur. Un choix fait sereinement, et qui semble sage. Peu après, il part en vacances et rencontre sous le soleil de la Grèce un ancien camarade de promotion, Gilles, devenu aujourd'hui directeur d'une société à Aix-en-Provence. Grandes retrouvailles, on parle profession. Le hasard fait bien les choses, justement, Gilles aurait besoin d'un comptable à la rentrée ; c'est une bonne place qui peut déboucher sur des perspectives intéressantes. Pourquoi pas ? L'occasion semble heureuse aux deux compères, et Jérôme demande à Gilles de lui réserver le poste. A partir de cette date et pendant deux mois, Gilles met tout en œuvre pour que son copain puisse obtenir l'emploi. Il en parle au conseil d'administration, il écarte d'autres candidats, car il sait que Jérôme est un gars sérieux, compétent et qui a fait ses preuves. Régulièrement les deux hommes se téléphonent, le dossier suit son cours. Il reste un dernier entretien à passer : Jérôme se rend à Aix où son ami le reçoit chez lui pour mettre au point les derniers préparatifs. Le lendemain, un quart d'heure avant l'entretien prévu, Jérôme se décommande : le poste, tout compte fait, ne l'intéresse plus. Il rentre chez lui et quelques jours plus tard écrit à Gilles une lettre pour s'expliquer longuement sur cette attitude particulièrement cavalière :

« Cher ami, je te dois des excuses pour mon désistement de dernière minute, je sais quel souci tu as eu de ma candidature, le temps et l'énergie que tu as dépensés à mon service, et je suis bien conscient de t'avoir profondément déçu. Mon attitude doit te sembler aberrante, aussi je te dois quelques explications. Elles n'excusent rien, évidemment, mais elles te permettront au moins de comprendre... Tout d'abord, lorsque tu m'as proposé ce poste, j'étais en vacances, bien loin des réalités quotidiennes. Je me suis dit .

« Profitons-en tant que je suis jeune, c'est une occasion en or, je tente le coup. » Puis, tu m'as invité à Aix, je suis venu discuter avec toi du profil du poste, tu m'as reçu comme un roi, et j'ai pu faire connaissance avec la ville. En te quittant, je t'ai confirmé mon grand intérêt pour le poste, alors tu as commencé à te démener pour soutenir ma candidature. Ici je te dois la vérité : mes sentiments à ce moment-là étaient déjà mitigés. Aix est une ville superbe, et la Provence un pays très attachant, mais tout au fond de moi, je n'étais pas très sûr de me plaire dans cette région. J'aurais dû t'en parler clairement, mais voilà, j'avais peur de te décevoir. Et puis, tout cela ne reposait que sur des impressions, je n'avais pas d'argument clair à te présenter. Par ailleurs, je dois dire que mon travail sur Bordeaux m'est apparu beaucoup plus intéressant qu'il m'avait semblé avant les vacances. La fatigue aidant, j'avais sans doute noirci le tableau. Et en même temps, j'ai redécouvert les charmes de mon pays natal : j'ai toujours vécu à Bordeaux, et au fond, j'y suis très attaché. Pendant ce temps-là, tu as continué à remuer ciel et terre pour mes beaux yeux, et à me tenir au courant régulièrement par téléphone de la progression de l'affaire. Je t'ai toujours exprimé ma reconnaissance, et tu ne pouvais pas deviner qu'en réalité je n'étais pas du tout enthousiaste. Au contraire, j'étais très tendu. Pour me refaire une motivation claire, j'ai dressé deux listes en parallèle : d'un côté, les avantages d'un déménagement à Aix, de l'autre les avantages de rester à Bordeaux. Je n'arrivais pas à me décider. Il me semblait que le poste d'Aix m'offrait plus d'avantages immédiats et m'ouvrait plus de portes, mais d'autre part, j'avais aussi beaucoup de raisons de rester à Bordeaux. Bref, je me suis dit : « Statu quo, je ne décide rien pour l'instant, nous verrons plus tard. » En fait, je nageais en pleine incohérence, je pensais : « Vivement que ça se règle, je ne sais pas ce que je veux. » A ma femme je disais : « Je ne suis pas clair dans ma décision. » Elle m'a répondu : « Essaie toujours de passer l'entretien, tu verras bien. » Mais à toi au même moment, je t'ai dit : « J'aimerais être fixé rapidement. » Ce qui te laissait entendre mon impatience d'arriver au but. Tu t'en es réjoui, et tu as encore hâté un peu plus tes démarches... Je ne savais plus à quel saint me vouer, j'ai parlé de ce projet à plusieurs collègues, leur demandant si à leur avis le poste me conviendrait. Bien sûr, ils ne pouvaient pas mieux que moi répondre à cette question. Eux aussi m'ont encouragé à tenter ma chance.

J'étais vraiment désemparé, j'avais l'impression d'être obligé d'exécuter une décision contre mon gré. Il paraissait de plus en plus probable que mon embauche à Aix soit acceptée, et au fond, je ne le voulais pas, pour plusieurs raisons :

— Je pensais ne rester à Aix que quatre ou cinq ans, ce qui n'est pas compatible avec l'achat d'une maison.

— Comment trouver du travail après ?

— Le changement de région ne me plaît pas vraiment.

— Je regrette de devoir abandonner un ensemble de compétences professionnelles acquises au bout de six ans d'expérience, d'autant plus qu'à Bordeaux j'aurai finalement des possibilités d'évolution de carrière, je viens de l'apprendre.

— Cela m'ennuie de m'éloigner de mes amis.

— Enfin à Aix, je n'aurai pas mes parents à proximité pour garder mes enfants. D'ailleurs, j'ai parlé le moins possible de ces projets de départ dans ma famille. J'ai de bonnes raisons de croire qu'ils ne s'en réjouissent pas vraiment.

J'aurais mieux fait de dire tout cela plus tôt, mais voilà, je savais la peine que tu t'étais donnée pour moi, et je n'avais pas le courage de te décevoir. C'est une lâcheté, et tu en fais les frais aujourd'hui. Mais honnêtement, jusqu'au dernier moment j'étais incapable de décider, tiraillé entre deux désagréments : si j'allais à Aix, j'étais sûr de le regretter par la suite ; d'autre part, si je décidais de rester à Bordeaux, c'est toi que je traitais de façon bien cavalière. Plus la date fatidique approchait, plus cette tension est devenue pour moi insupportable. J'ai souhaité que le hasard se charge de trancher à ma place, que le conseil d'administration refuse mon poste, que sais-je ? Au moins, j'aurais pu m'en sortir avec les honneurs. Mais non. Tu as si bien fait les choses que j'ai failli être embauché. La nuit précédent l'entretien, je n'ai pas fermé l'œil. Finalement, je me suis rangé au dernier moment à ce qui me semble être la solution la plus réaliste.

Tant pis si je perds ton estime, je ne pouvais tout de même pas engager mon avenir, celui de ma femme et de mes enfants pour une stupide question d'image de marque. Voilà, tu sais tout. — Ce n'est pas reluisant. Je ne sais pas comment tu pourras excuser un jour ma légèreté. En attendant, je te souhaite de trouver au plus vite un comptable compétent pour ta société, et je te remercie encore de toute la peine que tu t'es donnée pour moi. » Etc.

La réaction de Gilles est à la mesure du désagrément qu'il a essuyé : « Pourquoi ne m'a-t-il pas dit dès le début que le poste ne l'intéressait pas ? J'ai refusé des candidats valables pour lui laisser la priorité, j'ai fait l'assaut du conseil d'administration pour le pistonner, j'ai laissé le poste vacant pendant deux mois pour lui, et au bout du compte, je me retrouve obligé d'embaucher en catastrophe le premier candidat venu parce que tout le service est désorganisé, et qu'il est devenu urgent de rattraper les retards. Sans compter que c'est moi aujourd'hui, qui passe pour un rigolo auprès du conseil. Quand je pense qu'il m'a menti tout le temps, que je l'ai reçu chez moi, que la veille de l'entretien il m'a encore laissé perdre mon temps à son service. Sa lettre n'excuse rien, sur ce point au moins, il est lucide. Je tire de cette affaire une conclusion : avant de donner un coup de main aux copains, même aux bons copains, méfiance... Comment s'y retrouver ? « On ne donne pas à boire à un âne qui n'a pas soif » dit-on. Bon, mais je ne pouvais pas deviner que l'âne faisait seulement semblant. »

Jérôme a pu prendre un peu de recul par rapport à ces événements, et nous a livré ses réflexions personnelles. Tout d'abord, il se reconnaît parfaitement dans le profil du contradictoire adaptant. Ceci n'a rien de surprenant, on le voit, tout au long de sa lettre, très sensible à l'opinion qu'on aura de lui. Il ne veut pas perdre la face devant son ami, il ne veut pas non plus déplaire à sa famille, moyennant quoi il remet toujours à plus tard sa décision et finit par créer autour de lui un réel embarras, et par se compromettre encore plus sûrement.

Le contradictoire se montre souvent *hésitant*, car il redoute ce qu'on pensera de lui à travers ses décisions. Alors, il recule le plus possible le moment de trancher. Et en attendant, il essaie d'apaiser son angoisse qui va croissant, en cherchant une *caution*. Au fond, tout au fond de lui, Jérôme sait très bien ce qu'il veut : rester à Bordeaux. Mais il est déchiré entre ce désir personnel — tout à fait légitime — et les avis des autres qui ne vont pas dans le même sens. Il est tellement angoissé par ce dilemme qu'il n'arrive même plus à s'avouer clairement ce qu'il veut. Il a beau faire un tableau comparatif des avantages et inconvénients, il est incapable de se décider. Son intelligence paraît embrouillée. Alors, il conclut : « Statu quo, je ne décide rien pour l'instant, nous verrons plus tard. » Cette apparente non-décision se traduit matériellement par « Je reste à Bordeaux. » Une neutralité tout à fait orientée... « Je ne sais pas ce que je veux » pense Jérôme. Il devrait dire plus justement : « Je sais ce que je ne veux pas : partir loin de Bordeaux. »

« J'avais l'impression d'exécuter une décision contre mon gré » écrit Jérôme. Effectivement, en essayant de répondre à ce qu'il croyait être l'attente de Gilles, de sa femme, de ses amis, Jérôme agissait contre sa propre aspiration : rester à Bordeaux.

Le contradictoire est capable ainsi de mettre un mouchoir sur ses désirs et opinions propres, pour se conformer à ceux d'une personne dont il attend l'estime, ou redoute le jugement. Bien sûr qu'il agit alors contre son gré... Mais, de plein gré ! C'est bien là que réside toute la contradiction de ce comportement. C'est de lui-même que Jérôme s'est placé sous la dépendance de personnes qui ne lui demandaient rien, et qui ne s'en doutaient même pas. *Le malentendu est total.* De cette soumission aux autres, spontanée et inassumée, résulte une tension intérieure qu'il faut bien résoudre d'une façon ou d'une autre...

Tension — hésitation — insatisfaction

Une jeune femme — appelons-là Nicole — évoque à travers plusieurs flashes son comportement contradictoire tel qu'il se manifeste dans différents secteurs de sa vie.

Les loisirs. « Tous les jeudis soirs, je fais du tennis. En principe, j'y vais pour me détendre. Je fais des balles et cherche à améliorer ma technique. Ce simple entraînement, je l'aborde pourtant avec le sérieux d'une compétition. Mais à cela s'ajoute une nouvelle tension d'une autre nature. Le tennis passe au second plan et ce qui devient central, c'est « que va-t-on penser de *moi*? » Dès qu'au cours de l'entraînement je commence à perdre des balles, je panique et me dis : « mon partenaire est en train de penser que je joue comme un pied, je l'ennuie avec mes balles ratées », et tout mon esprit est dès lors absorbé par ce discours intérieur. Au lieu de m'appliquer au jeu, je suis de plus en plus tendue. Je voudrais que mon partenaire admire ma bonne technique mais en même temps, je suis intimement convaincue d'en être. dépourvue. Polarisée par l'impression défavorable que je donne de moi-même, je rate alors presque toutes mes balles et bien sûr je ne fais pas de progrès. »

Un entraînement n'est pas une compétition. Rater une balle ne veut pas dire perdre fatalement un match. Et même au niveau d'une compétition internationale, perdre un match ne signifie pas pour autant manquer de technique ! Quand les deux meilleurs joueurs mondiaux s'affrontent en finale, même là, l'un des deux sort nécessairement perdant. Voilà un discours que Nicole, normalement intelligente, est capable d'entendre et de tenir. Mais cette réflexion de bon sens s'adresse à la raison, et pas aux émotions... Or, sur le plan émotionnel, quelle est son attente ? Elle cherche à « avoir sa place » selon le mode propre au comportement contradictoire, c'est-à-dire qu'elle cherche à être bien notée, et même, elle se sentirait tout à fait comblée si on lui reconnaissait des qualités supérieures. Mais en même temps qu'elle aspire à être admirée, toutes les situations où elle ne s'est pas montrée à la hauteur lui reviennent à l'esprit...

Elle court deux lièvres à la fois : d'une part, elle s'investit dans un sport, elle essaie d'apprendre et d'améliorer sa technique, et d'autre part, elle s'efforce avec inquiétude de donner d'elle-même une image flatteuse. Ces deux objectifs sont incompatibles, elle ne peut les traiter en même temps. Pour prendre du recul sur ces automatismes de comportement, Nicole a l'habitude de retraiter régulièrement ce genre de situations. Le soir, à froid, elle sépare les faits des émotions. Cette démarche lui permet d'apprécier à leur juste valeur ses réalisations, sans tomber dans un océan de dévalorisation ou d'angoisse au moindre échec.

Les relations. Nicole souffre de la même inhibition chaque fois que l'occasion lui est offerte de se faire de nouveaux amis, ou de nouvelles relations. « Lors de nos vacances en Tunisie, explique Nicole, mon mari et moi rencontrons un couple de Français, du même âge et du même milieu que nous. Nous partageons certaines activités : baignades, randonnées, visites de sites archéologiques... Je suis heureuse de me faire de nouveaux amis... Cependant je suis embarrassée au point de bafouiller et de dire un mot pour un autre : volatile au lieu de vocalise ; le bateau « se pose » au lieu d'accoste. Et cette confusion de langage se reproduit dans bon nombre de nos rencontres. De façon générale, je parle peu, j'acquiesce à tout ce qui est proposé, je ris à la moindre blague, même si elle n'est pas comique. J'essaie de me conformer aux goûts et habitudes de nos nouveaux amis et me fais caméléon. Pendant ces quinze jours, j'ai l'impression de passer un examen devant un jury.

Deux pensées me hantent :

— Je voudrais que ces gens me perçoivent comme une femme intéressante,

— mais au fond, je suis persuadée que je ne vaux pas grand-chose et j'ai peur que cela se remarque. Ce tourment me paralyse. Je suis si peu assurée que je n'ose proposer que nous dînions ensemble ou que nous échangions nos adresses avant de nous séparer. Quand nous nous quittons, je suis *insatisfaite.* Je vois tout le parti que j'aurais pu tirer de ces vacances et que je n'ai pas su exploiter. Une pensée s'impose alors à moi qui m'attriste et me déprime : ce couple doit me prendre pour une femme insignifiante, bien moins intéressante que les amis qu'ils fréquentent habituellement. Ces vacances mettent à jour l'inhibition dont je souffre chaque fois que l'occasion m'est offerte de me faire de nouveaux amis. »

Au lieu de goûter le moment présent, d'apprécier pleinement ses vacances et le plaisir d'une compagnie sympathique, Nicole se laisse envahir par cet éternel sentiment de moins-être, angoissant, obsédant. Puis vient l'insatisfaction, naturellement.

La vie professionnelle. « Je suis aujourd'hui infirmière, responsable de stage et chargée d'enseignement auprès des élèves de deuxième année. Habituellement mes cours se passent bien, et sont appréciés. Mais hier, la directrice de l'école m'a annoncé en s'excusant, que pour des raisons purement techniques, elle sera obligée de rester dans l'amphi lors de mon prochain cours. Pour préparer ce cours-là, j'ai compulsé des documents, j'ai établi des fiches que j'ai classées par thème. Mais malgré ce travail de préparation minutieux, je ne m'en sors pas. Je défais et refais mon plan, développe certaines parties pour les supprimer ensuite, puis je recommence tout à zéro. Comment pourrais-je m'y prendre pour laisser à la directrice une impression marquante, pour qu'elle se dise dès le premier quart d'heure : « Je suis là en présence d'une enseignante très compétente. » Mais voilà quatre heures pleines que je planche sur ma feuille, et rien n'en sort. Il est dix-huit heures, je peux encore travailler deux heures. Fâchée de tant d'inefficacité, je tente de chasser de mon esprit ces rêveries stériles autour de mon image de marque. Mais je suis incapable de fixer mon attention. Je me lève, arrose une plante, me rassieds, j'éparpille mes fiches, je pense sans cesse à plusieurs choses à la fois, mon esprit vagabonde, je rêvasse et déconnecte complètement de mon travail. Jusqu'au moment où je me surprends à parler à voix haute. Finalement, l'angoisse monte, je suis démoralisée : mais pourquoi donc ai-je accepté de me charger de ces cours ? Je n'y arriverai jamais ! Je suis une incapable, il faudrait que je démissionne... Mais maintenant il est trop tard. Dire que dans quarante-huit heures, il faudra que je donne ce cours, et il ne me reste plus que la journée de dimanche pour m'y mettre. »

Pour sortir de cette situation, Nicole a pris le temps de se poser une question de simple bon sens : au fait, de quoi s'agit-il ? En effet, la voilà de nouveau sur deux rails à la fois. Deux rails qui ne se rencontrent pas : d'une part, elle prépare un cours. Il s'agit alors de faire en sorte que ses élèves en tirent le meilleur parti. Mais d'autre part, elle prépare une prestation à l'usage de la directrice. Cette fois-ci, il ne s'agit plus que d'apaiser son inquiétude de toujours : « que va-t-on penser de moi ? ».

Ce retour au véritable objet de son travail a permis à Nicole de donner son cours de façon tout à fait convenable, mais malgré tout, en entrant dans l'amphi ce jour-là, elle était nouée, elle a commencé son exposé avec le trac d'une débutante...

A l'origine

D'où lui vient cette hantise de l'évaluation des autres qui interfère si fréquemment dans sa vie quotidienne ? Elle a trouvé la réponse à cette question en regardant ses parents.

« Fils de petit commerçant, mon père n'a pas eu la chance de faire des études. Sitôt en âge de travailler, il est entré dans l'administration par la petite porte, et à force de courage et de ténacité, il occupe aujourd'hui une place en vue. D'origine modeste, il a épousé une fille d'un milieu aisé. Son beau-père l'accueillit avec quelques réticences, estimant sans doute que sa fille pouvait prétendre à meilleur parti. Dès lors mon père mit tout en œuvre pour obtenir puis conserver la considération de cet homme.

Ma mère s'est toujours sentie peu sûre d'elle. Elle se laissait régenter par son père, et même une fois mariée, elle a continué à s'en remettre à lui pour les décisions importantes. Son mari s'accommodait de cette dépendance.

Ainsi, mes parents, chacun pour des raisons propres, manquaient d'assurance. Prendre une décision ou même exprimer clairement une opinion personnelle leur était pénible : demandais-je une permission, un conseil à l'un, il me renvoyait à l'autre, qui tergiversait, finissait par trancher pour revenir dès le lendemain sur sa parole. Je ne savais à qui me fier, ni à quoi.

Quand mes parents recevaient mes amis, ils trouvaient toujours que les enfants des autres étaient meilleurs que moi. En quoi précisément ? Ils n'auraient su le dire, c'était seulement une *impression confuse, source d'inquiétude.* C'est dans ce contexte que j'ai pris l'habitude de m'observer, de me comparer aux autres. Bref, à mon tour je manquais d'assurance. Or, paradoxalement, mon père fondait sur moi certains espoirs : il aurait voulu que je fasse une grande école, où lui-même n'avait pu entrer faute d'argent. Mais après le bac, je n'essayai même pas. Sans me faire beaucoup d'illusions, je m'inscrivis en faculté où j'échouai au bout d'un an. Je me rabattis alors sur des études d'infirmière.

Ma mère, elle, aurait aimé que j'entretienne des relations mondaines avec le milieu bourgeois de la ville, chose qu'elle n'avait pu faire elle-même, tant elle se trouvait gênée pour recevoir ou répondre aux invitations. Une seule chose comptait à ses yeux : se conformer en tout à ce qui se disait et se faisait dans son milieu social, *de peur d'être mal jugée*.

A vingt ans, je rencontrai celui qui allait devenir mon mari. Après plusieurs mois de fréquentation, il m'a proposé la cohabitation. Si de mon côté, sans oser l'avouer, j'hésitais à faire le pas, chez mes parents, cette décision suscita une vive émotion : moins pour des raisons de moralité que par un souci aigu du qu'en dira-t-on. J'ai alors passé en revue avec eux la situation matrimoniale des jeunes de notre milieu, beaucoup vivaient ensemble sans être mariés. Rassurés par ce constat, mes parents ont admis qu'en effet, les mœurs ont évolué et qu'il faut bien vivre avec son temps. Ma mère a même eu la hardiesse de trouver que finalement ce choix de la cohabitation était tout à fait intelligent...

Forte de la *caution* que lui fournissait l'opinion du plus grand nombre, elle n'avait plus peur de donner son avis.

Le langage

Le langage des contradictoires n'est pas franchement typé. En effet, comme nous l'avons vu, ce comportement peut se présenter sous des dehors très différents. L'un est généralement plutôt discret, un autre se montre drôle, etc. Cependant, au-delà de ces différences de surface, on sent poindre à travers certaines habitudes de langage l'inquiétude de fond du contradictoire : « Que va-t-on penser de moi ? » Une jeune femme appartenant au type adaptant a réuni des observations sur son propre langage, puis elle les a confrontées à celles de ses proches pour nous livrer enfin ces quelques caractéristiques : « Mon langage s'adapte facilement à mon auditoire ; j'emprunte ses manières et son vocabulaire pour rejoindre son système de pensée : je peux faire décontractée, sérieuse ou bon chic, bon genre... Selon l'interlocuteur, je dirai « mon mari » ou « mon conjoint ». Le contenu est le même, mais je trouve le terme « conjoint » plus distingué. Ailleurs je dirai « mon jules ». C'est une façon de me faire accepter, reconnaître, dans le milieu où je me trouve provisoirement.

Lorsque je m'exprime, je recherche volontiers le terme juste.

Pour évaluer, porter des jugements, je reste souvent en deçà de la réalité. Je dirai, par exemple : « Cet élève a exagéré aujourd'hui... », alors que je devrais plutôt dire : « Il s'est montré vraiment odieux. » Ce n'est pas le vocabulaire qui me fait alors défaut, mais plutôt *le manque de confiance en mon jugement personnel*. Dans mes propos, je quête souvent une caution. Je cherche quelqu'un qui vienne me conforter dans l'opinion que je me suis faite provisoirement. Quand j'ai obtenu cette caution, je me donne alors le droit de réagir. Cependant, avec mes proches j'adopte bien souvent un langage différent. Autant je tiens des propos mesurés avec le tout-venant, autant avec mes proches il m'arrive d'émettre des jugements tranchés, négatifs le plus souvent, à propos de tout et de rien : sur le dernier film à la télévision, sur un tiers ou sur moi-même.

Lorsque je suis sûre de moi, ma voix a du relief. Je suis capable de me faire convaincante pour un sujet qui me passionne. Mais si je parle de moi ou d'un sujet qui me concerne personnellement, ma voix devient plus neutre. D'ailleurs, je parle très rarement de moi, je veux dire de mes vrais soucis et de mes préoccupations. Dans un milieu inconnu, je ne prends jamais la parole la première. Je préfère garder le silence et écouter. Si je ne suis pas d'accord avec ce qui se dit, je n'interviens pas, mais je n'en reste pas moins sur mes positions. »

Chez certains, l'indécision apparaît dans le langage. Le déroulement de la phrase n'est pas linéaire. Ils avancent puis se contredisent pour revenir ensuite à leur première proposition. Dans tous les cas, ils ont toutes les peines du monde à clore un sujet. Ils semblent même éprouver une certaine *répulsion à conclure*. Pour reculer l'heure fatidique de la décision, certains soûlent ainsi leur auditoire d'argumentations oiseuses. Il ne s'agit plus alors de réflexion mais de verbiage. Moins ils sont assurés, et plus ils parlent. Inquiets de l'image qu'ils donnent d'eux-mêmes, certains sont champions en matière de précaution oratoire : un journaliste politique bien connu pour ses virements de bord répétitifs met tant de soin, quand il s'exprime sur les ondes, à bien faire comprendre ce qu'il ne veut pas dire, qu'on ne comprend pas... ce qu'il veut dire, et quelle opinion personnelle il a au juste. Ses phrases sont émaillées d' « on pourrait dire que... » aussitôt contrebalancés par « mais il faut convenir également... » Comprenne qui pourra !

Le contradictoire perd facilement son assurance dès qu'il se sent critiqué. Devant une telle situation, l'un se maîtrise parfaitement. Son discours reste clair ; il ne laisse rien paraître de sa gêne et garde une apparente décontraction. Mais une fois rentré chez lui, il est capable de ressasser des heures durant un mot, une phrase blessante qui ne semblaient pourtant pas l'avoir atteint sur le moment. Tel autre, plus émotif, s'il fait l'objet de critiques malveillantes, est capable de rester sur son sujet, mais son débit se fait alors nettement plus haché. D'autres ont beaucoup de mal à terminer leurs phrases, surtout quand ils sentent un regard peser sur eux. Un tel avance une proposition un peu nerveusement, comme s'il jouait son va-tout. Puis, interrompu dans son élan par un parasite tel que « enfin, je veux dire... euh... c'est-à-dire... », il se lance aussitôt dans une autre phrase sans rapport évident avec la première, et qui avorte bientôt elle aussi. Tel autre débite un chapelet de phrases inachevées, incohérentes, incompréhensibles. Autant de propos confus qui reflètent une pensée confuse, une pensée parasitée par le qu'en dira-t-on.

MISES EN PLACE ET RETRAITEMENT

La transmission du négativisme

Avec l'exemple qui va suivre, nous ferons un pas de plus. Il nous permettra de démonter et de comprendre en profondeur comment un comportement contradictoire adaptant peut se mettre en place.

Les parents de Jean-Charles, des commerçants, tenaient une alimentation générale. Du matin au soir, ils trimaient sans relâche dans leur boutique. Si cette grande activité n'avait pas posé de problèmes majeurs pour l'éducation de leur fille aînée, il en allait tout autrement pour le second, un enfant venu sur le tard. En effet, Jean-Charles accumulait les maladies infantiles. Sa grand-tante, femme de médecin, proposa alors de prendre l'enfant chez elle ; les parents étaient ainsi déchargés de ce souci et son mari pouvait soigner l'enfant, alors âgé de deux ans. C'est ainsi que Jean-Charles alla habiter en Bretagne, à l'autre bout de la France, dans une maison aussi spacieuse que luxueuse. Ses parents en travaillant dur, tiraient à chaque fin de mois le diable par la queue, sa tante, elle, grâce à un riche mariage, vivait largement, dans l'oisiveté. Son mari, beaucoup plus âgé qu'elle, était un notable de la bourgade, ancien maire, il avait récemment pris sa retraite de médecin.

Peu de temps après l'arrivée de Jean-Charles, l'oncle mourut. Il n'y avait donc plus de raison pour que l'enfant restât loin de ses parents. Mais c'est alors que faisant valoir sa crainte de rester seule, la tante demanda aux parents de Jean-Charles de lui laisser la garde de l'enfant, pendant quelque temps encore. Ils acceptèrent, bien que cette année-là ils aient vendu leur commerce et retrouvé une vie plus calme. La tante prit donc en main l'éducation de son petit-neveu et ce, de façon fort contradictoire :

— Elle se plaignait que Jean-Charles soit pour elle une charge, mais en même temps, elle tenait absolument à ce qu'il reste auprès d'elle pour lui tenir compagnie. Elle le garda d'ailleurs chez elle durant sept années.

— Elle regrettait qu'il soit un garçon, car elle disait avoir une nette préférence pour les filles. Elle lui faisait porter des chemisiers en tissu fleuri ornés de dentelles, ce qui exposait bien évidemment l'enfant à essuyer les railleries de ses camarades. Quand Jean-Charles s'en plaignait auprès de sa bienfaitrice, elle le rembarrait : il n'y avait pas là sujet de honte, d'ailleurs elle trouvait ces chemisiers fort jolis. En société elle le félicitait, lui trouvant des qualités d'intelligence et de bonne humeur, mais quand ils étaient seule à seul, elle le harcelait : « Mais conduis-toi donc en digne neveu de ton oncle. Empoté comme tu es, *que vont penser les gens ?* » (de qui ?) Puis elle se mit à critiquer les parents de Jean-Charles : « Tes parents n'ont pas su t'éduquer, ils ne t'ont jamais appris à bien te tenir et à parler correctement. Ce que tu peux être gauche en société, les gens doivent vraiment te prendre pour un fils d'ouvrier. » Elle avait également décidé qu'il n'était ni intellectuel, ni manuel. Et quand quelques années plus tard, Jean-Charles émit devant elle le souhait de devenir kinésithérapeute, elle s'esclaffa : « Mais mon pauvre garçon, tu ne seras jamais capable d'entreprendre des études longues ! Qu'est-ce qu'on va faire de toi ? Non seulement tu n'as rien dans la tête, mais tu es tellement maladroit de tes mains que je ne te vois même pas manœuvre. » Résultat : Jean-Charles, durant toute sa scolarité, tantôt parvenait tout juste à la moyenne, tantôt devait redoubler sa classe. A trente ans, il a finalement un métier dans les mains et suit des cours pour améliorer sa situation professionnelle. Mais alors que personne semble-t-il, ne lui a jamais rien dit, il est persuadé d'avoir obtenu son diplôme professionnel au rabais, racheté par la bienveillance du jury. Confusément il pense que sa vie est un échec, alors qu'il n'en est rien, loin s'en faut. Jean-Charles est un homme cultivé. C'est un self-made man qui a beaucoup lu et qui tire profit d'une mémoire fidèle. Mais il n'est pas conscient de ses capacités. Aussi, pour se rehausser à ses propres yeux, il se flatte d'être l'ami des chefs hiérarchiques plus diplômés que lui. Il se donne ainsi l'illusion qu'il appartient à leur monde, lui le petit-neveu du docteur. Et quand il évoque son métier, il a la fâcheuse habitude d'utiliser une terminologie aussi savante que prétentieuse. Résultat : il agace les non-initiés qui ne comprennent rien à son charabia, et fait naître des sourires chez les gens de métier. Ainsi Jean-Charles semble avoir intégré l'échelle de valeurs de sa bienfaitrice. Honteux de ses origines, il pense ne pouvoir prendre une place dans la société qu'en vivant à l'ombre des grands, se nourrissant des miettes de leur savoir.

Aujourd'hui, marié et père de famille, Jean-Charles a deux fils de cinq et sept ans. Curieusement il se conduit avec chacun d'eux de façon différente. Avec le plus jeune, ses relations sont faciles, il est capable de le réprimander occasionnellement autant que de l'encourager sans s'impliquer outre mesure. En revanche, avec Patrick, l'aîné, il ne peut se défendre de réactions impulsives. Il le poursuit de reproches incessants : « Ne traîne pas comme çà ! — Tu fais trop de bruit ! — Cesse donc de te balancer. — Maladroit ! tu as encore sali ton pull. » Patrick pleure. Aussitôt Jean-Charles agacé hausse le ton : « Tu ne vas pas encore pleurnicher ! Mais secoue-toi bon sang ! » Sa femme supporte mal ces séances éducatives, et tente bien d'intervenir au coup par coup. Mais elle fait pire que mieux car Jean-Charles se montre alors plus irrité que jamais. Ne sachant plus à quel saint se vouer, elle décide donc de lui en parler un soir à froid, afin d'essayer de mettre un terme à ces accrochages incessants qui rendent pénible l'atmosphère familiale.

Marquer un stop pour changer de cap

Pour que la discussion s'appuie sur des faits et non sur des impressions, elle observe plus particulièrement les attitudes de son mari pendant deux semaines.

Elle le voit agir essentiellement *par réflexe,* les nerfs à vif, notamment quand Patrick se met à pleurer. Or si un enfant pleure, c'est la plupart du temps pour une raison précise. Peut-être se sent-il désemparé devant une situation difficile ? Plusieurs fois elle a pris l'enfant à part et le petit Patrick ne pleurait jamais sans raison. Alors pourquoi son père ne lui pose-t-il jamais de questions ? Pourquoi sa réaction est-elle viscérale, immédiate ?

Jean-Charles abreuve son fils de *critiques négatives sans jamais lui faire de propositions constructives :* « Secoue-toi ! » Qu'est-ce que cela peut bien vouloir dire ? L'enfant comprend de façon aiguë que sa conduite ne convient pas, mais il n'a aucune idée de ce que son père attend de lui.

Enfin, tout cela lui est dit sur un ton si *émotionnellement chargé* que Patrick a peur de son père et ne parvient pas à acquérir un peu d'assurance.

Après ces quinze jours d'observations, Jean-Charles et sa femme ont une explication en tête à tête :

— Mais que reproches-tu donc au juste à ce gosse ?

— Il est mou, il a besoin d'être secoué, je ne veux pas qu'il devienne une mauviette.

— Moi, je ne trouve pas que Patrick soit mou...

— Mais regarde, il n'est même pas capable de jouer au foot, son cousin lui...

— Pourquoi comparer ton fils à son cousin ?

— La famille doit le prendre pour un mollasson, et ça t'indiffère ?

— Les gens de notre famille n'ont jamais fait de réflexions désobligeantes à son égard. Et quand bien même ils en feraient, je ne demanderai pas à Patrick de changer pour leurs beaux yeux... Tu sais, Jean-Charles, je trouve vraiment que tu attaches une trop grande importance au paraître. Souviens-toi dans quelle situation matérielle nous étions dans nos premières années de mariage : tu voulais absolument que nous ayons tout de suite de beaux meubles, que nous soyons propriétaires, et tout cela pour-quoi ?

— Tu es quand même bien contente d'habiter dans tes murs aujourd'hui.

— Oui, mais qu'avons-nous fait de nos premières années de mariage ? Nous avons travaillé comme des fous, à faire des heures supplémentaires pendant la semaine et à trimer dans la maison pendant les jours de congé, et tout cela pourquoi ? Pour jouer au m'as-tu-vu ! Et aujourd'hui il faut recommencer à faire des économies de bouts de chandelle pour pouvoir se payer des meubles anciens... J'en ai assez de cette course. Ceci dit, revenons à Patrick, parce que lui aussi fait les frais de tes mirages. Patrick est très bien comme il est... S'il ne joue pas au foot comme son cousin, c'est d'abord parce qu'il a deux ans de moins que lui, et aussi parce qu'il n'y a pas de club dans notre village. Moi je l'ai vu jouer au ballon dans la cour de récréation, je t'assure qu'il y mettait de l'ardeur.

— Non, ce n'est pas ça. En fait *je constate que Patrick me ressemble de plus en plus, et cette idée m'est insupportable.*

Enfin, Jean-Charles vient de livrer le fond de sa pensée.

— Tu ne t'en es pas mal tiré. Malgré des débuts difficiles, tu occupes une place tout à fait honorable.

Jean-Charles, étonné, reste muet pendant quelques instants. Puis il tente de s'expliquer :

— Je ne voudrais pas que ce gosse soit comme moi : versatile, insatisfait, qu'il manque de confiance en lui, et qu'il soit mal à l'aise en société.

— Mais tu te projettes. Patrick est bien intégré dans sa classe, je t'assure.

— Pas trop vite. Récemment l'instituteur a fait remarquer qu'il paraissait absent. Alors...

— C'est récent. Auparavant c'était plutôt un enfant éveillé. Mais moi, je suis persuadée que tes colères y sont pour quelque chose.

— Mes colères ? Comment ? Est-ce que je me mets en colère, moi ?

— D'accord, le mot n'est pas juste, disons plutôt tes mouvements d'impatience. Cet enfant est harcelé par des remarques dont il ne peut rien faire, car elles ne correspondent à rien pour lui...

— Tu trouves ?

— Tu viens de dire toi-même « je ne veux pas qu'il me ressemble ». Voilà ton inquiétude véritable, mais cela, tu ne le lui as jamais dit. Talonné pour des raisons qu'il ignore, cet enfant commence à être perturbé. Et c'est normal que par la suite il rêve en classe, qu'il soit absent. Il y a beaucoup d'enfants qui deviennent de mauvais élèves à l'école parce qu'à la maison ils vivent dans un climat stressant où ils sont tirés à hue et à dia.

Long silence. Jean-Charles est intelligent et ne veut pour rien au monde le malheur de son fils. Coûte que coûte il veut changer d'attitude.

Pendant les semaines qui suivent, les altercations avec Patrick lui reviennent fréquemment en mémoire. Il réfléchit et cherche des solutions. Quand l'enfant crie et pleure, Jean-Charles s'interdit maintenant de réagir par l'énervement. Il prend la peine de se renseigner sur l'origine de ce désarroi ; de discuter avec lui. Il se raisonne. Il sait bien que son fils n'est pas une mauviette et que d'ailleurs une telle appréciation n'a aucun sens. Mais... chassez le naturel, il revient au galop. Malgré toute sa bonne volonté, Jean-Charles est régulièrement obligé de réprimer cet émotionnel déplaisant mais puissant qui le pousse à malmener son fils aîné. Or l'enfant n'est pas dupe : il perçoit bien mieux les émotions, même contenues, que les discours les mieux intentionnés. Les solutions de Jean-Charles, pour louables qu'elles soient, ne sont qu'emplâtres sur jambe de bois.

Le fond de l'affaire

Au bout d'un ou deux mois à ce régime, Jean-Charles soucieux et insatisfait décide de reprendre la discussion avec sa femme, qui de son côté a continué à réfléchir.

— Je pense que pour changer d'attitude avec Patrick, tu devrais commencer par mettre de l'ordre dans ta propre tête, dans ta propre histoire. Si j'ai bien observé et entendu ce qui se dit dans ta famille, il me semble que ta tante a fait un beau mariage, mais qu'elle a toujours eu conscience de ne pas appartenir à ce milieu bourgeois. Elle a vécu sur le prestige de son mari.

— C'est juste.

— Sa plus grande crainte était que quelqu'un souligne ses origines modestes dont elle rougissait. Or la présence à ses côtés de ce petit neveu sans éducation risquait à tout moment de la trahir. Un mot de travers de ta part, une attitude en public trop spontanée, et sa supériorité sociale tout illusoire pouvait être dévoilée, du moins c'est ce qu'elle redoutait

— Tu as peut-être raison.

— Alors qu'a-t-elle fait ? Habitée par la peur de ce que les gens pouvaient bien penser d'elle, elle t'a harcelé pour que tu fasses honneur à son image de marque, elle, la femme de l'ancien maire, la femme du médecin. A quoi ont abouti ses remarques intempestives ? A te couper ta spontanéité enfantine, à casser ton assurance, et vingt ans plus tard, te voilà imprégné de sa propre hantise : la peur de ne pas paraître à la hauteur.

Jean-Charles suit avec attention les explications de sa femme et semble émerger d'un brouillard.

— Or aujourd'hui, Jean-Charles, tu es en train d'imprimer dans le cerveau de ton fils cet héritage familial. Aujourd'hui tu te conduis avec Patrick comme jadis ta tante le faisait avec toi. Car premièrement, tu crains que ton fils trahisse ta prétendue incapacité, et deuxièmement, pour que cette trahison ne se fasse pas, tu le harcèles et aboutis au résultat inverse : Patrick ne sait plus où il en est.

— La similitude est frappante.

— Tu as encore la tête tellement pleine des reproches de cette femme, qu'aujourd'hui tu les ressors mot pour mot à ton fils. Souviens-toi : c'est la réflexion que tu me faisais encore la semaine dernière.

— C'est juste. Mais comment arrêter ce processus de reproduction ? J'ai bien essayé ces derniers temps de me contrôler, mais ce fut en pure perte. Je reste tendu et cet enfant continue à m'agacer sans raison.

— Et toi, autrefois, avais-tu peur de ta tante ?

— Elle m'a toujours fait trembler et aujourd'hui je suis encore mal à l'aise quand j'évoque cette époque.

— Eh bien, chasse cette peur loin de ton esprit ; elle ne t'appartient pas ; c'est la peur de ta tante, liée à ses préoccupations de parvenue. Cette femme est morte depuis plusieurs années, mais elle continue à vivre en toi par ses émotions. Alors, chacun chez soi. En ce qui te concerne, tu n'as rien à cacher, rien à prouver et aucun compte à rendre à personne.

Après avoir bien saisi ce qui le liait à cette femme, Jean-Charles a tiré un trait définitif entre ce passé et le présent. Il a jeté tout cela hors de lui comme on jette aux chiffons un costume élimé ou trop petit. Il s'est dit : « Aujourd'hui je dois éduquer mon fils non pas à coup de reproches mais à l'aide de remarques constructives. Je dois l'aider à préparer son avenir en l'encourageant autant que possible. Et si l'heure est aux critiques, je resterai sur l'objet sans porter de jugement global sur sa personne. Je n'ai ni honte ni gloriole à tirer des faits et gestes de mon fils. C'est à moi qu'il appartient de m'assurer une belle réputation, par mon travail, ma culture, mes prises de position. »

Et puis, Jean-Charles a eu une idée :

— Penses-tu qu'une explication avec Patrick changerait quelque chose ?

— Tu n'as qu'à essayer. A condition toutefois que tu sois vraiment décidé à changer globalement d'attitude avec lui. Patrick est un bon gosse, tu sais, mais ces derniers temps, il ne sait plus où il en est. Il semble bien que les enfants finissent par se conformer à l'étiquette qu'on leur colle. Plus d'une fois je l'ai observé.

— Est-ce que je lui parle de mon enfance ?

— Patrick est trop petit pour comprendre tout cela. Restes-en plutôt au présent ; quand il sera plus âgé peut-être sera-t-il intéressant pour lui de t'entendre parler de ce passé : comment tu as été mal orienté et comment tu t'es tiré de ce mauvais pas. Cette expérience pourra développer son esprit critique. Mais pour l'instant il a surtout besoin de comprendre ce qui se passe en ce moment entre toi et lui.

Jean-Charles est satisfait de cette discussion ; il voit bien comment de génération en génération une même problématique — une même inquiétude de fond — peut se transmettre, à l'intérieur d'une famille. Chaque individu comptant sur le suivant pour régler son problème personnel. Jean-Charles est décidé à rendre la liberté à son fils. Or quelques jours plus tard, il se surprend à faire en l'espace de cinq minutes, trois ou quatre remarques intempestives à Patrick. Jean-Charles s'arrête net au milieu de sa phrase, change de ton, s'assied et demande à son fils d'en faire autant. Cette fois, il va mettre cartes sur table.

— Excuse-moi, lui explique-t-il, je me suis emporté sans raison. Ce que je viens de te dire est exagéré. Oublie-le. Il faut que tu saches une chose : moi j'ai des soucis et au lieu de les garder pour moi et de les résoudre par moi-même, je me défoule sur toi. Non, ce que je viens de te dire ne te concerne pas, n'en tiens pas compte.

L'enfant regarde son père un peu étonné, mais son visage s'épanouit soudain, et il détale tout joyeux quand son père le rappelle encore pour un instant :

— Mettons-nous d'accord, si une autre fois je te fais une remarque que tu ne comprends pas, dis-le-moi, d'accord ?

Et Jean-Charles embrasse son fils qui se sauve le cœur léger. Manifestement, sans bien comprendre, il vient d'être débarrassé d'un pesant fardeau : l'émotion de son père.

Plusieurs fois, Jean-Charles a fait cette démarche d'hon nêteté envers son fils et à chaque fois, l'enfant a instantané ment retrouvé l'apaisement, et une confiance en lui surpre nante et réjouissante. Cette attitude a brisé le lien de peur réciproque qui enchaînait Patrick à son père. Aujourd'hui ils forment une paire d'amis. Bien sûr l'enfant reste un enfant et le père un adulte, mais dans leur relation chacun est une personnalité à part entière, ils discutent d'égal à égal. Un mois plus tard, l'instituteur fait remarquer que Patrick participe maintenant activement aux leçons, et qu'il semble beaucoup mieux dans sa peau.

Pour retraiter le négativisme

Celui qui veut se dégager de ses automatismes de comportement doit comprendre comment la machine a été montée par son éducateur pour pouvoir ensuite la démonter par lui-même. Pendant son enfance, le contradictoire a entendu à maintes reprises un discours contenant deux messages : l'un explicite, l'autre sous-jacent.

Le discours exprimé

L'enfant est poursuivi de reproches parfois *imprécis et généraux* : « Remue-toi », « Ne sois pas mou », etc. Que peut bien signifier « Remue-toi » ? Que l'enfant se mette à agiter les bras ou qu'il commence à danser en rond ? Non, sans doute. Une telle phrase ne veut rien dire. Elle a le don de désorienter celui à qui elle s'adresse. L'enfant ne sait que faire pour satisfaire son éducateur. Ce qu'il retient surtout, c'est l'émotion négative qu'il a suscitée chez l'adulte. Or, un enfant petit est très perméable aux émotions des autres car il ne dispose pas d'un esprit critique capable de lui servir de filtre. Il est donc important, si on veut l'aider à développer progressivement sa réflexion, de motiver les ordres ou les encouragements qu'on lui donne. « Ferme la porte *car le froid entre* », « Ne touche pas à la tondeuse *parce que c'est un outil dangereux : tu peux te blesser gravement.* » Alors l'enfant comprend ce qu'on lui demande, il peut se faire une opinion assortie d'une émotion personnelle. Ultérieurement, il pourra tirer profit du conseil car il en aura compris les tenants et aboutissants. C'est ainsi qu'un enfant parvient progressivement à l'âge de raison.

A d'autres moments, l'enfant est poursuivi d'une kyrielle

de reproches — apparemment concrets et précis — :
« Mange proprement... Cesse de traîner les pieds. Fais moins
de bruit.» Cependant, même quand il a obtempéré, il
constate que son éducateur reste tendu. Ce n'était donc pas
une affaire de propreté, de chaussures qui traînent ou de
bruit, mais bien d'agacement, d'insatisfaction *à l'égard de sa
personne.* Peu à peu, l'enfant s'imprègne de cette insatisfaction qui ne le quittera plus jamais, même lorsque la personne
qui lui a légué cette émotion sera loin de lui, même
lorsqu'elle sera morte depuis des années. Comment éliminer
ces parasites ? Le contradictoire traverse la vie comme un
train performant, mais sans cesse ralenti voire immobilisé par
un système de freinage aberrant qui se déclenche alors
qu'aucun obstacle ne se présente sur la voie.

Mais deux autres déviations contribuent à altérer grandement la confiance en soi de l'enfant. En effet, quand
l'éducateur fait ses remarques, il commet fréquemment les
deux erreurs suivantes :

— A partir d'un acte *ponctuel,* il porte un jugement
global : l'enfant renverse-t-il un verre, l'adulte conclut : « Tu
ne fais *jamais* attention... »

— En même temps, les *actes* de l'enfant sont traduits en
être : l'enfant renverse le verre, et son père affirme : « Tu *es*
un maladroit.» Voire : « Tu *es* un imbécile.» Ce qui a
encore moins de rapport avec l'acte précis.

Or ce genre d'évaluation globale et définitive de sa
personne est imposé à l'enfant de façon répétitive. Dès lors,
chaque fois qu'il échoue dans une tentative, il traduit lui-
même : « Je *suis* un bon à rien, je n'y arriverai *jamais.* » Et
cette certitude finit par l'envahir tout à fait, si bien qu'avant
même d'entreprendre une action, il est persuadé qu'il va
échouer, et cet échec, il le visualise à l'avance. Ainsi, à
travers le discours dit, l'enfant a une conscience aiguë de ce
qu'il ne doit pas faire, mais il n'a aucune idée de ce qu'il
devrait faire pour réussir.

Le message non-dit :

Toutes les phrases prononcées par l'éducateur sont en fait
des variations sur un même thème rarement explicité. Par

exemple : « Ne sois pas une mauviette... un raté... *comme moi.* » Ce message sous-jacent est émotionnellement chargé. Pourquoi ? Parce qu'il est en rapport avec la blessure profonde et intime de l'éducateur lui-même. Blessure fréquemment avivée tout au long de sa vie par des remarques désobligeantes ou des échecs, imaginaires ou réels. Cet éducateur est souvent lui-même de comportement contradictoire. Comme n'importe qui, il a fait des expériences positives, mais celles-là, il ne les retient pas, il n'est capable d'enregistrer que des humiliations ; son moins-être pèse sur lui comme une fatalité que rien ne peut racheter. L'éducateur contradictoire est lui-même un homme qui souffre et qui a beaucoup souffert. Or, ce discours émotionnel, l'enfant le capte et le fait sien sans même pouvoir le décoder. Et comment le pourrait-il puisqu'il ne sait rien de la vie intime de son éducateur ? Et c'est ainsi que, de génération en génération, peut se transmettre l'héritage catastrophique d'une angoisse sans solution. Chacun à son tour traîne cet handicap : une problématique à résoudre, toujours présente, que l'intéressé lui-même ne parvient pas à cerner. La transmission de cette problématique se fait, rappelons-le, selon un processus hypnotique.

Eclairage latéral

Le contradictoire a vécu toute son enfance aux côtés d'une personne angoissée dont les émotions négatives l'ont pollué, dont les remarques se sont incrustées dans son cerveau comme des suggestions. On lui a fait comprendre de diverses façons qu'il décevait, qu'il n'était pas comme on aurait aimé qu'il soit. Mais que voulait-on de lui au juste ? L'éducateur qui s'implique ainsi dans son enfant n'a pas toujours de réponse précise à cette question. Pour comprendre le désarroi d'un enfant soumis à ce régime, prenons une situation exemplaire à titre de comparaison : le chef d'orchestre Arturo Toscanini a laissé un nom justement célèbre dans l'histoire de la musique pour des interprétations et des enregistrements tout à fait extraordinaires ; et cependant, il était pris à certaines heures d'un perfectionnisme incommunicable. Il faut l'avoir entendu en répétition se mettre à hurler soudain : « No, no no no no!!! » puis invectiver, injurier en italien les membres de l'orchestre de Londres qui ne comprenaient d'ailleurs que l'anglais. Ces musiciens chevronnés, appartenant à une formation de renom, sont traités de minables, de saboteurs, d'incapables, de débutants. « Reprenons au numéro 45, quatrième mesure. » Les cors jouent une note, une seule et aussitôt : « No no no no...! » Une nouvelle colère éclate. Les musiciens savent très bien que leur attaque ne convient pas au maître, mais, ou bien ils n'ont aucune idée de ce qu'il attend d'eux, ou bien ils ne parviennent pas à atteindre une perfection inaccessible. Toscanini finit par jeter sa baguette et quitte la salle de répétition en criant. Bien sûr, il ne se comportait pas toujours de la sorte, mais on mesure le désarroi des musiciens soumis à un tel assaut. Le chef n'apporte que des critiques négatives et ne propose aucun conseil positif. D'un tel discours, les musiciens ne peuvent rien faire. De plus, il souffle dans sa tête une tempête émotionnelle qui déborde sur tout l'orchestre. Les musiciens en sont abasourdis, pollués, paralysés. Là s'arrête la comparaison, car Toscanini était un grand chef d'orchestre — même s'il pouvait à ses heures devenir franchement mauvais quand il se laissait happer par un perfectionnisme excessif — alors que l'éducateur qui détermine chez un enfant un comportement contradictoire s'éprouve souvent lui-même — à tort ou à raison — comme insuffisant voire insignifiant. Et de ce fait, l'un a peur que son enfant ne trahisse cette blessure secrète, un autre souhaite ardemment que son enfant le rachète aux yeux du monde.

Et voilà que cet enfant, qui se considère comme moins, doit s'ajuster sur l'opinion des autres. Pour ne pas déplaire...

Un peu de bon sens...

Ne pas déplaire... Bon, mais à qui ? L'éducateur qui enferme son enfant dans cette angoisse devrait regarder de plus près de qui est composé l'environnement humain dont il redoute tant les jugements.

De personnes qui s'occupent de leurs propres affaires, à la bonne heure ! Mais celles-là parlent peu ; d'un certain nombre de braves gens qui vous rendent un service à l'occasion mais ne s'imposent pas dans votre vie ; mais aussi de la foule des inconsistants qui, n'ayant pas de substance propre, sont toujours en train d'épier les autres ; de ceux qui, au lieu de travailler, papotent sur le dos des absents. Et ces esprits éclairés parlent ex cathedra... au nom de leur propre bêtise. Que disent-ils ? De préférence n'importe quoi. En effet, prenons la peine d'écouter attentivement les conversations entendues au long d'une journée : l'essentiel n'est que remplissage, verbiage sans objet destiné à meubler l'espace. Comment un enfant pourrait-il ajuster sa conduite à ces paroles en l'air ? Je vous le demande.

Plus grave, il y a le cortège des jaloux qui ne supportent pas qu'un autre réussisse mieux qu'eux. Rongés intérieurement par la destruction, ils éprouvent le besoin de projeter sur l'autre leur propre décomposition. Un monsieur habitait à quelques mètres d'un troquet mal fréquenté. Les clients en sortaient régulièrement ivres et venaient déposer sur son perron tout ce que la nature leur permettait de lui rendre dans ces circonstances. Le pauvre homme finit par déménager. Les propos des jaloux ressemblent à cela. Ils vous tombent dessus sans que vous y puissiez rien faire, et vous obligent parfois à passer du temps pour réparer les dégâts. Sans compter que parfois, l'odeur persiste... Le malheur, c'est que dans la vie on ne peut pas déménager. Or les jaloux ne sont pas rares, chaque fois que quelqu'un réalise un travail positif, constructif, ils arrivent. Eux qui ne savent pas ; ne peuvent pas ou ne veulent pas en faire autant, ont besoin de distiller leur venin. Comme l'écrit Bernanos « Les ratés ne vous rateront pas ». Alors, comment un enfant, un adolescent ou un adulte pourrait-il ajuster sa conduite de façon à obtenir l'approbation d'un jaloux ?

Dès qu'on prend la peine de voir de plus près de quoi est composé l'humanité, une conclusion s'impose : que chacun s'occupe au mieux de ses propres affaires au lieu d'essayer de s'aligner sur la multitude hétéroclite.

S'estimer à sa juste valeur :

Le contradictoire peut venir à bout d'une bonne partie de ce négativisme sans cesse alimenté par la comparaison avec son entourage, en essayant d'évaluer lui-même les qualités qu'il possède comme tout un chacun.

C'est ce que nous a raconté un jeune médecin. « Pendant mon adolescence et mes premières années en fac de médecine, mes études ont toujours bien marché ; je me prenais pour quelqu'un qui devait réussir dans la vie sans problème. L'été venu, je cherchais un job de garçon de salle pour les vacances ; évidemment, ce n'est pas sans appréhension que j'abordais chaque nouveau poste, mais comme cela se passait plutôt bien, je reprenais très vite confiance en moi. Seulement, plus j'avançais dans mes études de médecine, et plus je me comparais aux médecins déjà installés : je me sentais insignifiant à côté d'eux. Puis, mon tour est venu de prendre un travail avec de vraies responsabilités : je devais commencer mon premier remplacement d'infirmier à l'hôpital. « Pour les soins, je dois m'en tirer plutôt bien », me suis-je dit. Mais puisque certaines infirmières n'épargnent pas les réflexions désobligeantes aux étudiants comme moi, du style : « celui-là cherche à nous épater, nous qui avons tant d'années d'expérience », j'ai décidé de faire mon travail consciencieusement, sans jouer au petit docteur.

Le premier jour, je rencontrai quelques difficultés mineures dans mon travail, difficultés normales puisque je débarquais dans un service que je ne connaissais pas. Or, dès les premières heures, j'ai eu l'impression que le personnel autour de moi me regardait et me jugeait. Et bien qu'on m'ait félicité sur mon travail, j'ai perdu toute mon assurance. Il est vrai que ce compliment ne venait que d'une aide-soignante ! Polarisé par mon angoisse, j'ai trouvé le temps long, et à vingt heures tapantes, j'ai quitté le service comme si je prenais la fuite. Je suis arrivé chez moi, persuadé d'avoir tout échoué. J'étais complètement démoralisé !

Depuis ce jour-là, chaque fois que je commence un nouveau travail, le même mécanisme se remet en branle. Actuellement, en dernière année de fac, j'ai la possibilité de remplacer des médecins pendant leurs congés : or, je refuse toutes les propositions. Je n'ai plus confiance en mes compétences médicales, et, progressivement, ce manque de confiance s'étend à tous les domaines. Je me sens observé et jugé de tous côtés. En plein désarroi, je me suis procuré un

238 LES COMPORTEMENTS CONTRADICTOIRES

ouvrage de psycho. Et, en le lisant, j'ai cru reconnaître chez moi un tas de signes inquiétants.

C'est dans cet état d'esprit que j'ai commencé la préparation de ma thèse. Je travaillais beaucoup tout en ayant l'impression de patauger. La perspective de rencontrer mon directeur de thèse m'angoissait terriblement : j'étais sûr d'avance de son jugement négatif. Et plus j'y pensais, plus je perdais mes moyens.

N'en pouvant plus, j'ai confié mes difficultés à la fille avec qui je sortais. Très calme, elle m'a répondu : « A mon sens, tu mélanges deux problèmes distincts : ta thèse d'une part, et ton problème de dévalorisation d'autre part. » Tout d'abord, elle m'a poussé à prendre contact avec un interne à qui j'ai montré mon travail. Cet interne m'a dit : « Tu cherches à faire un travail d'alchimiste qui veut fabriquer de l'or à partir de matières moins nobles. Tu n'y arriveras pas. Au lieu de viser l'impossible, commence déjà par te refaire une bibliographie, la tienne me paraît insuffisante. » J'ai suivi ce simple conseil, et effectivement, j'ai pu maîtriser le sujet à traîter. Pour la première fois depuis longtemps, je me sentais reprendre pied...

Restait mon problème de dévalorisation. Mon amie m'a demandé de lui expliquer ce qui se passait dans ma tête : comment, a priori confiant, j'en suis arrivé à douter autant de moi. En discutant avec elle, j'ai fini par comprendre que c'est le regard des autres, réel ou imaginaire, qui me faisait perdre tous mes moyens. C'est là que j'ai touché du doigt les automatismes de mon comportement et l'engrenage qui en résulte : problématique relationnelle, doute, qui conduit à l'échec et à la fuite.

Là-dessus, deux faits sont venus m'aider à retrouver la confiance en moi. Un copain m'a téléphoné pour me proposer d'aller faire du ski avec lui. « J'ai gardé un si bon souvenir de nos vacances de l'an passé, que je m'adresse à toi en premier. Cela te plairait de venir skier une semaine avec moi ? » Quelqu'un m'avait donc trouvé d'agréable compagnie, moi qui étais persuadé d'être un poids pour les autres ! Un peu plus tard, je reçois un coup de fil d'un jeune médecin, ancien camarade de promotion : « Je me suis associé avec un médecin sympathique, dans de très bonnes conditions. D'ici un an ou deux, nous pensons prendre un nouvel associé : cela t'intéresserait-il ? Réfléchis-y et tiens-moi au courant. » Quelqu'un avait donc confiance en mes compétences de futur médecin.

Contrairement à mon habitude de rechercher les compliments, puis de me traîter de vantard lorsque je les obtenais, cette fois j'ai su *tirer profit de ces éloges,* et je me suis dit : « Tiens, c'est bon à savoir, ça veut dire que dans tel secteur, j'ai des atouts. » Peu à peu, j'ai repris confiance en mon jugement personnel. J'ai résolu également de *parler de mes réussites,* non par orgueil, mais simplement : « Aujourd'hui, je suis content d'avoir réussi cela. »

J'ai aussi appris à *compter en addition* et non en soustraction ; c'est ainsi que j'ai repris de l'assurance dans mon travail. En arrivant dans un nouveau service, j'ai décidé : « Cette fois, tu ne vas pas paniquer. D'une part, tu as suffisamment de connaissances, et d'autre part, tu es tout à fait capable de réfléchir. » Au début, j'ai posé un tas de questions sur la marche du service, refusant la moindre ambiguïté dans la répartition des tâches. Systématiquement, j'ai fait part aux médecins de mes observations qui, à chaque fois, se sont trouvées confirmées. Et, à la fin de mon stage, on m'a même félicité pour mon habileté à effectuer certains soins délicats.

Enfin, j'ai appris à *voir les autres avec plus de réalisme.* Ainsi j'ai compris que je possédais certaines qualités que les autres n'avaient pas. Je ne suis pas plus sot qu'un autre, ni plus méchant... ni meilleur. Maintenant que je me connais mieux, je me complique moins la vie et surtout je ne plonge plus en moi-même quand je commets une erreur : je comprends pourquoi je l'ai faite et comment je pourrai l'éviter une prochaine fois. »

Le « moins-être » : comment ce sentiment se transmet de génération en génération

Lorsque Matteo avait vingt ans, on recherchait sa compagnie. Il n'y avait pas plus joyeux luron que cet homme-là. Avec le temps il a beaucoup changé. A trente ans, il était devenu tendu, un peu agaçant. A quarante, il ne riait plus, ou alors rarement, et d'un humour grinçant, voire méchant. Aujourd'hui, à plus de soixante ans, il n'est plus de sujet de conversation qui ne l'indispose. A moins de se cantonner au temps qu'il fait, on s'expose à essuyer ses sarcasmes, sa colère ou ses insultes. Bien sûr, ses amis ont fini par s'éloigner. Comment en est-il arrivé là ?

Fils d'immigrés italiens, il ne parlait pas un mot de français lorsqu'il fut inscrit à la communale. Pourtant, il se révéla rapidement un élève doué. Mais son père était ouvrier maçon, et il n'était pas d'usage, alors, qu'un maçon envoie ses enfants au lycée. Aussi, Matteo dut se contenter du certificat d'études. Puis, il suivit une formation de comptable. Parti d'une situation sociale difficile Matteo accédait ainsi à une profession intéressante. Il avait de bonnes raisons d'entrer dans la vie la tête haute, et cependant il demeurait habité par le sentiment de ne jamais être vraiment à la hauteur de la situation. D'où lui venait cette infériorité fantasmatique ? De son statut d'immigré ? Pourtant, il s'était bien débrouillé jusque-là, très bien même ; et les Italiens étaient tout à fait intégrés dans le village... Quoiqu'il en soit, la société semblait à Matteo comme un compartiment de première classe dans lequel il se serait égaré muni d'un simple billet de seconde. Il était à la fois un peu grisé de se trouver inséré dans un monde qui n'était pas le sien, et hanté par le sentiment qu'il ne faisait pas le poids.

Matteo épousa Raymonde, une française, la fille d'un artisan du village. Elle était très attachée à son père, ou plutôt elle le craignait. C'est ainsi que le jeune couple logea pendant deux ans sous le toit des parents de Raymonde. Cette situation était intenable : entre le gendre et le beau-père, les tensions étaient fréquentes ; elles s'accrurent encore à la naissance du premier enfant qui devint l'objet de leurs querelles. Pourtant, Matteo ne parlait pas de déménager ; il aurait aimé s'installer avec sa femme et son fils dans une maison bien à lui, loin de sa belle famille, mais il ne parvenait pas à prendre cette décision. Alors, voulait-il se rehausser à ses propres yeux, cacher aux siens sa faiblesse ? Il saisissait tous les prétextes pour entrer avec son beau-père dans une *rivalité verbale* où il s'efforçait d'avoir le dessus. Il cherchait à le dominer sur des sujets accessoires, parce qu'il savait trop bien que sur les questions importantes, il cédait à sa volonté. Au bout de deux années, Matteo se décida enfin à quitter le toit de ses beaux-parents... pour s'installer dans une maison voisine. Une solution qui ne résolvait rien. Il fallut attendre encore huit ans pour qu'il déménage avec sa famille à cinquante kilomètres de là. Mais il n'aurait sans doute jamais pris cette décision si sa profession ne l'y avait contraint. Entre-temps, il avait eu deux autres enfants, une fille et un garçon.

Son fils aîné était devenu la cible favorite de ses emportements. Matteo lui faisait reproche de tout, dénigrait toutes ses initiatives, le soupçonnait de mensonge à tout propos. Mais comment cet enfant n'aurait-il pas menti quand il risquait des insultes et des gifles au moindre faux pas ? Il ne se passait pas de semaine sans qu'une scène éclate entre le père et le fils aîné. Il est vrai que cet enfant était le préféré de son grand-père. Raymonde s'interposait pour prendre la défense de son rejeton, et toute la famille redoutait ces moments pénibles. Le dernier-né, Jacques avait sept ans de moins que son frère. Il assistait lui aussi à ces scènes sans trop comprendre ce qui se passait. Tout au plus était-il parfois révolté par l'arbitraire paternel ; mais Jacques partageait la chambre de son frère, et dès que les deux garçons se retrouvaient seuls, l'aîné faisait subir au plus jeune les avanies qu'il venait lui-même d'essuyer. Le petit Jacques s'en plaignit à sa mère à plusieurs reprises, mais jamais elle n'intervint pour assainir la situation entre ses deux fils, et Jacques, pendant plusieurs années fut désemparé de voir sa mère passive devant cette injustice évidente. En attendant, le phénomène de souffre-douleur traversait les générations : Matteo se sentait infériorisé face à son beau-père. Il réagissait par la colère contre son fils aîné, le préféré du grand-père. A son tour, le fils malmené et humilié se vengeait contre un plus jeune. A une même problématique : *se sentir infériorisé,* le père et le fils apportaient une même réponse : *le défoulement contre un tiers innocent.*

Dans cette famille, tout le monde avait de bonnes raisons de se sentir infériorisé : le père, de par ses origines, la mère parce qu'elle était affectivement partagée entre son père et son mari, et l'aîné, à force d'être traité de tous les noms d'oiseaux. Quant aux deux autres enfants, ils ont hérité eux aussi de ce moins-être familial : parce qu'il s'imposait comme l'évidence, parce qu'il imprégnait l'air qu'on respirait à la maison, Christine, la fille de Matteo, se sentait *moins* en tant que fille, tout simplement. Et le dernier se sentait *moins...* parce qu'il était le dernier. Pourtant, il semblait échapper au destin commun. Il savait prendre les gens, détourner les conflits et portait l'étiquette plutôt positive de diplomate. Mais sous les apparences d'un caractère heureux, il était habité lui aussi par ce sentiment angoissant : *je ne suis pas à la hauteur.* D'ailleurs, s'il avait eu la tentation de se sentir un moment bien dans sa peau, son frère et sa sœur le ramenaient vite à des sentiments plus conformes au climat général. Les trois enfants passaient leur temps à se chamailler et à se blesser mutuellement. Ils ont entre eux renforcé le sentiment d'infériorité dont chacun était porteur. Voilà dans quelles conditions peuvent se mettre en place différents comportements contradictoires au sein d'une même famille.

Deuxième génération

L'avenir des enfants fut lourdement marqué par ce *moins-être* familial : si tous étaient doués sur le plan intellectuel, aucun ne put vraiment rentabiliser ce capital.

L'aîné. Lorsque l'aîné fut en âge d'entrer en sixième, son instituteur lui conseilla de poursuivre des études longues car il en avait largement les moyens. Mais le grand-père avait jeté son dévolu sur cet enfant, et il le voulait menuisier, comme lui, pour prendre sa suite. L'enfant fut donc orienté vers le certificat d'études, puis vers une école professionnelle de menuisier. S'il est devenu un artisan capable, il n'en est pas moins vrai qu'on lui a rogné les ailes. Entré dans la vie adulte, il a continué à porter comme un boulet cette infériorité familiale. Il s'est marié, mais sa femme n'appréciait guère d'avoir épousé un travailleur manuel. Ainsi dévalué en ce qu'il avait réussi de mieux, sa profession, il changea de métier et s'improvisa photographe. Il n'avait guère de compétences dans ce domaine, et les fins de mois furent difficiles. Pour ne pas paraître inférieur à ses copains, il les régalait de repas hors de prix. Moins il gagnait d'argent, et plus il jouait les nababs. Plus il se sentait inférieur, et plus il éprouvait le besoin de faire illusion. Au bout d'un an, en pleine dépression, il divorça, laissant derrière lui de lourdes dettes. Ses parents avancèrent l'argent nécessaire pour éviter le pire, mais il lui fallut plusieurs années pour réparer ses erreurs de jeunesse et retrouver une certaine stabilité. Il avait tout pour réussir, et sur le plan professionnel, il a finalement réussi : il a su ajouter plusieurs cordes à son arc, et outre la menuiserie, il réalise aujourd'hui des travaux d'isolation et d'électricité... Mais c'est dans ses relations avec les autres que les choses se sont gâtées : il ressemble de plus en plus à son père...

La fille. Christine ne fut jamais encouragée ni félicitée, on s'intéressait à peine à ce qu'elle faisait. Elle commença des études supérieures, mais contre toute attente, alors qu'il ne lui manquait plus qu'un certificat pour obtenir sa licence, elle abandonna soudain la faculté pour prendre un emploi de technicienne dans l'industrie. Elle en avait assez de dépendre financièrement de Matteo avec qui toute discussion dérivait inévitablement sur le terrain de la rivalité. Elle réussit dans son travail. Elle s'y fit des amis, parmi lesquels elle remarqua plus particulièrement Claude, avec qui elle vit aujourd'hui... Il appréciait Christine pour ses qualités, mais elle se demandait s'il n'était pas un peu aveugle : on lui avait si souvent répété pendant des années : « Tu seras incapable de te marier. Si un jour tu as des enfants, je les plains ! » Extérieur à la famille de Christine, Claude comprit assez facilement la situation : « Tes parents ont eu une vie difficile, ils ont fait ce qu'ils ont pu. Oublie les vacheries qu'ils t'ont lancées : les gens qui vivent sous pression disent n'importe quoi. » Il poussa Christine à reprendre ses études. Après plusieurs stages et divers concours internes, elle finit par accéder à un poste de direction dans un service important.

— Je me suis bien tirée d'affaire sur le plan professionnel, dit-elle un jour à son frère Jacques, mais je n'arrive pas à m'approprier mon titre de directrice. J'ai l'impression que je n'y ai pas droit. Quand on m'appelle « Madame la directrice », je me demande toujours pendant un court instant si on ne se moque pas de moi ! J'ai toujours été à l'aise dans un rôle de subalterne, d'exécutante, d'adjointe. Le travail ne me fait pas peur, ce n'est pas la fonction qui me met mal à l'aise, c'est le titre.

— Quand on vient d'une famille modeste comme la nôtre, ce n'est pas étonnant. On ne se débarrasse pas si facilement d'une infériorité sociale qui vous colle à la peau depuis plusieurs générations.

— Je crois que tu as raison. Des enfants d'immigrés ne peuvent pas arriver à des postes importants, chez nous. D'ailleurs, si j'occupe aujourd'hui un poste de direction, c'est un peu par hasard. Ce qui me frappe dans ma courte histoire, c'est que je me suis toujours laissée pousser par les événements. Quand j'ai abandonné la fac, c'est parce que j'ai rencontré tout à fait fortuitement quelqu'un qui m'a proposé un poste, et puis je voulais mon indépendance financière. Si je me suis remise à mes études, c'est parce que mon mari m'y a poussée. Mais je crois bien que je n'ai jamais eu de projet personnel.

— Pour avoir des projets, il faut une certaine conscience de ses possibilités, de sa valeur personnelle. Si tu es bâtie comme moi, tu ne dois pas avoir de toi une idée bien haute !

— Non. C'est vrai, j'ai de moi une image peu reluisante J'ai surtout une conscience aiguë de mes défauts.

Le dernier-né.

— Moi non plus je n'ai jamais pu faire de projet. Je suis allé jusqu'en terminale sans difficulté, et j'ai eu mon bac avec mention, mais après ça, je ne savais plus quoi faire. J'ai traîné d'une fac à l'autre un peu au hasard, et puis j'ai fait plusieurs métiers.

— Dans lesquels tu as réussi à chaque fois...

— Oui, si on veut.

— Tu as grimpé dans l'échelle de qualification à une vitesse peu ordinaire.

— Oui, on m'a même proposé de prendre un poste à responsabilité, j'aurais eu la charge d'un service, mais j'ai refusé. Je sais bien que je n'étais pas à la hauteur.

— Si c'est la direction qui te l'a proposé...

— C'est parce qu'ils me connaissent mal, sinon, ils n'auraient jamais pensé à moi. Non, je suis sûr que je n'aurais pas fait l'affaire. Que veux-tu, on n'attelle pas une caravane à une 2 CV.

Christine et Jacques se ressemblent à bien des égards. Ils ont hérité l'un et l'autre de l'infériorité familiale, mais ils diffèrent pourtant sur un point. Christine, pendant son enfance et son adolescence, a porté un certain nombre de responsabilités dans l'organisation de la vie familiale. De là lui vient sans doute son sens de l'organisation, et une réelle efficacité. En revanche, elle a été cassée sur le plan des relations : on lui a mis dans la tête qu'elle était difficile à vivre, et en effet, elle a toujours singulièrement manqué de confiance en elle dans ses rapports avec les autres : n'osant pas danser, n'osant pas rencontrer du monde. Jacques, lui, au contraire, a été porteur des espérances de son père dans le domaine du paraître. On le félicitait pour son savoir-faire relationnel, sa diplomatie, mais on ne l'a jamais encouragé sur le chapitre des compétences. Aussi, aujourd'hui, quand on le félicite sur la qualité de son travail, il ne peut avoir que deux réactions : ou bien il pense que ce sont des propos de convenance, dont on ne pense pas un mot, ou bien il ne trouve qu'une explication : « J'ai dû encore bluffer. » Mais en aucun cas, il ne lui vient à l'idée que son travail puisse être réellement apprécié.

ITINÉRAIRE D'UN CONTRADICTOIRE ADAPTANT

Pour conclure ce chapitre consacré aux contradictoires adaptants, nous aborderons le cas d'une jeune femme, assistante sociale, à travers deux secteurs de sa vie : très marquée par le moins-être qu'elle porte comme un boulet, elle a failli échouer à la fois dans sa formation professionnelle et dans sa vie conjugale. Elle a pu redresser la situation grâce à une réflexion appropriée.

Au travail

Lorsque Chantal arriva sur les lieux de son premier stage, la monitrice qui devait la prendre en charge était absente pour une semaine. En attendant, Chantal avait donc fait connaissance avec le service et assuré l'accueil avec la secrétaire. Mais à son retour, la monitrice — en guise de paroles de bienvenue — lui avait lancé un flot de reproches :

— Comment, vous ne vous êtes pas occupée de tel dossier ? Vous n'avez pas téléphoné à la caisse ? Et cette lettre à la préfecture, mais il fallait y répondre, voyons !

Chantal commençait sa formation, elle n'avait aucune expérience d'un service social, et voilà qu'on lui reprochait d'ignorer... ce qu'elle était justement venue apprendre. Elle fut envahie par un sentiment angoissant qui lui était familier : « Je suis une incapable ». Pendant tout le stage, elle ne prit aucune initiative. Elle resta vissée sur sa chaise, la tête vide, en proie à une tension permanente :

— J'attendais qu'on me donne du travail, et lorsqu'on me disait ce que je devais faire, je ne le supportais pas. Il me semblait que j'aurais dû trouver toute seule.

Cette situation pénible dura quatre mois pendant lesquels Chantal ne dit mot à personne de ses difficultés. Elle avait trop honte... A la fin, elle en avait perdu l'appétit et le sommeil. La monitrice nota sur son dossier une appréciation : « élève anormalement dépendante ». Pourquoi un tel fiasco ? Chantal aurait dû dès le début se confier à un ami extérieur à la situation. Elle aurait pu ainsi appréhender sa difficulté de façon plus objective, séparant les faits des émotions. Elle aurait dû s'enquérir auprès d'une personne du service de la personnalité de sa monitrice. Elle aurait appris alors que cette femme, connue pour son étroitesse d'esprit, toujours affairée ou affectant de l'être, est à peu près incapable de collaborer avec qui que ce soit. De plus, la monitrice se savait en faute : elle n'avait pas préparé l'accueil de la stagiaire, elle l'avait abandonnée à son sort pendant une semaine, enfin, elle avait négligé certaines démarches urgentes et voilà qu'elle en rejetait la faute sur la jeune fille ! Mais Chantal n'a pas parlé. Elle s'est enfermée dans une prison de silence où des difficultés — somme toute banales — ont pris rapidement la dimension de chimères.

Son second stage s'est beaucoup mieux passé. Cette fois, Chantal était affectée à un service d'assistantes maternelles (nourrices). La directrice lui accorda d'emblée sa confiance :

— Nous avons en ce moment des difficultés : les vaccinations des enfants ne sont pas faites à temps, et je ne comprends pas très bien la raison de ces retards. Voudriez-vous, pendant le temps que vous allez passer avec nous, vous occuper de cette question ?

Au bout de quelques semaines, Chantal s'était acquittée de sa tâche avec bonheur. Les retards étaient rattrapés : il lui avait suffi d'un peu d'organisation et de quelques réunions de travail avec les assistantes maternelles pour les motiver sur l'importance de leur rôle. De la même façon, elle réussit fort bien son troisième stage ; là aussi, on lui faisait confiance. La monitrice, absente une semaine sur deux, lui demandait de s'occuper des affaires courantes en son absence. Qui aurait reconnu dans cette stagiaire efficace la fille angoissée et muette qu'elle s'était montrée lors de son premier stage ? C'est que Chantal, comme tout le monde, a besoin pour travailler sereinement d'un certain a priori de confiance et d'une tâche clairement définie. Mais de comportement contradictoire, elle redoute plus qu'un autre de sentir peser sur elle un regard de méfiance. Cette suspicion réveille en elle une problématique latente et fortement ancrée : *Je ne suis pas à la hauteur, et je ne voudrais pas qu'on le voie.*

Or, cette problématique ne tient pas debout. En effet, pour un observateur extérieur, quelles conclusions tirer de cette série de stages ? Chantal s'y est révélée une fille dynamique, capable d'initiatives, efficace, mais aussi étonnamment fragile dès lors qu'elle se trouve affrontée à un climat de méfiance ou de malveillance à son endroit. Mais cette réalité nuancée, elle la perçoit à travers le filtre de son comportement : « La première fois on a vu que j'étais nulle ; les autres fois j'ai eu la chance de n'avoir personne sur le dos, et j'ai été moins tendue. » Aucune place dans cette vision des choses pour le travail proprement dit. Le contradictoire adaptant doit s'obliger à *retraiter régulièrement les événements marquants* de sa vie quotidienne, de façon à relativiser un émotionnel souvent inadapté, mais aussi pour donner du poids à ce qu'il réalise. *Il prendra ainsi peu à peu conscience de sa valeur effective qui sans cela demeure cachée derrière une problématique d'incapacité qui ne repose sur rien, et des solutions de cache-misère tout aussi mal venues.* A l'époque

Chantal n'en a rien fait. Pas plus qu'elle n'avait parlé de son échec, elle n'a soufflé mot à personne de ses deux stages réussis. Dommage, car le fait de verbaliser une réussite permet au cerveau de mieux la mémoriser.

Aussi, lors du stage suivant, le quatrième, elle est retombée dans les mêmes angoisses qu'à ses débuts. Cette fois, il lui fallait collaborer avec un moniteur qui ne lui définit pas du tout son travail. Elle ne savait comment s'occuper, mais l'apparente bienveillance de cet homme à son égard la rassurait. Pourtant, au bout de quelques jours, il la secoua :

— Réveille-toi ! Il y a des familles à prendre en charge, à toi de me dire lesquelles !

Propos stupide puisque Chantal, étrangère au service, ne connaissait évidemment aucune des familles à suivre, et pouvait d'autant moins deviner où se situaient les priorités. De nouveau, touchée sur sa problématique d'incapacité, elle perdit pied et demeura paralysée jusqu'à la fin du stage. Elle ne trouvait rien à dire dans les réunions de travail. Elle se sentait d'autant plus incapable que le moniteur passait parmi les stagiaires assistantes sociales pour un professionnel d'élite, une sorte de référence dans le métier. Lors de son bilan de stage, Chantal s'effondra en larmes devant lui pendant une demi-heure...

Une fois de plus, elle prit sur elle l'entière responsabilité de son échec : une preuve de plus qu'elle était incapable. Là encore, que n'a-t-elle fait le portrait de ce moniteur... Cet homme était à l'époque beaucoup plus préoccupé par la recherche d'un nouveau poste que par celui qu'il occupait. Il n'avait aucune envie de chaperonner une stagiaire et avait totalement négligé de lui donner du travail. Un peu facile alors de lui faire endosser la responsabilité de ses propres fautes... fumiste, va !

Voilà bien une des clés essentielles pour amender un comportement contradictoire : au lieu de s'inquiéter du « qu'en dira-t-on ? », regarder de très près qui est ce « on » aux avis tant redoutés.

Chantal est entrée dans la vie professionnelle munie de son diplôme, bien sûr, mais surtout pénétrée d'une certitude : « Je suis une assistante sociale minable. » Assez rapidement, on lui proposa de travailler dans un lycée. Elle en conclut que personne n'avait dû accepter ce poste, sinon, pourquoi aurait-on pensé à elle ? Elle commença son travail dans une grande tension, mais son inquiétude s'évanouit bientôt car elle pouvait s'organiser comme elle l'entendait et surtout, elle n'avait de compte à rendre à personne. Peu à peu, elle prit goût à son travail. Elle établit un bon contact avec les élèves qu'elle prenait en charge, et gagna la confiance du directeur par son sérieux, sa rigueur et son efficacité. Elle aurait pu s'appuyer sur ce bilan positif pour acquérir une certaine confiance en elle-même, mais non. Si elle se sentait à l'aise dans son travail, elle ne voyait à cela qu'une seule explication : c'est que cet emploi était minable. Logique. Auprès de son entourage, elle se plaignait de cette situation professionnelle si peu intéressante. Ses proches la croyaient sur parole, et l'encourageaient à chercher un autre emploi. Ils épluchaient pour elle les petites annonces...

Un jour, cette situation s'est débloquée de façon inattendue. Chantal fut victime d'un accident de la route qui lui valut trois mois d'arrêt de travail. Une autre assistante sociale fut embauchée pour la remplacer temporairement. Peu avant que Chantal reprenne le travail, sa remplaçante lui téléphona : elle trouvait ce poste très intéressant, et tenait à lui dire combien elle avait apprécié son organisation et la largeur qu'elle avait su donner à sa fonction. C'était sincère. D'ailleurs, la direction voulait doubler le poste, et elle posait sa candidature. Chantal tombait des nues. Ce regard extérieur lui permit d'ajuster sa perception à la réalité, du moins dans le domaine professionnel. Depuis ce jour-là, elle arrive à voir ses compétences et à en tirer profit. Pourtant :

— Malgré cela, je continuais à dire à mon entourage que j'avais un travail minable. Je savais bien que c'était faux, mais je ne voulais surtout pas me contredire. De quoi aurais-je eu l'air ?

Avis à ceux qui prêtent l'oreille à ce genre de discours négatifs : non seulement il vaut mieux vérifier sur le tas si ce qui est dit est juste, mais de plus, il se peut que la personne dise le contraire de ce qu'elle pense en réalité. Ainsi, elle entretient autour d'elle un climat négatif.

L'expérience de cette assistante sociale met en relief les conséquences du négativisme dont elle est imprégnée. Elle perçoit sa réalité quotidienne à travers un prisme qui réduit tout ce qu'elle réussit à la banalité, et qui fait de ses échecs autant de preuves de sa nullité... *Tant qu'elle n'a pas pris conscience de cette fausse perception, elle s'efforce de cacher aux autres une infériorité qui n'existe que dans sa tête.* Cette dissimulation la conduit à donner des fausses nouvelles, des éléments de réflexion erronés qui entraînent les autres sur de fausses pistes.

En couple

Avant de rencontrer Roger, Chantal avait toujours vécu dans la certitude d'être une fille minable, même si elle n'en laissait rien paraître. Elle trouvait que les autres étaient plus jolies, plus intelligentes aussi. Elle se désespérait d'être aussi malhabile pour décorer sa maison, pour conduire, pour s'habiller. Bref, tous les secteurs de sa vie la laissaient insatisfaite. Ce sentiment océanique d'être moins l'empêchait de s'accrocher pour acquérir les connaissances qui lui manquaient, et pour affronter les difficultés quotidiennes de la vie. Elle avait honte d'elle-même, tellement honte, que jamais elle n'aurait osé confier à qui que ce soit cette infériorité qui la rongeait depuis toujours. Et voilà que ce garçon attentif et délicat avait l'air de l'apprécier. Aussi, dès qu'elle s'était sentie à l'aise avec lui, elle avait fait de Roger le premier et le seul confident de ses émotions les plus noires. Lorsqu'elle ne parvenait pas à résoudre une difficulté au travail, aussitôt rentrée, elle lui racontait pêle-mêle des bribes de faits, assaisonnés de beaucoup d'interprétations et d'angoisses diffuses. Pour la réconforter, Roger lui rappelait des situations où elle avait su se tirer d'affaire, il tentait de l'aider en lui proposant des solutions, mais c'était peine perdue. Elle mêlait aussitôt à cet apport de bon sens, son bourbier d'états d'âme. C'est qu'elle ne se confiait pas à Roger pour régler ses difficultés, mais simplement pour soulager sa tension nerveuse.

Elle se croyait incapable d'organiser ses temps de loisir. Roger au contraire partait de temps à autre en balade ou à la pêche. Quand il rentrait le soir heureux de sa bonne journée,

Chantal s'assombrissait aussitôt : la bonne humeur de son mari était la preuve qu'il avait organisé sa journée mieux qu'elle, ou pour formuler la même chose de façon plus égocentrique : elle avait moins bien organisé sa journée que lui, preuve qu'elle était *moins* dans ce domaine aussi. Pour ne plus être cause de cette humeur sombre, Roger cessa peu à peu de sortir. Comme elle n'osait pas régler au jour le jour les petits heurts et les incompréhensions qui se produisent immanquablement avec les amis ou les collègues, elle se contentait de déverser sa bile derrière leur dos, dans l'oreille de Roger. Souvent, son *insatisfaction* se libérait en des crises imprévisibles qu'elle réservait à son mari. « Par exemple, je trouvais soudain que l'appartement était en désordre. Ce simple constat devenait le point de départ d'un discours calamiteux : j'étais incapable de tenir une maison, je ne m'en sortirais jamais, et toutes ces invitations que nous avions lancées ? Et les impôts qui n'étaient pas encore payés, et l'ourlet de mon pantalon que je n'avais pas fait, et les rideaux qui n'étaient toujours pas finis au bout de six mois... » En réalité, elle tenait correctement son appartement, mais dans ses crises d'insatisfaction, elle ne voyait plus que le négatif. Ces jérémiades entretenaient un climat lourd, tendu, pénible dans lequel Roger s'éteignait peu à peu. Chantal était sujette à des lubies fréquentes : une préoccupation prenait soudain toute la place. Il fallait, toutes affaires cessantes, qu'elle fasse le grand ménage, ou qu'elle améliore son revers au tennis. Elle se crispait sur cet objectif, oubliant tout le reste, et bien entendu, elle n'arrivait à aucun résultat, ce qui la laissait une fois de plus insatisfaite. Roger devait supporter ses lamentations.

Chantal avait intégré Roger dans sa sphère. Comme certain roi de la mythologie changeait en or tout ce qu'il touchait, elle considérait comme minable tout ce qui la concernait de près. Bien entendu, Roger faisait partie du lot. *Elle avait honte de lui comme elle avait honte d'elle-même.* En présence de personnes qu'elle trouvait supérieures, elle lui coupait la parole, craignant qu'il se montre ridicule en donnant son avis ou en faisant part de ses goûts. S'il s'était enferré dans une opinion que les autres ne partageaient pas, de quoi aurait-il eu l'air... De quoi aurait-elle eu l'air ?

IMPOSSIBLE DE CONTINUER, IL FAUT REPARTIR SUR D'AUTRES
BASES

Un jour, Roger dut s'absenter une semaine pour
raisons professionnelles. Cet éloignement lui fut salutaire. Il lui permit de voir avec relief ce que sa situation
conjugale avait de bancal et surtout de destructeur
pour lui. A son retour, il mit Chantal devant la réalité :
« Je ne veux plus de tes lubies, ce n'est plus vivable. Je ne
veux plus entendre une seule médisance, je ne veux plus
écouter un seul de tes fantasmes, je ne veux plus
réfléchir à un seul de tes faux problèmes... J'ai décidé
d'aménager dans notre appartement une pièce pour moi
seul, dans laquelle j'installerai mon bureau et mes
armoires. Je reprendrai également certaines activités qui
me plaisent et que tu n'aimes pas, et naturellement, je les
ferai sans toi. Ceci dit, nous avons passé ensemble des
bons moments et je ne les oublie pas. Nous avons un
certain nombre de goûts et d'options en commun, et je sais
les apprécier. Simplement, je refuse désormais de me
laisser noyer dans ton marasme. » Roger avait parlé sans
chantage ni menace, mais avec la détermination d'un
homme qui a ouvert les yeux, et qui n'est plus prêt à s'en
laisser compter... Ses propos étaient justes et Chantal
les trouvait libérants.
    Une telle explication aurait pu se solder chez d'au-
tres par un divorce pour incompatibilité d'humeur. Mais
Chantal se rendait bien compte qu'entre ses beaux
projets de couple de jadis et la réalité que Roger
décrivait aujourd'hui, il y avait un fossé qu'elle avait
largement contribué à creuser. Ils se promirent d'y
mettre du leur, chacun de leur côté, pour pouvoir
continuer à mener une vie commune.
    Chantal mit au point une méthode pour changer en
profondeur sa façon d'agir dans le quotidien. Elle prit
l'habitude de préparer ses journées par écrit « Que dois-
je faire au travail aujourd'hui ? Et ce soir, en rentrant ? Qu'est-ce qui est prioritaire ? » Chaque soir,
elle notait sur un cahier ce qu'elle avait fait au cours de

la journée, vérifiant que ses objectifs étaient atteints, et mettant en évidence les questions non résolues qu'elle cherchait alors comment régler au plus vite. Au début, elle s'est obligée à fréquenter ce cahier quotidiennement, puis de façon plus sporadique, lorsqu'un événement marquant méritait qu'elle s'arrête un instant pour faire le tri entre les faits et ses émotions...

Roger a su lui donner des petits moyens utiles tel ce slogan : « Plus tu attends, plus c'est difficile. » En effet, Chantal se faisait souvent raccrocher au nez lorsqu'elle demandait des renseignements par téléphone dans le cadre de son travail, après quoi, elle n'osait plus insister. Elle prit le parti de rappeler maintenant son interlocuteur aussitôt, et de faire un siège en règle jusqu'à ce qu'elle obtienne ce dont elle a besoin. Bien vite, elle recueillit les fruits de ce nouveau mode de vie : elle rentrait du travail l'esprit libre, satisfaite de sa journée, beaucoup moins tendue qu'auparavant.

Tout cela paraît bien simple, presque trop. En fait, Chantal a dû s'accrocher de toutes ses forces à certaines heures pour ne pas se décourager.

Roger de son côté, a fait ce qu'il avait décidé : il s'est installé un bureau et a repris les activités personnelles qu'il avait abandonnées après son mariage. D'autre part, il a pris soin de noter sur une fiche une sorte d'état des lieux de sa situation conjugale. Aujourd'hui, il avait les idées claires, mais qui sait si demain il ne se laisserait pas happer de nouveau dans le marasme de Chantal ? Cette fiche devait lui servir de point de repère ; en s'y reportant, il pourrait voir immédiatement où s'arrêtait le sol ferme, et où commençaient les marécages émotionnels de sa femme. Alors, il serait capable de lui opposer un stop. Voici cette fiche :

1° – Avant de sortir avec Chantal, j'étais un joyeux luron.

2° – Nous avons des caractères opposés. Elle est très dépressive, et je l'ai écoutée patiemment pour la comprendre.

3° – Résultat : je n'ai pas réussi à l'aider efficacement, je suis devenu moi-même de plus en plus passif, j'ai été contaminé par son état dépressif.

4° – Progressivement, j'ai perdu ma joie de vivre, et je me trouve de plus en plus isolé... Comment inviter des amis dans une maison aussi triste que la nôtre ?

5° – Prisonnier dans mon couple, je n'y voyais que du brouillard, et je m'éteignais doucement.

Quelques mois plus tard, en cherchant un objet, Chantal tomba par hasard sur cette fiche. Elle la lut attentivement. Elle la relut. C'est ainsi que la lumière s'est faite dans son esprit : l'évolution négative que Roger avait connue à ses côtés ressemblait étrangement à ce qu'elle-même avait vécu dans son enfance. A son tour, elle élabora une fiche :

1° – Je suis née dans une famille aisée, qui avait tout matériellement pour rendre ses enfants heureux.

2° – Ma mère a toujours été dépressive, et j'ai écouté ses plaintes pendant vingt ans.

3° – Je n'ai jamais pu l'aider, ni quand j'étais enfant ni plus tard, et j'ai hérité de sa tristesse.

4° – J'ai réussi mes études, j'avais tous les avantages d'une famille bourgeoise, et malgré cela, je considère tout ce qui me concerne comme minable. Je n'ai jamais pu recevoir de camarades chez moi, le climat y était trop triste, et j'avais honte.

5° – Ayant toujours vécu là-dedans, je ne pouvais pas imaginer comment vivre autrement. En rencontrant Roger, j'aurais pu sortir de ce marasme et me mettre au diapason de sa joie de vivre, mais c'est le contraire qui s'est produit : je l'ai entraîné dans ma tristesse ; Roger s'est étiolé auprès de moi, comme moi je n'ai pas pu m'épanouir dans les brumes de mon milieu familial.

Le rapprochement point par point entre ces deux fiches était éclairant.

En réfléchissant objectivement à sa situation, Chantal devait en convenir : elle avait toutes les raisons de se sentir heureuse : un bon mari, un travail intéressant, un appartement assez confortable, une bonne santé et plusieurs amis sûrs. Pourquoi s'encombrait-elle alors des émotions de sa mère ? Chacun a ses chances et ses fardeaux dans la vie.

Chantal se sentit libérée d'avoir mis à jour cet héritage. Depuis, *quand il lui arrive de déraper à nouveau dans la dévalorisation, elle chasse mentalement ces parasites émotionnels* dont elle ne veut plus, qui ne lui appartiennent pas. Cela lui suffit pour reprendre pied aussitôt. Elle a beaucoup changé. Il lui est devenu facile de dire les choses comme elles sont sans y mêler de considérations superflues dictées par l'angoisse ou la honte. Il lui paraît tout à fait normal de se tromper à l'occasion, comme tout le monde, ou de ne pas réussir du premier coup ce qu'elle entreprend. Elle est capable de demander un avis à d'autres sans se sentir infériorisée pour autant. Roger lui aussi sort gagnant de l'affaire : il a retrouvé sa liberté d'action, son assurance et une compagne heureuse de vivre, la tête pleine de projets, satisfaite de ses réussites.

Deux facteurs ont été déterminants dans ce sauvetage :

— Chantal s'est imposé une série d'efforts précis et ponctuels avec persévérance. Au lieu de sombrer dans la passivité, elle a pris le parti d'agir, jour après jour.

— Elle a pu découvrir l'origine de son comportement contradictoire.

Avec le recul, Roger et Chantal ont fait le bilan de leur bonheur conjugal. Ils résument leur expérience en ces termes :

D'abord, ils ont pu *réfléchir :*

Roger : Je suis sorti quelques jours de mon horizon habituel à l'occasion d'un déplacement professionnel. Là j'ai rencontré des gens toniques, détendus, joyeux. Et je me suis souvenu que moi aussi, avant de connaître Chantal, j'avais un caractère heureux. J'ai pu comparer, et alors seulement, j'ai pu réfléchir. J'ai compris que je glissais sur une bien mauvaise pente.

Chantal : J'ai d'abord constaté que j'avais pollué Roger par ma tristesse, et qu'il s'était éteint... Son expérience a éclairé la mienne : j'ai été polluée de la même façon pendant mon enfance. Moi aussi j'ai été contaminée par une tristesse qui n'était pas la mienne, mais en l'occurrence, celle de ma mère.

Ensuite, ils ont choisi chacun un mode de vie plus autonome.

Roger : J'ai compris que je devais enfin penser à moi, à mes intérêts, mes goûts, mes projets. De cette façon, j'ai pu reprendre possession de toutes les ressources que je portais en moi.

Chantal : Je suis retombée sur mes pieds parce que j'ai été obligée de prendre ma vie en main. Et je me suis aperçu que j'avais en moi beaucoup de ressources à exploiter. J'ai découvert l'intérêt d'une vie autonome, sans la présence en moi de l'*héritage émotionnel* d'une autre personne. Maintenant que je suis devenue extérieure et autonome par rapport à ma mère, je commence à mieux la comprendre. Si un jour je devais en discuter avec elle, je lui proposerais de faire le tri entre les vrais malheurs de sa vie, la série de chances dont elle a si peu profité et les émotions négatives sans doute héritées d'un parent qui a déversé sur elle des sentiments dépressifs. On peut sans doute remonter bien loin en arrière pour trouver la raison de cette tristesse transmise de génération en génération, sans raison. Peut-être qu'en mettant ainsi de l'ordre dans sa tête, ma mère pourrait encore, même à son âge, aborder la vie différemment, et découvrir un peu de bonheur.

Quand deux personnes vivent dans un emboîtement émotionnel, elles perdent leur liberté d'action. Pour se trouver à nouveau libres de leurs mouvements, il leur faut défaire cet emboîtement. A plus forte raison, lorsqu'une personne veut en aider une autre, elle doit absolument sortir de son emprise émotionnelle.

QUAND LE COMPORTEMENT
SE RÉPERCUTE SUR LA SANTÉ

Laure est une jeune enseignante de français. C'est sa deuxième année de professorat, et elle vient d'être nommée dans un collège d'une cité minière du nord de la France, dont les élèves sont réputés difficiles. Dès le début de l'année, elle cherche à établir un contact chaleureux avec ses élèves. Mais elle a beaucoup de mal à maintenir la discipline en classe : cris et plaisanteries fusent pendant le cours ; fréquemment, les élèves brisent du matériel scolaire. Laure réagit mollement : « Il faut que je sois gentille avec eux ; alors ils seront gentils avec moi. » Car elle aspire secrètement à *être appréciée* des enfants. Pour mettre un frein aux divers incidents qui émaillent ses cours, elle tente de les raisonner, de les comprendre. Un élève a brisé une règle ? Laure lui pardonne : après tout, personne ne lui a appris à prendre soin du matériel. Du reste, elle aurait dû faire davantage attention à lui et à ses problèmes.

Les bonnes relations avec les élèves ne sont pourtant pas son seul objectif. Consciencieuse, elle voudrait qu'ils travaillent en classe, qu'ils fassent des progrès. Alors, s'ils chahutent, c'est que ses cours sont mal faits : « Je ne dois pas être une bonne prof, puisque les enfants ne m'écoutent pas. » Désormais, elle consacre deux fois plus de temps à la préparation de ses cours, sans résultat. Ses élèves sont toujours aussi déchaînés ; elle craint de passer pour une incapable aux yeux de ses collègues et d'être mal notée le jour de son inspection.

Vers le milieu du deuxième trimestre, Laure se sent de plus en plus tendue et fatiguée. Fait nouveau, elle souffre de migraines, au rythme d'une crise par semaine, ainsi que de troubles intestinaux (colite), associant des douleurs abdominales à une alternance de diarrhée et de constipation. Les médicaments symptomatiques (anti-migraineux, pansements et antiseptiques intestinaux) ainsi que plusieurs congés de maladie ne lui apportent qu'un soulagement partiel et de courte durée. En vain cherche-t-elle des solutions à la petite semaine. Son mari essaie de l'aider : « il faut que tu cesses de te polariser sur ton travail, de te noyer dans tes émotions... »

Entre-temps, en classe, l'ambiance ne s'arrange guère : les uns s'amusent, les autres se montrent insolents ou grossiers. Désireuse d'apaiser les élèves les plus durs, Laure leur affirme qu'ils sont les plus intelligents, leur prête les plus beaux livres. Elle leur accorde ainsi un statut d'exception et, ce faisant, perd toute prise sur eux. Car elle ne les valorise pas sur leur travail, inexistant ou presque, mais elle les flatte, gratuitement, et de cela les enfants ne sont pas dupes.

L'année s'achève dans ces conditions difficiles. Les vacances apportent à Laure un répit non seulement à ses soucis, mais aussi à ses ennuis de santé. Avec le recul, elles lui permettent de comprendre qu'elle n'a pas à s'occuper de l'éducation des élèves. « Je ne suis pas une assistante sociale, et de toute façon, je n'en ai pas les moyens. Tout ce que je veux, c'est qu'ils acquièrent un certain nombre de connaissances, des notions de grammaire, d'orthographe... C'est cela, mon métier d'enseignante, et c'est pourquoi je dois être exigeante pour les conditions de travail. »

A la rentrée, Laure retrouve le collège, les élèves et les difficultés, mais cette fois, elle est fermement résolue à s'attacher uniquement au travail en classe. « Ne suis-je pas là pour ça, tout comme les enfants ? » Un élève vient de casser une prise électrique : « Je ne discute pas, je ne veux pas d'excuses. J'envoie un mot aux parents en y joignant une note de frais. » Quelques mois s'écoulent ainsi. Laure arrive à maintenir une certaine rigueur en cours et, bien que ce ne soit pas toujours facile, sa santé n'en pâtit plus.

Elle connaîtra cependant une rechute, après une sortie organisée conjointement avec une autre classe. Alors qu'elle-même peine pour imposer la discipline à ses élèves, sa collègue, elle, semble s'en moquer royalement. Et, le plus étonnant : les enfants ont l'air de l'apprécier. Laure se dévalorise : sa collègue est sûrement meilleure pédagogue qu'elle ! Elle est même un peu jalouse d'un tel succès, et sa santé s'en ressent.

Après réflexion, forte de son expérience passée, elle se ressaisit. « Moi, je suis exigeante, ce que les élèves n'acceptent pas toujours ; mais au moins j'en vois les fruits. Que ma collègue fasse ce que bon lui semble. Je n'ai pas besoin de me comparer à elle. » Revenue à ses objectifs de la rentrée, Laure retrouve rapidement sa santé.

FICHE MÉDICALE

De comportement contradictoire, Laure court deux lièvres à la fois.

Attente en tension
D'une part, consciencieuse, elle veut dispenser à ses

élèves un cours de qualité. Cela nécessite de maintenir une certaine discipline.

D'autre part, elle veut être aimée par ses élèves, et elle s'imagine pouvoir gagner leur estime en étant laxiste. Or, à cause de son laxisme, ses élèves n'écoutent pas ses cours et se moquent d'elle. Elle n'atteint donc aucun de ses deux objectifs.

C'est pourquoi elle *entre en tension* et *lutte* pour sortir de cette impasse. Elle redouble d'efforts dans la préparation de ses cours. En vain, car cela ne résout en rien ses problèmes de discipline.

Tiraillée entre deux objectifs contradictoires, elle met en alarme son système biologique (B.I.S.). Il reste en éveil en permanence, créant une tension de plus en plus forte, et une anxiété croissante, source de ses ennuis de santé.

Elle trouve un répit quand elle décide de ne s'attacher qu'au travail en classe, sans attendre l'estime de ses élèves.

Rechute

Son attente de *l'estime des autres* se réveille quand elle rencontre sa collègue (alarme!). « Voilà quelqu'un qui s'entend bien avec ses élèves... Je n'ai pas un contact aussi bon! Que va-t-elle penser de moi? » *Quand elle se compare* à sa collègue, la tension réapparaît et elle *tombe malade*.

Conclusion

Laure retrouve la santé de façon durable le jour où elle décide de s'en tenir à un objectif unique et concret — transmettre ses connaissances aux élèves — sans se soucier d'être bien vue par qui que ce soit. Elle supprime ainsi cette attente en tension angoissante et le B.I.S. n'est plus en alarme.

CHAPITRE 3

LE COMPORTEMENT CONTRADICTOIRE NORMATIF

Il se reconnaît globalement dans le portrait du contradictoire adaptant, cependant, il faut y ajouter certaines particularités qui lui sont propres. Le contradictoire adaptant a grandi comme il a pu, relativement libre d'organiser sa vie comme bon lui semble. Il en va tout autrement du contradictoire normatif qui, lui, doit accomplir dans un ou plusieurs secteurs de sa vie le projet d'un autre.

Ici, l'éducateur s'est pleinement impliqué dans son enfant. *Il l'a chargé de réaliser ce que lui-même aurait tellement aimé faire.* Evidemment, il n'a pas consulté l'enfant pour savoir si ce mode d'existence était à son goût, ni s'il avait les moyens de cette ambition. Il s'agit en quelque sorte d'une existence vécue sur le mode de la substitution.

De quoi est fait ce projet ? Il est souvent professionnel : « Il sera pharmacien parce que papa ne l'était pas » chante Jacques Brel. Il peut porter sur la course aux diplômes. Il peut être social : il s'agit alors d'accéder à une certaine élite. *Ce projet est toujours haut placé. Il est aussi toujours chargé de l'angoisse de l'éducateur insatisfait :* Comme le dit à propos de sa fille un personnage de Victor Hugo : « Plus je me voyais bas, plus je la voulais haut... »

Conséquences sur l'enfant : il se sent toujours *coupable*. Chargé de réaliser un idéal trop haut placé, il se sent en deçà de ce qu' « il faut ». Mais de plus, il se sent en faute. Par rapport à qui ? Par rapport à l'éducateur qui autrefois — et parfois aujourd'hui encore — s'est impliqué dans sa destinée, l'a chargé de ses espoirs.

Ce comportement s'organise lui aussi autour de trois composantes :

Le moins-etre

Comme dans le premier type de contradictoire, ce sentiment de moins être procède d'une **insatisfaction** vis-à-vis de soi-même, l'individu se perçoit comme inférieur à ce qu'il devrait être. Mais ce moins-être est maintenant aggravé par la **culpabilité.**

Le domaine du « faire »

Il est essentiellement occupé par le projet que l'éducateur autrefois a imposé à la personne.

Le paraître

Le contradictoire normatif s'ingénie à paraître irréprochable. Son aspiration angoissée à se ranger dans une certaine élite, à être « plus », disparaît souvent derrière des apparences de modération, de bonne moyenne, de juste milieu. **Il se contrôle beaucoup,** il se rend la vie compliquée et s'interdit bien des satisfactions pour échapper à d'hypothétiques reproches. Cette auto-surveillance le fait vivre souvent sous tension. Certains se contrôlent parfaitement et n'explosent jamais, leur tension intérieure n'en est que plus vive. D'autres explosent de temps à autre, essentiellement auprès de leurs proches ou de leurs inférieurs. Ils lancent des accusations, puis se le reprochent aussitôt... car cela ne se fait pas.

Contrairement au contradictoire adaptant qui s'efforce de n'être jamais mal vu, le normatif n'hésitera pas à heurter son interlocuteur pour faire valoir l'une de ces « normes » appartenant à lui seul, et qui lui tiennent lieu de colonne vertébrale.

Il apparaît généralement plutôt rigide, dans ses prises de position, sa façon de parler ou son maintien.

En le fréquentant de près, on le découvre assez souvent crispé :

— crispé sur *lui-même ;* il se contrôle, se culpabilise, se dévalorise ;

— crispé sur *ses proches :* il s'implique dans leur compor-

tement qui peut avoir des retombées sur sa propre irréprochabilité ;

— crispé sur *ses biens* : il n'est pas rare qu'un contradictoire normatif s'avoue un petit peu radin.

TRAITS CARACTÉRISTIQUES

Pour paraître irréprochable : se conformer à des normes

Le vêtement est l'une des principales expressions du
paraître. Certains contradictoires règlent leur choix vesti-
mentaire sur un code fort compliqué... le plus souvent connu
d'eux seuls. Un ingénieur explique : « En ce qui concerne
mes vêtements de travail, j'ai des principes bien arrêtés. La
plupart de mes collègues s'habillent de façon décontractée,
mais moi, je tiens beaucoup à porter un costume. Cela me
donne une certaine assurance vis-à-vis des techniciens que
j'encadre et qui eux, travaillent en jeans et portent des
pulls... Sans costume, j'ai l'impression que je perdrais mon
autorité. Je ne le choisis ni trop élégant, ce serait prétentieux, ni trop décontracté. Ainsi j'exclus les costumes de
velours qui ne font pas sérieux. Lorsque j'ai prévu de
rencontrer un industriel, j'ajoute une cravate pour me sentir
sur un pied d'égalité avec lui. Ce sont des principes auxquels
je tiens beaucoup. » S'il peut se rassurer ainsi, pourquoi pas !
Mais ce besoin de normes, il ne le garde pas seulement pour
lui, il l'étend à tout ce qui le touche : sa femme d'abord, puis
sa voiture... « Je tiens également à ce que ma femme
s'habille d'une certaine façon, car à travers elle j'ai le
sentiment qu'on pourrait me juger : il faut que ses vêtements
ne soient ni trop voyants, ni trop smart, ni trop jeunes, ni
trop vieux, ni trop décontractés... bref, que personne ne
puisse en dire du mal. Concrètement lorsqu'elle me montre
ses emplettes vestimentaires, il est rare que je les apprécie :
que va-t-on en penser ? Est-ce que cela convient ? (à qui ? à
quoi ?). La plupart du temps je n'ose pas dire que je n'aime
pas son choix pour ne pas la décevoir, mais intérieurement je
n'en pense pas moins. Jamais, au grand jamais je ne
conduirai une R 4 ou 2 CV, ces voitures n'appartiennent pas

au standing de l'ingénieur. Ceci dit, je n'achèterai pas non plus une CX car je ne veux pas passer pour un prétentieux auprès de mes collègues. » Les aspects technique et pécuniaire n'interviennent qu'après ces considérations essentielles.

Le respect des horaires est un autre code que certains contradictoires normatifs se font un devoir, voire une fierté de respecter. Guy, cadre lui aussi, a pour horaire officiel : 8 heures-17 heures. « Je m'arrange pour arriver vers 7 h 30 et repartir entre 17 h 30 et 18 heures. Je justifie cette habitude par toute une palette de bonnes raisons : j'habite à plus de quarante kilomètres de mon lieu de travail, je dois donc prévoir une marge de sécurité pour faire mon trajet : passage à niveau, plein d'essence, brouillard, pluie... et pourquoi pas le plan Orsec ? A mes débuts dans cette usine, je venais en moto et je ne voulais pas que mes collègues le sachent car *un ingénieur a les moyens de se déplacer en voiture.* Mais je crois que la vraie cause de cet excès de prudence et de ponctualité est ailleurs : en effet, mon premier chef de service lui aussi venait de loin et partait après les autres. Pour être bien vu, j'ai adopté ses habitudes. Elles sont devenues ensuite pour moi une norme que j'ai conservée même quand j'ai quitté son service. » Guy croit trouver dans ces attitudes une certaine sécurité. A la bonne heure ! L'ennui est qu'il impose cette rigidité à son entourage. « J'ai fait mienne la formule : *l'exactitude est la politesse des rois.* Je mets un point d'honneur à arriver à l'heure voire en avance. Intérieurement je méprise ces gens qui ne savent être ponctuels. Mon père avait d'ailleurs ce même amour obsessionnel de la ponctualité. Lors de nos départs en vacances, il houspillait ma mère quand la voiture ne démarrait pas à l'heure matinale qu'il avait fixée sans tenir compte d'ailleurs des contingences matérielles. Moi-même, jusqu'à ce que je me rende compte de l'inadaptation de ma conduite, je menais une vie d'enfer à ma femme, la soumettant sans cesse à une série de normes arbitrairement arrêtée par mes soins : le bain de notre enfant se fera à dix-huit heures, tant pis si cette heure bousculait sa propre organisation. Elle restera à la maison pour s'occuper de lui et ne reprendra pas son travail car *une femme sérieuse ne laisse pas son enfant entre les mains des étrangers.* Par ailleurs quand je me rendais chez des amis, je me conduisais d'une façon passablement cavalière : après 22 h 30 je m'endormais ostensiblement faisant comprendre par là à chacun qu'il fallait clore la soirée ; en effet : *un homme doit avoir sept à huit heures de sommeil par jour.* Cette norme était si impérieuse que j'ai eu tout le mal du monde à m'en défaire. »

Le souci de paraître irréprochable a conduit cet homme à adopter des attitudes aberrantes, inadaptées. « En tant que cadre, je suis payé au forfait et ne suis pas astreint à un horaire précis. Je fais d'ailleurs des heures supplémentaires en abondance qui ne me sont pas payées. Or, un soir je devais quitter mon travail une demi-heure plus tôt pour aller à la banque. Cette petite entorse au règlement m'angoissait tellement que j'en avais des maux d'estomac ; pensez donc si on me voyait, et si j'avais un accident pendant cette demi-heure d'absence, et puis... ça ne se fait pas... Pour me tranquilliser j'ai alors demandé à mon chef de me signer un bon de sortie. Ces bons sont normalement réservés aux employés astreints à un horaire fixe. Sans rien comprendre, ahuri devant mon insistance, mon chef m'a signé un bon, y portant la mention habituelle, « heure à payer ». Moi qui voulais passer pour un ingénieur irréprochable, je faisais sourire, mais pendant longtemps, je n'en ai pas eu conscience. Il m'a fallu essuyer deux revers marquants pour comprendre enfin :

— A l'usine, je finissais par me conduire d'une façon tellement inadaptée, que mes supérieurs hiérarchiques m'ont retiré leur confiance ; j'ai été muté sur une voie de garage.

— A la maison, ma femme, exaspérée par les principes que je lui imposais, a commencé à se rebiffer.

Ces deux difficultés sérieuses m'ont obligé à réfléchir... et à changer de cap.

Maintenant que j'ai pris du recul sur ma rigidité d'antan, je peux en parler de façon désimpliquée et suis capable de redresser la barre dans un certain nombre de cas, ainsi j'ai cessé de tyranniser ma femme et mon fils avec mes principes tout faits. Plus globalement, je me suis rendu compte que les normes auxquelles je m'accrochais n'étaient pas du tout adaptées. En fait, au lieu de me guider, de m'aider, elles me compliquaient la vie. »

Agir comme il faut

« J'ai participé à un séminaire d'expression orale. Chaque participant devait faire devant les autres un petit exposé, préparé à l'avance. L'animateur s'adressa à moi en premier :
— Combien de temps durera votre exposé ?
— Euh... Combien de temps faudrait-il que cela dure ?
— Une vingtaine de minutes par exemple ?
— Cela devrait suffire.
— En préparant votre exposé, en avez-vous minuté la durée ?
— Non.
— Alors, combien de temps voulez-vous parler ?
— Peut-être une demi-heure...
J'étais très embarrassé car je voulais à tout prix me conformer aux normes. Or, je ne les connaissais pas. Le planning fut établi : je devais passer dans l'après-midi. J'en étais soulagé. Mais quand mon tour est arrivé, j'ai demandé que quelques autres passent avant moi, car je voulais réfléchir encore un peu. L'animateur n'a pas accepté. Il s'est passé alors ce qui se passe toujours quand je prends la parole en public : j'étais tendu intérieurement, oppressé, je bafouillais. L'animateur m'a arrêté : « Détendez-vous, respirez bien, vous êtes ici pour apprendre, non pour être jugé. »
Par ailleurs, j'appris pendant ce stage que mon langage manquait d'exactitude, mon vocabulaire était imprécis, j'employais des mots fourre-tout. Je parlais habituellement tellement bas que les autres avaient du mal à m'entendre.
Pendant les trois jours qui ont suivi ce week-end, j'ai eu beaucoup de mal à réfléchir, j'étais sur les nerfs, je dormais peu. J'ai attrapé une infection urinaire qui m'a beaucoup inquiété, à tel point que j'ai insisté auprès de mon médecin traitant pour qu'il me prescrive un examen radiologique... qui s'est révélé tout à fait normal. D'ailleurs l'infection a régressé au bout de deux jours.
Ainsi, ce séminaire a été pour moi une épreuve, mais il a

été aussi le point de départ d'une prise de conscience progressive de mon comportement contradictoire normatif. J'ai réalisé que le souci obsessionnel d'agir en toutes circonstances *comme il faut*, faisait de moi un homme contraint.

C'est ainsi que j'en suis venu à remettre ma montre à l'heure : jusque-là, je l'avais toujours réglée en avance de vingt minutes, pour ne pas pointer au rouge au travail, ou pour ne pas arriver en retard à mes rendez-vous. C'était pour moi, une précaution pour ne pas être pris en faute. Par ailleurs, quand ma femme me faisait des remarques, je me disculpais ou j'accusais les enfants. Maintenant, je les accepte. Mieux : il m'arrive de rire de mes petites manies ! »

Pour demeurer irréprochable : accuser un autre

Jacques doit installer une prise de courant dans la cuisine. Avant même de commencer les travaux, il craint de ne pas y arriver. Bien sûr, il aurait pu demander conseil au vendeur de matériel électrique mais il aurait eu l'air de quoi ? Tout le monde doit savoir monter une prise, que diable ! Tant bien que mal, il connecte les fils, cloue la baguette, mais juste avant de visser le boitier, il coupe les fils... trop court. Tout est à recommencer !

Incapable d'accepter son erreur qu'il ressent comme une preuve de son infériorité, il en accuse intérieurement sa femme : « Elle aurait pu venir m'aider... » Mais il ne le lui a pas demandé. « Et puis ce n'était vraiment pas le moment de me faire poser cette prise, j'ai fort à faire ailleurs ! » Jacques est toujours très pris quand on lui demande un service qui le met dans l'embarras.

Jacques bout intérieurement mais la prise n'est toujours pas montée. Après dix minutes de colère rentrée, il se calme. Il se sent alors doublement coupable : coupable de se montrer aussi malhabile et coupable d'en accuser injustement un autre. Après ses élucubrations, il reste silencieux et tendu. Sa femme le voit bien, mais elle ignore l'origine de cette tension, et n'a évidemment aucun moyen d'y remédier. Surtout, elle est loin d'imaginer qu'elle vient de faire l'objet de cette *agression tout intérieure*. Jacques est coutumier de ces mouvements d'accusation rentrés, qui affectent ses rapports avec son entourage.

Parfois la tension est si forte que le contradictoire normatif explose.

Le cours de M. Lepic n'accroche pas la classe aujourd'hui. M. Lepic le perçoit bien, mais il ne peut admettre qu'il ne possède pas son sujet ou qu'il a fait une mauvaise préparation. Voilà qu'au dernier rang, un élève se penche pour ramasser son stylo. Le professeur fond sur lui : « C'est encore vous, Martin, puisque vous empêchez les autres de suivre, vous reviendrez samedi, je vous mets une heure de retenue. » Martin et ses camarades éberlués ne comprennent rien à ce brusque accès de colère. A la fin du cours, M. Lepic réfléchit : « Martin n'est pas responsable, je n'aurais pas dû m'emporter de la sorte ! » Mais le professeur conscient de son erreur ne va pas s'excuser, et c'est ainsi qu'un contentieux s'instaure entre l'élève et lui.

Et les conséquences, monsieur Lepic ? Elles peuvent être graves, vous savez. Il se trouve que Martin n'est pas un bon élève. Ses parents lui payent de coûteuses leçons particulières pour qu'il rattrape le niveau. Quelle réaction vont-ils avoir quand leur fils rentrera avec cette heure de colle ? Et quelle explication satisfaisante pourra-t-il leur fournir ? M. Lepic n'y a pas pensé. Il se culpabilise, c'est tout. La même scène peut se reproduire un jour où M. Lepic a parfaitement réussi son cours, mais où il est persuadé — au nom de je ne sais quel perfectionnisme — de l'avoir raté. Ses explosions accusatrices sont alors encore moins compréhensibles pour son entourage.

C'est ainsi que réagissent certains de ces contradictoires scrupuleux. Lorsqu'ils échouent, ou lorsqu'ils en ont seulement l'impression, ils ont besoin d'en rejeter la responsabilité sur un autre, pour sauvegarder la perfection à laquelle ils n'ont pas le droit de déroger. Après quoi ils se culpabilisent. Oh, pas d'avoir accusé des innocents, non, mais seulement d'avoir manqué de mesure, d'avoir parlé de façon excessive, ou trop emportée. Ce qui les travaille dans l'écart qu'ils viennent de commettre, ce n'est pas le *fond* mais la *forme*. La preuve : habituellement, ils ne reviennent pas sur leurs accusations. Après quoi ils vont leur chemin, soulagés par cet examen de conscience « lucide ».

Une façon d'être irréprochable. Un perfectionnisme... dans lequel la justice élémentaire envers un tiers n'est même pas prise en compte.

Comment arrêter cela ?

Une seule solution : revenir à l'objet. De quoi s'agit-il ?

— le fait : j'ai lâché des mots injustes ;

— les conséquences : la personne visée est blessée, injustement traitée ;

— la solution : je vais, toutes affaires cessantes, réparer le préjudice que je viens de commettre à l'égard de cette personne.

Ainsi, le mal sera réparé, et par la même occasion, j'aurai perdu une raison de plonger. En prenant l'habitude de réparer ainsi les conséquences de ces accusations intempestives, il devient facile de les éviter. Reste la tension. Pour la résoudre, le traitement de fond consistera à prendre du recul sur le fonctionnement global de ce type de comportement. L'ensemble de ce chapitre devrait y aider.

Culpabilisation — inhibition — mutisme

, Bernard est technicien en constructions métalliques. Licencié il y a trois ans, il se trouve à nouveau menacé d'être remercié. Il est désemparé. Comment en est-il arrivé là ?

Quand il prend cet emploi, il sait se faire apprécier pour la qualité de son travail. Pendant un an, il mène à bien les chantiers qu'on lui confie, il reçoit même les félicitations des clients. Son travail n'est pas facile, mais il peut alors s'appuyer sur une collaboration efficace, aussi bien avec le patron qu'avec le contremaître qu'il a sous ses ordres. Puis au bout d'un an, la situation se dégrade : Bernard doit prendre en main un nouveau chantier qui se présente plutôt mal. En effet, pour décrocher l'affaire, le bureau d'études de son entreprise a consenti des prix tellement serrés qu'ils deviennent irréalistes. Bernard reprend l'estimation, rectifie un calcul ici et là, puis il fait connaître ses conclusions à l'adjoint du directeur. En effet, ce n'est plus avec le patron mais avec son adjoint, nouvellement embauché, que Bernard doit traiter aujourd'hui. Mais cet homme ne tient aucun compte de ses remarques, pire, il le critique. Curieusement, au lieu d'insister, Bernard *se tait et en reste là*. Puis, une fois le chantier mis en route, il s'aperçoit que l'adjoint — encore lui — a engagé comme nouveau contremaître un incapable. Bernard signale cette erreur sans grande conviction, et l'autre, une fois de plus, n'en tient pas compte. Arrive ce qui devait arriver : le chantier s'enlise, les conséquences financières sont désastreuses. Naturellement, c'est Bernard qui est considéré comme responsable de ce fiasco. *Il en est d'ailleurs lui-même convaincu*. Le directeur, poussé par son adjoint, le lui dit sans douceur. Bernard s'affole, il ne sait plus où donner de la tête. La situation lui échappe. Il voit bien ici ou là comment redresser la barre, mais il ne le dit pas clairement. Du coup, il se sent de plus en plus incapable de mener à bien les tâches qu'il entreprend. Il travaille avec une lenteur inacceptable. Ce n'est pourtant pas la bonne volonté qui lui manque, ni les compétences, mais c'est plus fort que lui. La menace de licenciement n'y change rien, au contraire, elle aggrave son inhibition. Finalement, il reçoit sa lettre de licenciement.

En essayant de prendre du recul sur la situation, il constate que cette inhibition n'est pas nouvelle chez lui. Elle remonte à son enfance et s'est aggravée au cours de ses études supérieures. Ce mécanisme d'effondrement progressif, Bernard a tenté de le comprendre à partir de son éducation.

Mise en place

Les parents de Bernard appartenaient à l'une de ces familles d'autrefois, dont les prétentions d'élitisme social s'appuyaient sur une fortune récente. Beaucoup d'argent, donc, mais un *sentiment enfoui de ne pas être vraiment à la hauteur* du milieu qu'on fréquente, qui s'exprime par un mépris d'autant plus affiché des classes « inférieures ». Le projet dans lequel Bernard a été moulé est un projet social. Il fallait qu'il fasse partie de l'élite.

Cette aspiration vers les cimes était accompagnée d'une dévalorisation et d'une culpabilisation systématiques.

Son père : il appelait ses enfants des larves. Distant avec eux, il ne prenait pas la peine de leur répondre quand ils lui adressaient la parole. Le seul contact entre Bernard et son père passait par le carnet de notes qui n'était pas brillant. Bernard en fut très marqué. Chaque week-end, il repoussait cet entretien fatidique à la dernière minute. Le ton cassant de son père, ses commentaires tranchés et laconiques, le mettaient au supplice. Aucun encouragement. Même un 18/20 en gymnastique servait de prétexte pour dénoncer la paresse de l'adolescent dans les autres matières. Qu'a-t-il retenu de ces sermons paternels ? *Qu'il était mauvais et qu'il le resterait.* Aujourd'hui, Bernard a complètement assimilé cette perception négativiste et fataliste de lui-même.

Sa mère : elle lui a donné le jour sur le tard. La venue de ce cinquième enfant lui apportait plus de déplaisir que de joie. Pour comble de malheur, c'était un garçon. Elle n'aimait pas les garçons. Elle le lui a dit et répété. Une querelle éclatait-elle entre Bernard et ses sœurs, à coup sûr c'était lui le coupable. « C'est encore de ta faute. » Aujourd'hui, chaque fois qu'il a un différend avec quelqu'un, Bernard se sent *coupable.* Chaque fois qu'une erreur est commise, il s'en attribue la responsabilité. Il ne prend même pas la peine de vérifier : « C'est de sa faute. » Cette idée s'impose à lui comme le terminus inévitable de toutes les difficultés qu'il rencontre. Cette culpabilisation le confine dans un monde introspectif où il est paralysé. Sa mère avait le sentiment d'appartenir à une certaine élite sociale et elle admettait mal que ses enfants fréquentent des gens-du-peuple. Un seul fait : un jour Bernard invita à la maison l'un de ses camarades de promotion. Quand elle comprit, après une rapide enquête, que le nom de cet invité ne figurait pas dans le dictionnaire des grandes familles, elle rangea ostensiblement les bouteilles d'apéritif qu'elle remplaça par du sirop et de l'eau. Bernard en fut fâché, mais il se tut. Cette femme supportait mal que l'on s'oppose à elle. Pourtant il a toujours été lucide sur ses prétentions de femme du monde et sur son mépris. Un jour cependant, il avait alors dix-huit ans, il a osé enfreindre la règle sacro-sainte qui voulait que les enfants se montrent soumis à leurs parents, et il lui a dit ce qu'il pensait d'elle. Avec une certaine satisfaction. Mais pendant les huit jours qui ont suivi, elle a boudé, si bien que, de plus en plus culpabilisé, il a fini par lui présenter ses excuses, resserrant ainsi le lien de dépendance qui existait entre eux. Depuis, il n'a plus jamais dérogé à la règle. Il a adopté sans s'en rendre compte l'attitude de son père. Que faisait cet homme pour résister aux assauts verbeux de sa femme ? Dans un premier temps, il lui a donné la réplique. Puis, lassé de cette guérilla incessante, il s'est replié derrière son journal. Pendant les repas, il montrait une capacité étonnante à s'abstraire de la conversation et se retirait dans son monde intérieur. Pourtant, l'attitude de sa femme envers les enfants aurait mérité plus d'une fois qu'il s'interpose.

Face à un père distant, absent, face à une mère méprisante, Bernard a donc appris à se taire : bien plus, il a fait comme son père le choix — inconscient et angoissé — de *ne pas relever les situations ennuyeuses*, de *laisser courir* et de *se replier sur lui-même*. Aujourd'hui, cette habitude est devenue un automatisme de comportement. Même quand il voudrait réagir, Bernard reste bloqué dans son mutisme. Or son inhibition verbale devient parfois une inhibition à l'action. Ce sentiment de culpabilité, ce moins-être et ce mutisme, il a dû les retraiter en profondeur.

RETRAITEMENT

L'approche

Dans son nouveau chantier, Bernard a vu que les calculs du bureau d'études étaient bien en deçà de la réalité, il l'a signalé une fois à l'adjoint du directeur, puis s'est tu. Un mois plus tard, il a constaté que le contremaître embauché par l'adjoint n'était pas à la hauteur, mais il lui en a parlé furtivement, sans conviction, après quoi d'autres difficultés se sont accumulées, mais cette fois il a gardé le silence, puis il a perdu pied de plus en plus. Les derniers mois, il sentait confusément qu'il allait à sa perte mais il ne réagissait plus du tout. Il se disait simplement : « c'est moche ce qui m'arrive là, *c'est de ma faute* ». Submergé par ce profond sentiment d'être mauvais, il n'était même plus capable de pleurer.

Que se passe-t-il ? En prenant du recul sur sa vie professionnelle, Bernard prend conscience que pour la deuxième fois il se trouve sous les ordres d'un homme

— qui manque d'assurance et qui lui fait peur,

— qui fait des remarques négatives sans apporter de solution

— et qui attend de lui une réussite professionnelle.

En présence d'une telle conjoncture relationnelle, il plonge en lui-même. Sans réaction, déconnecté de la réalité, incapable de réfléchir sainement, il attend la suite des événements, insensible aux conséquences alarmantes qui se profilent : un licenciement, la vente d'une maison qu'il vient d'acheter, une vie de couple qui se désagrège. Inhibé, il est incapable de s'expliquer puis d'agir. En fait, il se trouve là dans une « situation-tilt ». *Il est confronté au même type d'approche que son père utilisait autrefois avec lui.* Cette approche le fait régresser : il perd son esprit critique et retrouve instinctivement ses réflexes d'adolescent face à son père : culpabilité et inhibition. Et en effet, les scènes de jadis se répètent aujourd'hui fidèlement jusque dans les détails. Bernard reste muet devant les critiques de son chef. Cette inhibition de type hypnotique, s'ajoutant à son mutisme et sa passivité de toujours, le conduit à sa perte.

La culpabilité

« C'est de ma faute. » Tous les échecs réels ou imaginaires de Bernard débouchent sur cette conclusion. Il y a là une réminiscence de son enfance qui lui fausse la vue. Quand il effectue avec d'autres un travail qui échoue, quand il est affronté à un litige, sa conviction est immédiate : « c'est de ma faute ». Evidemment, cette conclusion ne correspond pas à la réalité, car le plus souvent, plusieurs négligences se sont accumulées, commises par différents acteurs. Mais Bernard ne prend pas la peine de clarifier les situations, par réflexe, il endosse systématiquement les erreurs de ses collaborateurs, moyennant quoi, il devient un bouc émissaire tout indiqué. En l'occurrence, lors de son nouveau licenciement, il se trouve seul à essuyer les plâtres, alors que l'adjoint du directeur, principal responsable de la gabegie, ne reçoit même pas un avertissement.

Pour l'observateur extérieur, cette culpabilisation systématique est inadaptée. Pour Bernard, ce fut une découverte que de se l'entendre dire. Alors seulement, il s'est souvenu de l'attitude que ses parents avaient eue avec lui sur ce chapitre. Un coin du voile se soulevait. Il a pu se libérer tout à fait en posant un acte déterminant : son licenciement était irrévocable, trop tard donc pour essayer d'amener la direction à revenir sur sa décision ; mais fort de cette prise de conscience, il est retourné voir le directeur, avant de quitter l'entreprise. Il lui a exposé les faits tels qu'ils se sont passés. Ce rétablissement lui a permis de retrouver sa combativité, il a pu négocier son départ dans des conditions honorables, il est parti la tête haute, et très rapidement, il a trouvé un nouvel emploi, ce qui relève de la performance par les temps qui courent.

L'inhibition

L'inhibition dans laquelle Bernard tombe régulièrement est la conséquence du moins-être qui l'habite. Il perd pied parce qu'il ne parvient pas à s'appuyer sur ses compétences et sa valeur personnelle. D'où vient ce moins-être ?

Bernard n'a jamais marché dans le projet social de ses parents. Dès qu'il a fréquenté le lycée, il s'est rendu compte au contact d'autres milieux, que les prétentions élitistes des siens étaient sans fondement. Mais là s'arrêtait sa prise de conscience : « Il faut laisser aux gens leur rêve, pourvu qu'ils n'en éclaboussent pas les autres. Pour moi, je ne peux pas entrer dans ces sottises. »

Après avoir découvert le mécanisme de la culpabilisation et sa mise en place, un verrou a sauté chez lui. En revenant alors aux événements de son enfance et à l'attitude de ses parents, il a compris que leur ambition sociale comportait une face cachée : l'insatisfaction, le dépit. Si Bernard avait pu rejeter sereinement de longue date leur supériorité illusoire, en revanche il était resté *imprégné de leur insatisfaction*. Son père voulait faire de lui un homme brillant, mais au lieu de lui donner confiance et de l'encourager, il lui a communiqué son dépit. Les résultats de Bernard étaient-ils si mauvais pour mériter ces critiques dédaigneuses ? Non. Il a eu son Bac, puis un brevet de technicien supérieur. Dans les faits, c'est une réussite incontestable, mais il ne lui reste en mémoire que l'impression globale d'un semi-échec : il aurait dû faire mieux... autrement... Ses parents n'avaient à son égard que des attitudes dévalorisantes ; résultat, il se dévalorise. Il pousse si loin la dévaluation de sa personne qu'il lui arrive de s'inventer des erreurs et des manques qu'il n'a jamais commis. Par exemple : « Je commence des tas de choses et je ne finis rien. Mon voisin m'a demandé l'an dernier un devis pour des travaux chez lui, et je ne l'ai jamais terminé. » C'est faux, il le lui a rendu en temps et en heure. Alors ? Il se noircit comme par réflexe, jusqu'à fabriquer dans sa mémoire des souvenirs dévalorisants, et totalement faux.

Que faire pour réajuster à la réalité son fichier de mémorisation ? Bernard a pris le parti d'*énumérer à haute voix tous ses succès,* avec fierté. Il lui a fallu se livrer plusieurs fois à cet exercice avant de trouver l'émotion adaptée, cette démarche a contribué à le remettre sur ses pieds.

Réflexion : on ne peut pas dire a priori qu'à l'école un enfant soit globalement bon ou globalement mauvais, comme l'a fait le père de Bernard. N'importe quel enfant connaît au cours de son année scolaire des hauts et des bas dans ses acquisitions, et par conséquent dans ses résultats. Les baisses de niveau peuvent correspondre à une crise de croissance qui le fatigue, ou à des situations mal comprises à l'école ou à la maison. Si l'adulte talonne l'enfant, s'il lui met le nez dans ses échecs, il lui donne l'impression qu'il n'est capable que de rater. Dans ce cas, l'enfant se décourage et ne trouve plus le dynamisme ni la motivation suffisante pour se remettre au travail et lutter. Tout au contraire, voyant qu'on ne croit plus en ses possibilités, il finit par s'installer dans son échec avec fatalisme. Effectivement, d'année en année, les mauvais résultats viennent confirmer le jugement négatif et prémonitoire des parents. En revanche, si devant un échec provisoire et partiel, l'éducateur essaye de comprendre ce qui se passe, et surtout *donne à l'enfant les moyens* de sortir de cette impasse, il constate dans la plupart des cas que l'enfant se reprend et réussit à nouveau. Or Bernard, lui, n'a pas bénéficié de cette aide salutaire. Au contraire, son père qui ambitionnait pour ses enfants une bonne situation, l'a vivement critiqué sans lui apporter de solutions concrètes, hormis le fait de l'inscrire dans des écoles de bonne réputation.

Le mutisme

En dehors de toute situation conflictuelle, Bernard a une élocution hésitante : il commence une phrase, s'arrête, s'excuse, contourne le sujet, il manque totalement d'assurance et de persuasion. Il a donc appris à écarter de son esprit cette question inquiète et omniprésente : « Est-ce que je parle, j'agis, comme il le faudrait ? » Cette éternelle interrogation est dangereuse, car moins on se montre assuré et plus on laisse le champ libre à ceux qui veulent dominer. La communication fonctionne alors sur le monde des vases communicants : plus l'un se sent inférieur, sans défense, et plus l'autre se sent fort, et tout permis.

Pourquoi est-il impératif que Bernard sorte de son mutisme et qu'il apprenne à verbaliser ?

Comment sa réflexion chemine-t-elle lorsqu'il s'enferme dans le mutisme ? Quand quelque chose ne va pas, généralement il s'en aperçoit : « Je le vois... intellectuellement » dit-il, c'est-à-dire confusément, furtivement. Il voit, certes, mais qu'en fait-il ? Le plus souvent, rien. Parfois il lui arrive d'exprimer son désaccord, mais de façon confuse et sur un ton neutre. Alors on lui répond généralement : « Je ne veux pas le savoir, débrouillez-vous. » Après quoi il émet intérieurement une protestation aussi timide qu'inefficace : « C'est inadmissible. » Et à partir de là, son émotion de moins-être reprend le relai : « Je n'y arriverai jamais, je suis mauvais en tout, je vais échouer, et ce sera de ma faute. »

Comment le cerveau met-il en route une action lorsque l'individu verbalise ? Concrètement, si dans un prochain emploi la même situation se présente, voyons comment il pourra procéder. Au lieu de rester avec ses impressions et de se noyer dans ses angoisses, il ira trouver son directeur et

formulera à haute voix les anomalies qu'il a constatées. Devis
en main, il matérialisera ses chiffres et démontera le caractère optimiste de certains calculs, preuves à l'appui. Et c'est
en parlant que dans sa propre tête les choses prendront leur
relief. Une objection de son directeur sera l'occasion pour lui
d'affiner encore davantage sa pensée. Et au fur et à mesure
qu'il parlera, ses propos prendront appui sur une détermination accrue et... communicative. La formulation à haute voix
aura cet effet : ce qui était jusque-là confus deviendra clair :
« Sans compter les contretemps, notre entreprise perdra sur
ce chantier un minimum de X millions de francs. Et puisque
tous les devis sont calculés au plus juste, nous n'épongerons
pas cette perte avec les chantiers suivants. Au contraire,
d'erreur en erreur, le déficit s'accumulera. » Alors s'ajoutera
l'émotion en rapport avec les conséquences qui se profilent :
« Ce devis nous conduit au casse-pipe. Les impératifs matériels doivent être respectés, sinon, à moyen terme, l'entreprise déposera son bilan et nous nous retrouverons tous au
chômage. »

Ainsi, au lieu de se contenter d'une prise de conscience
fugitive, Bernard laissera derrière lui des conclusions *matérielles, concrètes*, dûment enregistrées dans sa propre
mémoire. L'angoisse introspective aura cédé le pas dans sa
préoccupation à une difficulté *matérielle, concrète,* extérieure
à lui...

Le projet

L'exemple qui suit — outre une description des difficultés
d'un contradictoire normatif — montre comment ce type
de comportement peut se transmettre de père en fils, et
comment l'insatisfaction de l'éducateur se concrétise par des
projets précis sur ses enfants. Des projets émotionnellement
très chargés.

Xavier est médecin. Il a fait de très bonnes études, mais il
manque de confiance en lui-même. Que pensent de lui ses
clients ? Est-il perçu comme un bon médecin ? Est-ce qu'il
correspond à l'image du médecin selon les normes agréées

par la faculté ? C'est le genre de questions qui vient sans cesse parasiter sa réflexion. Il est vrai que sa mère lui a répété souvent : « Tu n'es qu'un gamin — Tu n'es vraiment pas psychologue — tu es maladroit. » Vingt ans plus tard, tout cela est demeuré pour Xavier source d'anxiété. Quand il doit faire une prestation de petite chirurgie, une suture par exemple, les propos de sa mère lui reviennent, et ses mains se font hésitantes. Chez lui aussi il se montre hésitant. Il ne sait pas bricoler. Un ami lui explique comment on pose un papier peint ; il suit ses conseils en exécutant scrupuleux, mais il n'en retient rien. La prochaine fois qu'il lui faudra tapisser une pièce, il se trouvera toujours aussi démuni parce qu' « il n'est pas manuel ». Lorsqu'il fait ses courses, il hésite sans fin devant les rayonnages : quel pot de confiture doit-il choisir ? Quelle variété de pommes ? D'où lui vient une si grande inhibition ? Dans quel type de famille a-t-il grandi, dans quel genre d'émotions a-t-il baigné pendant son enfance ? Comment a-t-il vu agir ses parents ?

Né au sein d'une famille modeste, le père de Xavier a connu une jeunesse des plus tristes : il a perdu sa mère très tôt et s'est occupé de son père impotent pendant plusieurs années, jusqu'à ce que ce dernier décède à son tour. Il aurait aimé entrer dans les ordres, mais on n'a pas voulu de lui. Ce refus l'a profondément blessé. Il s'est senti moins que rien. Est-ce pour se racheter ? Il s'est alors imposé un triple programme : *il vivrait toujours irréprochable,* il élèverait ses enfants très chrétiennement, enfin il leur ferait poursuivre des études brillantes. Toute sa vie, il mit un point d'honneur à coller à cet idéal... ou plus exactement, à cette image de marque idéale. Il a pris femme dans un milieu qui, sans être vraiment cossu, était plus aisé que le sien. Une fille plutôt douée, mais qu'on avait éduquée dans un respect sacro-saint du slogan *la femme doit être soumise à son mari.* Quel mari ? Un véritable puits d'angoisses. Elle aurait pu apporter dans leur couple une bouffée d'oxygène, mais non, elle s'est laissée vivre. Elle l'a suivi en tout. Faute de mettre à profit ses qualités personnelles, elle s'est étiolée peu à peu, au point avec le temps de sembler insignifiante. Son mari vivait dans une rigueur qui tourna rapidement à la rigidité. Il poursuivait un fantasme construit : faire de sa vie un chemin de sanctification, sans se soucier le moins du monde de ce que devraient endurer ses proches. Il gagnait bien sa vie, et sa famille pouvait vivre au large, mais il imposait aux siens une vie ascétique ; la maison était peu chauffée, on mangeait des abats, on ne s'offrait jamais de cadeaux, ou alors, dérisoires. Sa femme fut tout à fait dépaysée par cette austérité qui était rompue parfois par des grands dîners auxquels il conviait la bonne bourgeoisie locale. L'ascèse n'est pas incompatible avec le sens des relations sociales.

Le père de Xavier était gérant d'une petite entreprise d'électricité. Un jour, un de ses ouvriers commit une erreur en réalisant une installation, et un client fut gravement blessé... L'assurance refusa de couvrir le dommage, prétendant que les mesures de sécurité n'avaient pas été respectées par souci d'économie. Le père de Xavier, considéré comme juridiquement responsable, fut condamné à payer une somme très lourde ; il s'acquitta tant bien que mal de sa dette, mais surtout, il en fut touché profondément dans son idéal d'irréprochabilité absolue. Il était tout à fait innocent dans cette affaire, mais il ne pensa pas un instant à se défendre. Il se soumettait à la fatalité. Il tomba dans une dépression grave et son état nécessita des soins psychiatriques prolongés. Il commençait à s'en remettre doucement quand il apprit qu'un de ses fils allait entrer au couvent. Ce nouveau choc lui fut fatal. Cette fois, des complications somatiques vinrent aggraver sa rechute. Il mourut peu après. Comment expliquer cette réaction ? Son fils réalisait l'idéal que lui-même s'était vu refuser, est-ce cela qui l'a bouleversé à ce point ? On se serait attendu à une certaine satisfaction, pas à un effondrement. On comprend d'autant moins cette réaction que, quelques années plus tôt, le divorce d'une de ses filles l'avait mis dans un état lamentable. Ainsi, que ses enfants transgressent ses principes, ou au contraire qu'ils se rangent à ses vœux les plus chers, il réagissait de la même façon, par la dépression. Difficile à comprendre, décidément. Le moins qu'on puisse dire est que cet homme était *très impliqué dans les faits et gestes de ses enfants.*

Le père de Xavier lui a transmis son propre comportement : contradictoire normatif. D'une part cet homme se sentait moins que rien, et le répétait souvent, sincèrement, et d'autre part, il était aspiré par une ambition démesurée : sous les dehors bien pensants de la modération, du bon sens, du goût prononcé pour le juste milieu, il poursuivait une course effrénée vers un paraître social de perfection et de hauteur morale. Réglant sa vie sur un grand nombre de principes, il condamnait quiconque s'en écartait : les jeunes aux cheveux trop longs, ou trop courts, les gens qui suivaient trop la mode, ou pas assez. La droite lui semblait trop à droite, et la gauche trop à gauche. « C'est excessif », voilà le qualificatif qu'il déposait sur tout ce qui n'était pas lui.

Xavier retrouve en lui ces deux pôles contradictoires :

Un pôle positif

Il a longtemps songé à entrer au séminaire comme son père le souhaitait ardemment, et il n'y a échappé que parce que ce type de profession est tombé aujourd'hui en désuétude. Il a transposé sa *soif d'absolu* sur son métier de médecin : il voulait être un médecin bon et humain, étonnamment bon, extraordinairement humain. Notable, bien sûr, mais simple malgré tout, tellement simple qu'on penserait autour de lui : « Quelle simplicité, c'est exceptionnel... »

Un pôle négatif

Dans le domaine de l'intelligence et des études, il n'a connu aucune difficulté. Là, il devait réaliser les ambitions paternelles. Mais dans tous les autres secteurs, il s'est toujours perçu comme un être inférieur. Ceci pourrait bien être sans doute le fruit d'une contamination par son père. Cet homme débordait d'émotions négatives sur tout son entourage, et sur Xavier en particulier. *Chargé de ses espérances, Xavier a hérité aussi de son boulet d'infériorité...* car c'est un tout indissociable : cette rage d'appartenir à l'élite n'est qu'une solution à la problématique : « je suis moins ». Porteur de cet a-priori émotionnel d'infériorité, Xavier l'a rationnalisé, étayé, conforté à partir de ses expériences d'enfant : tout ce qui ressemblait à un échec était une preuve de plus. Sa mère a joué un rôle particulièrement malheureux en lui collant des étiquettes : « Tu es maladroit, tu n'es pas manuel, tu n'es pas psychologue... » Ces qualités ne sont pas des dons innés, mais le fruit d'un apprentissage. Au lieu d'aider son fils sur ces points faibles, elle l'a figé dans une incapacité définitive, ou que du moins il a toujours considéré comme telle. D'ailleurs, elle projetait là ses propres carences : elle-même n'a jamais été très fine dans ses relations avec les autres (la preuve...), et peu habile de ses mains, elle n'a jamais su faire la cuisine correctement.

PASSER DE L'ÊTRE AU FAIRE

C'est avec ces parasites angoissants en tête que Xavier a commencé à exercer. Coincé entre ces deux mouvements ascendant et descendant, il avait l'impression parfois de devenir fou. Son langage devenait confus, et sa réflexion difficile. Un jour il rencontre un garagiste qui lui dit :

— Au fond, nous faisons le même métier, nous sommes commerçants tous les deux.

— Comment ça ?

— Moi je répare les voitures, et vous, vous réparez des gens. J'ai appris une technique appropriée pour les voitures, vous pour les humains. Je gagne ma vie en appliquant mes techniques, vous aussi. Les gens viennent vous trouver pour obtenir un certain service et vous paient pour ça...

— Oui, évidemment, vu comme ça... Mais tout de même, moi j'ai la responsabilité de vies humaines.

— Eh bien ? Moi aussi : si je répare mal votre circuit de freinage ou votre direction, vous allez tout droit dans le premier ravin.

Ces paroles frappées au coin du bon sens, ont créé chez Xavier un choc salutaire : il a réalisé soudain que son métier relevait d'abord et avant tout d'une technique, d'une compé tence, comme n'importe quel autre métier, garagiste ou plombier ou électricien... Evidemment, le médecin bénéficie encore souvent d'une auréole de prestige entretenue par la tradition, mais que sa fonction ne justifie pas plus que bien d'autres. Xavier, prisonnier de l'ambition de son père, s'est laissé imprégner de la mentalité élitiste du monde médical au cours de ses études. Il cherchait à *être* un bon médecin, au lieu de s'attacher à bien *faire* son métier. Dès lors, il a changé son fusil d'épaule : au lieu de s'angoisser sur ce qu'on penserait de lui, il s'est attaché à augmenter sa compétence. Cet atterrissage sur le sol ferme du *faire* lui a été profitable à deux niveaux : d'abord, il s'est constitué une bonne clientèle, car les malades, en consommateurs intelligents, reviennent chez celui qui leur a donné satisfaction, et d'autre part, il a trouvé assez rapidement une assurance qu'il n'avait jamais connue.

Ce passage de l'être au faire, ce changement radical de points de repères a permis à Xavier de retraiter régulièrement ses angoisses et ses tensions. Mais pour s'en sortir vraiment, il lui a fallu prendre du recul par rapport au *projet* que ses éducateurs ont eu sur lui.

RETRAITEMENT
SORTIR DU PROJET

Les comportements contradictoires adaptant et normatif se ressemblent par un certain nombre de traits caractéristiques. Les solutions proposées dans le chapitre précédent permettront donc aux normatifs d'avoir prise sur l'un ou l'autre de leurs automatismes indésirables.

Cependant, la difficulté particulière de ce comportement réside dans le projet que la personne porte sur ses épaules, ou plutôt dans la tête. Il faudra donc s'attaquer à ce projet pour en supprimer les effets néfastes. (Le lecteur pourra se reporter à l'exemple développé page 55 et suivantes, qui concerne précisément une personne de comportement contradictoire normatif).

Dans un projet, on distingue deux éléments : *une mission*, et *un commanditaire*.

La finalité, ce sont *les intérêts du commanditaire :* l'apaisement de ses angoisses, son rachat, sa satisfaction. Quant à la mission, c'est le moyen pour lui d'arriver à ses fins, en se servant de son enfant. C'est sa propre réussite qu'il vise, et qu'il veut réaliser à travers sa progéniture. Cette finalité appartient le plus souvent au non-dit. Il est bien rare que l'éducateur dévoile *pourquoi* il confie à son enfant une telle mission.

La mission : il l'a révélée à travers certaines conversations, certains conseils, certaines réprimandes, plus ou moins explicites.

Un projet social ambitieux peut se doubler d'un projet familial. L'individu se trouve alors enfermé dans un univers étriqué où il réussira ce qu'il est chargé de réussir, mais aussi, où il renoncera aux joies qu'on lui aura interdites. Certaines personnes veulent garder leur enfant auprès d'elles toute leur vie : un chef d'entreprise a dû attendre la mort de sa mère pour pouvoir se marier, il avait alors quarante-cinq ans. Bien des célibats non assumés pourraient relever de ce genre de projet.

Une même personne peut ainsi se trouver chargée de réaliser simultanément plusieurs projets qui, matériellement, sont difficilement compatibles. L'insatisfaction et la tension qui en résultent peuvent devenir telles que l'individu, incapable de soutenir plus longtemps l'insoutenable, finit par s'effondrer un jour : c'est la dépression, la maladie, parfois le suicide...

Le terme « projet » peut déboucher sur une réalité aussi grave que celle-là. Une personne qui a subi ce genre d'éducation *possessive* aura donc intérêt à retraiter les projets qu'on a eus sur elle, non pas au nom de quelque principe d'autonomie, mais pour se soustraire à des complications qui peuvent être préoccupantes, tant sur le plan somatique que psychologique.

C'est ici que l'éclairage de l'hypnose devient de premier intérêt.

Dans les pages qui vont suivre, nous développerons successivement deux exemples qui illustreront, chacun de façon particulière, les conséquences parfois dramatiques d'une existence annexée au projet d'un autre. Chacune de ces situations a trouvé une issue heureuse après retraitement.

Une existence traquée

Colette a trente ans, mariée, mère de famille, elle est chercheur en électronique. Apparemment, la vie l'a

L'ÉCLAIRAGE DE L'HYPNOSE

Comme nous l'avons vu dans la première partie de cet ouvrage, la petite enfance s'apparente à l'état hypnotique, au cours duquel s'établit un lien, et l'éducation que nous donnons à nos enfants relève à bien des égards de la suggestion. Quelle leçon tirer de ce rapprochement ?

Un acte hypnotique se compose de quatre éléments
— *L'hypnotiseur*
— *L'approche* par laquelle il induit la dépendance du sujet
— *Les suggestions* qui organisent la conduite du sujet
— Le cas échéant, *le projet* global dans lequel l'hypnotiseur a enfermé le sujet.
Pour se dégager d'un conditionnement hypnotique, il est indispensable de mettre à jour un à un ces quatre éléments.

Dans le processus de l'éducation, les mêmes composantes apparaissent :
— *l'éducateur*
— *l'approche* par laquelle il a établi un lien avec son enfant
— *les suggestions :* l'ensemble des idées reçues, des petites philosophies qu'il communique à l'enfant, les conduites toutes faites qu'il lui impose avant que l'enfant soit en mesure de les critiquer
— *le projet :* certaines personnes — certaines seulement — ont sur l'enfant un projet précis qui fait de lui un individu annexé, détourné de sa propre existence, pour réaliser, compléter, parfaire ou racheter celle de l'éducateur.

Ces points de repère permettront d'orienter la réflexion de toute personne qui constate dans sa vie l'interférence fâcheuse des réflexes de son comportement, et qui cherche à résoudre cette difficulté en profondeur.

comblée. Pourtant, la jeune femme est le plus souvent en proie à une tension intérieure très forte. Elle craint toujours d'être prise en faute. Parasitée par un émotionnel excessif, il lui est difficile de travailler, elle ne tient pas ses objectifs, elle se disperse et ne cesse de se comparer aux autres. Pour se faire bien voir, elle prend beaucoup d'engagements qu'elle ne peut pas tenir par la suite. Lorsqu'elle rentre chez elle, le soir, ses enfants font les frais de ses énervements du jour, elle réagit avec eux de façon disproportionnée : un verre d'eau renversé se solde par une punition hors mesure. Après ces excès, elle se culpabilise d'être une mauvaise mère, et pour se racheter, elle cède à tous leurs caprices. Eduquée sous le régime de l'incohérence, les enfants accumulent les bêtises, ce qui renforce encore l'angoisse de Colette, car elle se sent jugée à travers eux.

Elle est hypersensible à ce que l'on pense d'elle : devant une remarque, elle s'angoisse aussitôt de façon démesurée : son mari lui fait un reproche, elle se voit au bord du divorce ; son chef lui signale une erreur, elle se croit déjà licenciée.

L'approche qui la fait vaciller

Colette a compris d'où viennent ces réactions excessives, ces automatismes de comportement qu'elle ne peut contrôler. Elle adopte généralement deux types d'attitude : ou bien elle se justifie, lance des piques et pleure comme elle le faisait avec son père quinze ans auparavant, ou bien elle se tait, intérieurement révoltée et abdique son point de vue pour se ranger à celui de son interlocuteur si celui-ci lui rappelle tant soit peu les attitudes de sa mère. C'est ce qui se produit avec sa directrice de laboratoire. Colette est incapable de lui faire front. Lors d'une réunion, elle doit lui présenter un projet. La directrice fait une remarque sur un point de détail, aussitôt Colette baisse les bras pensant que globalement son travail ne vaut rien. Intérieurement contrariée, elle est alors incapable de reprendre encore la parole durant la réunion. Et quand elle rentre chez elle, elle fait une crise de tétanie. Dans la tête de Colette, c'est la confusion. Elle ne sait jamais très bien où elle en est. Elle ne donne pas l'impression d'une adulte, mais d'une adolescente traquée, sans cesse sur le qui-vive. Elle traverse la vie en courbant le dos sous d'hypothétiques reproches. Elle n'agit pas, elle réagit. Par ailleurs Colette sait qu'elle devient difficile à vivre pour son conjoint et pour ses enfants. Voilà des années qu'elle fait des efforts louables pour adopter un comportement qui soit plus reposant pour elle-même et pour les siens en vain.

Réaliser le projet d'un autre

La vie de Colette, comme celle de nombreux contradictoires de ce type s'organise autour d'un secteur programmé, en l'occurrence : les études puis la profession.

Son père, contradictoire normatif lui aussi, était polarisé par la réussite scolaire de ses enfants. Le soir et chaque week-end, il surveillait l'emploi du temps de Colette au quart d'heure près, entrant à l'improviste dans sa chambre pour s'assurer qu'elle respectait bien son planning de travail. Pour fuir cette surveillance sans faille, Colette participait à de nombreuses activités extra-scolaires mais ses camarades lui reprochaient son manque d'assiduité. En effet, chaque fois qu'elle avait un zéro sur son carnet de notes — par ailleurs tout à fait correct — son père annulait indistinctement et sur-le-champ toutes ses sorties qu'il s'agisse d'un simple week-end ou d'un camp de quinze jours. Colette devait donc se désister au dernier moment si bien qu'on ne pouvait jamais compter sur elle, et qu'elle-même ne pouvait pas vraiment prendre sa place parmi ses camarades. Une mauvaise note pouvait être également sanctionnée par des coups si violents qu'elle s'est crue menacée de mort plus d'une fois.

Au lycée, c'est sa mère qui prenait le relais. La surveillance était d'autant plus facile qu'elle y exerçait la fonction de professeur de mathématiques. A ce titre, elle se tenait au courant de tous les faits et gestes de sa fille et connaissait ses résultats bien avant elle. Croisait-elle Colette dans les couloirs du lycée — même déserts — elle feignait de l'ignorer. Colette était au supplice. Elle aurait attendu un sourire, un regard, quelque manifestation d'intérêt, ne fut-ce qu'une critique de ses derniers résultats qu'elle-même ignorait encore. Rien. Sa mère restait froide, distante. La jeune fille ne comprenait pas. Les seuls rapports personnalisés qu'elle entretenait avec sa mère passaient par des cours particuliers de mathématiques qu'elle lui donnait... tout en préparant le repas. Les murs de la cuisine étaient maculés de formules d'algèbre. Cette femme attendait que sa fille lui fasse honneur en se montrant brillante élève, surtout dans sa matière. Mais quand Colette exhibait fièrement un devoir de maths noté 18/20, sa mère commentait : « C'est bien normal, avec tous les avantages que tu as !... » Colette tenait beaucoup à satisfaire sa mère à qui elle vouait une admiration sans borne. « C'est pour lui prouver que je n'étais pas sotte, dit-elle, que j'ai entrepris les études supérieures qui me semblaient les plus difficiles. »

Ainsi le père comme la mère, chacun à sa façon, étaient fortement préoccupés par un secteur de la vie de Colette : ses études. Quand, après son bac, ils venaient lui rendre visite dans sa chambre d'étudiante, ils ne la quittaient jamais sans s'être enquis de ses derniers résultats. Ces visites avaient d'ailleurs le don de mettre Colette dans ses petits souliers : une semaine avant leur venue, elle cherchait désespérément comment leur prouver qu'elle restait, même loin de chez eux, une élève aussi studieuse qu'irréprochable.

Ne pas être prise en faute

L'ambiance à la maison était celle d'une école d'un autre âge : les punitions pleuvaient, il ne faisait pas bon être pris en faute. Le père de Colette se comportait avec ses enfants en surveillant-général, voire à ses heures en père-fouettard. Pour éviter ses reproches, Colette accusait facilement les autres. Aussi, quand elle se disputait avec ses frères et sœurs, ils étaient souvent punis plus qu'elle. Pour obtenir de son père des permissions de sortie, elle défendait son morceau avec beaucoup d'agressivité, c'était entre elle et lui des bagarres verbales quasi permanentes. Mais comme les coups tombaient facilement, elle avait recours parfois à une meilleure approche, elle se faisait câline, moyennant quoi elle put s'aménager une chambre sous les toits, se faire offrir des cadeaux et se lancer dans toutes les activités qui lui plaisaient, à condition bien sûr que le sacro-saint travail scolaire fût achevé d'abord. Colette cherchait à plaire à sa mère. Elle désirait avant tout son estime, mais ne récoltait le plus souvent que dénigrement. Alors, elle réagissait violemment, par des crises de nerfs, des pleurs. Puis, après ces scènes de révolte, elle se culpabilisait et s'efforçait de se racheter en faisant la vaisselle, le ménage ou les courses. (Aujourd'hui encore, elle cherche souvent à prouver aux autres qu'elle n'est pas une sotte incapable, comme si elle devait combattre chez les personnes qui l'entourent cet a priori à son égard qui était celui de sa mère.) Ainsi, pour échapper aux reproches de ses parents, et pour obtenir de leur part un peu de considération, Colette avait recours à ces moyens d'enfant : le charme, la justification, l'accusation des autres, et si cela ne suffisait pas, la colère et la bouderie. A l'âge adulte, elle a gardé ces attitudes infantiles. Ses parents se sont imposés à elle de façon durable, selon le statut de maîtres d'école insatisfaits. La maturation psychologique de leur fille s'est bloquée au stade de potache-pris-en-faute.

L'insatisfaction par rapport à un idéal

Les mêmes éducateurs invitaient Colette à réaliser un projet ambitieux, mais en même temps, ils la dévalorisaient profondément. Colette a reçu une éducation contraignante et elle a soif d'estime comme n'importe quel enfant. Or, elle n'en a reçu que des miettes, de la part de son père essentiellement. En effet, elle a appris que derrière son dos, il disait parfois à ses amis : « Colette est une fille intelligente, elle est gentille... » Mais par-devant, il ne lui a jamais fait de compliments. C'est bien peu de satisfaction pour permettre à une enfant de prendre un peu d'assurance. On avait sur elle un projet, elle l'a réalisé. Aujourd'hui, elle a dans les mains un bon diplôme qui lui procure un statut social honorable, mais elle ne tire aucune fierté d'avoir atteint l'objectif qu'on lui avait fixé. Car l'ascension vers ce sommet a été entourée de tant de contraintes qu'elle en garde un souvenir globalement déplaisant. Elle est même si peu assurée qu'à certains moments, elle se saborde devant ses chefs hiérarchiques, s'avouant incompétente alors qu'il n'en est rien. En fait l'idéal aux yeux de Colette, c'est sa mère et tout ce qu'elle représente : l'élégance, l'assurance, l'intelligence, autant de qualités dont Colette pense être dépourvue. Colette avait l'impression qu'on la critiquait sans cesse : les amis dont elle attendait une affection qui lui manquait à la maison, sa mère les dénigrait. Les activités qu'elle entreprenait en dehors de sa famille pour respirer un peu étaient également ridiculisées. Son physique, ses tenues vestimentaires, tout y passait et ses frères et sœurs renchérissaient. Comment à partir de toutes ces critiques, Colette aurait-elle pu avoir d'elle-même une image positive ? Se sentant rejetée par l'être qu'elle admirait le plus au monde, Colette voulait prouver à sa mère qu'elle n'était pas sotte. Elle lui parlait de ses projets professionnels pour obtenir sa caution et un brin de considération, mais sa mère lui paraissait alors lointaine, apparemment indifférente, inaccessible. Alors, l'enfant s'énervait, et la mère exaspérée la repoussait : « Tu ressembles à ton père, tu as son physique et son sale caractère... C'est un fou... » Et Colette n'en pouvait plus. Cette remarque la révoltait d'autant plus que, bien souvent, elle-même plaignait sa mère d'avoir épousé un homme pareil. Quinze ans plus tard, Colette est envahie d'émotions dans lesquelles elle ne parvient pas à mettre de l'ordre. Elle est toujours tendue par ce balancement entre une volonté de paraître irréprochable et la culpabilité de ne pouvoir remplir cette mission impossible.

RETRAITEMENT

A la recherche de l'autonomie

Voilà quinze ans que Colette cherche honnêtement à s'en sortir, à ne plus boire la tasse quotidiennement, à devenir un peu plus agréable à vivre pour ses proches et à trouver pour elle-même un peu de bonheur. Au départ, sa démarche se situait davantage d'un point de vue moral. Elle luttait contre ses défauts, elle cherchait à être moins agaçante, moins dispersée, moins paresseuse, moins égocentrique. Mais ses efforts n'ont porté aucun fruit. Au contraire, ils ont renforcé sa tendance naturelle à la culpabilisation, ils l'ont fait plonger encore davantage dans son moins-être, avivant ainsi ses tensions intérieures. La recherche de la vertu est une entrave supplémentaire pour l'individu, car nous sommes tous, pour l'essentiel de nos réactions, mus par des automatismes auxquels les bonnes résolutions ne changeront rien. Lorsqu'on fait croire aux gens qu'il est possible, recommandé, et même nécessaire de régler sa vie sur certains critères de perfection, on leur communique une source d'angoisse supplémentaire. On les invite alors à se justifier sans cesse, à dissimuler leurs erreurs et à se dévaloriser. Les contradictoires normatifs, scrupuleux par nature, sont d'autant plus handicapés par cette recherche de perfection morale.

Après tant d'années d'efforts peu fructueux, Colette a jeté sur une feuille de papier les différentes réactions inadaptées dont elle avait conscience : « Je ne sais pas prendre de détente tant que j'ai encore quelque chose à faire. Or, j'ai toujours quelque chose à faire. Je suis donc tendue en permanence. Tantôt je me reproche de n'avoir pas fini tout ce que j'avais à faire, tantôt je retourne vérifier si mon travail est bien irréprochable. Cette tension m'empêche de travailler intelligemment et rapidement, de plus elle empoisonne mes rapports avec autrui. Je vis dans la crainte permanente qu'on me fasse une remarque ; même une critique minime me bouleverse et me fait craindre le pire. »

Devant ce constat, Colette a cherché comment ces attitudes avaient bien pu se mettre en place. Son comportement ressemble à celui de son père : pointilleux à l'excès, coléreux, incohérent avec ses enfants, uniquement axé sur le travail, avare et sujet à certaines obsessions (si un gant tombe par terre, il le lave soigneusement, au cas où un chien aurait uriné justement à cet endroit). Comme elle ne l'a jamais admiré, il lui a été facile de tracer ce profil. On lui avait seriné jadis : « Tu es tout le portrait de ton père », mais elle venait seulement de réaliser à quel point c'était vrai. Pour la première fois, elle a compris qu'elle reproduisait quelqu'un d'autre, que les difficultés contre lesquelles elle se battait depuis si longtemps en vain étaient d'abord celles de son père, avant d'être les siennes. Conséquences de cette première prise de conscience : quelques jours plus tard elle recevait ses parents. Alors que d'autres fois elle se serait préparée à cette visite plusieurs jours à l'avance par un grand nettoyage de printemps, cette fois, elle modifia ses habitudes, sans se soucier une minute de ce qu'en penserait son père, toujours si exigeant sur la propreté d'un intérieur. Elle venait de prendre un certain recul par rapport à lui. Dès lors, elle entreprit de ne plus comparer ses faits et gestes personnels à une perfection hors d'atteinte, mais à leur donner le relief qui leur revient au regard de leurs conséquences.

Chaque soir, elle fait un bilan rapide de sa journée, soulignant d'abord *les acquis* : j'ai réussi à me tenir à mes objectifs, à respecter les priorités dans mon travail, dans telle situation je n'ai pas laissé mes émotions s'emballer, j'en suis restée aux faits, etc... De ce retraitement se dégage une émotion adaptée : bravo, j'avance. Puis, de la même façon, elle fait le constat de ses dérapages du jour, et tente d'y trouver des solutions pour une prochaine fois. Quand elle se surprend à prononcer des expressions telles que « j'ai l'impression que... », elle s'arrête. C'est la borne qui lui indique qu'elle va quitter le domaine des faits pour entrer dans celui des interprétations dont elle est coutumière. Or au bout de deux ans de cette rigueur, Colette constate que paradoxalement les choses continuent à se détériorer. Elle connaît de grosses difficultés dans tous les secteurs à la fois.

Le tournant décisif est venu le jour où elle s'est rendu compte de ceci : « J'essaie toujours de prouver aux autres que je ne suis pas con, en toutes circonstances, et dans tous les domaines. » Pourquoi cette idée fixe, alors que personne dans son entourage ne songe à la prendre pour une idiote ? En vue de quoi cette argumentation ? En fonction de qui ?... De sa mère. Colette l'admirait, elle voulait lui ressembler, elle a toujours cherché sa considération et sa caution, mais sans jamais l'obtenir. La mère et la fille ne se sont jamais comprises. Colette a finalement mis à jour le malentendu : au fond, cette femme se suffit à elle-même, les autres ne semblent pas l'intéresser. C'est donc peine perdue que de chercher sa considération, et surtout, pour en faire quoi ? A partir de cette prise de conscience, Colette s'est mise à son compte. Elle a commencé à vivre pour elle-même, à vivre au présent. Elle a enfin trouvé un calme intérieur qui lui a permis d'organiser sa vie comme elle l'entend, pour le mieux.

Les moyens concrets qu'elle utilise

Dans sa profession, elle n'accumule plus les engagements pour plaire à ses patrons, elle se limite à un planning réaliste, tenant compte des imprévus. Ainsi, elle n'est plus débordée ni paniquée, et s'acquitte correctement de ce qu'elle a à faire. D'autre part, elle ne fait plus de crises de tétanie comme autrefois quand elle rattrape ses heures supplémentaires, car elle ne se sent plus coupable devant son chef. D'ailleurs, maintenant qu'elle a acquis un peu d'assurance, ses rapports avec lui se sont beaucoup assainis. Elle a pris conscience de ses compétences en notant sur un agenda ses réalisations et les fruits qu'elles ont portés. Avec ses enfants, elle réagit maintenant au coup par coup ; comme elle n'a *plus besoin de prouver* qu'elle est une bonne mère, elle a d'autant moins d'émotions à dominer lorsqu'elle doit les aider à dépasser une difficulté. Elle parvient à rester ferme sans tomber dans ses excès de jadis, elle passe de bons moments avec eux. Cependant, elle reste bien consciente que dès qu'elle se relâche, l'un retombe dans la dominance et l'autre s'évade dans la rêverie. Maintenant qu'elle a appris à mieux se connaître elle-même, elle est capable d'entendre des remarques sans plonger immédiatement. Ainsi c'est par étapes que Colette s'est peu à peu dégagée de l'ensemble de ses automatismes de comportement.

De nombreux exemples nous ont amenés à faire ce constat : lorsqu'une personne n'a mis à jour qu'une partie de sa programmation, elle a beau déployer des trésors de bonne volonté, elle continue à se battre contre l'impossible. En effet, certains comportements ont été mis en place par l'influence conjuguée de diverses personnes : le père, la mère, tel enseignant, tel aïeul très présent, un frère ou une sœur... Tant que l'individu ne s'est pas dégagé de l'ensemble de ces influences, il reste prisonnier d'automatismes contre lesquels il ne peut lutter qu'à la force du poignet. Depuis longtemps Colette a compris qu'elle reproduisait le comportement de son père, elle a fait des efforts louables, en vain.

Tant qu'elle n'a pas mis à jour le rôle que sa mère a joué dans son enfance et durant son adolescence, Colette restait bloquée dans des automatismes aujourd'hui inadaptés, cherchant désespérément à prouver qu'elle n'était pas sotte.

Dès lors, à la place de ce programme qu'elle n'a pas choisi, elle a pu mettre en place un projet de vie bien à elle, elle s'est mise à son compte, se différenciant enfin totalement de ses parents.

Une existence minée par la possessivité

Pour ses amis, ses collègues, ses employeurs, Rémi est un jeune ingénieur de trente-cinq ans, sorti d'une école assez cotée, qui mène une carrière réussie. Pour sa femme, c'est un garçon facile à vivre, délicat, volontiers serviable avec tout le monde, pas prétentieux pour un sou, et parfois en proie à une dévalorisation qu'elle ne comprend pas.

Lui se perçoit tout autrement. Comme quelqu'un qui ne sait pas se débrouiller seul, qui ne croit pas en ses capacités personnelles. Il lui semble qu'il a raté ses études et sa carrière. Il est le plus souvent plongé dans une dévalorisation sans fond, mais de temps à autre, il se sent pris par une folie des grandeurs : des pensées lui traversent l'esprit selon lesquelles il serait l'élite de la nation. Le fait d'enfiler un costume et une cravate, ou de se déplacer en avion à l'occasion pour son entreprise, fait naître en lui des impressions de grandeur : « Je suis au-dessus du commun. » Puis, il se culpabilise d'autant plus d'avoir osé écouter, fût-ce un instant, des fantasmes aussi dérisoires et méprisants.

Comment expliquer la différence entre ces deux tableaux ? La perception que Rémi a de lui-même est passablement faussée. Son tourment intérieur est sans rapport avec sa réalité quotidienne. On le dirait habité par les pensées d'un autre... Il a mieux compris cette étrange hantise lorsqu'il a fait, avec un psychologue, le portrait de ceux qui l'ont élevé.

Le psychologue lui a proposé d'examiner un à un les différents secteurs de sa vie, à travers leur évolution, pour déceler au milieu des difficultés réelles d'aujourd'hui celles qui relèvent de parasites issus de son enfance, de problèmes rencontrés autrefois et restés sans solution.

Qui sont ses parents

« Mon père. Il est le fils d'un député, son frère a fait l'Ecole des Mines, mais lui-même n'a pas fait d'études supérieures. Il se présentait comme un notable, un homme d'une intelligence peu ordinaire. Quand j'étais enfant, il m'a dit qu'il était l'inventeur de certaines machines, j'ai découvert plus tard qu'en fait c'est mon grand-père qui avait inventé ces machines. Mon père dirigeait une petite entreprise. Je l'ai toujours connu préoccupé par des difficultés de gestion.

Ma mère. Il faut d'abord parler de ma grand-mère, car elle était très présente : elle se mêlait de tout et dictait ses volontés à toute la famille. Ma mère, tout en lui étant soumise, a la même mentalité et les mêmes attitudes : elle a totalement investi la vie de ses enfants. C'est elle qui me coupait les cheveux, qui m'achetait mes vêtements, j'étais toujours fichu comme l'as de pique, usant des vieux pantalons trop petits ou trop grands, par mesure d'économie. Pourtant, l'argent ne manquait pas à la maison, au contraire. Elle se chargeait de tout, absolument de tout, y compris de la toilette de mon sexe jusqu'à mes quatorze ans révolus. »

Santé

Rémi a aujourd'hui des problèmes de santé. En a-t-il connu dans le passé, dans son enfance ? « Ma mère m'a souvent répété qu'à l'âge de deux ans, j'ai failli mourir d'une infection à virus très grave, proche de la leucémie. A cause de cela, elle m'a traîné de médecins en spécialistes pendant des années, me faisant faire régulièrement des analyses et des radios. Elle était toujours présente aux consultations. Elle m'a souvent répété qu'à cause de cette maladie, je devais être très prudent. Elle a insisté auprès du lycée pour qu'on me laisse faire la sieste le jeudi après-midi. De même, j'ai été dispensé de piscine pendant des années, je restais tout habillé sur le bord du bassin, pendant que les autres s'amusaient dans l'eau. Il paraît que j'étais trop fragile. J'étais ridicule aux yeux de mes copains, ce qui m'éloignait d'eux. A dix-huit ans, en montrant mon dossier complet à un médecin, j'ai appris que ma terrible maladie infantile n'avait été qu'une simple grippe un peu plus forte que la moyenne, et que les médecins consultés pendant toutes ces années n'avaient jamais rien trouvé d'anormal. »

Opinions personnelles

« J'ai toujours eu beaucoup de difficultés à me faire mes propres opinions. Ma mère avait son mot à dire sur tout, et en même temps, elle dénigrait les idées des autres. J'avais mes préférences pour certaines chansons, pour certains films, j'avais quelques opinions personnelles sur certains évènements politiques, à l'occasion des élections, mais je n'osais pas prendre une position qui ne soit pas conforme aux siennes, même si avec le temps, nos points de vue divergeaient de plus en plus. Ses répliques étaient méprisantes, parfois sarcastiques. Elle disait souvent du mal des voisins, des ouvriers, de ses sœurs, de ses belles-sœurs, et de ses enfants. Mon père, lui, se posait en homme sage, qui a toujours la meilleure solution aux problèmes les plus divers. Alors, j'ai passé ma jeunesse à me taire, tiraillé entre mes propres observations, mes propres opinions et les verdicts de mon père. Et j'en étais sans cesse culpabilisé. A partir de mes études supérieures, je suis rentré moins souvent chez moi. Pendant les week-ends, j'avais régulièrement des retards à rattraper, des devoirs à finir. De plus, j'ai commencé à sortir. Ma grand-mère me téléphonait régulièrement pour me proposer toutes sortes de loisirs attrayants au sein de ma famille. Elle y mettait beaucoup d'insistance. J'ai cru comprendre qu'elle n'appréciait pas que je me fasse des amis. De son côté, ma mère elle aussi voulait me faire revenir à la maison le plus souvent possible quand j'étais étudiant. Elle me proposait des cadeaux royaux pour que je rentre tous les week-ends. Elle m'a proposé de me payer le permis de conduire, mais à la condition que je vienne prendre les leçons dans son village. J'avais ma vie d'étudiant bien organisée, et cela m'aurait beaucoup dérangé. Alors, j'ai dû finalement payer mon permis de ma poche. Ma mère en a pris ombrage, et m'a coupé les vivres. J'ai dû faire des acrobaties pour pouvoir payer mes études : travailler pendant mes vacances, dépenser le moins possible. Par la force des choses, je rentrais encore moins souvent chez moi, car les voyages coûtent cher. Pour le jour de mes vingt ans, j'ai reçu un chèque de 10 F (dix francs). Au dos il était écrit : « Tu t'achèteras ce que tu veux. » J'en étais mortifié et blessé. »

Aujourd'hui, Rémi se sent habité par une mauvaise conscience latente. Tous les secteurs de sa vie sont sources de tiraillement et d'angoisse.

Vie professionnelle

« Ma grand-mère m'a souvent répété que je devais faire honneur à la famille ; elle me voulait brillant. Dès mes études secondaires, elle me destinait à Polytechnique et donnait de l'argent à un couvent de bonnes sœurs pour qu'elles obtiennent du ciel ma réussite sociale. Ma mère, elle, a toujours dénigré mes réussites scolaires. Lorsqu'à seize ans, baccalauréat en poche, j'ai été admis dans un des plus grands lycées de France, elle m'a dit avec dédain : « Pouah ! Louis-le-Grand ? C'est tout ce dont tu es capable ? » Elle-même n'a que son brevet. Mon père avait lui aussi des projets grandioses sur moi. Tantôt il me destinait à l'Ecole des Mines, comme son frère, tantôt il me voyait plutôt à l'ENA. Je crois qu'il me voulait ministre, et même peut-être plus. Finalement je n'ai pas réussi les concours d'entrée à ces deux écoles d'élite. Je me suis dit que tous les coureurs ne sont pas taillés pour les jeux olympiques. Je suis entré alors dans une école d'ingénieurs tout de même assez cotée. Or, jusqu'à ces derniers temps, je voyais ma carrière comme un échec. Je n'ai fait *que* cette école. Je rasais les murs. Pourtant elle m'a conduit à une bonne situation, dont je peux être légitimement satisfait. Mais mes parents me parlent régulièrement de mon travail actuel comme d'un stage que j'effectue en attendant de reprendre des études. Ils me répètent : « Tu te fais des idées sur l'ENA, sur Polytechnique. Ce n'est pas si difficile que ça. Il suffit de travailler pour le concours

d'entrée, mais tu en as les moyens. » Et mon père ajoute :
« Si la guerre ne m'en avait empêché, moi... »

Alors, je reste inquiet, insatisfait. Et les idées se bousculent dans ma tête. Je regarde ma profession, ma feuille de
paye, ma maison, ma voiture, tout cela paraît réussi, solide,
construit, mais pas pour moi : je trouve que tout ce que j'ai
pu faire est fragile, médiocre, pour ne pas dire raté. »

Ces parasites qui lui montent à l'esprit régulièrement
viennent détruire son bonheur et sa confiance dans l'avenir.
Pour les avoir entendu exprimer par son père et sa mère,
Rémi sait d'où lui viennent ces pensées indésirables qui
déclenchent à chaque fois en lui un raz-de-marée émotionnel. Il sait, et pourtant, il ne parvient pas à les réprimer : « A
certains moments, la tension est telle que j'ai l'impression de
devenir fou. »

Vie de couple

« J'ai l'impression que mes parents ont mis l'embargo sur
tous les domaines de ma vie, et plus spécialement sur ma vie
conjugale. Je trouve que ma femme est intelligente, belle,
agréable à vivre, et qu'elle a enrichi ma vie d'un certain
nombre de qualités que j'apprécie beaucoup. Lorsque je l'ai
présentée pour la première fois à mes parents, mon père lui a
dit : « Ah, vous êtes infirmière ? En somme, votre métier
consiste à mettre le thermomètre dans le cul des gens ? »
(sic). Après avoir demandé ce que font ses parents, et à quel
milieu social ils appartiennent, il a répondu : « Ah, vos
parents sont des ouvriers ? Voyez-vous, moi, je voyage plutôt
en première classe, parce que là au moins, je rencontre des
gens intéressants. » Ma femme en était outrée. Et moi, je
suis resté tiraillé. Je l'aimais vraiment, mais... était-elle assez
bien pour moi ? Que d'angoisses j'ai pu avoir à retourner
sans fin ce genre de question ! Craignant que mes parents ne
mettent la discorde entre Myriam et moi, j'ai décidé de hâter
le mariage. J'ai commencé alors une mononucléose qui m'a
cloué au lit. On aurait dit que mon organisme lui-même se
faisait le complice de mes parents contre mes intérêts...
Malgré tout, j'ai voulu coûte que coûte maintenir la date
prévue. J'ai eu droit de la part de ma mère à une scène de

larmes, de cris, de colère. Du grand théâtre ! Mon père s'est montré plus sobre, selon son habitude, mais tout à fait indigné lui aussi. Tous deux désapprouvaient cette mésalliance : « Quoi, une fille qui n'est pas de notre milieu ? Et tu n'as même pas fini tes études ! Et puis de toute façon, si vous ne vous mariez pas à l'église, vous n'êtes pas mariés, etc. » Le jour du mariage, j'ai tenu le coup grâce à un traitement à la cortisone. Tout l'argent que j'avais de côté a servi à payer la moitié des frais du bal, mes beaux-parents ont payé l'autre moitié, et mes parents, pour tout cadeau, ont apporté une plante. Ma mère a pleuré toute la journée. Certains invités se demandaient qui était cette pauvre femme sans doute frappée par un grand deuil. Me voyant faible et amaigri, elle m'a lâché : « On voit que tu es mal nourri. » Je crois qu'il fallait comprendre : « Ta femme ne sait pas s'occuper de toi. » Puis, elle a eu le mauvais goût d'ajouter : « Ta tante qui est morte l'an dernier d'un cancer a commencé par une mononucléose. » Je suis marié, mais pour eux, ma femme n'existe pas. Nous sommes passés devant le maire, nous vivons ensemble depuis dix ans, et cependant, ils la considèrent toujours comme un amour de jeunesse, une de ces filles avec qui on couche, mais dont on ne s'embarrasse pas toute la vie quand on est d'un certain milieu. Parfois, ils me demandent — sérieusement — « quand est-ce que tu vas te décider à chercher une femme ? ». De temps à autre, ma mère se manifeste à l'improviste par un coup de fil ou une lettre. Le téléphone sonne chez moi. Ma femme décroche et entend une voix féminine qui sans se présenter réclame : « Je voudrais parler à Rémi T. » Elle me passe le combiné : « C'est pour toi, je ne sais pas qui c'est, une collègue peut-être. » Non, c'est ma mère. Très aimable, elle commence à m'entretenir d'un tas de choses qui ne me concernent pas, j'essaie de comprendre l'objet de son appel, je l'écoute poliment, puis au bout de dix minutes, elle me dit au revoir, et juste avant de raccrocher, elle me demande : « Au fait, qui était cette voix de femme qui m'a répondu tout à l'heure ? » Bêtement je réponds : « Mais c'est ma femme évidemment ! » Elle s'étonne : « Ah, elle est toujours avec toi ? » Et elle raccroche. Evidemment, Myriam souhaiterait que je réagisse, ne fût-ce que par respect envers elle, mais j'en suis incapable. Je m'interroge sur les raisons que ma mère peut bien avoir pour agir de la sorte. Est-ce qu'elle perd la tête en vieillissant ? Quelle attitude faut-il avoir dans ces cas-là ? Ou bien est-ce du mauvais goût ? Alors, il vaut mieux en rire... mais je n'en ai pas le cœur. A moins qu'elle veuille tout simplement me blesser, mais comment en être sûr ? De toute façon, il est trop tard pour réagir. Dans ses lettres, c'est la même chose : dans un style neutre, elle écrit des énormités, et dans un style affectueux, elle exprime de telles vacheries que j'en reste perplexe. Est-elle consciente de ce qu'elle écrit ? Au-delà de ces énormités, j'essaie de deviner ses intentions, je cherche à m'adapter à ses énigmes et bien sûr, je n'y parviens jamais. Souvent je reste coi. Quand nous sommes amenés à vivre quelques jours ensemble, ma mère et moi, j'ai remarqué ceci : plus je me montre distant, plus elle se fait gentille, et lorsque je me rapproche d'elle en confiance, elle devient méchante, et même cruelle. Pour avoir la paix, je ne la vois plus. »

RETRAITEMENT

Evidemment, cet homme ne peut pas continuer à vivre ainsi. Les dérèglements émotionnels liés à son type de comportement ruinent sa santé. Son insatisfaction, sa dévalorisation croissante minent sa vie professionnelle, et conjugale. Il y va du bonheur de sa vie dont la moitié se trouve sans doute déjà derrière lui.

Les rapports avec son père

Au cours de son adolescence, Rémi admirait son père. Mais depuis, cet homme s'est comporté avec lui de telle façon que Rémi n'a plus pour lui une once d'estime. L'admiration est tombée, mais il reste un malaise, révélateur d'un lien. En quoi consiste ce malaise ?

— Rémi a mis beaucoup de temps à le cerner. Au fond, il s'agit pour lui d'une quête incessante de la considération, de l'estime des autres. Or, il est bien considéré par sa femme, ses collègues, ses chefs, ses amis. Mais tout cela ne parvient pas à le satisfaire. Alors, que lui manque-t-il ? Il lui manque la considération de son père... qui n'a jamais montré à son égard que du mépris.

— S'il connaissait un peu mieux cet homme, il trouverait peut-être une solution à cette attente irraisonnée de considération. Comment son père est-il perçu par le tout-venant ? Il n'est pas très apprécié. On le connaît comme un gérant médiocre, un homme retors dont les gens se méfient, un personnage hautain qu'on supporte mal. Cet homme a grand besoin d'être considéré par les gens. Or, il ne l'est pas. Le sait-il lui-même ? En tout cas, dans le passé, il s'est cru considéré en sa qualité de fils de député. Mais les gens ont fini par oublier cette filiation, et les jeunes générations l'ignorent. Alors que lui reste-t-il comme titre de gloire ? Pour redorer son blason, il comptait sur la carrière prestigieuse de son fils. Autrefois fils de député, il serait aujourd'hui le père d'un ministre ou d'un chef de cabinet. Il sortirait à nouveau de l'ordinaire. Le projet est clair, et sa déception, son dépit s'expliquent.

— Précisons le lien que cette situation entretient entre les deux hommes : le père de Rémi veut obtenir une considération sociale et compte sur son fils pour la lui procurer, par une « brillante carrière ». Mais le fils ne répond pas à cette attente, et donc ne reçoit que du mépris de la part de son père, ce dont il souffre. Et le cercle se referme sur lui-même.

— Mais si l'on coupait ce cercle vicieux, que resterait-il ? Deux personnes bien distinctes, chacune telle qu'en elle-même. Le père reste ce qu'il est : un homme du commun, qui mène sa vie tant bien que mal, à la façon de beaucoup de gens, mieux que certains, moins bien que d'autres. Il fait partie de la moyenne, il est un Monsieur-tout-le-monde, sans gloire ni éclat particulier. Et ce genre de vie est à sa vraie mesure. De l'autre côté, il y a Rémi, avec sa réussite conjugale, professionnelle et sociale. Elle est à sa mesure, et devrait lui procurer du bonheur en conséquence. Rémi a tout lieu d'être satisfait. Voilà l'état des lieux. Bien sûr, le père, lui, n'en est pas satisfait, et on comprend pourquoi.

— Or, Rémi n'en est pas satisfait non plus. Pourquoi ? Parce que dans sa tête s'est incrusté le fantasme mégalomane de son père. L'ENA, le portefeuille ministériel sont devenus la « norme » à laquelle il compare sa réussite, et donc, il demeure insatisfait. Il sait bien qu'il n'a pas l'étoffe pour viser si haut. C'est bien pourquoi il a cette impression émotionnellement très chargée de ne pas être à la hauteur, d'être un raté.

— Reste le mépris de son père. Rémi ne parvient toujours pas à s'en détacher. Il y a dans ce mépris deux composantes, et Rémi a mis du temps à les séparer et à les traiter l'une après l'autre.

Ce mépris qu'il subit aujourd'hui ne le concerne pas. Il n'a aucun rapport avec sa réussite, sa vie personnelle, il porte sur le fantasme déçu que caressait son père. Lorsque Rémi aura mis hors de sa tête ce fantasme de la gloire d'un autre, comme étant une affaire qui lui est totalement étrangère, le mépris de son père à son égard ne l'atteindra plus. Mais ce mépris paternel ne date pas d'aujourd'hui. Le père de Rémi n'a jamais eu avec lui que des attitudes de mépris. Rémi en souffrait. Enfant, il a toujours agi de façon à gagner la considération de son père, qu'il voyait comme un personnage de grande valeur. Mais cette attente n'a jamais été comblée. Le mépris est l'*approche* par laquelle le fils a été enfermé dans une dépendance durable vis-à-vis de son père à la suite de quoi, il ne s'appartient plus, il lui semble n'avoir aucune consistance, il est comme la chose d'un autre. Une chose anéantie.

Qu'est-ce au juste que le mépris ?

C'est un mode d'existence pour une personne qui se veut au-dessus des autres, mais qui n'en a pas les moyens : soit qu'elle manque de compétence, de talent, de possibilités, soit qu'elle manque de courage, de savoir-faire ou de goût pour le travail. Plus un individu dispose d'une personnalité riche, plus il travaille, plus il se cultive, plus il étend ses compétences, et plus il devient modeste, prudent, mesuré. Il n'est pas tenté de regarder les autres de haut. En revanche, plus un individu est creux, vide, incompétent, peu attachant, plus il mène une vie inutile, pour ne pas dire encombrante, et plus il a besoin de mépriser les autres pour asseoir ses prétentions de grandeur.

Petite définition : qu'est-ce que le mépris ? Le mépris est le sentiment de la puce, qui saute jusque sur le dos d'un éléphant et qui de là-haut songe, radieuse : « Je suis bien l'animal le plus haut placé. »

L'ennui, c'est qu'autour d'un personnage méprisant, il y a des individus méprisés... Or, chose étrange, celui qui est méprisé par un autre reçoit cette émotion, et finit par la faire sienne. Rémi se méprise aujourd'hui, comme il a été méprisé pendant tant d'années. Voilà pourquoi il ne parvient pas à prendre conscience de ses réussites et de ses possibilités. Voilà pourquoi cet ingénieur brillant se prend pour un raté. La chose est grave. Il est pénétré et rongé par le dépit de son père. *Le jour où Rémi a compris ce mécanisme du mépris paternel à son égard, il a commencé — enfin — à prendre possession de tout son acquis, et à vivre heureux, satisfait de sa vie.*

Les rapports avec sa mère

Comment cette femme est-elle perçue par son entourage ? Pour ceux qui ne la connaissent que superficiellement, c'est quelqu'un d'ordinaire, sans beaucoup de ressort. Ceux qui l'ont trouvée un jour sur leur chemin ont découvert une femme semant la discorde et la zizanie, œuvrant dans le secret, imprévisible, sournoise. Or, en même temps que Rémi était destiné à une brillante carrière, elle ne cessait de le dévaloriser. Elle lui a inculqué le sentiment d'être de santé fragile, elle n'a cessé de tout dénigrer, ses options, ses réussites scolaires, jusqu'au choix de sa femme. Rémi dit qu'il s'est toujours méfié d'elle. Très tôt, il a pressenti que les rapports entre elle et lui n'étaient pas clairs, et il s'est senti soulagé le jour où il a pu quitter le toit familial. Il lui reste aujourd'hui à mettre de l'ordre dans toutes les appréciations négatives dont sa mère l'a gavé. Après les avoir comparées aux faits, à la réalité, il doit les mettre hors de sa tête.

Faisons le point : le mépris du père et le dénigrement de la mère, ont donné à Rémi une image de lui-même des plus négatives. Comment a-t-il pu réussir ses études avec un tel conditionnement ? C'est un véritable exploit, car non seulement il lui a fallu acquérir beaucoup de connaissances, mais de plus, il a dû lutter sans cesse contre sa propre dévalorisation. Ainsi entouré, il lui était impossible de miser plus haut, conformément aux souhaits de son père.

Les rapports avec sa mère sont-ils clarifiés ainsi ? Non. Reste le plus grave : l'approche énigmatique dont cette femme a toujours fait usage. Il en a été destabilisé tout au long de sa vie... Comme il le dit lui-même : encore aujourd'hui il ne sait jamais où elle veut en venir. Avec des paroles doucereuses, elle exprime des méchancetés, avec un air innocent, elle a derrière la tête des objectifs très précis qu'on ne découvre qu'après coup. Quand Rémi se montre affable, elle griffe ; quand il se montre distant, elle se fait gentille. Quelles sont ses intentions véritables ? A-t-elle des excuses pour agir ainsi ? Rémi a la tête remplie de questions restées sans réponse : mais où veut-elle donc en venir ? Il doit impérativement débarrasser son cerveau de toutes ces questions. Elles ne le concernent pas. Elles ne le concernent plus.

Ces attitudes énigmatiques constituent l'*approche* par laquelle la mère de Rémi l'a maintenu sous sa dépendance. Chaque fois qu'il se retrouve en face d'elle, la même approche produit les mêmes effets : Rémi se trouve sans défense, sans résistance, anéanti, incapable de réfléchir, d'agir, ou se justifie comme un petit garçon...

La solution consisterait à devenir insensible à cette approche ; autrement dit, il faudrait que Rémi cesse d'être intrigué devant l'énigme. Est-ce possible ? Toujours est-il que depuis vingt-cinq ans, ces croche-pieds le font tomber coup sur coup ; avec le temps, il se fait de plus en plus mal en tombant, et il lui faut chaque fois plus de temps pour s'en remettre. Il lui appartient de se retirer de ce guêpier.

Proposons-lui une réflexion en forme de comparaison.

Le temps et l'énergie investis dans nos fréquentations sont comparables à l'argent qu'un financier investit dans les affaires :

— Il existe des placements à risque où l'on investit prudemment.

— Il existe des valeurs sûres qui ont fait leurs preuves positivement.

— Il y a des affaires où les actionnaires ont laissé beaucoup de plumes. De ces affaires-là, ils se retirent au plus vite.

Ainsi, dans le domaine de nos fréquentations :

— Il s'en présente de nouvelles, qui méritent qu'on tente sa chance : on peut y investir du temps et de l'énergie, mais prudemment, le temps d'observer de quoi il retourne.

— Nous avons d'autres fréquentations, familiales, sociales, où nous retrouvons des personnes connues de longue date. Nous avons pu apprécier leur valeur et leur fidélité. Nous en avons tiré des bienfaits considérables. Ces fréquentations ayant fait positivement leurs preuves, il n'est pas sage de les brader contre un mirage.

— Enfin, il existe une troisième catégorie de fréquentations, qui elles aussi ont fait leurs preuves, mais négativement. Nous n'en avons tiré que déplaisir et déceptions de toutes sortes. Il faut savoir tirer des conclusions claires et ne pas s'investir à fonds perdus.

FICHE MÉDICALE

Dans quel contexte Rémi a-t-il déclenché sa mononucléose, et quelles en ont été les causes ?

A l'époque de ses fiançailles, Rémi travaille 60 heures par semaine, travail qui lui vaut de surcroît de faire 30 km par jour en mobylette. Le soir, il va voir sa fiancée qui habite avec deux amies ; il s'en veut de ne pas être suffisamment disponible pour elle, de déranger ses amies, mais aussi de ne pas être assez souvent chez lui.

En dépit de ces tiraillements intérieurs, il tient à paraître « tonique » aux yeux de Myriam et à mener de front toutes ses activités, malgré la fatigue qu'elles lui causent.

C'est alors que ses parents viennent lui rendre visite, plus opposés que jamais à sa relation avec Myriam. Pour Rémi, il est hors de question de renoncer à la femme qu'il aime : il avance donc la date de leur mariage. « Je voulais prouver à Myriam que j'étais un adulte autonome, capable de mener mes projets à terme, même sans le consentement de mes parents. Par ailleurs, j'espérais secrètement que son statut officiel d'épouse obligerait mes parents à accepter Myriam, et par là même, à me rendre leur estime. »

Le mariage est fixé à une époque où Rémi est particuliè-

rement surchargé de travail. Or, un mois et demi avant, alors
que les préparatifs sont déjà bien entamés, il déclenche une
mononucléose infectieuse. « Je ne voulais pas reculer la date
du mariage, mais j'étais tellement mal en point que je n'avais
même plus la force de m'asseoir. Tout ce que je pouvais
faire, c'était me traîner sur mon lit. »

Que s'est-il donc passé pour que sa maladie ait atteint de
telles proportions ? Ne voulant lâcher aucun de ses objectifs,
Rémi a connu une période d'hyperactivité. Il n'en a pas
souffert ; au contraire : cela a été une période d'euphorie
dont il garde aujourd'hui un excellent souvenir. Au lieu de
renoncer temporairement à certaines de ses activités afin de
se consacrer aux préparatifs du mariage, il a tenu absolument
à réussir sur tous les fronts. Il fallait qu'il soit parfait en tout.
Il avait d'ailleurs l'impression d'y parvenir.

Mais au fond de lui-même, il restait sous l'emprise de ses
parents. Ils s'incrustaient dans sa vie, et déployaient plus que
jamais tout un arsenal pour le ramener au bercail. Sans
compter que toutes ces années d'intoxication avaient laissé
leur empreinte.

Rémi aurait voulu concilier les inconciliables : regagner
l'estime de ses parents, sans perdre la face devant sa future
femme.

Cette *impasse* est devenue pour lui source d'une violente
tension émotionnelle. Déjà fatigué par toutes ces activités
menées de front, il a *craqué*.

Ses défenses immunitaires ont chuté. De façon suffisamment importante pour provoquer une mononucléose particulièrement virulente. Il a fallu un traitement très sévère pour
qu'il puisse être à peine debout à son mariage.

CINQUIÈME PARTIE

LE COMPORTEMENT RETRANCHÉ

CHAPITRE 1

MÉCANISMES

Le retranché est un être blessé, parfois écorché vif. Le plus souvent, il a de son enfance des souvenirs pénibles, douloureux. Il se souvient qu'il n'a pas été aimé, qu'on n'a pas su ou qu'on n'a pas pris la peine de le comprendre, qu'il a été humilié, brimé, laissé pour compte, ou qu'il a servi de tête de Turc aux siens. Aujourd'hui, quand il a le sentiment de ne pas trouver sa place, de ne pas être accepté, reconnu, il est submergé par l'angoisse car là se trouve pour lui la blessure centrale profonde, douloureuse, cent fois ravivée au cours des années. Il se sent à part, mal aimé, pas comme les autres, spécial.

D'où vient ce sentiment?

Comme nous l'avons vu dans la première partie, l'enfant enregistre au plus profond de sa structure une certaine conception de lui-même, des autres, et de la place qui lui assurera parmi eux sécurité et confort. Cet enregistrement est le résultat des expériences relationnelles de ses toutes premières années.

L'enfant retranché a reçu l'intérêt et l'affection de son éducateur. Mais en même temps, il a fait l'expérience d'un rejet de la part de ce même éducateur, ou d'un autre. Rejet physique, qui s'est concrétisé dans des faits, ou rejet purement émotionnel, et donc moins palpable, mais tout aussi effectif.

Cette double expérience a fait de lui un être blessé depuis l'origine. Il porte tout au fond de lui une impression d'*insécurité affective,* d'injustice, qui remonte sans doute à cette incohérence dans l'attitude de ses parents. Pour avoir fait l'expérience gratifiante de l'affection des siens, il est d'autant plus angoissé de se voir rejeté. Pour avoir expérimenté le confort d'une place rassurante parmi les autres, il est d'autant plus inquiet d'en être privé.

Pour *avoir sa place* parmi les autres, pour se sentir vraiment en sécurité, le retranché aurait besoin de se sentir accepté, reconnu, aimé comme il le mérite. Mais cet idéal lui semble rarement atteint. Et lorsqu'il l'est, l'inquiétude de fond ne tarde pas à poindre de nouveau   cela risque de ne pas durer...

Un sentiment de fragilité

La méfiance

Axé sur un sentiment d'insécurité, ce comportement rend l'individu très vigilant face aux menaces potentielles de son environnement. « Lorsque j'entre pour la première fois dans une pièce inconnue », explique une personne de comportement retranché, « je repère d'emblée les issues, au cas où je serais amené à m'enfuir précipitamment ». Mais l'environnement, ce sont d'abord les autres. Le retranché est très sensible au moindre mouvement de rejet ou de dépréciation à son égard. Il se montre souvent méfiant, voire soupçonneux vis-à-vis des autres.

L'émotivité

Devant des attitudes de rejet ou de dépréciation qui laisseraient d'autres indifférents, il peut être envahi par une émotion très forte, qu'il contient le plus souvent, mais qui explose parfois. L'émotion se lève en lui comme un vent violent, soulevant un nuage de pensées et d'impressions confuses qui se bousculent dans sa tête. Il n'arrive pas à les exprimer, ou s'il le fait, c'est dans un désordre tel que son interlocuteur n'y comprend rien.

Le retranchement

D'ailleurs, le plus souvent, il ne se livre pas, et se
retranche dans un silence chargé de ces émotions négatives et
fortes. Celui qui vit à ses côtés le voit régulièrement tendu,
mais sans pouvoir en deviner la raison. S'il la lui demande, il
ne reçoit le plus souvent aucune réponse, si ce n'est un
mouvement d'agacement. Parfois les orages éclatent, imprévisibles, voire violents.

La maladresse dans les relations

Il se sent souvent gauche en société, il a parfois l'impression de manquer d'un savoir-faire élémentaire dans le
domaine des relations avec les autres.

Les armes relationnelles

Alors, pour se donner une contenance, il peut avoir
recours à différentes stratégies :
— Ou bien il reste sur son malaise, et se retire dans un coin,
souhaitant ardemment qu'une bonne âme vienne le tirer de
son embarras ; il n'est pas rare que l'opération réussisse, et
qu'il se retrouve à la fin de la soirée au centre des
conversations.
— Ou bien il est tellement tendu que d'entrée, il assaisonne
les conversations les plus paisibles de remarques sarcastiques, ou s'impose brutalement par un mouvement d'humeur.
— Ou bien il a recours au charme : c'est un clin d'œil pour
saluer l'un, c'est un compliment particulièrement appuyé à
l'adresse d'un autre, ou un regard enveloppant à l'adresse
d'un(e) troisième.
Parce qu'il est bâti autour d'un sentiment d'insécurité, le
retranché développe généralement une grande diversité
d'armes relationnelles, dures ou douces, dont il se sert
pour se protéger des autres, ou pour s'imposer le cas
échéant.

Un sentiment très développé de son importance personnelle

Pour avoir sa place, il faudrait qu'il se sente accepté, reconnu, aimé comme il le mérite. Mais où s'arrête ce mérite ? Cette attente est un puits sans fond qui ne peut jamais être comblé. C'est ainsi que le retranché a un sens de son importance personnelle excessif, voire expansif.

C'est ainsi qu'il est très susceptible.

C'est ainsi également qu'il est sujet à des rancunes tenaces : « Si quelqu'un m'a fait un jour une vacherie, je ne l'oublie jamais. Dix ou vingt ans plus tard je m'en souviens dans les moindres détails. » Cette rancune, fondée sur des faits réels ou interprétés, peut rester au stade d'un simple fantasme nourri et entretenu. Mais chez certains, elle se matérialise un jour ou l'autre, parfois longtemps après, dans une vengeance imprévue et dont la violence sera à la mesure de la bile sécrétée depuis si longtemps.

Le sens élevé qu'un retranché a de sa personne se manifeste souvent dans un *personnage* qu'il cultive, et derrière lequel il se protège : le romantique, le Don Juan, le cynique, ou bien le dur, le casseur impavide. Il s'agit habituellement d'un personnage sortant de l'ordinaire, d'une façon ou d'une autre.

Souvent, le retranché aime la performance. Il a besoin de se dépasser, peut-être pour se rassurer sur sa fragilité personnelle, peut-être pour coller à une haute idée qu'il a de lui-même. Peut-être les deux.

Il fait preuve généralement d'une solide détermination, et peut s'investir corps et âme au service de ses idées, de ses intérêts personnels, mais aussi de grandes causes altruistes.

La relation privilégiée

Mal à l'aise dans un groupe, le retranché préfère souvent la complicité sécurisante d'une relation à deux. Certains ont été dans leur enfance les confidents de l'un ou l'autre de leurs parents. Ceux-là continuent à l'âge adulte à rechercher le même type de relation avec leurs proches. Dans une relation privilégiée de ce genre, les débuts sont souvent idylliques, mais la situation évolue habituellement vers une séquestration du partenaire.

Pour compléter cette brève présentation du comportement retranché, citons les propos tenus par la mère d'un jeune comédien à propos de son fils qui s'est suicidé, mettant ainsi prématurément un terme à une carrière pourtant brillante. « Il craignait qu'on ne l'aime pas. Un mot suffisait à le blesser. Il était pareil à la maison. Je me suis reproché parfois de lui avoir fait des réflexions que les autres oubliaient aussitôt mais que lui prenait profondément à cœur. Quand il soupçonnait un défaut d'attention ou une injustice, il pouvait devenir très violent. Il avait terriblement besoin de s'assurer qu'il était aimé. (...) Il se sentait comme un canard dans une couvée de poussins. Cela explique sans doute sa fragilité, ses larmes à la moindre émotion. (...) Il se mettait toujours au défi de réussir ce qui était le plus difficile ou ce qui lui faisait peur. » A propos de son suicide : « Il a suffi d'une baisse de pression, d'une réflexion qui l'a mis en colère. Il a retourné la violence contre lui. Il a joué à se faire peur. Si la carabine n'avait pas été là, près de lui, à ce moment-là, il vivrait encore... »

Les bases d'un comportement sont jetées dans la petite enfance. Puis, les traits caractéristiques se développent, se renforcent, se durcissent au cours de la moyenne enfance et de l'adolescence. Dans les pages qui vont suivre, nous aborderons différentes mises en place du comportement retranché. Nous ne ferons pas état de la petite enfance, sur laquelle l'individu peut rarement arracher à sa mémoire des informations sérieuses, mais sur les années qui suivent. Ces pages permettront aux personnes qui se reconnaissent dans le profil du retranché de trouver ici ou là un éclairage sur leur propre histoire. Elles constitueront également matière à réflexion pour toutes les personnes qui ont la charge de l'éducation d'un enfant.

Chapitre 2

MISES EN PLACE

INSÉCURITÉ AFFECTIVE

Blessé, il se retranche

Dans la famille de Jean-Hugues, on n'est pas n'importe qui. Quand on prononce le patronyme commun, c'est avec un petit pincement de fierté. Elitisme social d'un autre âge ? Même pas. Les idées très conservatrices des générations précédentes ont fait place à une ambiance libérale qui va même jusqu'à s'encanailler dans un progressisme affiché. Jean-Hugues doit certainement à ce climat familial d'avoir une idée de lui-même plutôt positive. Pourtant c'est dans ce même milieu familial qu'il a été blessé. Pour un enfant, le mode de relation entre ses parents est un modèle de référence dans le domaine affectif ; celui que Jean-Hugues a eu sous les yeux était peu rassurant : son père et sa mère se disputaient assez souvent, criant fort, se jetant à la figure des propos aigres, laissant les enfants bouleversés au milieu de la tempête, puis, le lendemain, ils se levaient comme s'il ne s'était jamais rien passé. Il paraît, tout compte fait, qu'ils s'entendaient bien. En attendant, c'est leurs enfants qui les entendaient... et qui en tiraient des enseignements : entre frères et sœurs, comme avec les parents, le ton était aux vacheries à jet continu. Chacun des enfants était à son tour la risée des autres puis faisait chorus avec l'ensemble pour se moquer d'une nouvelle victime. Pendant des années, on ramenait régulièrement sur le tapis l'épisode-tellement-drôle où tel a sucré ses frites au lieu de les saler, ou tel autre a renversé le potage sur le costume neuf de M. Lemercier et où Jacques a pris le chat pour un cambrioleur. Souvent, celui qui était mis ainsi sur la sellette se vexait, à la plus grande joie des autres qui redoublaient alors de cruauté imbécile et l'enfonçaient encore davantage dans l'humiliation... Tel était le mode de communication préférentiel pour ne pas dire unique dans cette famille. Tout cela n'était peut-être pas bien méchant dans les intentions, cependant, les conséquences d'un tel climat relationnel sont lourdes pour celui qui l'a subi.

Lorsque Jean-Hugues aurait souhaité une réponse à ses interrogations d'enfant, on riait. Lorsqu'il avait besoin d'être rassuré, on se moquait de lui. Lorsqu'il était vraiment désemparé, on en rajoutait dans la rigolade. D'autre part, à force de s'entendre dire par les siens qu'il était bizarre, Jean-Hugues avait fini par le croire ; à tel point qu'adolescent, il n'osait pas entrer dans les magasins, de crainte que « ça » se voie. Entouré de personnes qui ne disent jamais clairement ce qu'elles pensent, qui tiennent couramment un langage double aux sous-entendus indécryptables, Jean-Hugues a gardé ce réflexe de se demander dès qu'on lui adresse la parole : « Qu'est-ce que celui-là a derrière la tête ? » Adulte, il se sent *maladroit dans ses relations avec les autres.* C'est un terrain où il n'a jamais eu confiance en lui-même, parce qu'il a appris d'abord à se méfier des autres.

D'autre part, lorsque l'assaut de ses proches se faisait trop soutenu, Jean-Hugues se réfugiait dans sa chambre furieux pour se plaindre sur son sort. L'imprudent qui serait alors entré chez lui dans ces graves moments se serait exposé à recevoir un encrier à la figure.

Jean-Hugues *se retranchait dans son malheur :* décidément, il n'était pas compris, pas aimé. Il leur ferait bien voir un de ces jours. Tiens, il finirait par s'en aller sans rien dire. On verrait bien leur tête alors. Et s'il se suicidait ? Il y a pensé bien des fois. Il entendait déjà la foule se presser à son enterrement en échangeant à mi-voix des propos navrés : « Nous sommes passés à côté d'un être exceptionnel sans le savoir, quel malheur. » « Vraiment, nous n'avons pas su l'apprécier comme il le méritait. » Dans son retranchement, il ne se contentait pas de se plaindre, il fourbissait ses armes, et à la première occasion il faisait subir à ses frères et sœurs les mêmes assauts qui l'avaient tant fait souffrir. Adulte, il a gardé ce réflexe de se retrancher : devant une situation de conflit, il serre les dents, incapable de trouver la répartie. Mais gare au premier qui passant par là lui posera une question anodine. Il sera surpris d'être envoyé sur les roses avec une acrimonie qu'il ne comprendra pas. Jean-Hugues n'est pas à l'aise parmi les autres. En revanche, il se sent en sécurité dans sa famille. Là il retrouve d'emblée la complicité, le style commun de vacherie qui fait le goût de terroir du clan... Paradoxalement, le milieu qui l'a blessé est le seul où il se sente aujourd'hui en sécurité.

Retranché dans son désarroi, il ressassait un mélange confus de faits objectifs et d'interprétations, le tout baignant dans un bouillon d'émotions déplaisantes qui ne pouvaient que s'emballer. De là lui est resté *une difficulté à séparer fantasme et réalité dès lors qu'il a le sentiment d'être mis à l'écart, accusé ou traité injustement. De là également lui vient un émotionnel excessif, qui déborde parfois en explosions apparemment anarchiques, et qui lui occasionnent de nombreuses nuits d'insomnie.*

Retraitement

Or, un jour, Jean-Hugues est tombé sur ces lignes de Prentice Mulford : « Tout groupe de gens bavardant, caquetant, répandant des scandales est une source de pensées mauvaises, de même que toute famille où règnent le désordre, les mots acrimonieux, les regards aigres, l'humeur acariâtre. Même doué d'une robuste structure mentale, nul ne peut vivre dans un tel milieu sans en être affecté. Il faut une perpétuelle tension de forces pour y résister. On finit par s'y mêler, y être pris comme dans un filet, être aveuglé par son obscurité, accablé par le fardeau qu'il apporte. »

Ce texte a fait un déclic chez lui. Ainsi, il n'était peut-être pas bizarre de naissance, ou asocial par nature, mais ce sentiment serait la conséquence toute naturelle de l'attitude des siens quand il était enfant. C'était comme une découverte. En y réfléchissant, c'est vrai qu'il n'était pas particulièrement asocial : il a occupé pendant deux ans un poste de relations publiques dans son entreprise, et il s'en est plutôt bien sorti. Au début, il avait eu plus d'une fois la tentation de rentrer chez lui en courant, mais à la longue, il était parvenu à entretenir avec des gens pas toujours faciles des relations positives, et même rentables. Donc il était tout à fait capable de contacts corrects avec les autres ; alors, comment se fait-il que dans sa famille, ce contact ait été impossible... Cette fois, il venait de comprendre. Jean-Hugues a toujours eu l'impression de n'être pas aimé dans sa famille. Au fond, c'est vrai. *Il n'était pas aimé, mais chahuté, bousculé, méprisé, tout cela au milieu d'un bain affectif parfois chaleureux.* Son passé, chargé de souvenirs angoissants, venait enfin de se remettre en ordre dans sa tête.

Sa réflexion poursuivit son chemin. Un jour, une discussion avec un ami d'enfance acheva de l'éclairer :

— Je t'ai toujours connu méfiant, mais attention, il ne faut pas confondre les gens. Quand tu étais gamin, tu avais de bonnes raisons d'être sur tes gardes, tu pouvais t'attendre à tout moment à des vacheries. Mais c'est devenu un réflexe chez toi. Certaines fois, c'est un bon réflexe : avec les gens qui ne sont pas francs, qui t'ont déjà joué des vilains tours, tu as tout à fait raison d'être vigilant. C'est une attitude adaptée. Mais il y a aussi autour de toi des gens qui ont fait leurs preuves, qui ont toujours été clairs, pourquoi leur attribuer a priori des arrière-pensées ? Pourquoi mettre tout le monde dans le même sac ? On ne se conduit pas avec un chien comme on se conduit avec un loup.

C'était juste. Jean-Hugues a mis un certain temps à le réaliser. Chacun réagit ainsi dans le quotidien selon des automatismes qui ont leurs bons et leurs mauvais côtés. Pour Jean-Hugues, le mauvais côté consiste à soupçonner parfois injustement des personnes bienveillantes, ce qui le conduit à des attitudes incompréhensibles, voire injustes. Mais cette vigilance envers des inconnus est aussi une qualité très précieuse pour évoluer dans la jungle humaine. Le tout est de ne pas la pousser jusqu'à l'excès. Pour cela il a trouvé une solution : chaque fois qu'il sent monter en lui cette méfiance instinctive, il se pose sainement la question : « A qui ai-je affaire ici, maintenant ? ». A la suite de ces réflexions, Jean-

Hugues a enfin trouvé un sommeil normal et des réactions beaucoup plus paisibles dans la vie quotidienne.

RÉFLEXION

Une irritabilité qui remonte à l'enfance

Pour une personne de comportement retranché, il sera certainement libérant de comprendre que sa propension aux fortes réactions émotives trouve son origine dans l'enfance. C'est là qu'est née sa sensibilité d'écorché-vif. En effet, le retranché a un seuil de vigilance bas : il peut s'inquiéter pour des détails que son entourage ne soupçonne même pas ; et des situations qui pour les autres semblent anodines peuvent le faire partir au quart de tour. Il explose alors. Ou s'il contient sa colère, il reste tendu. Il est donc important qu'on sache autour de lui que cette irritabilité ne se rattache pas nécessairement à des situations présentes, mais qu'elle est bien souvent en rapport avec un émotionnel mis en place durant son enfance. Pour se dégager de cet automatisme de comportement, le retranché devra donc retraiter son passé comme l'a fait ici Jean-Hugues.

La méfiance

Blessé dans son enfance, il a pris l'habitude de se méfier, et ce réflexe lui est resté. Mais les gens qu'il rencontre aujourd'hui n'ont rien à voir avec ses frères et sœurs ou ses éducateurs. Or, l'émotion d'autrefois demeure, et vient se coller sur de nouveaux visages. Le retranché gagnera donc à clarifier pour lui-même cette question : « De qui est-ce que je me méfie ? » Car chez lui, la méfiance préexiste, après quoi elle va se rationaliser par une interprétation des faits. Au départ est la suspicion, après quoi l'individu découvre un objet qui la motive. Pour avoir prise sur ce mécanisme, il faut d'abord bien le comprendre.

La réhabilitation auprès de sa famille

L'affection de son conjoint, de ses enfants, de ses amis laisse le plus souvent le retranché insatisfait. Car ce qu'il désire inconsciemment et par-dessus tout, c'est que ses parents et ses frères et sœurs lui fassent justice, qu'ils reconnaissent qu'ils ne l'ont pas aimé comme il le méritait. Il aimerait que ces gens lui donnent aujourd'hui l'affection et la considération dont il pense avoir été privé dans le passé. Evidemment, c'est courir après l'impossible, car ces personnes vivent maintenant leur vie d'aujourd'hui, et n'ont pas du tout en tête le souci de se faire pardonner leurs éventuelles indélicatesses d'antan. Aujourd'hui, elles ont bien d'autres chats à fouetter. Et puis, si elles n'ont pas particulièrement apprécié cet enfant autrefois, elles seront d'autant moins disposées à lui dire aujourd'hui « Je te préfère, tu es le meilleur. » Or c'est après une réhabilitation de ce genre que court le retranché. Et c'est la raison pour laquelle souvent, il tourne encore autour de sa famille à l'âge adulte, alors que par ailleurs, il ne cesse de la critiquer.

Souvent, il reste plus particulièrement attaché à l'un de ses parents ou à tel frère ou sœur. Pourquoi pas, mais qu'attend-il d'eux présentement ? Qu'ils plaident sa cause auprès des autres ?... Mais ils ne soupçonnent rien de cette mission, et le retranché lui-même ne s'avoue pas son attente (de quoi aurait-il l'air ?). C'est une quête sans fin... Et même si sa famille le reconnaissait aujourd'hui, est-ce que cela changerait ses automatismes maintenant bien ancrés ?

L'EXCLUSION

Exclu par manque d'informations

Marc a bien des raisons objectives de ne pas trouver sa place parmi les autres. Son père, un fils de bonne famille devenu alcoolique a fait faillite laissant sa famille dans une misère noire, après quoi il a quitté sa femme. Marc est né deux ans après cette séparation, d'un viol conjugal. Bien qu'on ne le lui ait jamais expliqué, il a l'impression de l'avoir toujours su. Ses sœurs le surnommaient d'ailleurs « le petit monstre » faisant ainsi implicitement allusion à sa naissance non désirée et bien embarrassante. Marc passe la plus grande partie de son enfance loin du domicile familial. Il est d'abord placé en nourrice, puis à sept ans, sa mère bien que femme au foyer le met en pension. Le week-end il lui arrive d'oublier de reprendre son fils. Si elle a choisi de le mettre en pension, c'est qu'elle pense que là au moins, ce fils sans père recevra une bonne éducation.

Dans l'enfance de Marc traînent des sous-entendus qui conduisent son entourage à l'exclure. A l'école, il fait figure de petit pauvre, enfant de divorcés à une époque où une telle situation familiale était considérée comme une honte. Toutes ces condamnations auxquelles il ne peut rien, Marc les subit sans jamais pouvoir en parler ni à ses maîtres ni à ses camarades.

Quand il rentre à la maison, le petit Marc a donc bien *besoin de parler, de s'expliquer et de comprendre*. Or *personne ne répond à son attente*. S'il rentre avec un mauvais carnet, ce qui n'est pas rare, sa mère l'enferme pour le week-end dans sa chambre, les volets clos. Marc, fou d'angoisse et de désespoir, retient ses larmes autant qu'il peut, il veut se montrer fort, mais chaque fois, n'en pouvant plus il éclate en sanglots. Ces week-ends-là, il n'est donc pas question pour lui de communiquer. Les autres dimanches, il a très envie de parler avec sa mère de tout et de rien, or bien souvent elle lui oppose une fin de non-recevoir : « Tais-toi donc, tu me saoules, tu parles trop. » Parfois, elle se montre très dure avec lui. Sans raison apparente, elle l'injurie : « sale bête ». L'enfant s'écroule et sa sœur aînée tente de le consoler « ne t'inquiète pas, lui dit-elle, maman ne sait pas ce qu'elle dit ». Manifestement Marc sent qu'il dérange sa mère, mais il ne comprend pas pourquoi, il ne comprend pas que sa seule présence rappelle à cette femme des souvenirs conjugaux fort pénibles. Et puis la mère de Marc n'aime pas être dérangée, cherchant avant tout à sauver les apparences. Elle vit dans un monde imaginaire qu'elle essaye de rendre confortable sans guère se soucier qu'elle le bâtit au détriment de l'épanouissement de ses enfants. C'est la seule solution qu'elle ait trouvée pour faire face à ses difficultés.

Quand Marc est ainsi envoyé sur les roses, il s'évade, il se console en faisant de grandes promenades dans la campagne. Il est sensible à la beauté de la nature, plus tard, ses randonnées s'accompagneront de méditations sur les merveilles de la création. Il s'enferme aussi volontiers dans sa chambre pour dévorer de nombreux romans dont il ne retient pas le premier mot. Plus tard, quand il préparera son bac, il devra se rééduquer à la pratique d'une lecture réfléchie. Ces activités solitaires lui donnent l'habitude de cogiter seul, en circuit fermé, sans pouvoir confronter sa réflexion avec d'autres. Il a donc fortement tendance à se perdre dans ses fantasmes et à se suffire à lui-même.

Pourtant Marc n'est pas un sauvage. A plusieurs reprises, il a demandé à recevoir tel ou tel copain mais chaque fois, il s'est heurté à un refus : « Ce n'est pas possible, notre situation n'est pas normale. » Réponse sibylline pour l'enfant qui signifie : « Les familles de divorcés sont mises au ban de la société, elles ne peuvent prétendre à entretenir des relations avec les autres. » Et à l'époque c'était vrai, surtout dans les milieux traditionnalistes. La mère de Marc vit son échec financier et conjugal comme une tare sociale. Ne pouvant l'assumer, elle refuse toute confrontation et s'enferme dans sa tour d'ivoire. Elle ne tient pas du tout à ce que ce petit camarade aille rapporter à ses parents ce qu'il a vu chez elle. Hélas, Marc ne connaît rien à ces conventions sociales, il en fait les frais *sans comprendre*. Il constate seulement que le simple fait qu'il entretienne des contacts normaux avec les enfants de son âge suscite chez sa mère une irritation à son égard. Lorsqu'il l'interroge sur l'absence de son père, elle élude la question, agacée : « On n'en parle pas, laisse-moi tranquille. » Devant le mouvement d'humeur de sa mère, Marc se dit « Ça y est, je la dérange une fois de plus... » Mais non, pauvre Marc, ce n'est pas toi qui la dérange. Elle te laisse dans la confusion, mais si tu pouvais lire le fond de sa pensée, tu saurais que son émoi est tout à fait ailleurs : elle a honte de son divorce, elle se sent déclassée socialement. Ce n'est pas toi qui la dérange, c'est son « déshonneur ». Cette femme vit elle-même dans la confusion : d'abord, elle se sent coupable, mais c'est son fils qu'elle accuse. Au lieu d'avouer : « Je suis gênée », elle traduit : « Tu me gênes. » Puis, elle a des comptes à régler, mais elle se trompe d'interlocuteur : elle en veut à son mari, mais c'est contre son fils qu'elle se retourne.

Ainsi quelle que soit la façon dont il s'adresse à sa mère,

Marc se heurte à un mur. Par conséquent, il est obligé d'apporter une explication à ces non-dits et à ces refus. Acculé, il a recours à des *suppositions* et des *interprétations*, bref, il n'a pas prise sur la réalité.

Et quand toute la famille est rassemblée, de quoi parle-t-on? Non pas de la misère présente qui pose de vrais problèmes, mais des jours heureux du passé, du temps où la bonne faisait le service et où l'on dégustait des plats fins, des gaufres du dimanche soir et des vacances à la mer. Ces conversations qui allument les regards, Marc ne peut y participer car lui n'a jamais connu que l'époque des vaches maigres, soupe au lait et vêtements rapés. Il se trouve donc naturellement *exclu* de cet âge d'or révolu qui paraît si important pour les autres. Il est comme un étranger devant lequel les autochtones racontent une histoire drôle : non seulement il ne comprend rien, mais en plus il se trouve tout bête et fait figure d'ahuri au milieu de l'assemblée de rieurs. C'est en référence à leur inoubliable passé que sa mère déclare : « Nous ne sommes pas pauvres, nous sommes fauchés. » Comment Marc qui vit chaque jour dans la gêne, peut-il comprendre ces subtilités de langage? Dans cette famille, la communication ordinaire devient un véritable slalom, elle ne sert plus à transmettre des messages clairs, mais à éviter certaines réalités : la faillite financière, l'alcoolisme du père, son départ de la maison. Des tabous d'autant plus présents dans l'esprit de chacun qu'on prend bien soin de les écarter. Ces préoccupations d'adulte qui pèsent constamment sur la famille conduisent Marc à se replier sur lui-même et à ne plus poser de questions. Et puisqu'on ne peut aborder les soucis qui hantent l'esprit de chacun, eh bien, on se tait. A table chacun se plonge dans sa lecture du moment. Quant à Marc, lui, de toute façon il n'a pas la parole : dans cette famille on n'a peut-être plus d'argent, mais on a encore des principes : les enfants ne parlent pas à table.

A d'autres moments on se lance des boutades et on tourne tout et chacun en dérision. C'est ainsi que Marc est appelé le « petit gros à lunettes » alors qu'il n'est ni gros ni petit pour son âge et qu'il ne porte pas de lunettes. Marc ne sait quoi en penser. Doit-il rire ou protester? Il ne sait. Les grandes se jouent aussi de son ingénuité en lui racontant sur le ton le plus sérieux qui soit d'énormes bobards. Il reste perplexe, doit-il les croire ? Doit-il se méfier ? Lorsqu'on l'accepte dans les jeux de société, il perd chaque fois car il ne parvient pas à saisir le but du jeu ; c'est que ses aînées prennent un malin plaisir à modifier les règles d'un dimanche à l'autre. Tout cela est fait sans méchanceté aucune, Marc n'en tient pas rigueur à ses sœurs mais il faut convenir que le résultat est bien déplaisant car l'enfant ne sait plus où il en est, ni qui il peut croire.

Ainsi tout au long de son enfance, Marc connaît le rejet de ses camarades et de sa mère, la solitude et une communication avec sa famille qui le plonge dans la confusion et ne lui permet pas de se forger des points de repère. De là découlera pour lui un manque d'assurance certain et un sentiment de fragilité. Il aura tendance tout au long de sa vie à confondre le passé avec le présent, à projeter sur les autres ses propres émotions et à confondre les personnes.

Conséquences à l'âge adulte

Les années qui suivent ne sont pas plus faciles pour Marc tant au collège qu'à la maison. Après le bac il entreprend une formation professionnelle courte afin de pouvoir rapidement subvenir à ses besoins.

A cette époque comment est-il perçu par ses camarades de promotion ? Comme un garçon travailleur, bienveillant mais plutôt secret, replié sur lui-même, parfois incompréhensible. Il lui arrive de s'adresser aux autres dans un langage hermétique : ainsi il entre dans une pièce en lançant à la cantonnade « la même chose mais en couleur ! » Les conversations s'interrompent, on se tourne vers lui le regard interrogateur, comprenne qui pourra. Fréquemment, il manie la dérision, ce qui a le don de mettre certains mal à l'aise. Habituellement réservé, il a des explosions de dominance par lesquelles il se rassure mais qui conduisent son entourage à s'écarter de lui. Bref, ses camarades le trouvent gentil mais un peu bizarre. En fait, Marc a adopté le style de communication qui avait cours dans sa famille, il n'en connaît pas d'autres. Conscient de ses fausses notes, il se sent gauche en société, mais *ce qu'il craint par-dessus tout, c'est d'être exclu;* or, par son attitude à certains moments, c'est lui qui fait tout pour l'être. Toujours la même confusion : si autrefois les siens l'ont rejeté, aujourd'hui il est entouré d'une promotion d'étudiants plutôt sympathiques et plus d'une fois ses professeurs l'ont félicité pour le sérieux de son travail. Alors pourquoi ce repli sur soi? Pourquoi vivre aujourd'hui sur les émotions d'un passé révolu? Marc se referme de plus en plus sur lui-même. Il est mal à l'aise avec les autres et ne se sent guère rassuré que dans la foule anonyme, celle des grands magasins par exemple. Il apprend un jour le suicide de sa sœur. Cette nouvelle le bouleverse... et lui donne des idées : est-ce que là ne serait pas pour lui aussi la meilleure porte de sortie? Suprême dérision, pour une fois ce serait lui qui choisirait de s'exclure, les autres n'auraient pas leur mot à dire. Quelques semaines plus tard, il tente de mettre fin à ses jours. Il en réchappe de justesse. Quand ses camarades de promotion l'apprennent ils sont très étonnés : jamais ils n'auraient soupçonné que derrière le comportement fantasque de Marc se cachaient des angoisses si profondes.

Bien des années plus tard, Marc dresse un bilan de sa vie. Jusque-là, il s'est toujours dit : « Ma plus grande liberté, c'est de pouvoir décider moi-même quand j'en finirai avec la vie. » Or cette liberté qu'il revendique si âprement n'est qu'un leurre ! Car en voulant se supprimer que fait-il ? Avec vingt ans de retard il reprend à son compte l'avortement que sa mère a secrètement souhaité sans oser passer à l'acte puisque sa religion et la législation de l'époque le lui interdisaient. Or est-ce que le suicide de Marc aujourd'hui pourrait soulager sa mère ? Nullement, cet acte fatal n'ajouterait qu'un épisode de plus à la longue série de drames qu'a connu sa famille. Quand Marc jette un regard sur la destinée de ses aînées, il reste rêveur : l'une mariée et mère de quatre enfants vient de divorcer, l'autre erre à travers le monde et se drogue, la troisième s'est suicidée. Quant à son père, il est mort à trente cinq ans d'éthylisme, autre forme de suicide. Et sa mère ? Loin de ces soucis, elle passe son temps à lire des revues pieuses et faire des œuvres auprès de contemplatives

qui en retour s'engagent à prier pour qu'elle se retrouve un
jour au ciel, entourée de ses enfants, et près de la sainte
vierge.

Grâce à cette prise de conscience, Marc a pu mettre de
l'ordre dans son esprit et se dégager de l'amalgame qu'il
faisait entre le passé et le présent, entre ses propres émotions
et celles de sa mère. Certes toutes ses difficultés ne sont pas
résolues pour autant, mais au moins il est libéré des pensées
suicidaires qui devenaient obsessionnelles chaque fois qu'à
tort ou à raison il se sentait menacé.

RÉFLEXION

L'exclusion

L'enfant retranché a souvent le sentiment d'avoir été
exclu. Dans le cas que nous venons d'évoquer, l'enfant n'a
pas saisi ce qui se passait dans sa famille. Il a posé des
questions graves, capitales mais pour lesquelles il n'a jamais
obtenu de réponse. Ainsi il voulait savoir ce que son père
était devenu. Les autres, eux, le savaient, donc lui aussi avait
le droit de savoir ; sa mère l'a envoyé sur les roses. Dans sa
famille on faisait fréquemment allusion à une époque faste
qu'il n'avait pas connue ; encore une fois, l'enfant se sentait
exclu, mis sur la touche, étranger. Il n'avait pas sa place dans
la conversation au même titre que les autres. Cette souffrance d'enfant n'est pas à prendre à la légère. Certains
retranchés gardent ainsi tout au long de leur vie, une
angoisse particulièrement vive d'être exclus. Celui qui est
sujet à ce type d'automatisme a plus facilement que d'autres
l'impression qu'on lui cache parfois des choses, qu'il est exclu
des confidences. Et cette situation, il la trouve injuste. C'est
ainsi qu'à l'occasion, il se met à épier la conduite et les
propos que tiennent ses proches... pour savoir. Comment ne
pas se méfier des autres... qui en savent plus long que lui, et
qui ne se donnent pas la peine de le tenir au courant ?

Pour apaiser son inquiétude, il est important qu'aujour-
d'hui il reprenne les interrogations de sa jeunesse et tente d'y
répondre. Il s'agit d'une part d'informations importantes
qu'on a refusé de lui donner, d'autre part de points de détail,

de broutilles que son imagination d'enfant a montés en épingle. Avec sa réflexion d'adulte, il peut aujourd'hui ramener ses interrogations à leur dimension véritable, et comprendre qu'il s'est fait parfois des idées pour pas grand chose. Et cela est libérant.

Privé de points de repère

A la maison puis à l'école, l'enfant apprend à désigner les choses par des mots. A chaque réalité correspond un terme précis. Les mots sont des signaux qui permettent aux individus de se comprendre, de communiquer. Or, comme nous l'avons vu, l'acquisition du langage coïncide avec le développement spécifique de l'hémisphère gauche. C'est ainsi que les mots contribuent à élaborer chez l'enfant une certaine structure mentale.

Au cours de son éducation, Marc est soumis à des incohérences de langage qui vont le perturber durablement. En effet au sein de sa famille, certains mots perdent leur sens habituel pour désigner une autre réalité, voire la réalité contraire... Ses sœurs le surnomment « le petit gros à lunettes » ; bien sûr, c'est pour rire, mais l'enfant n'en est pas moins décontenancé. Ses maîtres, ses camarades disent qu'il est plutôt maigre et son miroir le lui confirme. Or voilà que ce qui s'appelle habituellement maigre, aujourd'hui se nomme gros ! Il ne porte pas de lunettes, et on l'appelle l'enfant à lunettes ! Il est plutôt grand et on lui dit qu'il est petit. Que penser ?

Sa mère lui a dit : « Nous ne sommes pas pauvres, nous sommes fauchés. » Bien sûr, ces mots correspondent à quelque chose de précis dans l'esprit de cette femme : elle tient à rappeler à chacun que l'indigence actuelle n'est qu'accidentelle ; mais pour Marc, de telles subtilités de langage sont incompréhensibles. D'ailleurs partout les gens disent de sa famille qu'elle est pauvre, les textes qu'il lit en classe sur la pauvreté décrivent exactement la réalité familiale : le froid, le manque de nourriture... Alors, comment réfléchir à partir de cette confusion du vocabulaire ?

Dernier exemple : les règles du jeu du Monopoly sont des repères qui permettent à plusieurs personnes de jouer ensemble. Or les règles appliquées dimanche dernier ne le sont plus aujourd'hui. Marc s'interroge, et les petites tricheuses qui se paient sa tête pouffent de rire en lui rétorquant : « C'est toi qui as mal compris ! » Un pas de plus est franchi : si Marc ne comprend pas les autres, c'est donc de sa faute, c'est sa tête qui va mal. Voilà qui devient angoissant...

Ces déstabilisations successives dans l'apprentissage du langage ont marqué durablement Marc. Aujourd'hui il garde un réflexe d'hésitation et un fond d'inquiétude qui apparaissent parfois quand il s'adresse à autrui : il se demande alors : est-ce que j'ai bien compris ce que les autres veulent me dire ? Et de mon côté est-ce que je me fais bien comprendre ?

Le sentiment d'être mis à part : un handicap pour communiquer

Dans les deux exemples que nous venons de voir, l'enfant se trouve en porte-à-faux avec ses proches. Les sœurs de Marc s'amusent de le voir désemparé, et lorsque Jean-Hugues explose de rage, son entourage s'en fait des gorges chaudes. Dans les deux cas, l'enfant est amené à se replier dans son monde intérieur. Il vit avec les autres, il vit les mêmes situations que les autres, mais *à part, d'une autre façon.*

Résultat : à l'âge adulte, il n'est pas rare de constater chez le retranché un certain déphasage par rapport aux personnes qui l'entourent. On le voit parfois rieur quand les autres sont sérieux, insouciant quand son entourage est dans l'embarras, grave à l'heure où les autres sont détendus. Pourquoi ? Parce que dans ces moments-là, il apprécie choses et gens à la lumière de son monde intérieur.

Il sera donc important pour lui, surtout lorsqu'il se trouve avec d'autres, de ranger au placard rêveries et états d'âme. Par simple civilité envers autrui, bien sûr, mais aussi dans son propre intérêt. En effet, cette habitude de se retirer dans son monde intérieur peut avoir, un jour ou l'autre, des conséquences graves. Lorsque la vie met sur son chemin une grande souffrance, il se trouve seul pour l'assumer. Il ne parvient pas à entrer en contact avec les autres. Il est physiquement incapable de parler, et son entourage inquiet ne parvient pas à le rejoindre. Pourtant, il lui suffirait souvent d'un dialogue d'homme à homme avec un ami pour ramener son problème à des dimensions plus supportables. Mais emmuré seul avec ses angoisses, il est capable de prendre alors une décision irréparable. Son tourbillon d'émotions en vase clos lui fait voir la situation comme désespérée. Plus d'un suicide trouve son explication dans cet isolement douloureux.

Comment prévenir de telles extrémités? Il lui faudra établir, au jour le jour, des rapports attentifs avec son entourage. Le dialogue s'apprend à partir des petites choses de la vie quotidienne, il ne s'improvise pas aux heures cruciales, surtout chez une personne que ses automatismes de comportement poussent à se replier dans un monde personnel qui ne rejoint pas toujours celui où évoluent ses compagnons de route.

UN SENTIMENT D'INJUSTICE

Une enfant injustement traitée

Marie n'a jamais avalé les injustices qu'elle a subies tout au long de sa scolarité dans différents établissements. Son premier drame, elle le connaît à cinq ans, alors qu'elle est pensionnaire dans un collège catholique de la région marseillaise. Pendant une récréation, son unique petite amie tombe dans l'entrée d'une cave mal protégée, et se blesse gravement à la tête, au point d'être hospitalisée pendant plusieurs semaines. « C'est Marie qui l'a poussée, c'est elle qui l'a tuée » crient les enfants pendant qu'on transporte la petite blessée qui pert beaucoup de sang. Marie est terrifiée. Les jours suivants, ses camarades et les religieuses la mettent en quarantaine. Pourtant elle est innocente, et d'ailleurs, sa prétendue victime le lui confirmera à sa sortie de l'hôpital. Mais alors, pourquoi les religieuses ne la disculpent-elles pas? Est-ce qu'elles accordent foi aux dénonciations de ces petites filles effrayées? Naïveté peu probable. A vrai dire l'affaire est grave, et il faut bien trouver une explication acceptable : il n'y avait pas de balustrade pour protéger l'entrée de la cave, mais il est hors de question que la réputation de l'école soit engagée. Il faut donc un coupable, ce sera Marie. On ne risque rien puisque cette petite vient d'un milieu défavorisé, qu'elle est acceptée dans l'école par charité, et puis on dit même que la situation matrimoniale de ses parents n'est pas des plus claires... Cette affaire a marqué Marie profondément. À partir de là, elle a connu des difficultés sérieuses, à la fois sur le plan intellectuel et dans le domaine de ses relations avec les autres. Malgré cet épisode désastreux, sa mère, soucieuse que son enfant hante les beaux milieux, a maintenu Marie dans la même école. L'enfant, trois ans plus tard, ne savait toujours ni lire ni écrire A tel point que la supérieure a fini par convoquer sa mère « Nous ne pouvons pas garder Marie, elle ne suit pas en classe, et nos enseignants se demandent si votre fille ne serait pas... un peu... débile. » Pour le coup, ce diagnostic se comprenait parfaitement. Un frère de Marie le lui confirmera quelques années plus tard : « C'est vrai que tu faisais débile à l'époque. »

Sa mère se résoud à l'inscrire à l'école communale. Cette fois, l'enfant a la chance de tomber sur une institutrice intelligente qui la rassure : « Tu as un petit retard à rattraper, mais tu y arriveras, j'en suis sûre. Ici personne n'est noté, chacun avance à son rythme sans avoir besoin de se comparer aux autres. » Effectivement, en peu de temps Marie retrouve un bon niveau. Ainsi elle n'était pas débile, au contraire elle apparaît même assez douée. Comment ne pas rattacher son blocage intellectuel de trois années à l'incident qui en a marqué le début ?

Après sa mise en quarantaine, Marie est restée également très perturbée dans ses relations avec les autres. Dans sa famille, le style de vie était à l'indépendance, Marie y avait déjà appris à ne compter que sur elle-même, c'est pourquoi ses premiers contacts avec ses camarades de classe avaient été plutôt distants : à cinq ans elle n'avait qu'une seule amie. Or après la mise en quarantaine, cette distance s'est muée en une véritable méfiance qui s'est durcie au fil des années, au point que, les grandes options de sa vie, Marie les a prises guidée par une volonté de revanche envers ce milieu bourgeois qui l'a si injustement rejetée.

Au cours de sa deuxième année scolaire à l'école communale, ses parents déménagent dans l'Est de la France. Marie doit s'intégrer dans une classe déjà constituée, ce qui est en soi difficile, et de plus, tout le monde rit de son accent de petite marseillaise. Marie est mal à l'aise. Un jour, un plumier a disparu, elle est accusée d'être la voleuse. Rien ne va plus pour l'enfant qui pleure beaucoup et tombe souvent malade. Et puis, sans qu'elle comprenne pourquoi, ses parents retournent à Marseille trois mois plus tard. Marie retrouve alors sa petite école communale où elle est bien accueillie : « On avait fait une petite fête pour ton départ, lui dit la maîtresse, mais je ne le regrette pas, on est très content que tu sois revenue ! »

Un an plus tard, elle a onze ans, encore une fois on déménage en cours d'année scolaire. Nouvelles difficultés d'adaptation et comble de malheur, elle retrouve des bonnes sœurs dont elle garde un si mauvais souvenir. Les brimades recommencent. On fait sortir Marie du rang et devant tout le monde la directrice fait remarquer : « Vous n'avez pas payé votre pension ! » Cette fois, Marie est à l'aise, elle a si bien comblé son retard que maintenant elle est en tête de classe. Crânement, elle rétorque : « Vous n'avez qu'à téléphoner à la maison, mais le problème, c'est qu'il n'y a pas de téléphone chez nous ! » La réplique de Marie est si bien envoyée que toutes les élèves rassemblées pour l'appel matinal se tordent de rire — la directrice en perd la face.

Mais cette belle assurance est de nouveau entamée : trois ans plus tard ses parents se séparent, Marie en est très affectée. C'est à cette époque qu'une religieuse lui ordonne : « Puisque vous ne payez pas votre scolarité, vous devez nous rendre un service en retour. Vous irez surveiller la récréation des petits. » A chaque temps libre, Marie doit donc quitter ses camarades pour aller assurer son service, elle s'en trouve humiliée. Une fois encore, elle a le sentiment d'être exclue : une raison de plus pour maudire les religieuses et le milieu bourgeois tout entier. Pourtant il est logique que dans une école payante on exige un dédommagement de celui qui ne paye pas ! Plutôt que de tonitruer contre ce système, Marie devrait plutôt se retourner contre sa mère qui exige qu'elle fréquente ce type d'institution privée. Puis Marie connaît une autre difficulté : la directrice annonce que dorénavant les carnets de notes doivent être signés par les deux parents. Marie, embarrassée, tente d'expliquer que pour elle... ce n'est pas possible... Finalement, elle ne fait plus du tout signer son carnet. Curieusement, les religieuses ne lui font aucune remarque, mais à partir de cette époque, Marie a toujours l'impression que n'importe quoi peut lui tomber dessus. Sa méfiance à l'égard du milieu bourgeois se durcit d'années en années. Lors de son entrée en terminale elle déclare de façon préventive et éloquente, devant toute la classe réunie : « Cette année encore, ma mère a refusé de m'inscrire au lycée. Je n'ai donc pas choisi d'être ici. Je vous préviens, je n'ai aucune estime pour vous et n'attends rien de personne ! » Et en effet Marie limite au maximum ses contacts avec l'école. Elle rejette en bloc l'ensemble de ses camarades, sans faire de détail. Elle s'investit à fond dans ses études et cherche à s'occuper ailleurs que dans ce milieu qui lui répugne tant.

Vingt ans plus tard, Marie est bien sortie d'affaire ; après des études d'éducatrice spécialisée, elle a mené une carrière tout à fait honorable d'éducatrice en milieu ouvert. Or, paradoxalement, elle est parfois submergée par des lames de fond émotionnelles qui font d'elle une personnalité mouvante, incohérente, difficile à suivre pour son entourage. C'est dans ces périodes qu'apparaissent les symptômes du comportement retranché.

Marie fait preuve d'une grande conscience professionnelle, mais elle éprouve des difficultés à collaborer : elle craint que son travail soit injustement critiqué. Elle a des dons artistiques, mais elle redoute de montrer ses réalisations. Elle a peur qu'on la juge minable, elle craint d'être humiliée. A d'autres moments, elle est prise par des besoins subits de parader, elle fait alors des achats inconsidérés, et dépense sans réfléchir des sommes importantes. A d'autres moments encore, elle éprouve sans raison apparente le besoin de se retirer seule dans son appartement. Elle, que l'on connaît comme une femme sociable, préfère partir seule en vacances pendant un mois alors qu'elle aurait la possibilité de voyager avec des amis. Au retour elle avoue : « Je me suis ennuyée. » Par ailleurs elle a toujours une dent contre les bourgeois. Tout ce qui de près ou de loin ressemble aux attributs bourgeois la fait hurler : un collier de perles, une voiture un peu confortable, certains principes, et Marie qui a pourtant tellement développé le sens des personnes, devient alors cassante, sans nuances, voire même cruellement injuste. Elle veut prendre sa revanche sur eux.

Elle est aussi parfois envahie par des bouffées d'angoisse qui tournent autour du sentiment d'exclusion : quand elle voit deux collègues parler en aparté, elle est subitement certaine qu'ils sont en train de la dénigrer ; quand elle rentre dans une pièce et qu'elle a l'impression que les conversations s'arrêtent, elle est persuadée qu'on était en train de médire sur son compte. Quand ses camarades rient de bon cœur, elle se sent en retrait, incapable physiquement d'exprimer sa joie, elle envie ces gens décontractés.

Comment l'aider ? Ces émotions entremêlées proviennent sans aucun doute d'origines différentes qui remontent loin en arrière.

Quelle fut l'évolution de Marie ?

Tout d'abord au sein de sa famille, il semble bien qu'elle ait été soumise à un régime incohérent : aux dires de ses proches, dans les premières années, sa mère l'aurait pouponnée. Marie a d'ailleurs retrouvé de vieilles photos, où on la voit, coquettement habillée. Cependant, on dit aussi que sa présence agaçait sa mère, qui l'a mise en pension dès cinq ans et n'a jamais cherché à comprendre son désarroi. Ce que Marie retient, c'est qu'elle n'a jamais eu vraiment sa place au sein de sa famille. Puis durant sa scolarité, de façon discontinue certes, elle a été affrontée à des situations où elle s'est sentie exclue de la petite société qui l'entourait : une première fois lorsqu'elle fut mise en quarantaine puis renvoyée d'une école privée, puis une deuxième fois, lors de ses études secondaires, lorsqu'à travers des remarques publiques et des mesures d'exception, elle fut mise au ban de sa classe.

Ce sentiment d'exclusion s'est peu à peu incrusté dans son esprit au point de devenir la problématique fondamentale de sa vie. Périodiquement cette émotion remonte, irrépressible alors que bien souvent aucun élément extérieur ne peut le justifier apparemment du moins.

Il est donc important que Marie retraite les faits et les émotions rattachés à cette époque. Peut-on dire qu'elle ait été exclue de ces deux écoles confessionnelles ? Non, il serait plus juste de dire qu'elle s'est fourvoyée dans un milieu qui ne la reconnaissait pas. Elle n'a donc pas été exclue, mais éconduite comme une étrangère hors des frontières d'un monde qui n'était pas le sien. Le touriste qui, de passage dans une auberge basque entend les autochtones échanger dans leur langue, ne doit pas se sentir « exclu ». Ces gens ne vont pas changer d'habitude pour un étranger, au contraire, ils lui font comprendre par là qu'il n'est pas des leurs. De la même façon, dans cette école privée Marie était considérée comme une étrangère, les religieuses le lui ont bien fait sentir, et puisque sa mère n'a pas su elle-même en tirer la leçon, elles ont fini par renvoyer Marie dans ses pénates. Ces religieuses appartenaient à un Ordre dont la vocation était au départ de se consacrer aux enfants des milieux défavorisés. Mais les temps ont changé, elles ont préféré depuis bien longtemps accueillir les jeunes filles de bonne famille, qui s'accommodent mal d'une promiscuité gênante. Il était inévitable que Marie soit mise à la porte. La charité chrétienne admet ces sortes d'accommodements au regard d'intérêts plus élevés. Marie a perdu sa place ? Non, c'est sa place qui n'a jamais été parmi ces gens. Si leur attitude a été cruelle, il ne s'agit pas d'injustice à proprement parler.

Or, sa place, Marie l'a trouvée d'emblée, à l'école communale. Le climat lui convenait parfaitement et elle y a rencontré une institutrice dont le style d'enseignement était tout à fait adapté à ses besoins. Cette femme lui a fait confiance et Marie a rattrapé son gros retard scolaire. C'est là qu'elle a aussi reçu les premiers rudiments d'une culture appropriée à sa sensibilité. Pour avoir vécu la pauvreté, l'injustice sociale et l'avoir expérimentée jusqu'aux blessures, elle a compris très jeune la Commune et le Front Populaire comme des événements qui la concernaient personnellement, elle n'avait pourtant que huit ans... Deux ans plus tard, elle a ouvert les premiers romans de Zola et elle les a compris par l'intérieur. A travers cette culture, Marie a reconnu sa véritable patrie sociologique dans laquelle elle pouvait entrer de plein pied. C'est à cette époque qu'elle a choisi son camp. Et elle a dit avec cette maturité que procure la souffrance : « Ma place, je la trouverai en aidant les gens de mon espèce ! » Et cette détermination ne l'a plus jamais quittée. Elle a entrepris des études d'éducatrice et aujourd'hui elle exerce son métier auprès des familles défavorisées. Les difficultés de ces gens, elle les comprend par l'intérieur, entre eux le courant passe. Et elle n'a cessé de développer par ailleurs son acquis culturel : elle a étudié l'histoire, et visité des pays où luttent des individus animés par un même idéal, ou plus exactement poussés par les mêmes nécessités de survie.

Mais alors, comment peut-on expliquer ces autres réactions bizarres qui viennent périodiquement parasiter la réussite incontestable de Marie ? Inutile ici d'avancer des hypothèses sur lesquelles on n'a aucune prise, la réponse, on la trouve un jour au détour d'une réflexion, à propos d'autre chose, il suffit de bien mûrir la question et de la garder sous le coude. Ainsi, Marie rendait un jour visite à l'une de ses tantes, sœur de sa mère ; et cette femme déterra de vieux souvenirs, elle évoqua certaine période difficile de sa vie où elle dut travailler durement pour survivre. A force de détermination et de courage, elle avait réussi à se sortir de ce mauvais pas. Elle s'était même constituée une petite fortune qu'elle ne devait qu'à elle-même. « Ta mère n'a pas le même tempérament que moi. On dirait qu'elle manque de ressort. Moi je l'ai toujours connue nonchalante et égocentrique, mais très attachée au paraître, et ce, jusqu'au jour où son mari l'a quittée. Dans notre famille, cet homme avait mauvaise presse, mais entre nous soit dit, les torts étaient partagés. Pas travailleuse pour deux sous, ta mère s'est apitoyée sur sa déchéance sociale. C'est vrai que ton père ne vous a pas laissé grand-chose, et que sa situation financière était précaire, mais quand on a des enfants à charge, on choisit une autre solution que se cacher comme elle l'a fait. Ta mère n'a pas cherché à travailler. Elle s'est cloîtrée chez elle, ne sortant que pour se rendre à l'ouvroir paroissial, où elle recevait quelques vêtements et de la nourriture. Or, à plusieurs reprises, elle m'a laissé ses enfants sur les bras. D'abord ton frère, pendant une année complète, je l'ai nourri et logé. J'en avais gros sur le cœur, c'est trop facile de se décharger de son fardeau sur les épaules des autres ! A cette époque, j'ai d'ailleurs prévenu ta mère que je n'accepterais plus pareille situation. Mais trois ans plus tard, elle m'a contrainte à t'accueillir, elle avait à faire ailleurs ! Une fois encore je me suis laissé apitoyer, je l'ai fait de bon cœur, car tu étais une bonne gamine, mais crois-moi, les procédés de ta mère, je ne les apprécie pas ! »

En mettant de côté les appréciations de sa tante et en ne retenant que les faits, Marie dispose d'éléments susceptibles de l'aider.

Une première problématique de sa mère semble bien avoir été : « Je suis pauvre en ressources personnelles, insignifiante », à quoi elle a apporté sa solution... de facilité : « Pour dissimuler ma futilité, je joue la carte du paraître. » Et Marie retrouve à certaines heures cette même problématique : elle a peur de montrer ce qu'elle fait car elle est alors intimement persuadée qu'elle ne vaut rien. Et à d'autres moments c'est la solution de sa mère qui prévaut, et elle joue le grand scénario du paraître.

Ces reproductions sont furtives, car globalement Marie a réussi sa vie, mais aux heures où elle vacille sur ses bases, c'est la problématique de sa mère et sa solution qui font leur apparition.

A la quarantaine, à cause des conséquences financières inhérentes à son divorce, la mère de Marie s'est senti déchue socialement. Et ce sentiment constitue la deuxième problématique de sa vie, elle y a apporté la solution suivante : « Je me cache. » Et Marie se surprend à certaines heures en train d'obéir à un besoin pressant de se retirer alors qu'elle pourrait profiter d'une agréable compagnie.

En revanche, Marie pense ne pas avoir été touchée par la deuxième problématique de sa mère : « je suis déchue ». La vie bourgeoise, Marie ne l'a jamais connue, elle ne peut donc en être déchue. Et pourtant Marie est dévorée par une aversion obsessionnelle des bourgeois, qu'elle juge elle-même viscérale et pas du tout raisonnable. Elle leur en veut... Elle les envie. En fait, c'est du dépit qu'elle éprouve à leur égard, c'est-à-dire le sentiment d'avoir droit à un rang social auquel elle n'arrive pas à accéder. Tout donne donc à croire que Marie a bien intégré la deuxième problématique de sa mère et que c'est à travers ce dépit qu'elle la vit. Ce vaste sentiment d'injustice qui s'inscrit en filigrane tout au long de sa vie, ne serait-il pas sous-tendu par cette pollution émotionnelle de sa mère vis-à-vis d'une classe à laquelle, elle, Marie, n'a jamais appartenu.

Si nous mettons maintenant ces données sous forme de schéma, nous obtenons ceci :

MÈRE		MARIE
Problématique insignifiance	*Problématique* à la suite du divorce Déchéance sociale	*Problématique* peur d'être exclue
solution paraître	*solution* se retrancher, se cacher	*solution* prendre sa place en aidant ses semblables

Cette découverte a soulagé Marie. Enfin elle comprenait que les émotions qui venaient régulièrement la parasiter ne concernaient pas son histoire personnelle, mais celle de la génération précédente. Pour la première fois, elle a l'impression de s'appartenir vraiment, pour la première fois elle se sent à l'aise parmi les autres. Elle ne se méfie plus a priori, et n'a plus besoin de se retrancher.

La découverte de Marie rejoint les observations du Docteur Neuburger à propos de la crise d'adolescence : « Il est certain qu'il ne suffit pas de fouiller dans l'enfance du délinquant pour trouver la clé du problème, ni même dans le passé des parents, mais qu'il faut au moins trois générations pour que les choses s'établissent telles qu'elles sont. Nous voyons actuellement des problèmes d'identité chez des jeunes qui proviennent très sûrement de drames qui ont eu lieu durant la Seconde Guerre mondiale. » (Le Quotidien du Médecin, n° 3125, p. 29, 24 février 1984.)

Marie avait la tête encombrée par la problématique de ses ancêtres tous issus de la bourgeoisie, alors que personnellement elle n'a jamais connu qu'une jeunesse de pauvre. Sans cette référence à ses origines familiales, elle n'aurait jamais pu apaiser ce profond sentiment d'injustice.

Nous ne pouvons donc avoir prise sur une émotion qui s'emballe qu'à partir du moment où nous savons à quoi elle se rattache précisément, quelle est son origine. Par la communication non-verbale, l'imitation et la fréquentation assidue de son éducateur, l'enfant s'imprègne peu à peu de préoccupations importantes qui ne sont pas les siennes.

Devenu adulte, il devra régler non seulement ses propres soucis, mais résoudre de plus des questions qui s'imposent à lui comme prioritaires, mais qui ne le concernent pas en réalité.

Un sentiment d'injustice non fondé

Luc a trente-trois ans. Il a de son enfance un souvenir pénible : il n'était pas aimé, son père menait à toute la maisonnée une vie difficile et sa mère avait toujours à son égard des arrière-pensées qu'il ne supportait pas. Un jour, il en discute avec son frère aîné, or à son grand étonnement, ce dernier n'a pas du tout la même vision de leur passé commun : non Luc n'a pas été particulièrement malmené, au contraire, il était même le préféré de ses parents. Renseignements pris auprès de ses autres frères et sœurs, il est bien obligé de se rendre aux nombreux faits qu'on lui rapporte et dont tout compte fait il se souvient fort bien ; tout lui confirme qu'il a bénéficié d'un statut plus favorable que les autres. Alors, d'où lui vient cette impression radicalement fausse de n'avoir pas été aimé ?

Entre les parents de Luc il y avait beaucoup de tiraillement. Sa mère était restée très attachée à sa famille, bien que celle-ci ait fait à son mari un très mauvais accueil, et son père d'un naturel exclusif ne supportait pas de partager l'affection de sa femme avec ces gens. L'un et l'autre se sentaient dans l'insécurité sur le plan affectif : elle, à cause de cette dysharmonie entre deux parties rivales et qui toutes deux lui étaient chères, et lui, parce qu'il supportait mal d'être laissé pour compte. De là naissaient entre eux une tension permanente et de fréquentes querelles que toute la maisonnée redoutait. Toute la famille baignait dans ce climat. *L'insécurité affective* qui imprégnait l'atmosphère familiale lorsque Luc est né et lorsqu'il était enfant est devenue pour lui une insécurité affective personnelle. Et la fragilité du foyer est devenue sa propre fragilité.

Et voilà que dans ce contexte, porteur de cette angoisse, Luc a été affronté comme tous les enfants à des situations d'injustice.

Lorsqu'il avait cinq ans, sa mère l'a accusé d'avoir perdu les clefs de la maison. C'était faux. Il était absolument certain de ne pas les avoir prises, mais elle ne l'a pas cru. C'est angoissant de ne pas être pris au sérieux quand on dit quelque chose d'important. Luc venait de faire l'expérience que son environnement — sa mère en l'occurence — se manifestait de façon hostile vis-à-vis de lui. Son angoisse de fond se trouvait confirmée : « on » ne l'aimait plus. D'autre part, il s'est mis à douter de sa propre perception : après tout peut-être qu'il les avait prises par mégarde ces clefs ? Là, c'est sa fragilité personnelle qui trouvait une confirmation : il est toujours angoissant de ne plus être sûr de ce qu'on fait. Cette affaire mineure oubliée de tous est encore présente à son esprit comme si elle venait de se produire. En la racontant, Luc a les yeux qui brillent. Bien sûr à l'époque, sa mère aurait dû clarifier l'incident d'une part pour donner à l'enfant des repères clairs sur l'affection qu'elle lui portait et d'autre part, pour tirer des conclusions justes de cette stupide affaire de clefs. Mais s'est-elle seulement aperçu que son fils en avait été tellement blessé ? En attendant, il doutait de lui-même et surtout il n'était plus sûr de l'affection de sa mère. Il se rapprocha davantage de son père. Dans ce foyer en état de guerre froide, la neutralité n'existe pas. L'enfant qui se rapproche de l'un des parents s'éloigne affectivement de l'autre. Le père de Luc soulignait avec un plaisir évident la ressemblance entre son rejeton et son propre père. Il est vrai que cette ressemblance portait essentiellement sur la distraction, commune à l'aïeul et au petit-fils. Un compliment qui se doublait en filigrane d'une vacherie, mais dont Luc ne percevait que l'appel à la connivence. Inquiétude de la mère ! C'est que Luc était aussi son préféré. Elle s'était particulièrement attaché à lui parce qu'il avait failli mourir d'une maladie infectieuse à l'âge de treize mois. Le voir passer dans l'autre camp ne la rassurait pas du tout. Elle savait bien que la coalition père-fils se faisait à ses dépens. D'ailleurs, elle sentait cette méfiance de Luc à son égard et tentait d'y remédier comme elle pouvait : « Ne me cache rien, j'arrive toujours à savoir quand tu fais une bêtise ou quand tu mens. » Evidemment, cette intimidation bien intentionnée mais maladroite éloignait son fils encore davantage. Ainsi il se rapprochait sensiblement du camp paternel, mais il n'en restait pas moins avide de l'affection de sa mère. Or, celle-ci prenait souvent conseil auprès de son fils aîné (de sept ans plus âgé que Luc) pour certaines décisions lorsque le père était absent. Rien que de tout à fait naturel, mais Luc en était très jaloux. L'intérêt que sa mère portait à un autre que lui le blessait personnellement. On lui volait son dû. Chez cet enfant marqué par l'insécurité affective, cette situation normale et saine était ressentie comme une injustice brûlante. Les parents de Luc durent déménager plusieurs fois. A force de changer de ville et d'école, il eut donc beaucoup de peine à se faire des amis. Il ne pouvait compter que sur sa famille pour lui procurer l'affection dont il avait tant besoin. Sa place, il la cherchait au milieu des siens et elle était essentiellement d'ordre affectif.

Lorsqu'il avait dix ans, il ramena pour la première fois un copain à la maison. C'était un garçon triste et renfermé avec qui il avait sympathisé et que cette invitation avait fait sourire pour la première fois. Et puis il a entendu la bonne dire à sa mère : « Méfiez-vous, c'est le petit Untel, un sale voyou qui s'introduit chez les gens en se faisant passer pour un autre. » La bonne se trompait sur la personne mais la mère de Luc la crut et mit le gamin à la porte. Trouvant la situation particulièrement cruelle, Luc partit en pleurs, la rage au cœur injuriant les deux femmes. L'amitié qui naissait entre son copain et lui venait d'être piétinée et, comble d'injustice, sa mère faisait davantage confiance à la bonne qu'à lui. Mais alors, elle aimait mieux la bonne que son propre fils ? Il en était bouleversé et furieux. Il fut rappelé à l'ordre pour son manque de respect puis il se réfugia dans sa chambre. Mais les jours suivants, il mena à la bonne une vie si dure qu'elle donna sa démission au bout d'une semaine. Ainsi il se débarrassait d'une rivale qui lui avait volé la confiance de sa mère. Après cet incident, il avait dû vérifier à l'école qu'il ne s'était pas trompé sur la personne de son copain. Une fois de plus, dans cet état d'insécurité affective, il était amené à douter de sa perception.

Un an plus tard, sa mère lui dit un jour : « Tu as les mêmes défauts que ton père. » Il y avait du vrai dans cette affirmation, mais Luc convaincu que c'était une injustice réagit par une colère mémorable. Comment ? Les mêmes défauts que cet homme qui faisait trembler toute la famille ? Mais c'était faux, archi-faux. Dès lors, plus que jamais, il s'est méfié de sa mère, interprétant ses moindres propos et gestes. « Qu'est-ce qu'elle a encore derrière la tête ? » A partir de ce jour-là, Luc s'est rapproché de son père plus résolument. D'ailleurs, il a su tirer parti de cette connivence car il fut le seul de tous les enfants à recevoir de l'argent de poche et à se voir accorder toutes les permissions de sortie qu'il voulait...

Ainsi pendant toutes ces années, Luc s'est toujours senti mal aimé et pourtant ce sentiment correspond à l'inverse de la réalité. Préféré de son père, il partageait vis-à-vis de lui les appréhensions de sa mère. Préféré de sa mère il partageait vis-à-vis d'elle la méfiance instinctive de son père. A force d'être l'enfant de prédilection de l'un et de l'autre, il ne se sentait plus l'enfant de personne. Suspendu dans cette insécurité affective qui ne trouvait pas d'apaisement, il a accumulé au cours de son enfance les preuves qu'il n'était pas aimé. Il a pris le parti très tôt de se retrancher dans de longs silences, des rêves, des absences. Il a pris l'habitude de s'enfoncer sans fin dans des analyses compliquées et presque toujours fausses de sa situation, cherchant à comprendre comment et par qui, il se faisait avoir. Lui qui a su si bien manœuvrer ses parents pour obtenir d'eux tout ce qu'il voulait, a la hantise d'être manipulé !

Luc a acquis au cours de son enfance un sens de lui-même développé et ceci pour deux raisons : d'une part, il a été choyé, adulé, on s'est penché sur lui avec beaucoup d'attention et d'égards, et d'autre part, il s'est senti blessé sur le plan affectif, injustement traité.

Le retranché avance dans la vie propulsé par cette motivation : « Je cherche une sécurité affective... » Son comportement est déterminé par cette quête angoissée, insoluble, infinie. Il a sans cesse besoin d'être rassuré, mais rien ne peut l'apaiser vraiment. On a beau lui affirmer qu'on l'apprécie, qu'on estime ses compétences, qu'il a parfaitement sa place parmi les autres, rien n'y fait car on répond peut-être ainsi à sa question, mais certainement pas à sa problématique de fond qui continue à demeurer agissante par elle-même, hors de la réalité, et à déterminer son comportement. C'est ainsi qu'il peut se montrer accaparant, jaloux, insatisfait des autres, susceptible à l'excès, et c'est en se comportant de la sorte qu'il amène les autres à s'écarter de lui. Il devient incompréhensible pour son entourage. Il se voudrait attachant, il n'est alors que fascinant, inquiétant. Il induit chez les autres le rejet qu'il redoute.

Lorsqu'on prononce le mot injustice, les retranchés dressent l'oreille, ils se sentent concernés. Ils vibrent immédiatement et peuvent emboîter le pas aux causes les plus pourries sans aller vérifier de quoi il retourne exactement. Qu'est-ce que l'injustice pour un retranché ? C'est le fait de ne pas être aimé comme il le mérite. Or il mériterait toujours tellement mieux que ce qu'on lui donne...

Sa problématique est doublement fantasmatique : il voudrait être aimé, or souvent il s'agit là de l'angoisse d'un des parents qui lui-même — à tort ou à raison — s'estimait lésé sur le plan de l'affection. Cette angoisse ne correspond en rien à la réalité de l'enfant. D'autre part il cherche dans ce domaine une sécurité, mais quoi de plus précaire que la sécurité ?

L'histoire et la littérature regorgent de ces personnalités toujours inquiètes sur le plan de l'affection. On demandait à Mozart enfant de se mettre au clavecin pour le plaisir de quelques belles dames de la bonne société, il répondit : « Dites-moi d'abord que vous m'aimez. » Le personnage du Christ dans la mythologie chrétienne apparaît différent selon les auteurs. Mais dans l'Evangile attribué à Jean, il répond avec une étonnante fidélité au profil du comportement retranché. Un seul exemple : « — Pierre, m'aimes-tu plus que les autres — Oui Seigneur. » Et la question se répète trois fois de suite malgré les réponses rassurantes. Vraisemblablement, l'auteur de ce texte a projeté sur ce personnage sa propre mentalité. Il parle d'ailleurs de lui-même comme du « disciple que Jésus aimait ». Aucun autre que lui ne fait mention de cette relation privilégiée.

Don Juan qui a inspiré tant d'auteurs apparaît dans la recherche insatiable d'une relation amoureuse. « Les souffrances du jeune Werther » de Goethe nous montrent un personnage blessé à en mourir sur le plan de l'affection. La plupart des héros romantiques sont de la même eau, prenant leur revanche sur un destin injuste et cruel : Julien Sorel, Rastignac, etc.

Un retranché ayant pris suffisamment de recul sur son propre comportement pour en rire franchement disait : « Ma vie ? c'est une vraie quête du Graal. »

LA RELATION PRIVILÉGIÉE

La préférée du père

Mariée depuis plusieurs années, Martine connaît de sérieuses difficultés en couple. A certaines heures, elle éprouve contre son mari une agressivité à la fois violente et inexplicable. Revenue à un état plus normal, elle se demande chaque fois quelle mouche vient encore de la piquer et s'inquiète : « Lionel est un garçon patient et calme, mais il finira par en avoir assez... » Elle avoue : « Il y a des moments où je ne me contrôle plus, j'ai envie de tout casser, mon couple, ma vie professionnelle, tout ce que je fais. C'est plus fort que moi, je me mets à parler comme un automate. Dans ces moments-là, je ne sais pas encore quand j'ouvre la bouche ce que je vais dire l'instant d'après, mais je ne m'arrête pas pour autant. » Son mari, Lionel, confirme cet étrange dédoublement :

— Quand tu entres dans ces états d'agressivité, j'ai l'impression d'avoir affaire à une autre. Même physiquement, tu ne te ressembles plus. On dirait un pantin animé par quelqu'un d'autre. Au Moyen Age, on t'aurait peut-être prise pour une possédée...

Martine craint de devenir folle comme sa mère qui fait régulièrement des séjours en psychiatrie. Lionel ne reconnaît plus la fille qu'il a épousée, elle devient impossible à vivre, et le temps n'arrange rien à l'affaire, bien au contraire. Quand il a rencontré Martine, il s'est très vite attaché à elle, d'autant plus qu'elle lui a parlé abondamment de l'enfance malheureuse qu'elle avait connue, alors, pour racheter ce passé pénible, Lionel s'était juré d'offrir à cette fille une vie heureuse.

Qu'en est-il de cette enfance au souvenir douloureux ? Dotée d'une mémoire apparemment infaillible, Martine a toujours présenté ses récits avec tant de précision et une émotion à ce point adaptée qu'elle ne laissait aucune place au doute. Elle a ainsi campé des personnages au profil parfaitement tranché.

Sa mère a mis au monde une famille nombreuse, elle était toujours dépressive ou malade. Ecorchée vive, elle ne se contrôlait pas. Elle n'avait jamais essayé de comprendre Martine et ne prenait même pas la peine de l'accueillir quand elle rentrait de l'école le soir. C'est à cause de cette femme qu'il régnait à la maison un climat épouvantable.

En revanche, son père était un homme charmant. *Martine était sa préférée.* Il aimait à souligner que Martine était celle qui lui ressemblait le plus physiquement, il était fier qu'elle porte son nom, et qu'elle ait la même intelligence que lui. Quand elle réussissait à l'école, Martine en était fière *avec lui, et... pour lui.* Il avait fait d'elle sa confidente : il lui disait qu'il était très déçu de sa vie conjugale et sexuelle, et que sa femme était folle. Martine était révoltée qu'un homme aussi attachant puisse être à ce point malheureux et incompris. Mais avec le temps, elle avait découvert que son père était aussi un égoïste, et ceci à partir du jour où il avait décidé de déménager dans une autre région pour des raisons professionnelles, sans demander l'avis de ses enfants. A cette occasion, Martine avait perdu de vue les amis qu'elle s'était faits, et son père semblait indifférent à ce déchirement.

En écoutant, le cœur attendri, tous les malheurs qui avaient bouleversé la vie de sa femme, Lionel avait fini par épouser ses sympathies et antipathies. Jusqu'au jour où Martine lui fit une scène : elle lui prêtait l'intention de la tromper. C'était faux, archi-faux. Qu'est-ce qu'elle s'était donc mis en tête ? Mais il avait beau dire et beau faire, elle était sûre de ce qu'elle avait vu, elle avançait plusieurs faits comme preuves irréfutables de son reproche... Interprétation pure, Lionel était tout de même le mieux placé pour savoir ce qu'il avait en tête. Il a levé le ton. Avait-elle parlé aux copains de ses soupçons stupides ? Silence. Ainsi, elle était capable non seulement d'interpréter des faits, de monter toute une fable à partir d'éléments anodins, mais aussi de répandre ses sornettes autour d'elle... Mais alors, tout ce qu'elle a raconté sur son enfance n'était peut-être pas plus sérieux que ces fantasmes d'aujourd'hui ? Pour la première fois, Lionel était inquiet. Pour la première fois, il s'est demandé s'il ne ferait pas mieux de rompre avec elle. Ils en ont discuté à froid, et cette fois c'est Martine qui était ébranlée. Pour la première fois de sa vie, elle était bien obligée de se poser la question : « Et si je n'avais pas raison ? »

Etapes du retraitement

Pour en avoir le cœur net, elle a pris la peine de discuter avec sa sœur Sylvie de leur enfance. Celle-ci n'a pas du tout la même impression négative de leur passé commun. A certains moments ce n'était pas drôle, c'est vrai, on était peut-être un peu trop nombreux à la maison, mais tout de même, il y avait eu de bons moments. Martine est surprise.

— Toute cette marmaille, c'est bien ma mère qui en porte la responsabilité ?

Non, Sylvie voit les choses tout autrement. Elle garde de sa mère le souvenir d'une femme usée par les maternités successives et par un mari difficile à vivre, qui ne savait pas ce qu'il voulait. Sa femme devait être toute à lui, et en même temps, il lui faisait des enfants en série. Martine n'en revient pas d'entendre parler en ces termes de sa mère, ni surtout de son père. Elle constate avec étonnement que sa sœur a perçu les choses tout autrement qu'elle. En d'autres temps, elle aurait immédiatement conclu : « ça y est, elle dit ça pour me

contrarier ». Mais aujourd'hui, ses emportements incontrô-
lés envers son mari, sa jalousie injustifiée à son égard l'ont
amenée à perdre cette assurance absolue qu'elle avait
jusque-là en son jugement personnel. Une question travaille
Martine : leur mère l'a défavorisée, c'était jusque-là un fait
acquis pour elle, est-ce que Sylvie s'en est aperçu ? Une
nouvelle fois, Sylvie tombe des nues.

— Toi, tu étais particulièrement désagréable avec ta
mère, oui, et je sais qu'elle en a souffert, mais de son côté,
elle a toujours eu soin de ne faire aucune différence entre ses
enfants. C'est un hommage qu'il faut lui rendre. Par contre,
tu étais la préférée de ton père, ça n'était un secret pour
personne.

— Tu en étais jalouse ?

— Moi, pas du tout, mais ça devenait quelquefois gênant
pour les autres.

— Il faut le comprendre : sa femme avait jeté son dévolu
sur l'aîné, il ne l'a pas digéré.

— Tu crois vraiment ce que tu dis là ? Mais c'est
totalement faux. Il y avait un petit trio à part à la maison :
toi, papa et l'aîné. Dis-moi, ce ne serait pas plutôt toi qui
étais jalouse de ton frère ? Tu devais partager la préférence
du père avec lui... C'est ça ?

(On retrouve fréquemment chez le retranché ce quiproquo dans la mémorisation.)

— A moi, papa a payé des études au-delà du bac, pas aux
autres...

— Où es-tu allée chercher ça ? Nous sommes trois à avoir
fait des études supérieures. Ceci dit, c'est vrai qu'il en faisait
un peu trop pour toi.

— Il m'a toujours dit que j'avais des facilités comme lui,
que j'avais son intelligence.

— Eh bien, à moi, il a dit que je n'étais pas douée pour
les études, et finalement, j'ai un diplôme supérieur au tien,
alors...

— Que veux-tu, je lui dois beaucoup. Et je ne sais pas
comment le lui rendre.

— Alors, je te plains. Personnellement, je me sens tout à
fait libre à son égard, et bienheureuse de ne rien devoir à
personne. Tu as peut-être été gâtée, mais ça ne t'a pas

émancipée pour autant. Tu restes coincée, redevable sans fin. Je préfère nettement mon sort au tien.

— Ce qui m'étonne, c'est que tu aies gardé de notre mère un souvenir à ce point positif.

— Eh bien moi, je trouve curieux que tu aies gardé d'elle un souvenir négatif. Avec le recul, je l'apprécie de plus en plus.

— A ce point ?

— Oui, à ce point... Je me demande avec quels yeux tu la vois...

— Tu veux dire que je la vois avec les yeux de mon père, c'est ça ?

— Je ne veux rien dire du tout. Je constate simplement que ton père et toi vous avez porté sur elle le même regard. C'est tout.

Furtivement, Martine repense aux *confidences* que son père lui a faites. Elle commence à s'énerver. Sylvie ouvre de grands yeux :

— Mais enfin, d'où te vient le besoin d'accabler cette pauvre femme ? On dirait que tu as quelque chose à prouver.

— Je veux voir clair dans cette affaire, tu comprends ? Aujourd'hui, ma mère est malade, je pense que c'est de ma faute. D'ailleurs, grand-père me l'a encore répété récemment.

— Il m'a dit la même chose, c'est son couplet pour tous ses petits-enfants.

— Ah bon, il fait le tour de la famille en accusant chacun ?

— Ce qu'il dit n'est pas tout à fait faux. C'est vrai que nous avons eu notre part dans la dépression de notre mère, nous étions des enfants turbulents et inconscients. Mais enfin, tout cela remonte à des années. Elle aussi le disait : « Vous finirez par me tuer. » Nous ne l'avons pas prise au sérieux. A l'âge que nous avions, que veux-tu ? Ceci dit, son hospitalisation récente intervient à un moment où ni toi ni moi ne sommes plus à la maison depuis bien des années.

— Moi depuis neuf ans.

— Soit, je trouve .que grand-père a tort de nous mettre sur le dos aujourd'hui la maladie de sa fille, mais il en a gros sur le cœur, je comprends son amertume.

Ces paroles ont apporté à Martine un apaisement considérable. Elle se croyait sincèrement responsable de la déchéance de sa mère, elle était rongée par la culpabilité. A partir de cette même prise de conscience, elle n'a plus jamais connu ces mouvements d'accusation envers son mari, qui jusque-là lui paraissaient irrépressibles. Comme si, n'étant plus culpabilisée, elle n'éprouvait plus le besoin d'accuser un autre (à propos de tout autre chose). Phénomène fréquemment observé, et qui mérite d'être signalé.

Confusion des époques, confusion des personnes

Deux années passent, les plus paisibles sans doute que Martine ait jamais connues. Elle réussit dans son travail. Son mari est passionné de montagne et elle, autrefois si jalouse, admet aujourd'hui sereinement et sans arrière-pensée qu'il s'investisse dans ce loisir où elle n'est pas. De son côté, elle s'est initiée au tissage et à la peinture sur soie. Et voilà qu'un beau jour, Lionel est muté dans une autre région, promotion à l'appui. Dès le déménagement, Martine glisse dans la dépression. Sa sœur Sylvie vient passer quelques jours chez elle. Elle trouve que l'appartement de Martine est très réussi, elle est ravie de voir que Martine a retrouvé rapidement un emploi intéressant, mais aussi, elle s'étonne :

— Comment fais-tu pour être à ce point insatisfaite ? Tu as un mari en or, et depuis que je suis là tu lui fais la gueule. Tu es toujours comme ça avec lui ?

— Tu ne comprends pas. (Elle pleure). Je m'étais fait des amis, j'avais un poste qui me plaisait et Lionel accepte sa mutation, comme ça. Il est ravi, lui. Et moi alors dans tout ça ? Et moi ?

— Mais de quoi te plains-tu ? Tu as plutôt gagné au change, apparemment. A voir comme tu es installée...

— Tu vois, tu ne comprends pas.

— Peut-être, mais je me souviens d'une chose : quand nous avons déménagé avec les parents il y a quinze ans, tu as eu les mêmes réactions. A l'époque, c'est à ton père que tu reprochais de ne pas avoir tenu compte de ton avis.

Martine reste songeuse. Il y a du vrai dans ce que dit sa sœur. Elle vit son déménagement d'aujourd'hui avec les mêmes sentiments de révolte et d'insatisfaction qu'il y a quinze ans. Elle accuse aujourd'hui son mari des griefs qu'elle avait contre son père autrefois... Une fois de plus, elle se surprend en pleine confusion :

— Je me vois devenir folle...

— Allons donc. Parle-moi plutôt de ton nouveau travail.

— C'est sérieux ce que je te dis, je deviens folle. Même dans mon travail je m'en rends compte justement. Je deviens bête. J'ai une inspection bientôt, et j'ai perdu tout mon acquis de ces dernières années.

— On croirait t'entendre à la veille de ton bac ! Mais aujourd'hui tu as dix ans d'ancienneté, ça ne s'oublie pas comme ça. Tu continues à mélanger les époques. Tu te souviens, tu disais en ce temps-là que tu avais l'intelligence de ton père, tu travaillais plus pour ses beaux yeux que pour ton intérêt personnel. En somme tu roulais pour lui. Est-ce que ça t'a passé ?

— Mais c'est vrai que je lui dois ma réussite...

— Bien sûr que non, si tu as réussi, c'est parce que tu as travaillé, c'est tout. Et aujourd'hui, si tu coules, c'est parce que tu te laisses couler. Remets-toi au travail. Mais si tu veux mettre de l'ordre dans tes pensées, tu devrais en discuter avec ton mari. Je suis sûre qu'il peut t'aider. Allez, tu nages dans la chance et tu te paies une déprime. C'est un comble.

Après le départ de sa sœur, Martine a réfléchi. Effectivement, elle est en train de s'enliser dans un amalgame d'émotions qui la conduisent à confondre les époques et les personnes. Mais surtout, pour la première fois, elle vient de mettre fin à une confusion très particulière qu'elle n'aurait jamais soupçonnée : c'est bien elle qui a réussi sa carrière, et non pas son père à travers elle. Une évidence pour les autres, une découverte pour elle...

La baudruche émotionnelle dans laquelle Martine était prisonnière s'est dégonflée, et elle peut en parler à son mari. Lionel prend les choses calmement, avec beaucoup de réalisme. Martine trouve qu'il a bien de la chance d'être une nature aussi calme. Pourtant, il est las :

— Je fais parfois de gros efforts pour dominer mes émotions, et ça n'est pas toujours facile. Tu devrais en faire autant, parce que pour moi, tes dépressions qui alternent avec tes emballements, cela devient usant.

— C'est épouvantable de devoir ainsi lutter contre soi-même, conclut Martine.

Contre soi-même, vraiment? Dans le courant de la semaine suivante, elle reçoit une lettre de son père tout à fait inattendue : il lui adresse une kyrielle de reproches... sur le passé. Qu'est-ce qu'il lui prend? Il n'a jamais fait un coup pareil! Martine lui répond en se justifiant avec âpreté, mais à la fin de cette mise au point, elle ne peut s'empêcher de « l'embrasser comme sa fille chérie ». Lorsqu'elle montre cette correspondance à Lionel, il s'étonne :

— Mais vous ne pouvez donc pas vivre dans le présent? Il y a bien assez de soucis aujourd'hui pour ne pas retourner sans arrêt en arrière.

— Ah non! Quand j'étais gamine j'ai connu trop d'injustices qui n'ont jamais été réparées, non. Là, je n'en démordrai pas.

Huit jours plus tard, Sylvie l'appelle au téléphone : leur mère vient à nouveau d'être hospitalisée, et cette fois, il est clair qu'elle n'en sortira plus. Il va falloir trouver une solution pour le petit dernier qui reste seul. Immédiatement, Martine propose :

— Qui le prendra chez elle, toi ou moi?

Elle a parlé comme par réflexe. Oubliant son mari, sa vie personnelle, il lui semble tout naturel de se charger de son jeune frère. Surtout que régulièrement, elle est envahie de bouffées de culpabilisation : ses frères et sœurs ont des difficultés, elle pas (!), et elle s'en veut de s'en sortir sans eux... C'est tout à fait irrationnel, mais elle se sent coupable à leur égard. Alors, si quelqu'un doit aujourd'hui se charger de son frère, c'est elle évidemment. Heureusement, Sylvie, elle, a les yeux en face des trous :

— Prends-le si tu veux, mais pour moi, il n'en est pas question. Ce gamin a un père, que je sache? A lui de s'en occuper. Il a toujours essayé d'esquiver ses responsabilités, mais je ne marche plus.

Eh bien Martine, elle, a failli marcher. La remarque de bon sens de sa sœur l'a secouée. Et à partir de cette minute, le brouillard s'est peu à peu dissipé dans sa tête. Enfin, elle a pu remettre à l'endroit sa situation.

— Quand j'étais gamine, je ne tenais plus à la maison. Je n'arrivais plus à étudier au milieu de tous ces gosses qui faisaient du bruit. J'aurais voulu prendre une chambre en ville, j'ai demandé à mon père qu'il me donne ma bourse et la part d'allocations familiales qu'il touchait pour moi, je ne lui demandais pas un sacrifice pécuniaire, mais simplement l'argent qui me revenait. Il a refusé. Il m'a dit : « Il faut que tu t'efforces de vivre avec les autres. Il y a une bonne ambiance ici, de quoi te plains-tu ? » Depuis ce jour-là, je n'y voyais plus très clair : moi je trouvais le climat familial épouvantable, lui le trouvait très bien. Est-ce moi qui me faisais des idées ou lui ? Je n'étais plus sûre de rien, je pensais avoir la tête détraquée. Mais voilà, je viens de comprendre : un an plus tard, il quittait la maison, et au moment où il me tenait ces beaux discours, il préparait déjà son départ. Tu comprends, si moi la fille aînée je restais à la maison, il pouvait s'en aller en toute insouciance, j'étais là pour m'occuper des plus petits, puisque ma mère était malade. Tu te rends compte ? Il me reprochait de fuir la maison alors que c'est lui qui pendant ce temps-là... C'est infâme... Et moi qui me culpabilisais ! Mais c'est lui qui s'est comporté de façon honteuse.

Martine s'est mise dans une colère folle contre son père. Les jours suivants, elle comprit quel jeu cet homme avait joué avec elle. *Elle s'est longtemps cru sa préférée, sa confidente, elle s'en trouvait très honorée.* Mais est-ce qu'il avait le moindre souci du bonheur de sa fille ? Non, Martine lui servait simplement d'oreille attentive pour qu'il puisse s'épancher sur son malheur personnel. Et il a su se servir de cette complicité, de cette *relation privilégiée* pour faire faire à Martine ce qu'il n'avait pas le courage de faire lui-même. Oui, elle a été traitée de façon injuste par cet homme, et dire que c'est lui qui lui adresse aujourd'hui une lettre de reproches. C'est le monde à l'envers. A Martine maintenant de régler des comptes. Lionel se demandait s'il était bien utile de mener un tel branle-bas ? Oui, Martine y tenait. C'était pour elle très important de remettre enfin les choses à l'endroit.

Maintenant que son passé s'est remis en ordre dans sa tête, Martine voit sa mère tout autrement. Ainsi, son père s'est rendu coupable d'un certain nombre de bassesses à l'égard de sa femme et de ses enfants, et tout se passe comme s'il avait déposé sa propre culpabilité dans la tête de sa fille. Porteuse de ce sentiment d'un autre, Martine nage en pleine confusion, elle est très angoissée et réagit par des explosions de colères, la dépression, et tout l'arsenal relationnel du retranché traqué. Lorsqu'elle a pu rattacher à qui de droit ce sentiment parasite, elle a vu disparaître en même temps la dépression, les insomnies et les mouvements d'humeur. Si les effets ont disparu, c'est que sans doute la cause devait bien être là.

Enfin, une fois son passé remis en ordre, Martine a découvert sa mère. Des souvenirs précis lui sont revenus. Cette pauvre femme qu'elle a si longtemps accusée de tous ses malheurs a été en fait une maîtresse de maison exemplaire. Elle a aidé chacun de ses enfants dans leurs études, et elle s'est dévouée sans compter malgré la vie difficile que lui menait son mari et toute cette marmaille parfois injuste et cruelle. Malgré une charge de travail considérable, elle trouvait encore le moyen de faire de la pâtisserie presque tous les jours. Maintenant, Martine a d'autres souvenirs, les vrais. Il lui revient également en mémoire que c'est sa mère qui lui a donné l'argent de sa bourse et de ses allocations familiales, mais oui, ce même argent que son père lui avait refusé deux ans plus tôt. Comment a-t-elle pu à ce point mettre ses souvenirs à l'envers pendant tant d'années ?

QUELS ENSEIGNEMENTS TIRER DE CETTE EXPÉRIENCE ?

Habituellement, lorsqu'une personne présente un état dépressif, c'est en réponse à une difficulté actuelle : face à une situation bouchée, elle se trouve en inhibition de l'action, et ne sait plus comment sortir de l'impasse. Or, dans le cas présent, la dépression de cette jeune femme relève de deux faits : l'un appartenant au présent, et l'autre au passé. Une fois clarifiée cette difficulté ancienne, la difficulté actuelle se règle facilement, et la dépression disparaît.

La jeune femme a une opinion négative de sa mère, corollaire direct de l'opinion positive qu'elle a de son père. Sa sœur a beau lui dire qu'elle se trompe, elle ne comprend pas. Il lui faut s'appuyer sur ses propres expériences pour acquérir une perception plus juste de son père. Après quoi, elle devient capable de percevoir aussi plus justement sa mère.

La jeune femme éprouve le besoin d'accuser son mari. Ses soupçons malveillants ne s'appuient sur aucun fait. C'est donc dans sa propre tête qu'ils trouvent leur origine, et plus précisément :

— Au départ, elle a elle-même un problème personnel à résoudre. Elle se sent coupable d'indélicatesse à l'égard de sa mère, et en même temps, elle accuse son mari d'indélicatesse.

— Puis, dans un deuxième temps, elle prend conscience qu'elle n'est pas responsable de la maladie de sa mère, et l'angoisse liée à cette culpabilisation disparaît. En même temps, elle cesse d'accuser son mari.

« La difficulté centrale de ma vie, explique-t-elle, la plus lourde de conséquence, c'est qu'il m'arrive de mélanger le passé et le présent. J'ai mis des années à me rendre compte de ce mécanisme, le voici.

Lorsque je rencontre une difficulté, même minime, je suis aussitôt saisie puis submergée par une insatisfaction océanique : « Ça y est, ça recommence, c'est toujours après moi qu'on en a. C'est injuste... » Après cette émotion, il me remonte à l'esprit des souvenirs, vieux de dix ou vingt ans. Passé et présent s'amalgament, à tel point que la frontière entre les deux disparaît. Tout me paraît actuel, et cruellement présent. Ma pensée est désorganisée, et je ne parviens pas à expliquer à un tiers ce que je ressens. Alors je pleure ou je m'énerve, tant je me sens insatisfaite, et je deviens agressive envers mon entourage. Je suis capable de me montrer odieuse, insupportable ! »

L'hémisphère droit du cerveau est a-temporel. Il est aussi le siège de ces émotions violentes. C'est ainsi que lorsqu'une personne se laisse submerger par un émotionnel débordant, le passé, surtout s'il a été chargé d'émotions fortes, redevient un présent brûlant. Passé le choc émotionnel, il appartient à la personne de faire usage de sa raison pour séparer les problèmes d'hier de ceux d'aujourd'hui.

Que de fois, lors de certains conflits de couple, on assiste à ce genre d'amalgame-surprise : une petite contrariété d'aujourd'hui est soudain rapprochée de souvenirs anciens, remontant à cinq, dix ou quinze ans, qui deviennent tout à coup des chefs d'accusation réactualisés.

Deux conjoints ont divorcé. La séparation a été orageuse, puis, chacun a refait sa vie de son côté. Pendant huit ans : plus de nouvelle l'un de l'autre. Puis un beau jour, l'ex-mari envoie à son ex-femme une lettre toute pleine de recommandations et de reproches, comme il le faisait aux temps de leur union. Elle reste abasourdie : quels comptes a-t-elle à lui rendre après huit ans d'indifférence ? Quelles leçons a-t-il à lui donner ? Si le temps semble ne pas exister pour lui, il en va tout autrement pour elle... A quelle éruption émotionnelle a-t-il obéi pour se livrer à cette intervention incongrue ?

La mémoire

Quand un retranché évoque son passé, on est chaque fois frappé par la clarté et la précision de ses souvenirs. Encore tout vibrant d'émotions, il peut décrire par le menu des scènes vieilles de dix ou quinze ans.

L'inconvénient, c'est que la mémoire retient les faits tels qu'ils ont été vécus sur le moment, souvent dénaturés par les émotions et les interprétations. Les souvenirs du retranché tournent principalement autour de ces quelques grands thèmes : l'injustice, l'impression d'être mal aimé, trahi, pas reconnu à sa juste valeur... Dans ces récits poignants à quoi l'interlocuteur peut-il souscrire, que doit-il rejeter ? C'est difficile à estimer d'autant que ce discours cherche à entraîner l'adhésion ou plutôt une certaine connivence. Dans ces conditions, il est donc utile de garder ses distances avec le conteur...

Un étudiant est sorti officiellement pendant près d'un an avec l'une de ses amies de promo. A l'approche des vacances, il a rompu. « Pour éviter que de désagréables ragots courent dans mon dos, a-t-il dit, j'ai préféré informer moi-même mes copains de cette rupture. En un mois, j'ai expliqué brièvement ma décision à une demi-douzaine d'entre eux. Or, ils se sont aperçus que chaque fois, je donnais sans m'en rendre compte, une version différente. C'était vrai, et le plus préoccupant, c'est que moi-même, je n'aurais su dire laquelle était juste. Et si aujourd'hui on me demande comment cette rupture s'est passée exactement, je donnerai sans doute une septième version sans être sûr que celle-ci soit la bonne. »

Celui qui souhaite remettre de l'ordre dans sa mémoire devra revenir sur certains faits marquants de son passé. Pour les retraiter, quelques points de repère :

— distinguer les injustices dont il a réellement pâti, de vagues impressions d'injustices qui ne reposent sur rien, même si elles sont douloureuses ;

— établir une différence entre une exclusion de fait, une exclusion par voie de conséquences et un vague sentiment d'être exclu qui n'a aucune réalité présente ;

— rendre à certains mots leur vrai sens, c'est-à-dire rétablir une adéquation exacte entre le mot et la réalité qu'il représente ;

— s'en tenir rigoureusement à ce que l'autre dit ou fait, en se gardant bien de lui attribuer la moindre intention ;

— séparer le fait brut de toutes espèces d'interprétations : les siennes, celles d'un tiers.

C'est là tout un programme, un programme constructif qui permet de remettre de l'ordre dans les événements et dans sa tête...

Nous avons observé de façon répétitive que ce genre de clarification porte ses fruits : le retranché trouve un apaisement sensible à des tensions parfois anciennes.

Nous ne prolongerons pas davantage cette revue de différentes mises en place du comportement retranché. Il en existe sans doute bien d'autres, mais celles que nous venons d'évoquer sont déjà le reflet de nombreuses situations semblables.

Ainsi, il est clair que le retranché a fait les frais autrefois des émotions incohérentes d'un autre. Parfois il a purement et simplement hérité de la problématique de l'un de ses parents par contagion émotionnelle.

Or, ce problème d'un autre ou d'une autre époque, il le porte en lui aujourd'hui, et cherche à le résoudre. Pour cela, il a recours à un certain nombre de fausses solutions qui constituent les traits caractéristiques du comportement retranché, et que nous allons maintenant observer de plus près.

CHAPITRE 3

TRAITS CARACTÉRISTIQUES
OU
LES FAUSSES SOLUTIONS

Le comportement retranché s'exprime chez l'individu selon deux sentiments antagonistes :
— Une impression de *fragilité.*
— Un *sens de son importance personnelle* très développé.
L'un et l'autre sont nés d'une *insécurité affective.*
« Avoir sa place » pour un retranché consistera donc à résoudre dans le quotidien cette triple problématique.

La fragilité : le retranché se sent mal à l'aise dans ses rapports avec les autres. Ce malaise est renforcé par divers facteurs : une grande susceptibilité, une absence de points de repère pour évaluer les situations auxquelles il doit faire face dans le domaine des relations, une inquiétude devant les autres dont il ignore les intentions et les mobiles véritables. Il cherche à résoudre cette fragilité par divers moyens.
Un refus des contraintes
Une méfiance instinctive
Des armes relationnelles destinées à le protéger de ceux qui lui semblent malveillants, ou le cas échéant, à faire la conquête de ceux dont il attend qu'ils lui donnent « sa place ».

Un sens de son importance personnelle très développé : plus il se sent en porte à faux par rapport aux autres, et plus le sentiment de son importance personnelle non reconnue se fait pressant. Ce sens de soi, d'importance excessive, se

traduit souvent par une image de marque que l'individu veut
flatteuse, évidemment, à la mesure de l'idée qu'il se fait de
lui-même et de la place qui lui revient.

Une insécurité affective : C'est l'inquiétude fondamentale
du comportement retranché. C'est ainsi que parfois, il aura
l'impression que telle personne s'intéresse plus particulièrement à lui. Il cherche alors à établir avec elle une certaine
connivence. Tentative qui tantôt réussit, tantôt échoue.

Ceux qui ont connu pendant leur enfance une **relation
privilégiée** avec l'un de leurs parents, s'accordent pour dire
que par la suite, dans la vie sociale, ils cherchent à reproduire
ce type de relation, le seul satisfaisant qu'ils aient connu et
expérimenté. Ils sont d'ailleurs prêts à croire que toutes les
personnes de leur entourage entretiennent entre elles ce
même type de rapports, faits de confidences et d'intimité. Ils
souffrent d'autant plus qu'ils ne sont pas conviés à y
participer ; ils trouvent cela injuste et se considèrent comme
exclus. Evidemment, cette interprétation de la vie sociale
repose sur un lourd malentendu.

LA FRAGILITÉ... ET SES « SOLUTIONS »

Maladresse dans les relations

Tel a rendu service à un de ses voisins en l'aidant à
déménager. En échange, ce dernier lui a offert un arbuste
d'agrément. Impossible de l'en remercier : « J'ai essayé de
lui écrire un mot, mais je suis resté paralysé devant ma feuille
blanche. J'ai donc décidé de le remercier de vive voix. Mais
quand je l'ai rencontré deux mois plus tard à un arrêt
d'autobus, j'ai été incapable de trouver les mots pour lui dire
merci. »

Le retranché est souvent inquiet sur la façon dont il sera
reçu et accueilli par les autres. Ces moments d'incertitude
inconfortable le rendent alors indisponible pour se montrer
attentif à l'autre. C'est ainsi que certains collectionnent les
gaffes :

Tel se rend au domicile d'un de ses amis qui vient de

décéder. Avisant le fils du défunt, il le salue, jovial :
« Bonjour, toi ! Alors, ça va bien ? »

Certains vivent dans leur monde d'une façon plus habituelle. Un monde qui ne coïncide pas avec la réalité qui les
entoure.

Tel est employé des pompes funèbres. Au lieu de rester
discrètement avec ses collègues, il ne peut s'empêcher d'aller
saluer personnellement chacun des membres de la famille
éplorée à la sortie du cimetière. Il serre chaleureusement les
mains : « Allez, au plaisir ! »

Tel a adressé à un ami un reproche injustifié. S'aperce-
vant de sa bévue, il ne pense pas un instant à s'excuser, ni
même à se justifier. Non, il en rajoute : « Eh bien, si ce
n'était pas vrai cette fois-ci, ça vaudra pour la prochaine
fois. »

Alfred marie sa fille... Mais ce n'est pas tout, il a eu une
idée de génie : puisque ses vingt-cinq ans de mariage
tombent justement cette année, pourquoi ne pas joindre les
deux fêtes en une seule ? Drôle d'idée qui ne plaisait à
personne, mais pour ne pas faire d'histoire, tout le monde a
cédé. C'est ainsi qu'aujourd'hui, les jeunes mariés se trouvent remisés au second plan, les parents du jeune homme
sont amers, et mal à l'aise au milieu de cette nombreuse
famille qui leur est étrangère. Bref, tout le monde est un peu
gêné. Tout le monde sauf Alfred, qui est ravi.

D'autres encore sont tellement enfermés dans leur monde
qu'ils en deviennent outrageants pour leur entourage.

Un adolescent du quartier a disparu depuis quelques
jours. La famille, les amis, les voisins, tout le monde est sur
les dents. Pourvu qu'il ne s'agisse que d'une fugue. La
dernière fois qu'on l'a vu, il marchait le long du canal... Telle
rencontre un ami de l'adolescent qui lui demande des
nouvelles : elle pouffe de rire : « Il est au fond de l'eau ! »

Telle reçoit avec beaucoup de bienveillance les petits
copains de sa fille de dix-huit ans. Tellement de bienveillance
qu'elle s'installe, qu'elle s'incruste. Elle fait son numéro de
charme... et finit par éclipser sa fille aux yeux du prétendant.
Plusieurs ont ainsi défilé à la maison...

Un monsieur d'une trentaine d'années invite au restaurant une dame de ses amies, d'éducation plutôt rigide, avec

l'intention avouée de nouer quelque lien. Se voulant agréable et disert, il parle beaucoup et trop fort. Se voulant décontracté et même un peu familier, il pique de temps à autre sa fourchette dans l'assiette de son invitée. Gênée par tant de sans-gêne assuré, elle n'ose rien dire. Plusieurs années après cette scène grotesque, elle est encore mal à l'aise pour parler de ce monsieur.

Surtout pas de contrainte

Si un retranché se sent mal à l'aise en société, c'est aussi parce qu'il ne supporte aucune contrainte.

Une jeune infirmière vient de changer d'emploi. Depuis deux semaines qu'elle travaille à l'hôpital, on ne lui a pas encore attribué de jour de garde. Et voilà qu'un matin, elle trouve son nom parmi les autres sur le planning. Elle en est furieuse, émotionnellement retournée pendant plusieurs heures, et fait un scandale dans le service. Pourquoi ? Est-ce qu'elle ne veut pas assurer de garde ? Si, dans son emploi précédent, elle a même demandé à en faire plus que les autres, pour arrondir ses fins de mois. Alors ? Eh bien, elle ne supporte pas qu'on dispose ainsi de sa personne. C'est tout. C'est idiot, elle le sait, mais c'est plus fort qu'elle.

Une autre personne : « Lorsque des amis m'invitent à passer un week-end chez eux, je n'accepte jamais d'emblée, je réserve ma réponse jusqu'au dernier moment. L'idée de devoir répondre à un rendez-vous me paraît contraignante, or, je n'aime pas perdre ma liberté. » Socialement parlant cette attitude est incohérente : cette personne n'hésite pas à contraindre les autres, mais elle a elle-même horreur de toute contrainte.

Attitude paradoxale : le retranché demande aux autres à la fois de ne pas le rejeter et de ne pas le contraindre.

Il a horreur qu'on lui mette la main dessus. Un cas extrême :

Un monsieur a eu un accident de voiture. Il s'en est sorti sans dommages, mais sa femme, elle, gravement touchée, défigurée, est restée hospitalisée de longs mois. Son mari s'est très peu occupé d'elle, lui signifiant que de toute façon il comptait refaire sa vie ailleurs. Un an après qu'ils se soient séparés, le hasard les met de nouveau en présence : elle fait de l'auto-stop au bord de la route, une voiture s'arrête : c'est lui. Elle est surprise, très gênée ; lui nullement, il l'invite à monter, lui demande de ses nouvelles. Un peu plus loin il s'arrête dans un petit bois et commence à l'embrasser, à la déshabiller. Décontenancée, elle lui oppose une timide résistance, puis l'interroge : « Est-ce que tu m'aimerais encore ? » Furieux, il la repousse : « Comment ! Mais c'est incroyable, un gars ne peut même plus s'arrêter avec une fille dans un bois sans qu'elle cherche à lui mettre le grappin dessus ! Tu faisais la putain au bord de la route, tu cherchais l'aventure, salope. Descends ! » Et sa voiture repart en trombe. Macho ? Cruel ? A ses yeux, pas du tout. Il a horreur de se faire avoir.

La méfiance

Si le retranché se méfie tant des autres, c'est qu'il n'imagine pas un instant qu'ils puissent être différents de lui. Il leur attribue a priori des capacités de dissimulation, d'agressivité, il leur prête des intentions. Parfois il tombe juste, mais d'autres fois, il a affaire à des gens qui ne sont pas du tout bâtis comme lui et qui n'entendent rien aux discours doubles et aux sous-entendus. A ceux-là aussi, il attribue des pensées sournoises : « Je crois que l'autre veut me rouler, et s'il a l'air sincère, c'est qu'il cache d'autant mieux son jeu. Alors je lui lance des piques, et quand il finit par se mettre en colère, je tiens la confirmation de mes soupçons : « Là, tu vois bien que tu es agressif. » Plus l'autre entre dans mon jeu, plus j'ai la preuve d'avoir vu juste. Quand je vois cette attitude à froid, de l'extérieur, je constate qu'elle est déstabilisante et destructrice pour les autres, mais quand je suis lancé sur mon rail de méfiance irraisonnée, je suis persuadé de mon bon droit. La seule chose qui me permette d'atterrir est de m'entendre dire de façon détachée : « *Arrête, tu débloques complètement.* » C'est vrai, dans ces moments-là, je débloque. »

Armes relationnelles

Le retranché ne se sent pas en confiance dans son environnement. A cause de cette insécurité fondamentale, il a appris à aborder la vie sur le mode de la défiance, d'une défense plus ou moins active, voire de l'offensive ouverte, selon les personnes et les circonstances.

L'agressivité. Tel étudiant se montre courtois et mesuré, lors d'un examen oral. Mais il perd pied lorsque l'examinateur lui pose une question imprévue. D'autres se troubleraient, chercheraient à rassembler leurs idées ; lui devient agressif et répond de façon précipitée, lâchant au passage une parole malheureuse, presque insultante. Veut-il se saborder ? Non. Il devient agressif parce qu'il se sent en insécurité. Réaction instinctive.

La séduction. Cet homme aimable qui vous parle d'une voix chaude, qui vous passe la main dans le dos, qu'on soit fille ou garçon, dont les regards appuyés vous laissent penser que vous comptez énormément à ses yeux... est un tyran domestique. Il bat sa femme et ses enfants. Perdez vos illusions : les signes extérieurs de préférence que vous avez perçus, il les distribue également à tous ceux qu'il fréquente. Son contact social est une tentative de séduction permanente. Tous charmes dehors.

L'énigme. Ce personnage sombre, boudeur, renfermé, jaloux, ombrageux, ténébreux. En sa présence, vous êtes obligés de vous poser la question : « Mais qu'est-ce que j'ai bien pu lui faire ? » Rien. Ne cherchez pas. Le jeu consiste précisément à ce que vous vous posiez la question. Cela suffit à le sécuriser.

Les retranchés n'ont pas le monopole des armes relationnelles, d'autres comportements les utilisent aussi couramment. (Un descriptif précis de ces armes — armes dures, armes douces — est donné dans « Communication ou Manipulation » pages 234 à 281). Cependant, ce qui caractérise le comportement retranché, c'est la diversité d'armes présentes à sa panoplie personnelle, et la fréquence et l'intensité avec lesquelles il peut en faire usage. Cet arsenal est une protection bien naturelle chez quelqu'un qui se sent en insécurité, et qui a besoin de se rassurer. Il apprend ses premières armes par mimétisme le plus souvent auprès de ses parents, frères et sœurs. Puis, il les perfectionne lui-même à travers ses expériences personnelles. Enfin, il peut aussi apprendre de nouvelles armes... à la faveur de stages de communication par exemple. Ainsi cette femme chef de service : « Elle n'a jamais été facile à vivre, mais avec l'habitude, on pouvait prévoir ses réactions et faire en sorte que la vie au bureau soit relativement décontractée. Mais voilà, depuis qu'elle suit deux fois par an des stages, c'est intenable : elle monte les gens les uns contre les autres, montrant à l'un une lettre d'un autre, racontant à Pierre ce que Paul pense de lui et vice versa. Ce n'est plus un bureau, c'est une tour de Babel doublée d'un champ de bataille. C'est très pénible, le travail en pâtit. »

La conquête. Tel jeune ne se sent jamais très à l'aise parmi les autres. Il n'aime pas se fondre dans un groupe. Lorsqu'il se trouve affronté à ce genre de situation, il préfère se tenir un peu à l'écart : là, il prend sa guitare et gratte quelques accords, apparemment très absorbé. Au bout de quelques minutes, une personne s'approche, puis deux, puis trois. Finalement, on fait cercle autour de lui. Le truc marche à tous les coups. Rectificatif : il n'aime pas se trouver dans un groupe... dont il n'occupe pas le centre.

Un autre se reconnaît parfaitement dans ces lignes : « Je peux reprendre à mon compte mot pour mot cette stratégie de la guitare. C'est un petit jeu auquel je me suis livré moi aussi quand j'étais jeune. Mais j'aimerais apporter une précision sur ma motivation : j'avais horreur d'assister à la fête d'un autre, j'étais contrarié qu'un autre soit mis au centre, j'avais l'impression qu'on me volait mon dû. Alors, je ne pouvais pas m'empêcher de casser la fête à ma façon, en interrompant les conversations, en sabotant l'ambiance... ou en prenant ma guitare. Le maître mot de cette façon d'agir est la jalousie. »

Tel jeune de dix-huit ans se sent particulièrement mal à l'aise parmi ses camarades. Invité à une boum, chacun salue rapidement les parents de celui qui reçoit, puis rejoint les autres invités. Lui non. Il salue les parents, comme tout le monde, puis il reste avec eux toute la soirée. Il les tutoie d'emblée et les invite à une certaine complicité. Décontenancés par cette familiarité que rien n'explique, eux se laissent rapidement happer par ce jeune homme aimable, causeur. La confiance s'installe, on discute, on se laisse même aller à certaines confidences. Ah, si tous les jeunes étaient comme ça... Voilà le fils que tous les parents souhaiteraient avoir. En fait, ce fils-là se conduit comme un ours dans sa propre famille où il n'est pas heureux, et il vient chercher chez les parents des autres la place qu'il ne trouve pas auprès des siens, comme le coucou qui vient se loger dans un nid qui ne lui appartient pas. Etonnante approche, mais aussi, étonnante réaction que celle de ces parents : à quel charme ont-ils succombé pour s'ouvrir ainsi à un inconnu au point de lui livrer des confidences dès la première rencontre ?

Ces attitudes d'adolescent méritent d'être considérées selon deux points de vue :

— L'intéressé : mal à l'aise en société, il cherche à se rassurer à sa manière.

— L'entourage : les autres sont surpris, interloqués, ils tombent sous le charme et entrent dans son jeu.

Ainsi, qu'importent les intentions et les angoisses qui ont dicté ces agissements, le résultat se solde bel et bien par une *prise de pouvoir* sur l'entourage.

La problématique du comportement retranché trouve tout naturellement une solution dans la prise de pouvoir. Est-ce à dire que toutes les personnes répondant à ce comportement sont avides de dominer les autres ? Evidemment non. **L'éthique personnelle de chacun reste le garde-fou de ses pulsions profondes.**

Néanmoins, attardons-nous tout de même à démonter une technique très ordinaire de prise de pouvoir selon une approche douce et insidieuse, à laquelle certains retranchés ont recours tout naturellement.

Une stratégie de prise du pouvoir

1. — D'abord, l'individu se met en marge. C'est ce monsieur important qui arrive toujours en retard à une réunion où tous les autres sont à l'heure. Il est membre du bureau d'une association, simple membre ; comme il est

entendu qu'il a énormément de choses à faire par ailleurs, il n'a pas accepté de poste clé, président, secrétaire ou trésorier, néanmoins, il a fait admettre comme l'évidence que sa présence est indispensable à la bonne marche de l'association. Le bureau se réunit à 9 heures, il n'est pas là. On l'attend, on s'impatiente, à 9 h 15 on se décide à commencer sans lui. Peut-être a-t-il eu un empêchement de dernière minute ? Enfin le voilà. Il est 9 h 45. On s'interrompt, on se lève. Poignées de mains. Puis, on se croit obligé de lui résumer les sujets exposés jusque-là... Il hoche la tête, il est d'accord, et puisqu'il est là, il prend le débat en main tout naturellement, et émet quelques réserves et mises en garde sur ce qui vient d'être dit. L'échange reprend son cours tant bien que mal, mais l'homme important n'écoute pas. Il commence une conversation à mi-voix avec son voisin, ou regarde voler les mouches sans retenue. Soudain il se lève, s'excuse, il aimerait entretenir M. Untel en particulier, de choses importantes, naturellement : « Continuez sans moi, je reviens dans dix minutes ». Une demi-heure plus tard, il reparaît : il est vraiment désolé, mais il ne peut pas rester jusqu'à la fin. Et c'est toujours le même scénario : il se met visiblement en marge des autres, il n'est pas participant comme les autres, mais observateur. Curieusement, on admet, on le laisse faire, on ne lui fait aucune remarque, or qui ne dit mot consent. « Son pouvoir n'est fondé que sur votre faiblesse » dit Molière... Est-ce qu'il le fait exprès ? Au début, peut-être pas, il est presque instinctif chez lui de se mettre à l'écart. Essentiellement centré sur lui-même et sur ses intérêts, il agit sans se soucier des conséquences sur les autres, puis à l'usage, il constate que cette façon de se marginaliser a pour effet de faire venir les autres à lui... Alors il prend l'habitude de créer un attroupement dont il occupe le centre. On a pour lui des égards qu'on n'a pour aucun autre... On lui accorde respect, et parfois même vénération. Comment se fait-il qu'on reste sans voix devant ce grossier personnage ? C'est que sa seule présence affole les boussoles ! Il se montre tellement imprévisible, insaisissable, inattendu, changeant, à part, au-dessus, qu'on reste à chaque fois interloqué, fasciné comme un lapin devant un serpent. Il ne s'impose pas par sa personnalité, mais par l'énigme. On cherche à comprendre, or il n'y a rien à comprendre sinon que c'est un jeu. Et tandis qu'on en est encore aux suppositions explicatives, il a déjà imposé une situation de fait : tout le monde lui reconnaît tacitement le droit à un statut d'exception.

2. — Alors, une fois conclu ce consensus frauduleux, il impose ses volontés et personne ne dit rien.

3. — Il s'impose comme une référence : il a son mot à dire sur toute chose, et c'est un avis définitif auquel tout le monde se range — parce que c'est lui qui le dit. Pourtant devant la plupart des difficultés, il existe des solutions multiples, on ne peut dire à l'avance laquelle est la meilleure, seul l'avenir permettra d'en juger. Eh bien lui, il sait. C'est bien simple, la meilleure solution, ou plutôt la seule, c'est la sienne, on ne revient pas là-dessus. Pourtant, divers points de vue mériteraient d'être écoutés, ou du moins entendus. Non, il monologue, raisonne, déclare, décrète, ses avis ont force de loi. L'oracle a parlé, le débat est clos. Tant de prétention mériterait un formidable éclat de rire, or le plus fort, c'est qu'autour de lui, on ne rit pas... Les mêmes personnes qui ont hier admis l'inadmissible sans broncher, abdiquent maintenant leur liberté de penser.

Enfin, pour verrouiller plus sûrement son emprise, il use de l'arbitraire. Toujours imprévisible, il encense un jour et dénigre le lendemain les mêmes choses. Si vous n'arrivez pas à suivre, c'est que décidément, vous êtes peu de chose auprès de l'astre. Comment donneriez-vous encore votre avis ? Si vous allez à son encontre, vous êtes un sot, et si vous abondez dans son sens, il l'aurait dit tellement mieux que vous.

Ce monsieur important, le lecteur l'a sans doute déjà rencontré : dans l'association sportive du village, dans une commission ministérielle, dans un syndic d'immeuble, ou plus souvent encore, dans le cercle de famille.

Résumons cette stratégie de prise de pouvoir :

1. — Il se met en marge, il s'octroie un statut d'exception.

2. — Il impose aux autres comme règles ou conventions ce qui sert ses intérêts.

3. — Il s'impose comme une référence. Il sait tout, et lui seul sait.

*
**

Le comportement retranché est placé tout entier sous le sceau de l'*agressivité*.

Ce trait est souvent une qualité précieuse, car il fait de l'individu quelqu'un de battant, plein de dynamisme et de ressources, audacieux, capable de performances, déterminé, ardent à défendre son morceau ou une grande cause avec énergie et conviction.

Comme les produits pharmaceutiques dangereux, cette qualité est cependant à manier avec précautions. Car lorsqu'elle s'exprime dans le domaine des relations ordinaires, les autres en essuyent des conséquences dont ils se passeraient bien : du mouvement d'humeur à la prise de pouvoir, en passant par l'accusation, la projection, les procès d'intention...

Enfin, il faut bien parler d'une expression particulièrement grave de cette agressivité : lorsqu'elle devient socialement préoccupante. En effet, il existe parmi les personnes de comportement retranché une catégorie d'individus marqués à l'excès, chez qui dès l'enfance, l'agressivité s'exprime par des actes de méchanceté gratuite, violence et insultes à l'égard des camarades, humiliation vis-à-vis de personnes socialement moins favorisées, jouissance devant la souffrance physique ou morale des autres. On trouve même des individus qui retournent leur agressivité contre ceux qui leur ont prêté assistance. Chacun aura reconnu là le délinquant ou le caractériel, mais il ne faut pas s'y tromper, ce type d'individu socialement inadapté, maladivement agressif se cache parfois sous des dehors très présentables, voire à des postes à responsabilité.

IMAGE DE MARQUE

Tourmenté par une secrète fragilité, le retranché n'en a pas moins le sentiment d'être une personne avec qui il faut compter. Il peut avoir une haute idée de lui-même. Cette supériorité s'affirme à travers une façade par laquelle il veut attirer considération et affection. Ainsi il se fabrique un personnage qui a tous les dehors de l'assurance mais qui dissimule souvent une sensibilité exacerbée, une inquiétude permanente. A travers ce personnage qui le rend moins accessible et donc moins vulnérable, il s'impose à son entourage, attire l'attention, cherche à se rendre attachant, à se faire apprécier.

C'est ainsi que certains développent une culture large et solide, mais comme ce savoir sert d'abord à séduire, ils sont portés à en exhiber ou à en laisser supposer un peu plus qu'ils n'en ont. Il en va de même pour l'avoir : le retranché sera porté à posséder certaines choses que beaucoup d'autres n'ont pas. C'est encore un moyen d'appâter. Par exemple, s'il se fait construire une maison, il ne la voudra pas forcément plus cossue que la moyenne, mais il cherchera à ce qu'elle sorte de l'ordinaire. Enfin, dans le domaine du pouvoir, il recherche souvent un certain ascendant sur son entourage, dans le but d'être plus considéré, plus aimé que les autres. Les pages suivantes développeront plus concrètement ce trait particulier et ses conséquences.

Un retranché ayant fait le tour de ses mécanismes de comportement avoue : « Au fond de moi-même, j'ai quelque part un sentiment de fragilité qui m'est très pénible à supporter. En me créant un personnage, j'ai trouvé une solution à cette problématique. Très longtemps j'ai cru qu'il n'en existait pas d'autre. Je voulais me faire une place au soleil, et c'est à travers mon personnage que je crois l'avoir conquise. Il m'est arrivé plus d'une fois d'entendre des réflexions me laissant croire que ma faiblesse était percée à jour. Dans ces cas-là, je sors les griffes, je deviens méchant et blessant. Je mets en jeu toutes mes armes relationnelles pour réduire mon « adversaire » au silence, parce qu'il menace ma place, c'est-à-dire mon paraître. J'évite de m'expliquer avec lui, je ne le fréquente plus, mais ma rancœur à son égard ne désarme plus et je l'aurai à l'œil pendant des années. »

Prouver à un autre...

« J'étais l'aîné de plusieurs enfants d'âges rapprochés, j'ai donc dû aider ma mère à élever les plus jeunes. Or, j'ai gardé de cette époque l'impression de ne pas avoir reçu mon comptant d'affection. Avec du recul, cela me paraît faux. Sans doute ai-je été jaloux autrefois quand je voyais ma mère consacrer plus de temps aux petits qu'aux aînés. Je suis donc entré dans la vie avec le sentiment d'être mal aimé.

J'ai toujours eu grand besoin d'être bien considéré, estimé. J'ai horreur qu'on me fasse des remarques sur mon travail, sur mes négligences ou que les autres essayent de comprendre le fond de mes problèmes car je crains qu'ils ne finissent par découvrir ma fragilité intérieure. Je veux être aimé tel que je suis ou plutôt... tel que je *parais*! Je veux que les autres reconnaissent ma valeur. Pour y parvenir j'investis beaucoup d'énergie à me fabriquer un personnage. Quel personnage? Celui d'un homme qui mène une vie de couple équilibrée auprès d'une compagne plutôt soumise. Quelqu'un qui a réussi professionnellement et qui passe pour un homme ouvert, de bon conseil. Or cette image de marque que je cultive, correspond point par point à celle que mon père a toujours voulu donner de lui-même. Pur mimétisme? Non, en réalité je cherche à prouver à mon père que j'ai atteint le même idéal que lui... Il me semble que c'est surtout sa considération que je cherche à obtenir. »

Le phénomène de l'image de marque s'exprime chez les personnes de comportement retranché selon des personnages plus ou moins élaborés, plus ou moins voyants, qui peuvent être les plus divers ; ils sont évidemment déterminés par le contexte socio-culturel où évolue la personne. Regardons de près un autre de ces rôles de composition.

Jouer au Monsieur pour s'affirmer parmi les autres : l'histoire d'Hervé

Hervé est né d'une mère célibataire. Une fille-mère, comme on disait alors chez les bien-pensants. Cette jeune femme travaillait en usine pour assurer sa subsistance et celle de son enfant. Elle avait peu de temps à lui consacrer. D'ailleurs, elle ne semble pas s'être montrée très affectueuse avec lui. A dix ans, le gamin fut confié à une vague parente qui pourvut à ses besoins matériels. A douze ans, il fut hébergé par son oncle, un éleveur. Pour l'aider à traire les vaches, et donner à manger aux bestiaux, Hervé devait se lever à cinq heures du matin puis, à huit heures il courait à l'école où il somnolait. A quatorze ans il quitta l'école où il n'avait pas appris grand-chose, et travailla comme manœuvre chez un maçon. Puis il partit à l'armée. Là encore, selon ses dires, il fut victime d'un tas d'injustices. Au retour du service il alla habiter chez sa mère à qui il donnait une grosse partie de sa paye. C'est à cette époque qu'il prit l'habitude de lui offrir régulièrement de beaux cadeaux.

« Ce que je ne comprends pas chez Hervé, dit sa femme, c'est son attitude vis-à-vis de sa mère. Derrière son dos il la critique sans ménagement, rappelant combien il a manqué d'affection auprès d'elle ; or, il continue à lui rendre régulièrement visite, les mains chargées de cadeaux souvent coûteux. Que cherche-t-il donc ?

Autre incompréhension : c'est vrai qu'il n'a pas été gâté par la vie, mais aujourd'hui la chance a tourné ; or il refuse de l'apprécier. Il est content de jouir d'un niveau de vie plus élevé grâce à mon salaire, mais il ne veut pas qu'il soit dit qu'il est un homme heureux. J'ai l'impression qu'il tient beaucoup à rester un *être à part*, mal compris, au passé douloureux. Un homme dont la véritable patrie demeure celle du malheur.

Dernière incompréhension : le mépris d'Hervé envers les bourgeois, un mépris paradoxal, car il semble, à travers maints faits de sa vie que, plus il leur en veut, et plus il joue des coudes pour se faire admettre dans leurs rangs. Car au fond de lui-même, Hervé a une idée assez haute de sa personne, et à ses heures il aime jouer au petit seigneur. »

Pourquoi a-t-il adopté ce personnage ?

A travers les récits de sa mère, il dit avoir toujours été fasciné par l'image de son grand-père maternel qu'il n'a pourtant pas connu personnellement. Ce grand-père aurait été une espèce de patriarche qui remplissait les fonctions de directeur d'école dans une bourgade de moyenne importance. Cette charge avait fait de lui un notable. Hervé était fier de son aïeul et cherchait d'autant plus à suivre son exemple qu'il portait son nom et son prénom.

A vingt-deux ans, alors qu'il est au chômage, il participe, a l'approche des vacances d'été, à un « chantier de jeunesse ». Là, il rencontre Nicole. Confiant, il lui parle de son enfance malheureuse et de son grand désir de sortir de ce bourbier. Elle est touchée et décide de l'aider. A la rentrée, Hervé clame haut et fort qu'il sort avec une fille, une fille pas mal du tout, qu'ils vont se marier le premier trimestre de l'année suivante. C'est vrai, Nicole est une fille « pas mal du tout », elle est issue d'un milieu assez fortuné et elle vient de terminer ses études. C'est un tempérament courageux, décidé, doté de surcroît de réelles qualités de cœur. Comment Hervé a-t-il pu mettre la main si aisément sur une fille qui lui est supérieure en bien des domaines ? L'entourage de Nicole n'y comprend rien. Les fiançailles sont assez difficiles, voire pénibles à certaines heures, mais la jeune fille tente de s'adapter à la personnalité d'Hervé, au prix parfois de sa sérénité. Elle, qui a la réputation d'être solide, craque plus d'une fois. Ses parents voient d'un assez mauvais œil ce futur gendre si mal assorti à leur fille, mais Nicole s'entête : elle tient à Hervé. Des années plus tard, elle corrige : « C'est lui qui me tenait. Je l'ai épousé par pitié. Je croyais pouvoir le sortir d'affaire et lui apporter le bonheur qui lui avait toujours manqué... » Nicole ne se rend pas compte à l'époque qu'elle s'est fourvoyée dans un consensus frauduleux. Car ce qui attire surtout Hervé chez elle, c'est son milieu social et son niveau culturel.

Image de marque

Hervé a son grand mariage, dans la belle église paroissiale de Nicole, au son des grandes orgues, au milieu d'un déploiement de fleurs et de tapis. On nage dans la grandeur. Il faut des témoins. Hervé qui a rapidement trouvé un autre emploi, lie connaissance à l'usine avec un cadre, ancien dans la société. Soucieux de viser haut, il lui demande d'être son témoin. Le cadre n'ose refuser, partagé entre la politesse et la pitié envers cet ouvrier quelque peu envahissant. Hervé croit remonter dans l'estime de ses beaux-parents en choisissant quelqu'un qui appartient à ce qu'il prend pour l'élite sociale. De plus, il leur fait comprendre qu'il désire une fête intime : un repas au restaurant où ne seront conviés que les parents de Nicole et les deux témoins. Pas question d'inviter sa famille à lui, qui trancherait trop dans ce milieu. Les parents de Nicole trouvent cette proposition un peu bizarre, mais Hervé coupe court à leurs objections : « Nous organiserons un second repas de noces, huit jours plus tard, dans ma famille. Ainsi notre mariage sera marqué par deux fêtes ! » Ce projet abracadabrant n'est satisfaisant pour personne, il est pourtant accepté, mais oui. Une fois de plus, Hervé emporte le morceau.

Il faut un logement au jeune couple. Grand seigneur, Hervé décrète que toute location revient à jeter de l'argent par les fenêtres : il faut acheter un appartement, être propriétaire de son logis. Il ne veut pas démordre de son idée. Bien, mais pour acheter un appartement, même petit, il faut tout de même de l'argent : Nicole ne travaille que depuis six mois seulement, et Hervé touche un salaire assez modeste. « Mais tu as de l'argent à la Caisse d'Epargne ? » dit Hervé. Oui, Nicole a de l'argent de côté, juste de quoi payer le tiers du prix. « Tu n'as qu'à demander de l'argent à ton père » conclut Hervé. Contre son gré, Nicole s'exécute. Et son père sait se montrer généreux, très généreux même, tout en lui expliquant qu'elle fait une folie. « Il faut remercier mon père » dit Nicole. C'est la moindre des choses en effet, mais Hervé ne veut pas en entendre parler : « J'ai ma dignité, moi ! De toutes façons, l'argent des parents revient tôt ou tard aux enfants. Alors un peu plus tôt, ou un peu plus tard... » Nicole tente de lui faire entendre raison. En vain, elle se rend compte alors, à quel point il est buté. Quand Hervé dit non, c'est non. Une femme doit se ranger aux décisions de son mari, elle lui doit du respect. C'était là, dit-il, un des principes de son aïeul. Si par la suite Hervé rencontre son beau-père, qui souvent se montre généreux, il met un point d'honneur à ne jamais le remercier. Nicole se tait.

Hervé aime recevoir du monde. Des collègues avec leur épouse. Pour un soir, il se sent alors pleinement du beau monde. Le rite est toujours le même : il régale ses hôtes d'un repas... plutôt au-dessus de ses moyens. La petite salle à manger est décorée de fleurs, et des bougies scintillent sur la table. Pour clore la soirée, Hervé offre un cadeau à ses invités, surpris et confus. Un jour, il a ainsi gratifié le couple invité d'un caoutchouc géant. Venus dans une petite 4 CV, ces gens étaient fort embarrassés. Ils durent revenir le lendemain par d'autres moyens pour emporter cet encombrant cadeau. Ces « belles soirées » sont aussi pour Hervé l'occasion d'étaler un semblant de culture. Dans ces cas-là, Nicole ne sait plus où se mettre. On dirait alors que la honte de sa femme, au lieu de ramener Hervé à plus de réserve, l'excite encore davantage.

Des années ont passé dans un décor plutôt gris... Hervé aurait désiré avoir des enfants, mais Nicole a refusé. Disputes et bouderies ne l'ont pas fait changer d'idée. Elle jugeait que son foyer disposait de trop peu de bonheur pour pouvoir le partager avec un enfant. Ce motif avait excédé son mari, tout en le laissant sans réplique.

Puis Hervé s'est progressivement intéressé à l'achat d'un appartement plus spacieux dans une... résidence. Question de standing. Et là, Nicole a cédé.

Hervé veut ressembler à son grand-père et avoir sa place comme lui parmi les bourgeois. Mais si l'aïeul en avait les moyens, Hervé, lui, n'en a que l'ambition un peu mégalomane. Comment peut-on comprendre cette référence à un grand-père qu'il n'a jamais connu ? S'agit-il d'une mystérieuse hérédité ? Ne serait-il pas plus juste de dire qu'Hervé s'est construit un personnage grâce auquel il échappe lui-même à son sentiment d'indigence et qui lui permet de se réhabiliter socialement ?

Et pendant ce temps-là, sa femme...

Chose certaine, sa femme, jeune fille de bonne famille, l'a épousé par pitié. Or, au fil des années, Hervé se donne des airs de Monsieur tandis que de son côté Nicole perd son allure d'antan et s'éteint. Hervé, apparemment très à l'aise, a adopté la condition sociale de sa femme, tandis que Nicole, à l'inverse, est descendue à celle d'Hervé : quelle association magnifique ! où l'un se pare de la richesse dont il dépouille l'autre. Mais cet échange est beaucoup plus large

Peu de temps après avoir conclu l'achat du nouvel appartement, Nicole est prise d'angoisses. « Hervé m'a laissé sur les bras tous les problèmes concernant l'achat de notre appartement. Jamais il n'en a avoué clairement la raison. En réalité, les démarches administratives lui font peur. Et voilà que devant des amis il a déclaré que je n'en faisais qu'à ma tête et que bien souvent je gagnerais à lui demander conseil. Un comble! J'en suis restée sans voix.

A la suite de cela, je souffrais périodiquement de crises de peurs étranges, peurs diffuses, profondes, et parfaitement immotivées. Peur en conduisant ma voiture, au point de sursauter sans arrêt. Peur de me rendre à la Sécurité Sociale ou à la Poste. Je ne me reconnaissais plus. Mes parents eux-mêmes s'inquiétaient : « On dirait que tu dépéris » me disait alors ma mère. Je lui répondis de ne pas se faire de souci pour si peu, que c'était seulement un moment de fatigue. Mais j'étais bel et bien minée par cette peur envahissante. Et cette peur, au fait, était-ce la mienne, ou celle de mon mari, qui joue sans cesse au fanfaron alors que cette comédie lui convient si mal. Parfois, à bout de force, il m'est arrivé de dire intérieurement, mais avec énergie : « Garde cette trouille qui t'appartient, ce n'est pas la mienne! » J'en avais l'esprit plus dégagé, mais pour peu de temps seulement.

Par ailleurs, il passe son temps à me faire des reproches, en me jetant à la figure ses propres défauts. Depuis que je m'en suis rendu compte, ces « piqûres de guêpe » ne font plus autant de ravages qu'avant, mais la vie avec lui en devient accablante.

Reprise en main

J'ai parlé de ces difficultés à une collègue qui m'a demandé s'il était méchant.

— A ses heures, oui ; mais il est surtout invivable en permanence.

Elle m'a dit alors que j'avais tort de vouloir le « sauver » à tout prix.

— Qu'il sorte de son marasme ou qu'il y reste, c'est son affaire. S'il veut avancer, il n'a qu'à s'y mettre. Mène ta propre vie, occupe-toi de tes affaires, et laisse ton mari mener les siennes.

Ces propos m'ont vivement soulagée. Je suis aujourd'hui décidée à rester avec lui aussi longtemps que la situation n'empire pas. Mais je suis suffisamment détachée de lui maintenant pour divorcer quand je le désirerai. Il est hors de question que j'y laisse ma peau.

Aujourd'hui, je construis ma vie et je suis indifférente à la sienne. Tant que j'ai essayé de le comprendre, j'étais sur la pente de l'autodestruction, mais je ne m'en rendais pas compte car certains secteurs, comme celui de mon travail, restaient apparemment intacts. Ce qui m'a vraiment décidée à prendre le large, c'est quand j'ai reconnu chez moi les traits de son comportement diamétralement opposés aux miens : non seulement ses peurs, mais encore une lassitude devant le travail qui m'apparaissait comme une corvée, et des oublis de plus en plus fréquents... Ma vie n'avait plus de relief. Et plus j'étais en bas de l'échelle et plus lui semblait assuré, fort dans son personnage de petit monsieur, comme s'il aspirait mon énergie. Aujourd'hui, je suis retombée sur mes pieds. »

LA RELATION PRIVILÉGIÉE

La problématique d'insécurité affective du comportement retranché trouve pour certains une solution dans l'établissement d'une relation privilégiée avec une personne d'élection.

Choses vues : Bien-Aimé et Ame-Sœur

Appelons-le Bien-Aimé. Celui qui part à la conquête d'une Ame-Sœur — pour moyenne ou longue durée — se présente volontiers comme un être incompris, malchanceux, mal-aimé, qui aimerait tout partager avec quelqu'un qui le comprendrait enfin, tous deux vivraient un grand amour. Appelons-la Ame-Sœur. Médusée dès la première rencontre, ou séduite progressivement, elle se jure bien de vivre désormais pour apporter le bonheur à son Bien-Aimé qui en a manqué si cruellement jusque-là.

Dès le premier instant, ce pur amour repose sur un quiproquo. Bien-Aimé, mendiant d'affection, acceptera sans difficulté qu'Ame-Sœur l'entretienne de ses deniers, pour lui permettre de terminer ses études par exemple ; mais aussi pour toutes sortes de lubies moins essentielles. En retour, il garde Ame-Sœur sous son charme, du moins pour quelque temps. Car progressivement, ce charme se transforme en énigme. Bien-Aimé se montre préoccupé, et quand elle l'invite à se confier, quand elle lui propose de porter avec lui son fardeau, il la repousse : « Tu ne peux pas comprendre, laisse-moi. » Elle est triste pour lui, avec lui, à cause de lui, mais elle n'ose pas insister, pour ne pas le faire souffrir davantage. Question : est-ce qu'Ame-Sœur n'aurait pas intérêt à reprendre un bout de liberté, à construire en partie sa vie ailleurs ? Ce serait certainement fort sage, mais Bien-Aimé n'admet pas le partage. Il veut qu'elle reste à la maison, près de lui, même s'ils n'ont rien à se dire, rien à faire ensemble. Il ne supporte pas qu'elle ait une vie où il n'est pas. Il faut le comprendre, il a tellement besoin de sécurité affective. C'est pour cela d'ailleurs qu'il vagabonde à l'occasion vers d'autres aventures tandis qu'Ame-Sœur reste à la maison, fidèle, cloîtrée, dévouée. Comme nous le dit un texte de l'Ecriture sainte lu dans les cérémonies de mariage religieux : « L'amour est patient, il ne cherche pas son intérêt, il ne tient pas compte du mal, il excuse tout, il croit tout, il espère tout, il endure tout. » Peu à peu, Ame-Sœur a tout abandonné pour rassurer Bien-Aimé et se consacrer toute à lui, peu à peu, elle a perdu contact avec ses amis et ses relations d'autrefois... Jadis, vive et pétillante, elle est devenue triste et sans ressort... Pauvre Bien-Aimé, c'est éprouvant pour lui de se trouver auprès d'une compagne si terne, il est insatisfait, incompris, malheureux, il s'en plaint autour de lui, et tout le monde le plaint à l'unisson : il n'a pas eu de chance de tomber sur cette fille, allez...

Pourtant, Ame-Sœur reste prête à tout pour le satisfaire, mais Bien-Aimé se fâche : « Tu ne vois pas que tu m'énerves ? Tu es sotte, inconsistante, tu es une fille sans intérêt. » C'est qu'il dit la vérité. C'est vrai qu'à force d'adhérer à toutes ses lubies, à force de se laisser submerger par ses émotions, à force de penser comme lui, à force de le défendre auprès des siens, elle est devenue sotte. En s'immolant par amour pour son Bien-Aimé, elle est devenue inconsistante. L'heure vient où elle sera abandonnée par celui qui l'a annexée. Désormais, elle sera traitée en quantité négligeable, avec ou sans divorce à la clef.

Maintenant, il peut repartir à la recherche d'une nouvelle Ame-Sœur qui peut-être saura étancher sa grande soif d'affection. Bien-Aimé et Ame-Sœur, faut-il le préciser? existent indifféremment au masculin et au féminin. Le sexe ne change rien à l'affaire... L'orientation hétéro ou homo non plus.

Cette relation privilégiée se présente le plus souvent sous les espèces d'une liaison amoureuse, mais pas seulement. Elle se manifeste de la même façon dans des liens d'amitié, de voisinage, de collaboration professionnelle.

Autres choses vues : une amitié qui vous isole des autres

Les Dubois ont acheté un pavillon. Le camion de déménagement vient juste de partir. Ils n'ont pas encore commencé à déballer leurs cartons que dans l'encadrement de la porte restée ouverte se présente un monsieur. Un monsieur charmant, qui salue les nouveaux-venus et entre, sans façon. Il habite deux maisons plus loin, alors il a tenu à souhaiter la bienvenue à ses nouveaux voisins. Très aimable, vraiment. Les Dubois ont-ils besoin de quelque chose? D'un outil? D'un coup de main? Non, ça ira, merci... Dans une heure il faudra songer à dîner, est-ce que les Dubois veulent manger chez lui, comme ça, à la bonne franquette? Les Dubois acceptent, surpris et heureux d'être si bien accueillis. C'est ainsi qu'a commencé une bonne amitié de voisinage. On se reçoit souvent, on ne fait pas de chichi, très vite on se tutoie. On passe des soirées ensemble au coin du feu à écouter de la musique et à discuter de choses et d'autres. Entre mille autres sujets, on parle des gens du quartier.

Ah, les Dubois achètent leur viande à la boucherie d'en face? Le monsieur charmant n'y va pas ; non, il a de bonnes raisons pour ça. Mais enfin, il préfère ne pas en dire plus, c'est sans importance. Et ce monsieur, là, qui passe tous les matins à huit heures à bicyclette, sa femme travaille à la poste, lui est chômeur. Enfin, officiellement, précise le monsieur charmant. Un type comme ça, il finira par se faire dénoncer à l'inspection du travail. Des gens bizarres de toute façon, et plutôt frustes.

Une autre fois, les Dubois apprennent à l'occasion d'un apéritif sympathique, que le retraité qui habite derrière leur jardin est un ancien douanier au passé douteux... Le monsieur charmant n'a jamais eu d'histoires avec lui, mais il préfère garder ses distances. Quel passé? Oh, des histoires de femme, pas très clair tout ça. Bref, passés en revue les uns après les autres, les gens du quartier apparaissent comme pas très intéressants, voire franchement louches. Ah, ce n'est pas comme les Dubois, voilà des gens agréables avec qui le monsieur charmant s'est entendu immédiatement. Entre personnes d'une certaine qualité, on se comprend, n'est-ce pas? Ainsi, insensiblement, au milieu de conversations de salon anodines, et sur un ton bon enfant, le monsieur charmant a fait un sort à tout le voisinage. Les Dubois, quelques mois après leur arrivée, regrettent d'être tombés dans un tel quartier, et se félicitent d'autant plus d'avoir fait la connaissance de ce voisin tellement sympathique, délicat, serviable. Or, s'il est un voisin dont ils devraient se méfier, c'est bien cet oiseau-là. Par sa médisance, il a réussi à isoler les nouveaux arrivants des autres voisins, en suscitant leur méfiance, et à se les attacher en même temps par ses confidences empoisonnées. Renseignements pris, ce monsieur charmant, partout où il passe, se conduit comme un semeur de merde. Il s'applique à monter les gens les uns contre les autres pour en tirer, lui, un certain profit... Un jour viendra où les Dubois l'expérimenteront à leur tour : le monsieur charmant ne manquera pas de leur casser du sucre sur le dos pour établir une nouvelle complicité avec quelque nouveau confident.

La possessivité

La problématique d'un comportement est mise en place dans les premières années de l'individu, elle continue à demeurer agissante par la suite, indépendamment de l'environnement de la personne et de son histoire, elle a une existence propre. Ainsi, le retranché a beau chercher l'apaisement à son angoisse d'être rejeté, ou mal aimé, à travers une relation privilégiée, il ne l'y trouve pas. Et lorsqu'il a réussi à établir ce lien particulier avec une personne, il n'est pas rassuré pour autant, de nouvelles inquiétudes le tenaillent : et si son âme-sœur allait lui échapper ? Là commence le drame de la possessivité avec son cortège de conséquences désastreuses : la séquestration, la jalousie, le voyeurisme inquiet.

La possessivité est l'un des traits les plus courants du comportement retranché, même s'il n'est pas toujours présent au tableau. Bien souvent lorsqu'un retranché parle de MA femme, MON mari, MES enfants, il ne faudrait pas prendre ces adjectifs pour de simples génitifs reliant deux personnes couchées sur un état civil commun, mais bien comme un solide datif, attribuant à celui qui parle un droit de propriété plein et entier sur son conjoint ou sur sa descendance. Cette possessivité, il l'avouera parfois sans trop de difficulté, comme un péché mignon bien compréhensible chez un être aussi inquiet, qui aime peut-être un peu trop, voilà tout. Elle mérite alors d'être considérée avec la même attention compréhensive en se plaçant du point de vue de la personne séquestrée... qui aimerait souvent qu'on l'aimât un peu moins.

Fred tient à ce que sa femme reste à la maison en dehors des heures de travail. D'ailleurs, il a eu bien du mal à admettre qu'elle prenne un emploi. Lorsqu'elle reçoit l'un ou l'autre de ses collègues, inévitablement il vient mettre son grain de sel dans la conversation, et immanquablement, il finit par l'accaparer totalement. Le plus souvent, il dit n'importe quoi et intervient régulièrement à côté de la plaque. On se demande s'il ne le fait pas exprès tant sa lourdeur est appuyée. C'est que Fred considère sa femme comme un terrain de chasse privé et se fait un devoir de conquérir — ou d'écarter — quiconque ose approcher de sa propriété. Mais ce n'est pas lui que les invités sont venus voir, et sa présence envahissante les indispose, les fait fuir, et les décourage de remettre les pieds chez lui. Ainsi, sa femme se trouve peu à peu coupée de toutes les relations qu'elle pourrait se faire de par sa vie professionnelle. Il ne lui reste plus que Fred. Il la tient, il la séquestre. De la même façon, il ne supporte pas que ses enfants quittent la maison pour aller se promener, et moins encore pour se rendre chez des amis. Malgré tout, un jour, son fils a invité un copain à venir passer une semaine chez lui pour réviser un examen ensemble pendant les vacances d'été. Dans la maison, il n'y a que Fred, son fils et le copain. A table, Fred ne dit pas un mot. Il adresse parfois la parole à son fils pour demander qu'il lui passe un plat, ou le sel, mais l'invité est traité comme s'il n'existait pas. Fred ne lui parle pas, ne le regarde pas, ne le voit pas. Il le supprime, il le gomme de son champ visuel. La tension est insupportable, et l'affront indécent. Fred a réussi ce qu'il voulait : voilà un copain de son fils qui ne remettra plus jamais les pieds chez lui.

José est intelligent, cultivé, il a fait en sorte que sa maison soit un haut lieu d'intérêt pour ses enfants, ils y trouvent toutes sortes de livres, un piano, on y a le goût du beau, des beaux arts et des belles choses. La maison de l'Honnête Homme à la façon du dix-septième siècle. D'ailleurs, ses enfants ramènent souvent leurs copains chez eux car ils y sont très bien accueillis, et même, José les emmène en vacances avec toute sa famille Un père de famille au grand cœur, vraiment. Cette médaille a son revers. Pour la galerie, José est un homme charmant, aimable causeur, cultivé, fin cuisinier à ses heures. Pour ses proches, c'est un tyran domestique. Il leur fait essuyer ses colères, ses bouderies de vieil adolescent, le mépris, les insultes. Et surtout, il les tient. Sa maison si belle est une cage dorée. Il est hors de question que ses enfants partent en vacances de leur côté. Ils sont tenus de rester auprès de lui, au nom de toutes sortes de justifications présentables telles que « le sens de la famille » Ses enfants sont sa chose. A vingt-deux ans, l'aîné a fini par prendre une chambre d'étudiant en ville à quarante kilomètres de chez lui. José a fait un double de sa clef en catimini, et profitant de son absence, il s'est introduit chez lui plusieurs fois pour fouiller ses affaires. Que cherche-t-il ? Il veut *savoir*. Tout. Si sa femme émet quelque réserve sur ce voyeurisme maladif, il trouve de bonnes raisons : « Ce garçon est tellement immature, il faut bien lui éviter de faire des conneries. » Mais, cher José, si ton fils est à ce point immature, c'est peut-être à cause de ton attitude avec lui ? Et puis, cette possessivité angoissée n'est pas elle non plus le signe d'une grande maturité...

Le voyeurisme que certains individus exercent sur leurs enfants ne prend pas toujours ces allures de tyrannie. Il suffit de se reporter à ce texte de Montherlant dont on sait les liens qui l'attachaient à sa mère : « J'étais, comme il convenait à mon âge, plongé dans les « amitiés particulières », c'est-à dire dans des amitiés sentimentalo-sensuelles avec des camarades de collège plus jeunes que moi. Tantôt ma mère les foudroyait, me menaçait, fracturait mon cartonnier pour « savoir » ; tantôt elle venait à s'y complaire, m'en parlait avec gentillesse à la fois parce que (elle mit du temps à s'en apercevoir) c'était la meilleure façon de capter et de garder ma confiance, et parce que cette atmosphère « Carte du Tendre » était au fond ce qu'elle aimait le plus au monde [1]. »

La concession à perpétuité

C'était il y a vingt ans, le mariage était alors considéré comme l'aboutissement normal d'une aventure amoureuse prolongée. Michel recevait une fille chez lui depuis quatre ans, et il était évident aux yeux de tout le monde que ce n'était pas pour jouer aux échecs. Son père, qui avait pourtant l'esprit large, finit par lui demander un jour ce qu'il comptait faire avec cette fille. « Si tu l'aimes vraiment, il faudrait peut-être envisager un engagement durable avec elle. Si ce n'est pas ton intention, dis-le lui clairement, qu'elle sache à quoi s'en tenir, car pour elle, les années passent, et avec elles, c'est l'occasion de trouver un autre garçon qui risque de passer. » Michel n'a pas eu besoin de réfléchir longtemps. Il s'était bien amusé avec son amie, mais il n'avait jamais eu l'intention de l'épouser. Il a rompu leur liaison, sans façon. Six mois plus tard il apprend qu'elle sort avec un de ses copains. Il appelle ce dernier qu'il traite de tous les noms, puis aussitôt après, il appelle la fille :

— Je t'interdis de sortir avec ce type.

— Mais tu m'as rendu ma liberté, il me semble ?

1. SIPRIOT Pierre, *Montherlant par lui-même*, Editions Seuil-Collection « Ecrivains de toujours », 1953.

— Pas du tout, si tu veux sortir avec un garçon, je veux que tu me demandes d'abord mon consentement.

Et il raccrocha brutalement. Est-ce qu'il était fou ? Non, simplement, il estime que lorsqu'il s'est attaché une personne, il a des droits sur elle à jamais. Concession à perpétuité.

Une forme d'envoûtement

La possessivité est une affaire très grave : la personne voit son destin annexé aux volontés d'une autre. Il s'agit à proprement parler d'un envoûtement[1], avec des conséquences dramatiques : la victime s'éteint, s'étiole, ne peut plus mener sa vie librement.

Damien et Maria ont mené vie commune pendant un an. Au début tout les rapprochait : une certaine entente sexuelle, les mêmes curiosités intellectuelles, des goûts communs, et surtout, Maria était tombée sous le charme de ce garçon si plein de richesses, bien qu'elle-même n'en eût pas manqué. Et puis, les choses se sont gâtées. Damien s'est retrouvé peu à peu aux côtés d'une fille de plus en plus éteinte, lymphatique. Il a décidé de reprendre sa liberté. Maria, très ébranlée, est restée plusieurs mois dans un état dépressif, convaincue qu'elle seule était la cause de leur échec. Grâce à un de leurs amis communs, elle a pu faire la part des choses. Elle n'est pas seule responsable de leur mésentente : Damien n'a jamais su se plier aux servitudes d'une vie à deux, il vivait avec Maria comme s'il était seul, incapable de l'intégrer dans ses activités personnelles, et incapable d'entrer dans les intérêts de sa compagne. Maria, rassurée par ce bilan plus objectif, en a tiré des conclusions, elle sait quelles erreurs éviter à l'avenir, mais aussi, elle en conclut que le caractère de Damien était incompatible avec sa propre personnalité, et qu'elle aura intérêt à ne plus s'amouracher du même genre de garçon, même et surtout s'il lui paraît séduisant au premier abord. Elle sort de son état dépressif et retrouve un certain équilibre, espérant que le

1. SIRIC, *Communication ou manipulation*, Editions Empirika, 1982, pages 187 à 195.

temps l'aidera à retrouver tout à fait sa joie de vivre d'antan. Trois ans plus tard, elle rencontre à nouveau cet ami qui l'a si bien aidée. Il est surpris de la trouver triste, éteinte. Elle a trouvé un emploi qui lui permet de travailler chez elle, et ne sort presque plus. Elle qui a toujours raffolé de toutes sortes de spectacles reste cloîtrée chez elle. Elle a des ennuis de santé : une gastrite, des nausées fréquentes. Elle est envahie d'idées noires. Tout n'est que remplissage, la vie ne vaut vraiment pas la peine d'être vécue… La nuit, elle se réveille au milieu de rêves mouvementés qui contrastent avec la torpeur qui ne la quitte pas le jour. Son ami s'étonne : serait-ce cette vieille histoire avec Damien qui la travaille encore ? Non, Maria est sûre que non. Cependant, à y regarder de plus près, elle constate ceci : pour s'obliger à sortir, elle s'est lancée dans deux activités, les randonnées pédestres et le chant choral. Est-ce un hasard, ce sont précisément les deux hobbies de Damien… Et puis, chaque fois qu'elle passe dans ce quartier, elle ne peut s'empêcher de penser : « Vais-je le rencontrer. » Depuis qu'ils se sont séparés, elle n'a connu aucun autre garçon. Une fois ou l'autre, elle s'est retrouvée en sa présence à la bibliothèque municipale. Avant même de l'avoir vu, elle savait qu'il était là, elle le sentait. En fait, de façon tout à fait inconsciente, Maria a organisé sa vie en fonction de Damien. Pourtant, elle est certaine de sa position, il est hors de question pour elle de reprendre vie commune avec lui.

— En attendant, remarque son ami, tout se passe comme si tu te mettais en réserve pour lui revenir un jour. Peut-être que tu as les idées claires, mais je le connais bien et je ne jurerais pas que lui de son côté n'a pas sur toi un projet… A toi de t'y soustraire. Tu sembles liée à lui par une liaison télépathique : comment expliquer autrement que tu sentes ainsi sa présence sans même le voir ? Sait-on ce qui peut passer d'un être à l'autre par ce canal inconscient ?

Maria a repris seule cette réflexion. Une petite voix lui disait : « C'est idiot, ça n'a aucun sens, laisse tomber. » Néanmoins, après avoir fait le bilan de sa situation, elle est obligée de formuler à haute voix : « Ma vie m'appartient, je ne suis pas la chose de Damien, ni de personne d'autre. » Dès le lendemain, ses douleurs gastriques ont disparu. Elle a retrouvé un sommeil normal, et repris ses sorties au cinéma et au théâtre avec le même entrain qu'autrefois. Ses amis ont été frappés par sa transformation. Puisque les effets ont disparu, c'est que là devait bien être la cause. Son ami rencontre Damien par la suite. Curieux de connaître le fin mot de cette histoire, il l'interroge : est-ce qu'il pense toujours à Maria ?

— Non, pas du tout.

Depuis leur séparation, il a eu d'autres aventures, peu satisfaisantes d'ailleurs. Il n'a pas de chance, il tombe toujours sur des filles qui paraissent vives et qui à la longue se révèlent ennuyeuses. Mais non, il ne pense absolument plus à Maria. Vraiment ?

— Euh... peut-être, enfin, voilà, c'est vrai que j'ai gardé quelque part dans un coin de ma tête cette idée : j'essaie de trouver une fille avec qui ça puisse marcher, mais si je ne trouve pas, il me restera toujours Maria.

— Mais vous vous êtes séparés de façon claire, sans espoir de retour, tu ne devrais te faire aucune illusion. Tu es donc si sûr qu'elle acceptera ?

— Je ne sais pas, je ne me suis jamais posé la question.

Ainsi, Damien avait bien un projet sur Maria, et elle, sans le savoir restait enfermée à l'intérieur de ce projet, annexée aux intérêts d'un autre, privée de sa liberté, sombrant dans la dépression et la maladie.

Relation privilégiée imaginaire... et vengeance

La plupart des retranchés reconnaissent en eux un besoin latent de complicité. L'un ou l'autre est capable de se monter la tête au point de penser que tel camarade, tel professeur, tel collègue ou tel patron lui porte une attention toute particulière, alors qu'en réalité il n'en est rien. Enfermé dans son monde intérieur, il visualise cette relation complice comme si elle lui était acquise. Certains l'imaginent tant et si bien qu'ils finissent par y croire pour de bon. Alors commence l'interprétation, les attitudes les plus anodines de la personne-cible sont perçues comme des réponses à leur fantasme. Et c'est ainsi que ceux-là établissent de façon purement imaginaire une relation réciproque, aller-retour avec la personne convoitée, sans que celle-ci s'en doute.

Un besoin impatient de connivence

Fabrice travaille depuis cinq ans dans une société commerciale. Le directeur, Monsieur Dupont, va prochainement ouvrir un nouveau service qu'il aimerait confier à l'un de ses cadres. Qui sera nommé ? Fabrice postule, il en a assez de moisir derrière son bureau. Ce qu'il aimerait, c'est travailler auprès du patron, un type hors-pair, qui a monté lui-même sa société il y a de cela vingt ans. C'est un homme ouvert, capable de s'adapter. Sa forte personnalité le fascine. Il aimerait se former à ses côtés pour rentrer dans le secret des dieux. D'ailleurs, il a de bonnes chances d'être choisi ; l'autre jour il est resté deux heures dans le bureau du directeur pour lui présenter un projet. Celui-ci semblait satisfait, et comme il était tard, Fabrice a proposé qu'ils aillent dîner ensemble dans un snack, le patron a accepté. Chaque fois qu'il le peut, Fabrice joue ainsi des coudes pour se trouver en première ligne. Peu à peu sa certitude d'être le préféré se confirme, il le voit bien à travers certains détails de la vie quotidienne : le matin, c'est toujours lui que le patron salue le premier, c'est vrai que le bureau de Fabrice est placé juste devant la porte, mais quand même... Et puis on lui a demandé de faire des déplacements importants. Et c'est sur ces interprétations continuelles que Fabrice se construit mentalement une relation préférentielle avec son patron, *sans que celui-ci se doute de quoi que ce soit.*
Une semaine plus tard, Fabrice est arrivé à ses fins, le directeur le choisit comme chef du nouveau service. Pourquoi le patron l'a-t-il préféré à d'autres ? Parce que ce garçon semble ambitieux, imaginatif, ce sang neuf sera tonique pour l'entreprise. Le seul souci du directeur s'arrête d'ailleurs à la bonne marche de sa société et à son chiffre d'affaires annuel. Par choix personnel, il aurait préféré travailler avec Albert, un compagnon de la première heure, mais celui-ci a refusé, avouant qu'à son âge il n'avait plus le goût de se lancer dans une nouvelle aventure, et c'est ainsi que le patron s'est rabattu, faute de mieux, sur le jeune cadre. Bourru de

tempérament, le directeur n'est pas homme à montrer des préférences, au contraire, il a toujours voulu entretenir de bons rapports avec chacun de ses employés, ne serait-ce que par souci de rentabilité. Bien des faits auraient pu montrer à Fabrice qu'il se faisait des illusions sur ses rapports préférentiels avec son patron, mais tous ces détails, le jeune cadre ne les a pas remarqués, son fantasme est plus fort que la réalité.

Une complicité imaginaire et... unilatérale avec identification

Après sa nomination, Fabrice ne se sent plus de joie ! D'autant que pour former sa nouvelle recrue, le directeur ne ménage ni son temps, ni sa peine : tous deux travaillent d'arrache-pied et ne se quittent plus. Au lieu de comprendre que la présence quasi permanente du patron à ses côtés est due à la nécessité de la création d'un service, Fabrice est certain qu'elle est due à l'intérêt suscité par sa personne. Le quiproquo est total. Bientôt, Fabrice franchit un pas de plus dans son fantasme, il commence à *s'identifier* à son patron. Il s'exprime comme lui, au point d'adopter ses mimiques et ses défauts de langage. Absorbé par son projet le patron ne remarque rien tandis que les employés sourient de ce mimétisme puéril. De retour à la maison, Fabrice rapporte tous les faits et gestes de son maître, il ne tarit pas d'éloges, au point que sa femme commence à trouver ce monsieur bien encombrant ! Mais ce qui est plus grave, c'est qu'en même temps, *Fabrice prête à son directeur les mêmes structures mentales que les siennes :* il est sûr que, comme lui, le patron a un besoin de complicité, d'exclusivité, et que c'est pour cette raison qu'il lui consacre tout son temps ; il pense qu'il méprise la piétaille, comme lui, Fabrice, qui regarde de très haut ses collègues sans ambition. Le patron qu'il a fabriqué à son image n'a rien de commun avec la personnalité réelle du directeur, ce n'est qu'un mirage ! Et c'est alors que l'opération-possession de Fabrice entre dans une dernière phase : *l'isolement de la personne cible.* Le patron invite les employés au restaurant pour fêter le bilan positif de fin d'année et Fabrice s'assied d'autorité à ses côtés, orientant toutes les discussions. Au bureau, quelqu'un veut-il faire une réclamation, demander une augmentation, il doit passer par Fabrice qui, peu à peu, s'est interposé comme intermédiaire indispensable et exclusif. Débordé de travail, le directeur flaire bien quelques changements dans l'atmosphère mais il ne voit pas d'où cela provient.

Déception

Au bout de deux ans, le directeur qui prépare son départ en retraite veut créer un poste d'adjoint. Fabrice pense que cette nomination lui revient de droit, lui l'alter-ego du patron ! Son service qui tourne maintenant parfaitement pourra être repris par l'un de ses collègues. Lui, Fabrice, est fait pour l'innovation, comme son patron... qui lui, ne l'entend pas de cette oreille. Il n'a pas formé ce jeune cadre pendant plus d'un an pour le dessaisir aujourd'hui de ses fonctions, ce serait un mauvais calcul et puis du travail reste à faire. Non, Fabrice qui est encore un peu jeune restera à son poste, tandis qu'il prendra Roland comme adjoint, plus mûr pour assurer cette fonction. A cette nouvelle, Fabrice est désappointé. Et cette déception se transforme peu à peu en dépit, surtout lorsqu'il constate que c'est maintenant Roland qui profite des faveurs du patron. En fait, le directeur forme son nouvel adjoint avec le même souci d'efficacité qu'il a montré deux ans plus tôt avec Fabrice. Mais le jeune cadre se sent trahi. Il s'aperçoit soudain que sa relation privilégiée avec le patron n'existe plus. Il ne voit pas qu'elle n'a jamais existé. Ce choc avec une réalité si éloignée de son fantasme le rend fou de colère. Il aura sa revanche. Au lieu de s'en prendre à lui-même, seul responsable de ce malentendu, Fabrice, déçu et jaloux, va maintenant s'appliquer à abattre son patron avec la même énergie qu'il avait mise à vouloir le séduire.

Une agressivité sur le mode de la projection

Il parcourt alors les différents services, distillant son fiel « Le patron est un séducteur, le patron est un manipulateur, il ment, il m'a menti, il vous ment... » Les reproches qu'un retranché, jaloux, adresse à ses ennemis tournent toujours autour des mêmes thèmes puisqu'ils sont faits de projection.

Ce sont ses propres mécanismes mentaux qu'il projette sur sa victime. Et Fabrice ment avec un tel aplomb et une indignation si sincère que plusieurs employés se rangent à ses côtés. Le fantasme est tellement plus communicatif que la réalité !

Après avoir dressé plusieurs employés contre le patron, Fabrice se sauva trois mois plus tard chez le principal concurrent de la société Dupont, emportant sous le manteau un double fichier-clients et quelques commandes détournées. En l'espace de trois mois, ce jeune coq a réussi à ébranler l'édifice que son patron avait mis plus de vingt ans à mettre sur pied. Le pauvre homme est sorti de cette tempête, amer, anéanti même, sans avoir bien compris ce qui était arrivé. Ainsi en va-t-il de la vengeance de certains retranchés, déçus de n'être pas aimés comme ils entendent l'être. La haine de Fabrice est inextinguible. Chaque fois que d'une façon ou d'une autre il peut nuire à Monsieur Dupont ou à l'un de ses employés, il n'hésite pas, et il y a dix ans que cela dure...

Ce drame se déroule sur plusieurs années, mais le même schéma peut être vécu sur quelques semaines ou quelques mois dans le cadre de relations amoureuses, parentales, amicales ou professionnelles : il se résume ainsi :

— Un besoin impatient de connivence avec la personne élue.

— Une complicité imaginaire et... unilatérale avec identification.

— Déception.

— Agressivité sur le mode de la projection.

Dans « Les risques du métier » (film interprété par Jacques Brel), nous retrouvons ce même type de situation qui dans la réalité fut source de bien des drames : une adolescente s'amourache de son maître d'école. Elle rêve d'entretenir avec lui une relation amoureuse qu'elle essaye de concrétiser par quelques gestes provoquants. Remise sévèrement à sa place par l'objet de ses désirs, elle ne supporte pas l'affront. Déçue, elle va alors s'appliquer à salir de toutes les façons et avec une cruauté peu ordinaire, la réputation de cet homme. Résultat : il perd son travail, sa réputation, la confiance de sa femme et il est menacé des tribunaux.

Naturellement tous les individus de comportement

retranché n'en viennent pas à de telles extrémités. Néanmoins, ce type de situation paroxystique est plus habituel
qu'on ne le pense.

Tout comportement porte en lui-même une certaine
inadaptation à l'environnement, de plus en plus marquée
avec les vicissitudes de la vie. A ses heures, l'individu de
comportement retranché est agréable à vivre, attachant, gai
et délicat, parfaitement intégré à son environnement. Mais à
d'autres moments, sans que quiconque en devine le motif, tel
deviendra tendu, boudeur, tel autre inabordable ; certains
allant jusqu'à être violents. Lui-même est bien conscient de
ses sautes d'humeurs, mais il n'aime pas qu'on les évoque.
Gêné par ces périodes où il perd le contrôle de lui-même, il
fait régner une sorte de loi du silence sur ce sujet. Mais ses
proches eux, ne peuvent indéfiniment rire quand il veut bien
rire, puis raser les murs ou se faire tout petits quand il
devient tendu et colérique sans raison. Si le principal objectif
de sa vie et d'être accepté et aimé, il est évident qu'en se
conduisant de la sorte, il aboutit au résultat contraire.

A un niveau plus profond, que se passe-t-il ? Le plus souvent il dispose de bien des qualités pour réussir professionnellement. Sa grande détermination le rend apte à se placer
pour faire carrière et à acquérir un large éventail de connaissances, et sa palette d'armes relationnelles lui est un atout
pour un certain nombre de carrières : politiques, commer-
ciales, ecclésiastiques, mass média, mais aussi les arts, où le
fantasme et l'émotion jouent un si grand rôle. Mais quand
monte en lui une émotion forte : insatisfaction affective,
impression d'être menacé, rancune qui appelle vengeance, il
n'a plus la tête au travail et ne parvient plus à discerner les
priorités. « C'est plus fort que moi » dit-il. Et c'est vrai : il
veut soudain, toutes affaires cessantes, conquérir le cœur
d'une femme, ou au contraire faire mordre la poussière à l'un
de ses collègues qu'il ne supporte plus, ou encore laisser
choir son emploi pour aller travailler avec un autre patron

qui, lui, le considère à sa juste valeur. Happé par ses objectifs, il perd beaucoup de temps, d'énergie et parfois même d'argent. Ces mouvements impulsifs peuvent durer un jour ou deux ou le tenailler plusieurs semaines durant. Puis la crise, telle une tornade, se dissipe aussi rapidement qu'elle est venue, et personne n'en reparle plus.

Pour ceux qui l'entourent, il en va tout autrement, car si la crise se dissipe, les dégâts demeurent : il faut parfois beaucoup d'énergie pour remettre debout ceux et celles qu'il a blessés par son emballement émotionnel. Il faut aussi parfois monopoliser beaucoup de temps et de peine pour rattraper les conséquences matérielles de ces moments d'égarement. Quant à son image de marque, elle en sort chaque fois un peu plus compromise.

S'il ne parvient pas à trouver l'apaisement, le retranché contrôle de moins en moins ses coups de tête. Ou bien il défoule ses débordements d'agressivité contre son entourage, ou bien il saborde lui-même ce qu'il a pourtant laborieusement construit. Une personne de ce comportement disait : « Quand je regarde en arrière, qu'ai-je fait ? Séduire, conquérir, détruire et repartir ailleurs pour recommencer. Il faut que j'y mette un terme coûte que coûte. » En effet à certains moments l'impulsion est si forte que l'individu est capable de tout perdre : argent, situation, famille... Ainsi cet homme de quarante ans à l'avenir pourtant prometteur, qui, en l'espace de dix-huit mois, a sabordé maison, couple, enfants, situation et réputation au point de se transformer en clochard alcoolique pendant quelques semaines. Quand on le questionnait à cette époque pour savoir s'il était bien conscient du tourbillon dans lequel il entraînait ses proches avec lui, il répondait : « Je dois avouer que je ne sais plus très bien où j'en suis, mais maintenant que j'ai commencé à tout remettre en cause, je dois aller jusqu'au bout ! » Aujourd'hui il est sous-employé, il vit petitement, loin des siens, l'amertume au cœur... pour n'avoir pas été compris par son entourage « si décevant et sans envergure ». Malgré ce fiasco, lui ne se remet pas en cause un instant.

Comme tout un chacun, le retranché a tout ce qu'il faut pour construire sa vie, mais malheureusement, il a aussi tout ce qu'il faut pour détruire régulièrement sous le coup d'une nouvelle passion, ce que lui-même ou les autres ont bâti laborieusement. L'expression ordinaire de cette instabilité et de cette propension à se saborder se trouve dans les orages émotionnels.

CHAPITRE 4

LES ORAGES ÉMOTIONNELS

Les orages émotionnels varient en fréquence et en intensité d'un individu à l'autre. Certains en sont coutumiers et explosent régulièrement, alors que chez d'autres, on ne voit apparaître ce type de manifestation assez impressionnante qu'une fois ou deux par an. Certains retournent contre eux-mêmes leur débordement d'agressivité tandis que d'autres déversent sur leur entourage un émotionnel qu'ils ne peuvent contenir.

Ces orages se produisent le plus souvent en couple ou en famille. Ils font parfois des ravages insoupçonnés chez ceux qui les essuient. Ils éclatent à partir d'un petit rien. Les émotions qui se lèvent, violentes, ont un caractère d'auto-destruction. Le retranché se retrouve avec cette grenade dégoupillée entre les mains, et pour s'en débarrasser, il éprouve le besoin de la lancer à la figure d'un autre, de son partenaire, de son conjoint. Autour de lui, certains sont tout à fait insensibles à ces débordements, chez d'autres en revanche, la manœuvre met en route un véritable processus de destruction. Plusieurs retranchés disent que « ça les soulage ». De telles crises rendent la vie familiale pénible, et même éprouvante à certaines heures. Ces scènes sont d'autant plus accablantes pour les proches que personne, au-delà du tout petit cercle d'intimes, ne soupçonnerait qu'un homme ou une femme si charmant(e) soit capable dans l'intimité d'une conduite aussi peu sociale. Souvent, la victime se laisse enfermer dans la loi du silence. Elle n'ose pas parler de son drame familial. C'est que — habituellement — le retranché choisit un conjoint à sa mesure : quelqu'un dont le comportement s'emboîte facilement avec le sien, un fusionnant passif, prêt à tout accepter pourvu qu'on lui offre la solidité qui lui manque, ou un isolé ou un impersonnel par exemple, qui manquent des défenses nécessaires pour se retirer à temps d'une relation qui les détruit.

MÉCANISME

Plusieurs personnes de comportement retranché l'ont démonté afin de mieux comprendre ce qui leur arrive, et surtout pour stopper à temps ces éruptions de colère qui parfois se limitent à des paroles, mais qui peuvent aussi conduire à des gestes violents : frapper le conjoint, casser la vaisselle ou le mobilier, s'engager dans une agression gratuite contre des tiers nullement concernés.

1. — D'abord, il baigne dans une insatisfaction océanique avec laquelle il s'est levé le matin ou qui est apparue dans la journée sans qu'il puisse dire pourquoi. On le voit triste, tendu, boudeur, de mauvaise humeur, pas à prendre avec des pincettes. Personne ne sait pourquoi, pas même lui.

2. — Survient alors un fait mineur qui le remet soudain en prise avec tout un passé non retraité et qui l'oriente toujours inexorablement vers la même angoisse : « Je suis victime d'une injustice, je suis à plaindre. »

3. — Instantanément, d'autres souvenirs lui remontent à l'esprit : « Je suis capable de réorganiser mon passé avec la vitesse d'un ordinateur en reclassant des souvenirs sélectionnés, je retiens ceux qui viennent corroborer ma logique émotionnelle, et j'écarte ceux qui la contredisent. En un rien de temps, un raisonnement se construit, puis se durcit. Au début, je pressens encore vaguement que quelque chose ne tourne pas rond dans tout ça, mais au bout d'une minute ou deux, je suis sûr de mon affaire, indélogeable de mes positions. »

4. — Alors, une overdose émotionnelle le submerge, et à partir de là, le dialogue n'est plus possible.

5. — Son délire se construit, émotionnellement très chargé ; il mêle le passé et le présent, il confond les personnes, il se fait agressif, destructeur ; il s'exprime à travers quelques phrases, quelques mots particulièrement méchants, des piques blessantes, des accusations fausses. Le retranché projette sur un autre ses propres torts qu'il ne peut plus assumer.

6. — Enfin, l'orage s'apaise. Le calme revient au bout d'une heure, d'un jour, d'une semaine... Mais le feu couve sous la cendre, et peut jaillir à nouveau de façon tout aussi inattendue. Ce qui donne à ces orages une telle intensité, c'est que le présent, vécu habituellement de façon très émotionnelle, est brusquement amalgamé avec certains faits du passé assortis eux aussi d'émotions violentes.

7. — Parfois, il s'agit d'un délire solidement construit, qui perdure à travers les années. Le sujet le ressasse inlassablement, et le nourrit et l'enrichit régulièrement d arguments nouveaux

Le retranché peut vivre ainsi dans un monde parallèle où couvent toujours des braises rougeoyantes que le premier vent peut changer en incendie... Au moment où la colère éclate, des calmants l'apaiseront peut-être, mais c'est un pis-aller. Il faudrait s'attaquer au discours, le démonter. Or, il s'y refuse, surtout dans ces moments de tempête où il se tient plus que jamais sur une défensive agressive. Si on argumente, si on discute, si on cherche à le convaincre de son erreur, il se retranche de plus en plus sur ses positions et son fantasme prend d'autant plus de corps qu'il met d'acharnement à le défendre. Evidemment, il ne s'agit pas de se laisser malmener sans mot dire. Alors la seule attitude saine pour qui essuie un de ces orages semble bien être la suivante : surtout, ne pas chercher à comprendre ce qui est dit. C'est un tel amalgame de faits hétéroclites d'époques différentes, sans rapport entre eux, d'émotions diverses et violentes, qu'aucune réflexion ne peut s'exercer dessus. Affirmer. Dire haut et clair que tout cela ne tient pas debout, sereinement, fermement, au besoin, apporter un fait ou deux qui fait tomber son édifice, mais surtout sans se soucier le moins du monde de ce qu'il en pensera, puis, quitter les lieux. Il faut partir vite, retourner à ses affaires sinon la discussion commence aussitôt, et le piège a fonctionné. Devant un orage émotionnel, il est capital de rester *calme*, tout à fait *extérieur*, même si ce n'est pas facile. En effet, toute manifestation tant soit peu agressive à son égard fait monter son émotion, et le pousse alors à se durcir sur ses positions. Parfois, dans les jours qui suivent l'orage, le retranché se rend bien compte que quelque chose ne tourne pas rond dans sa façon d'agir, mais il n'ose pas venir s'expliquer ou s'excuser avec les victimes de ses explosions. Il craint de se dévoiler, car alors, il serait vulnérable. Une clarification révélerait un montage sans contenu ni cohérence.

Une personne de comportement retranché a bien voulu nous décrire de quelle façon démarrent ses accès émotionnels et quelles solutions elle a expérimentées pour y mettre un frein. Georges, trente ans marié. « Un jour, j'ai entendu parler dans ma belle-famille d'un garçon avec qui ma femme aurait été liée d'amitié avant de me connaître. Sur le coup j'ai été envahi par une émotion violente, l'affaire m'a paru très grave. Je ne lui ai rien dit, mais le soir je lui ai fait la tête, et je n'ai pas réussi à fermer l'œil de la nuit. Le lendemain, toujours aussi tourmenté, j'ai annoncé à un de mes vieux copains la nouvelle terrible : ma femme me trompe. Me connaissant, il a commencé par me demander des précisions. Je lui ai rapporté la conversation de la veille, et il s'est étonné : « Mais tu le savais, c'est toi-même qui m'en a parlé à l'époque. Rappelle-toi, ça t'embêtait un peu de sortir avec une fille qui avait connu un autre gars avant toi et je t'ai répondu que c'était tout à fait normal qu'elle ait eu ses expériences comme tu avais eu les tiennes, et que le fait qu'elle t'en parle était bien la preuve que tu pouvais lui faire confiance. » C'était vrai. Comment avais-je pu l'oublier ? Sans cette discussion salutaire, j'aurais certainement fini par faire une scène épouvantable à ma femme. »
    Beaucoup de retranchés l'avouent comme Georges, la *jalousie conjugale* est un des motifs les plus aptes à les mettre en émoi. Mais ces débordements peuvent naître de sujets anodins. Georges poursuit : « Je me vexe pour un rien, une petite remarque peut me mettre hors de moi. J'ai l'impres-

sion que chez moi, le registre des émotions est déréglé, et qu'elles débordent à temps et contre temps. Une situation très quotidienne : j'ai réussi un projet au travail, et un collègue me le fait remarquer et me félicite : bravo. S'il parle d'un ton neutre ou légèrement moqueur (du moins, je le perçois comme tel...), j'enregistre sa phrase de façon déplaisante : il se moque de moi, je suis très vexé. Ou bien, c'est la méfiance qui surgit : qu'est-ce qu'il attend de moi pour me féliciter comme ça ? Si le collègue a l'air sincère, alors je suis envahi par un déluge d'émotions gratifiantes hors de proportion avec mon projet réussi : je suis génial, je suis un dieu. Il m'est arrivé, après avoir réussi un examen d'en perdre le sommeil pendant quinze jours, tellement j'étais content. Cette façon de vivre est très fatigante pour moi et pour les autres. J'ai toujours vécu ainsi dans les excès émotionnels. Un professeur de français me faisait remarquer jadis que j'utilisais pour des choses banales un vocabulaire toujours exagéré : « extrêmement, absolument, effroyable, formidable, etc. ». Or c'est à partir de cet émotionnel déréglé que les orages peuvent éclater. »

Rappelons que les hémisphères cérébraux s'inhibent mutuellement, ce qui se traduit concrètement par la balance suivante : lorsque je suis submergé par l'émotion (hémisphère droit en hyper-activité) je ne peux réfléchir (hémisphère gauche inhibé), et à l'inverse, lorsque je suis absorbé par une réflexion, les émotions se réduisent au minimum. Cette réalité physiologique est traduite dans le dicton populaire : « La colère est mauvaise conseillère. » Consciente de cette évidence qui lui a joué bien des tours, une jeune femme de trente-cinq ans, chef de service de l'administration explique : Quelquefois, on vient me parler de questions mineures qui me mettent dans tous mes états. Je bous intérieurement, je sens monter une rage folle. Si je me laisse aller, je ne contrôle plus rien, et je suis capable de commettre des erreurs et des injustices. Alors, pour éviter cela, je réponds le plus calmement possible : « revenez demain, j'y réfléchirai à tête reposée, l'esprit dégagé ». Conclusion : un retranché aura intérêt à ne jamais céder à l'impulsivité, et à mettre sous le coude l'objet de ses colères pour y revenir plus tard, à froid.

La même personne poursuit : « Il m'arrive de me lever le matin d'humeur belliqueuse. Gare à ceux que je devrai rencontrer ce jour-là. Un de mes collègues m'a dit un jour que j'étais inabordable avant dix heures et demie. C'est vrai. Et pour une fois, au lieu de jouer les reines offensées, il m'a paru plus intelligent de lui répondre que si je me montrais lunatique, il n'avait qu'à m'envoyer promener. Mais pourquoi cette humeur massacrante dont les autres font les frais ? J'ai essayé de comprendre : c'est parce que le ciel est gris, c'est parce que je ne trouve pas mes chaussons ; autant de fausses raisons. En fait dès le lever, l'émotion est là, présente en moi, prête à éclater, et la première contrariété anodine allume la mèche. J'ai pris le parti de traiter le mal à sa source : que s'est-il passé dans ma tête au cours de la nuit ? Je l'ignore et je m'en fiche ; je refuse ces émotions, elles ne me concernent pas puisque rien dans ma vie ne les justifie. Alors, je les chasse hors de ma tête comme un corps étranger, et puis, je descends prendre le petit déjeuner en chantonnant. » Conclusion : le retranché, au lieu de justifier les émotions qu'il porte en lui par le premier incident venu, gagnera à les rejeter dès le départ.

D'où viennent ces émotions ? Les retranchés sont le plus souvent incapables de répondre à cette question. Ils se sentent dépassés par les événements :

— « J'ai l'impression parfois de jouer une pièce dont je ne suis pas moi-même l'auteur. »

— « On dirait que quelqu'un m'a mis sur le dos son souci de détruire les autres et de leur gâcher l'existence. »

— « A certaines heures, je me sens à la fois comme l'acteur et le spectateur d'une pièce écrite par un autre. »

— « J'ai l'impression d'être enchaîné à une personne qui éprouve le besoin de séquestrer les autres pour ne pas se retrouver seule dans son malheur : crever puisqu'il le faut, mais pas crever seul. »

— « Il y a toujours eu une grande tension entre mes parents : ma mère réglait ses comptes avec mon père en se servant de ses enfants. Elle m'a pris en otage pour sa cause. J'ai longtemps vu mon père avec les yeux de ma mère... et ce n'était pas flatteur. J'ai l'impression que mes émotions sont celles de ma mère. »

— « Quand mes colères me prennent, mes proches me disent que je change physiquement. Je ressemble alors à mon père, mais avec une expression du visage plus dure encore que la sienne. »

Une observation curieuse

Une femme de quarante ans, dont le mari est de comportement retranché. « Chaque matin pendant une semaine, mon mari trouvait une raison de m'engueuler dès son lever. C'était rarement fondé, et surtout, sa colère était hors de proportion avec les faits. Il était méconnaissable, il m'adressait des insultes que je n'avais jamais entendues dans sa bouche : « Tu es une garce, tu es dégueulasse, etc. » On aurait dit un autre. J'ai chassé mentalement et avec détermination, ceux qui dans sa tête avaient pu le pousser pendant la nuit à parler de cette façon, ce fut radical : du jour au lendemain, il n'a plus recommencé une seule fois. » Ce dernier témoignage mérite d'être rapproché des observations des parapsychologues concernant la télépathie : « Les émotions que nous ressentons tous les jours pourraient bien être en partie télépathiques, mêlées bien entendu à toutes les émotions que nous ressentons consciemment et que nous pouvons transmettre inconsciemment aux autres [1]. »

QU'EST-CE QUI FAIT LEVER LES ORAGES ?

Nous avons dans le chapitre précédent, parlé des fausses solutions que le comportement retranché adopte pour résoudre sa problématique. Or, quand une de ces fausses solutions ne procure plus le résultat escompté, c'est là qu'éclate alors l'orage émotionnel.

Une première cause : il craint de n'être pas aimé ou apprécié comme il le mérite. Il craint de ne pas avoir sa place, et si cette inquiétude se trouve avivée, l'émotion monte, et l'orage éclate. Ajoutons que cette menace peut-être justifiée,

---

1. Naumov Pavel, in *La Télépathie*, Paris C.A.L., 1977, page 73.

mais aussi parfaitement imaginée à partir d'un fait, d'une parole, d'un silence, ce qui laisse l'entourage d'autant plus perplexe.

Un homme de trente-huit ans : « Chez moi, les tempêtes émotionnelles se produisent essentiellement en couple. C'est le secteur de ma vie qui compte le plus pour moi. Or, dans ma vie conjugale, je me comporte exactement comme mon père. J'ai réfléchi à sa situation : lui se sentait mal aimé, à tort ou à raison, peu importe, c'est son problème, et j'ai décidé une fois pour toutes que ce ne serait plus le mien. Lorsque je sens monter ces émotions bouillonnantes de mal aimé, je les refuse, car je sais qu'elles me viennent d'un autre, et le sachant, j'ai barre sur elles. Que s'est-il passé dans ma tête depuis cette prise de conscience ? Je ne peux pas le dire, mais je constate que je parviens aujourd'hui à m'investir bien plus dans ma vie professionnelle, domaine qui jusque-là demeurait en friche, et d'autre part que les orages émotionnels ne se produisent pratiquement plus. Enfin, je me laissais happer jadis par des raisonnements solides, durcis, et erronés ; maintenant, j'ai acquis un certain recul sur ce phénomène. Le mois dernier, nous avons fêté mon anniversaire en famille. La fête a été ratée. Je n'ai rien dit, mais un sentiment de dépit s'est développé en moi pendant quinze jours, je ne pouvais pas l'arrêter, mais au moins je pouvais y réfléchir : pourquoi la fête a-t-elle été ratée ? Parce qu'on ne m'aime pas ? Vérifions les faits : les enfants sont rentrés de l'école très énervés, ma femme a eu un long coup de fil, et de ce fait elle a laissé brûler la viande, enfin le livre qu'elle voulait m'offrir, commandé depuis trois semaines n'est pas arrivé à temps chez le libraire. Voilà. Ce n'est pas de chance, c'est un malheureux concours de circonstances. Bien que cette réflexion saine ait tempéré mes émotions de mal-aimé, elles ont tout de même continué leur bonhomme de chemin : plusieurs souvenirs me sont revenus où mon anniversaire a été mal fêté, il m'est revenu en mémoire un contretemps le jour de mon mariage, puis cette idée que la chance décidément n'est jamais pour moi. Ma femme a des excuses, bien sûr, mais tout de même, elle aurait pu acheter le livre ailleurs. Et puis ; ce coup de fil, elle aurait dû raccrocher plus vite ; si elle m'aimait vraiment, ma fête aurait dû passer avant tout le reste. Alors à quoi bon continuer avec elle, ça ne marchera jamais, etc. Ce raisonnement continuera à se dérouler comme un film devant mes yeux, mais aujourd'hui je parviens à marquer des stops. Je ne peux l'empêcher de se dérouler jusqu'au bout, mais voilà, je n'y crois plus. Du coup, je ne suis plus torturé par des angoisses, j'épargne à mon entourage les retombées de mes explosions émotionnelles. Bref, ce ne sont plus mes émotions qui me dominent, c'est moi qui domine la situation. Mon problème est-il résolu pour autant ? Pas entièrement. Mais il est endigué ce qui me permet de vivre normalement tout en restant vigilant. »

Une deuxième cause : lorsque son image de marque est menacée. Pour résoudre sa problématique d'insécurité, le retranché s'abrite derrière un personnage, mais si cette façade est tant soit peu menacée, l'angoisse monte. Elle s'exprime souvent à travers diverses formes de somatisation, maladies de geôlier [1], affections plus ou moins graves qui ont pour effet de détourner l'attention : tandis qu'on se penche sur sa santé, on ne regarde plus ce travail qu'il a mal fait, ou cette négligence qu'on allait justement lui reprocher. Et puis, il lui est toujours si agréable de se faire plaindre... Mais l'angoisse devant une image de marque menacée s'exprime aussi très souvent par un de ces fameux orages. Serge a passé des tests d'embauche. Il s'en est plutôt bien tiré : « Je pressentais des traquenards, et je crois avoir répondu habilement. J'étais euphorique. Et puis, en y réfléchissant, il m'a semblé que telle réponse pouvait être interprétée en ma défaveur. Là, j'étais inquiet : le psy allait me trouver des tas de problèmes. J'ai reçu les résultats, ils étaient bons, et on m'a embauché. Mais j'ai vu sur ma feuille certaines indications codées que je ne comprenais pas. Eh bien, j'étais sûr d'être fiché, avec un mauvais dossier sur le dos. De plus en plus noué, je suis tombé dans une sorte de déprime, et finalement, ma femme a essuyé une véritable tempête pour trois fois rien. » Ainsi, Serge est d'abord content, puis

---

1. SIRIM, *Alors survient la maladie*, Editions Empirika, 1983, page 309.

inquiet, puis angoissé, déprimé, et finalement il explose de colère. Difficile de le rejoindre au milieu de ces sentiments inexprimés et insoupçonnables qui finalement explosent dans un orage tout aussi incompréhensible.

L'image de marque du retranché est également menacée lorsqu'il se trouve face à une difficulté qu'il craint de ne pouvoir résoudre. Ses limites risquent d'apparaître, sa véritable personnalité d'être dévoilée, et le cas échéant, ses subterfuges mis à jour. Alors, il prend les devants : « Les orages éclatent chez moi lorsque je suis affrontée à un problème que je cherche à esquiver. Je fais une scène, je lance une série de reproches à la figure de mon mari, comme ça, si les choses ne s'arrangent pas, il est tout désigné d'avance comme la cause unique de tous mes échecs. » Une seule solution : l'honnêteté. « J'étais parfaitement consciente lorsque je faisais des scènes à mon mari que c'était du cinéma. Mais je ne voulais pas le reconnaître pour tout l'or du monde. Je me disais que l'honnêteté est le pire des pièges, car les autres se servent de vos aveux pour vous coincer. Et puis j'ai compris un jour que c'était la seule façon pour moi de ne pas perdre mon mari, j'ai mis cartes sur table : quand je dis telle et telle chose, c'est faux, je le sais, sache-le aussi. Quand je te bassine avec mes variations sur le thème « personne ne m'aime », c'est du bidon, donc n'en crois pas un mot. Maintenant que tu sais comment je fonctionne, je ne peux plus recommencer mon petit jeu, et si jamais je le fais, toi, au moins, tu ne marcheras plus. »

Une troisième cause : lorsqu'il sent que la personne qu'il tient sous séquestre risque de lui échapper. Tel a réduit son mobilier en bois d'allumette le jour où sa femme a décidé de prendre un travail pour trouver son indépendance financière. Après quoi, il a déclenché diverses maladies qui auraient pu contraindre la coupable à rester à son chevet, mais elle a tenu bon, et les maladies ont disparu comme elles étaient venues. Tant qu'il lui reste un espoir de garder sa proie en son pouvoir, il se dépense en chantage, intimidation, menaces, coups parfois. Mais le jour où l'oiseau s'envole, son geôlier frustré entre dans une rage vengeresse qui ne connaît pas de fin. Evidemment, nous ne sommes plus ici dans le domaine de l'orage émotionnel, mais dans une forme d'inadaptation psychologique grave. Précisons que tous les retranchés n'en viennent pas là, mais ceux qui se reconnaîtront dans ce genre de tendance auront intérêt à trouver des solutions avant de faire subir à leur entourage des dégâts irréparables. Ce sont ces divorces impossibles où l'un des deux conjoints ne veut pas lâcher prise et s'acharne en justice pendant des années à poursuivre de sa haine et par toutes sortes de tracas l'autre qu'il ne peut se résoudre à laisser vivre sans lui, hors de son pouvoir. Mais c'est aussi ce monsieur (ou cette dame) possessif qui ne supporte pas que ses enfants adultes lui échappent. Celui-là (ou celle-là) fait de sa famille un clan qui doit demeurer le port d'attache des enfants à jamais. « L'homme quittera son père et sa mère pour s'attacher à sa femme », dit la tradition judéo-chrétienne. Dans de telles familles, l'homme ne quitte jamais ses parents, et au lieu de s'attacher à sa femme, il l'attache à son propre clan. Tel monsieur trouvait toujours son mot à dire sur les filles que son fils a fréquentées successivement. Puis un jour, il a donné son accord. Cette bru-là était digne de devenir une pièce de plus dans son troupeau. Comment ce pauvre garçon a-t-il pu céder ainsi aux lubies de son père pour une question aussi grave que le choix d'une épouse ? Un lien étrange les réunit, car après de nombreuses années de mariage, il lui est physiquement impossible d'avoir avec sa femme des relations sexuelles lorsqu'ils se trouvent sous le même toit que son père. Voilà pour les meilleurs des cas, ceux où la pièce rapportée s'intègre pleinement dans sa tribu d'adoption. Lorsqu'elle ne s'intègre pas, elle est rejetée, parfois avec violence. Ouvrons une parenthèse pour présenter une affaire qui devrait encourager à changer de cap quiconque découvre en lui des tendances à la possessivité...

La famille X. est de ce modèle possessif à outrance. Le fils aîné a épousé une fille qui, elle aussi, est issue d'un clan cohésif du même tonneau. Or, cette fille n'a jamais pu s'intégrer dans sa belle famille, trop liée qu'elle était à sa propre tribu. Les X. lui ont fait sentir effrontément tout leur mépris. A vingt-sept ans, la jeune femme a contracté une maladie grave qui l'a emportée en quelques mois. En apprenant la nouvelle de sa maladie, les X. ne cachaient pas leur soulagement... plus la mort approchait, plus ils exprimaient ouvertement leur impatience. Tandis que la pauvre fille agonisait au premier étage, ils se tenaient au rez-de-chaussée et laissaient libre cours à leur satisfaction : « Ça y est, elle va bientôt claquer ». Quelques jours plus tard, cette famille portait grand deuil, et l'office des défunts fut l'occasion de souligner combien cette grande épreuve avait resserré dans la souffrance une famille si unie...

Un conjoint séquestrant qui voit sa victime lui échapper peut aussi se venger par le meurtre. La Cour d'Assise est coutumière de ces maris jaloux qui tuent l'infidèle, son amant, ou les deux à la fois. Elle leur accorde bien souvent son indulgence : « C'est un crime passionnel, le meurtrier a agi sous l'empire de l'émotion, il a perdu la tête ! » Cet ultime emportement n'est souvent qu'un épisode plus dramatique que les autres, d'une tyrannie de longue date fort bien reçue dans l'opinion publique sous le terme romantique de « passion ».

En effet, la littérature, depuis des siècles, puis le cinéma, ont contribué à changer en une passion blessée ce qui n'est jamais qu'un égocentrisme primaire et acharné : la possessivité.

CHAPITRE 5

ITINÉRAIRE D'UN RETRANCHÉ

Et si je n'avais pas raison ?

« Agressif, moi ? Non, je suis plutôt un gars mesuré, disons réaliste. Bien sûr, quand il le faut, je suis capable de lever le ton et de défendre mes droits, encore heureux ! Tenez par exemple : j'ai un chef particulièrement insupportable, frimeur, incompétent, flemmard. Il me cherche ce type, à longueur de journée. Et en plus de ça, il est faux comme de la fausse monnaie, mais moi, je le vois venir, quand il me passe la main dans le dos ou qu'il essaie de m'entourlouper, je l'envoie sur les roses. Là oui, je me montre agressif, et franchement, il y a de quoi. »

Voilà à peu près les propos que Vincent tenait il y a deux ou trois ans. Tout cela avait les accents de la plus grande sincérité. Il a demandé de l'aide à un ami pour essayer de résoudre cette situation professionnelle préoccupante, et cet ami, à partir des éléments que lui apportait Vincent, n'a pu qu'abonder dans son sens : « Fais-toi respecter par ce type, sinon tu y laisseras ta santé. »

Vincent s'est fait respecter, et pourtant, sa santé y est passée tout de même. Il a souffert d'une sciatique de plus en plus préoccupante. Son médecin lui a parlé de mise en invalidité si les choses ne s'arrangeaient pas. A trente ans, c'est très inquiétant. La tension au travail devenait de plus en plus insupportable, Vincent s'accrochait tous les jours avec son chef qui songeait maintenant sérieusement à le licencier.

Et puis, Clotilde, sa femme, lui dit un jour : « Tu es complètement à côté de la plaque avec ton chef, tu es en train de te saborder au travail, tu te ruines la santé, et moi, je ne veux pas vivre avec un kamikaze. » Clotilde avait parlé sans animosité, un soir de détente, alors que Vincent lui-même était tout à fait décontracté. Il avait confiance en elle, il la savait intelligente et de bon conseil, et depuis six mois qu'ils vivaient ensemble, il n'avait jamais eu l'occasion de le regretter. Jusque-là, quand quelqu'un lui mettait le doigt sur le fonctionnement déraisonnable de ses émotions, il entrait dans une grande colère, mais cette fois, dans ce climat de confiance, il reçut l'avis de sa femme comme une hypothèse possible. Surprenante, mais possible après tout.

« Etant donné la dégradation de ma situation sur tous les tableaux, je n'avais rien à perdre en me posant pour la première fois cette question invraisemblable : *Et si je n'avais pas raison ?* Et si ma perception des choses n'était pas juste ? Dans cette guéguerre avec mon chef, me serais-je trompé ? J'ai essayé d'y réfléchir de façon désimpliquée, de quitter un peu ma place pour me mettre à la sienne. J'ai repris un à un les divers griefs que j'avais contre lui, et je me suis rendu compte alors que j'avais énormément grossi ses défauts, et tout à fait effacé ses qualités. J'avais pris pour de sournoises entourloupes de sa part ce qui n'était que des tentatives pour trouver avec moi un modus vivendi, car à bien y réfléchir, je me suis montré odieux avec lui. Je comprends qu'il ait pensé à me mettre à la porte. Je venais de réaliser que là où je me croyais solide se trouvait ma plus grande fragilité. Là où j'étais sûr de moi, il était grand temps que je revoie mes positions. Dès lors, j'ai entrepris une *révision générale de tous les secteurs de ma vie.* Je me suis acheté un cahier, une sorte de carnet de bord, avec des colonnes correspondant à divers secteurs : couple, profession, engagements, etc. Chaque soir, je prenais une demi-heure pour faire le point : au cours de la journée, lorsque je me suis emporté, lorsque j'étais tellement agacé, lorsque j'ai soutenu mes positions avec tellement de conviction, est-ce que j'avais bien raison ? Parfois oui, souvent, non. Je me prenais la main dans le sac, je me découvrais finalement comme quelqu'un de très agressif, tout le temps sur la défensive, toujours en train de prouver je ne sais quoi... à je ne sais qui. J'avais soin de noter quotidiennement mes progrès, les occasions où j'avais réussi à dominer mon impulsivité inadaptée. C'est très encourageant. Et lorsque je faisais le constat de mes rechutes, j'en tirais aussitôt un projet de redressement pour les jours suivants : comment faire la prochaine fois en pareille situation. Au début, ce retraitement quotidien m'a beaucoup pesé, mais j'ai tenu bon, car j'ai toujours eu une grande détermination. Cette fois-ci, je la mettais au service de mes vrais intérêts. J'ai commencé à en voir les fruits au bout de quelques mois : autrefois, lors de mes explosions de colère ou quand j'étais tellement tendu, je représentais une véritable calamité pour mon entourage, et aujourd'hui, de l'aveu de mes proches, je suis devenu au contraire un compagnon tonique et facile à vivre. La preuve que j'ai vraiment changé : je suis capable de rire de moi, et quand ma femme me rappelle à l'ordre avec un brin d'humour, au lieu de me refermer comme un coquillage, je rends les armes aussitôt et je ris avec elle.

Comment je me suis attaqué aux émotions envahissantes. En verbalisant les faits bruts. Mes émotions s'allument le plus souvent pour des questions de rivalité : je ne veux pas être pris pour un imbécile, je veux absolument avoir raison. J'ai pris le parti de mettre mes emballements de côté, le temps de me poser la question : De qui s'agit-il ? De moi ? Non, d'un travail, d'une tâche, d'une décision à prendre. Alors, je formule à haute voix pour moi-même le véritable énoncé du problème, et rapidement, mes émotions disparaissent et j'accepte volontiers de nuancer mon propos, de réfléchir, et s'il le faut de changer d'avis.

J'ai acquis un certain self-control. Parfois, je suis tellement envahi par l'émotion que je ne parviens pas sur-le-champ à faire ce retraitement. Or je sais d'expérience, que je peux avoir tort, et j'ai décidé une fois pour toutes que les autres ne devaient pas faire les frais de mon agressivité déplacée. Alors, je mets le problème au frigo pour le reprendre un peu plus tard quand je serai calmé.

J'ai appris à intégrer les apports des autres ; autrefois, je tenais mordicus à mes solutions devant tout problème, tout simplement parce que c'étaient mes solutions. Et plus on me suggérait de faire autrement, plus je tenais à ma position. Maintenant j'écoute... pour mon plus grand profit. J'ai appris à réfléchir. Au lieu de m'impliquer à tout propos, au lieu de céder à des interprétations égocentriques et le plus souvent fausses, je suis capable de prendre du recul calmement, de comparer plusieurs propositions, d'intégrer des éléments nouveaux, de décider et de changer d'avis, bref, de réfléchir. »

Mise en place du comportement

Que s'est-il passé dans sa petite enfance ? Vincent n'en sait rien, mais il a en mémoire un certain nombre d'attitudes de ses parents lorsqu'il avait sept ans, dix ans, au cours de son adolescence. Elles laissent à penser qu'ils ne se sont pas comportés autrement avec lui pendant les premières années dé sa vie, si déterminantes pour la mise en place d'un comportement.

Son père : il ne parlait que de lui-même, avec passion, et en abondance. Il était le meilleur en tout, et puisqu'il était paysan, les paysans étaient évidemment les meilleurs. Il avait le chic pour toiser les gens en trente secondes et distribuer à profusion ses jugements définitifs et sans tendresse sur tout ce qui n'était pas lui. Sa grande qualité : l'agressivité. Il racontait souvent comment il avait cassé la gueule à tel ou tel. Les paysans sont des durs, il faut savoir se bagarrer, la vie est une jungle. Pour lui, le muscle primait sur le cœur et l'intelligence. Le cœur ? Il n'a jamais accordé à ses enfants le moindre geste d'affection, et ne s'est jamais intéressé à eux. Ils devaient travailler pour lui dans son exploitation en rentrant de l'école, ils n'avaient jamais de vacances, et en retour le père défoulait sur eux ses colères. L'intelligence ? Il estimait que les études, c'est bon pour les fainéants. Un paysan n'a pas besoin de ça. Néanmoins, il a tenu à mettre Vincent dans une école confessionnelle pour fils-à-papa de la grand ville, où le pauvre gamin faisait figure d'arriéré avec ses vêtements trop vieux, trop grands, démodés, et pourtant, ce n'est pas l'argent qui manquait à la maison. Ainsi, Vincent se savait le meilleur en tant que paysan et fils-de-son-père, mais il devait en même temps affronter les quolibets et le rejet de ses camarades. Au début, il prit le parti de se retrancher dans son malheur, humilié, ruminant sa revanche, crispé au point d'en attrapper très souvent des coliques. Puis, en classe de seconde, il changea de stratégie, il devint la vedette de son école, casseur, meneur, buveur, provocateur. Une façon comme une autre de conquérir la place qui lui faisait défaut. Une façon comme une autre... ou plutôt, une façon directement inspirée de son père. Il a été élevé sous le régime de l'incohérence, poussée parfois jusqu'à l'absurde le plus beau compliment que son père pouvait lui adresser était que plus tard, Vincent serait grand et costaud, alors que lui-même et sa femme étaient plutôt petits de taille. C'était évidemment une sottise, et Vincent s'est trouvé particulièrement désemparé lorsqu'à l'adolescence, il a été bien obligé de constater que les promesses valorisantes (?) de son père ne se réaliseraient pas. Comme ses parents, il ne dépasse pas le mètre soixante-cinq.

Sa mère : elle suivait le mouvement. Elle semblait s'amuser à voir ses enfants désemparés devant l'incohérence du père. Au lieu d'expliquer, de rassurer, d'apaiser, elle riait. Elle en rajoutait même parfois en tournant en dérision les questions que Vincent lui posait. En dehors de ces contacts bien peu satisfaisants, elle était absente. A table, tandis que le père parlait de lui, elle s'endormait. Quand des copains de Vincent venaient le chercher, elle les renvoyait sans lui demander son avis : « Il n'aime pas sortir, il préfère rester à la maison. » C'était faux, évidemment. Mais ainsi, elle faisait respecter la volonté paternelle.

On voit à travers ce contexte anti-éducatif, comment Vincent a pu hériter d'une part d'une haute idée de lui-même : l'image de l'homme que lui donnait son père s'y prêtait largement. D'autre part, il a connu une série de frustrations affectives parfois cruelles auprès de son père, ou sa mère, puis à l'école. Telle est la problématique du retranché : *il a un sens élevé de sa place, mais il ne la trouve pas.*

Les émotions d'un autre

Pour avoir pris du recul sur ce panorama de son enfance, Vincent a beaucoup mieux compris ses réactions inadaptées d'aujourd'hui. Il les retrouve toutes chez son père. Il a pu se désimpliquer tout à fait par rapport à ses automatismes de comportement, car cette fois, il en connaissait l'origine. Il a vu diminuer considérablement ses réactions agressives, ce qui peut s'expliquer partiellement par son retraitement quotidien, mais de plus il s'est débarrassé sans bien savoir comment ni pourquoi, de deux autres difficultés jusque-là insurmontables :

— la jalousie : il ne pouvait s'empêcher d'être inquiet lorsqu'il savait Clotilde en présence d'autres hommes, c'est idiot, il le savait bien, elle n'a rien d'une coureuse, mais l'émotion était chez lui plus forte que la raison. Quand il a compris qu'il reproduisait son père, ce phénomène s'est arrêté du jour au lendemain. Comprenne qui pourra.

— la dévalorisation sur le plan intellectuel : il s'angoissait beaucoup chaque fois qu'il devait réaliser un travail intellectuel. A la veille de faire un stage pour s'initier à du matériel électronique nouveau, il tremblait de ne pas y arriver, et surtout, il craignait que les autres le voient. De la même façon, ce complexe — que rien ne justifie dans la réalité — a tout à fait disparu lorsque Vincent a compris qu'il fonctionnait comme son père, objet de référence de son enfance, plein de mépris pour les études qu'il rageait de n'avoir pas pu faire.

Jadis, il lui arrivait de s'enferrer dans des solutions compliquées devant des problèmes mineurs, convaincu qu'il n'était pas assez intelligent, il préférait foncer tête baissée sur des chemins tortueux plutôt que de prendre un peu de recul pour chercher des solutions plus simples. Aujourd'hui, il a acquis une largeur de vue qu'il ne se connaissait pas.

Ainsi déroulée brièvement, l'histoire de cette prise d'indépendance par rapport à un comportement paraît presque simple. En réalité, elle s'étend sur plusieurs années et comporte trois phases :

1 — D'abord, Vincent — depuis toujours — voit son

père comme celui-ci souhaite être vu, c'est-à-dire à son avantage. D'autre part, en ce qui concerne sa propre personne, il a bien conscience de quelques difficultés, une certaine dévalorisation, la jalousie, mais avec la meilleure volonté, il n'a aucune prise sur ces réflexes profondément enracinés en lui. C'est plus fort que lui.

2 — Puis, Vincent franchit une étape. Il découvre son père. A force de rencontrer du monde, de voir ce qui se passe dans d'autres milieux, il s'aperçoit que cet homme-là n'était pas aussi admirable qu'il l'a cru longtemps, et que les valeurs qu'il prônait sont très relatives. Il le découvre peu à peu avec tous ses défauts : infatué, méprisant, égocentrique. Tout compte fait, cet homme ne s'est jamais intéressé à lui. Vincent a des comptes à régler avec son père. Mais cette prise de conscience ne fait guère avancer ses problèmes personnels, il n'a toujours aucune prise sur ses automatismes, ses émotions excessives le rendent malade, et il commence à se saborder sur le plan professionnel.

3 — Finalement, dernière étape, après avoir vu son père, *il se découvre lui-même*. Comme bien des retranchés, il avait une image de lui-même fausse, prenant ses qualités pour des défauts et ses défauts pour des qualités. Pour la première fois, il envisage de se voir autrement, et peu à peu, après cette démarche salutaire, il prend conscience avec relief de son propre comportement : maladivement inquiet sur lui-même, agressif, difficile à vivre... comme son père.

Cette fois, enfin, Vincent dispose de deux portraits réalistes et distincts qu'il peut placer côte à côte et comparer. Il est à même de voir où se situent les points d'identification mais aussi les différences. Désormais, il peut se *différencier* vraiment de son père et mener sa vie de façon autonome. Effectivement, après cette dernière étape, Vincent a vu disparaître sans qu'il sache bien pourquoi, certains de ses vieux démons jusque-là indélogeables tels que la jalousie conjugale [1], la dévalorisation, et dans une large proportion l'agressivité. Ses efforts sont devenus rentables.

---

1. Nous avons relevé plusieurs cas où la hantise d'être trompé, non fondée et très angoissante, a disparu rapidement lorsque l'individu a pris conscience qu'il retrouvait là en lui-même les émotions d'un autre, son père ou sa mère le plus souvent.

FICHE MÉDICALE.

10-18 ans. Vincent est très mal à l'aise à l'école. En revanche, dès qu'il est rentré à la maison, il se « défonce » à la ferme : c'est en jouant les gros bras au travail qu'il se sent reconnu.

18 ans. Premiers symptômes de lumbago. Lors d'une manipulation vertébrale, un rebouteux lui déplace accidentellement une vertèbre.

19-23 ans. Il travaille à plein temps à la ferme, dans l'espoir qu'elle lui reviendra un jour. Il se fait ses premiers amis et aimerait sortir avec eux. Ses parents s'y opposent : « Le travail d'abord. » Trois années durant, son père lui promet des vacances qu'il ne lui accorde jamais. Les relations entre Vincent et son père se dégradent. Vincent est partagé entre son travail à la ferme où il a l'impression de pouvoir prouver sa valeur, et l'envie de connaître autre chose. Il fait des lumbagos à répétition, et sa vertèbre le fait souffrir au moindre faux mouvement.

23 ans. L'ambiance à la maison est devenue invivable : il claque la porte. Pourtant, il a toujours une haute idée de son père et de ses valeurs. Dans cette partie de bras de fer, il espère secrètement que son père finira par reconnaître en lui « un vrai dur », peut-être encore plus dur que lui. Il trouve un emploi dans une autre exploitation. Son nouveau travail lui plaît ; il n'est plus tendu intérieurement, et ses douleurs vertébrales disparaissent, alors qu'il accomplit les mêmes tâches qu'à la maison.

26 ans. Il entre en rivalité avec son nouveau chef, ce « frimeur incompétent », selon lui. Les douleurs dorsales réapparaissent au plus fort des tensions d'autant plus qu'il craint confusément que le copain à qui il s'est confié, ne découvre sa part de responsabilité dans ce conflit.

27 ans. Vincent est débordé : il a beaucoup de travail et il vient de déménager pour s'installer avec son amie. Il n'a qu'une crainte : que ses parents téléphonent et tombent sur sa femme en son absence. L'idée lui vient de les appeler en premier : « Au fait, je vis avec quelqu'un. » C'est l'occasion

de leur montrer qu'il n'a pas eu besoin de leur avis : la partie de bras de fer continue. Il a du mal à trouver ses mots et tremble de tout son corps. Le lendemain, Vincent déclenche sa première sciatique ; il est à deux doigts de la paralysie. A partir de cet épisode, Vincent commence à se rendre compte des défauts de son père. Mais il est toujours aussi tendu intérieurement, et, par ailleurs, il cherche toujours autant à rivaliser avec son chef. Pendant un an, il se plaint en permanence de lombo-sciatalgies, traitées par kinésithérapie, qui ne guérit pas complètement sa sciatique.

28 ans. C'est lorsque Clotilde lui montre combien son agressivité envers son chef est déplacée, que Vincent commence à découvrir les automatismes de son propre comportement et à y remédier peu à peu. Dès lors, la réalité lui apparaît moins hostile, sa tension s'estompe, et ses problèmes de santé s'en trouvent résolus. Vincent exerce toujours le même métier, mais il ne se plaindra plus jamais de douleurs vertébrales.

Observation : paradoxalement, les douleurs surviennent le plus souvent le week-end ou au début des vacances. Pendant ces périodes de détente, Vincent ne peut plus décharger son agressivité sur son père ou sur son chef. Sa tension intérieure ne peut donc pas trouver son issue dans l'action. Alimentée par son imagination, elle s'accroît et finit par provoquer des crispations musculaires qui débouchent sur des problèmes vertébraux.

CHAPITRE 6

LES PROCHES

Des moyens pour vivre à deux

« Mon mari, de comportement retranché, n'était pas facile à vivre. Les premières années de vie commune ont été très dures. Tous deux, nous avons alors cherché à assainir nos rapports. Notre solution : établir entre nous une sorte de contrat qui porte sur trois rubriques : l'entraide matérielle, le barrage à la pollution émotionnelle et la prévention contre ses automatismes de retranchement.

L'entraide matérielle

Il serait injuste de prétendre qu'à la maison, mon conjoint refuse de m'aider. Ce dont il n'a pas voulu entendre parler jusqu'à il y a peu de temps, c'est d'un tableau de répartition des tâches, c'est-à-dire d'une convention par laquelle il se serait engagé à effectuer certains travaux de façon régulière. Pourtant j'avais tenté de lui faire comprendre que puisque nous travaillions tous deux à plein temps, il ne suffisait pas qu'il me donne occasionnellement un coup de main, mais qu'il devait s'engager à assurer quotidiennement certains travaux. Il m'a alors répliqué : « Un contrat ? Tu veux rire non ! Un contrat, c'est fait pour n'être pas suivi ! » A travers cette réaction, on comprend aisément que mon mari n'avait aucune considération pour ma personne, il me prenait pour sa bonniche, c'était transparent ! Or voilà

qu'aujourd'hui il accepte de parler contrat. Cela signifie qu'il
me reconnaît maintenant comme une personne ayant non
seulement des devoirs envers lui mais aussi des droits. S'en
tient-il de façon régulière à cet accord bilatéral ? Pas toujours, mais, quand il laisse courir, je sais — et il sait — que
son égocentrisme revient au galop.

Un barrage contre la pollution émotionnelle

Un jour, il m'a annoncé : « Je vais te dire comment je
fonctionne, comme ça, tu pourras t'en défendre. » « Quand
je suis mécontent de ma matinée, par exemple parce que j'ai
l'impression de n'avoir pas fait le poids sur le plan professionnel, je suis pris dans des tensions insupportables que j'ai
besoin de communiquer coûte que coûte. Voici comment je
procède : instinctivement je m'enferme dans le silence, le
visage tendu. Toi, tu te demandes ce qui se passe. J'ai des
gestes d'impatience que tu finis par interpréter comme un
agacement à ton égard. A partir de là, c est toi qui es mal à
l'aise. Pour en sortir tu m'invites à vider mon sac ; je te
déballe alors tout mon marasme en vrac, comme ça me vient,
sans y réfléchir, ça me soulage. » Pour lui permettre de
compléter ce tableau, j'ajoutai les conséquences sur moi de
ses déversements émotionnels : si lui se sentait libéré, moi je
n'avais plus qu'à partir au travail tendue, préoccupée, vidée
intérieurement. A partir de cette clarification, nous avons
arrêté d'un commun accord cette convention : dorénavant,
quand il rentre tendu, il va d'abord réfléchir dans sa chambre
pour sortir de son malaise, en séparant bien faits et émotions, faits et interprétations. Une fois qu'il a retraité sa
difficulté, nous pouvons alors, si c'est nécessaire, y réfléchir
ensemble, brièvement. Expérience faite, j'ai constaté que
cette démarche est profitable car son émotion tombée, il peut
réfléchir sainement et la communication n'est plus toxique.
Au lieu de lui servir de déversoir émotionnel, je l'aide à
réfléchir et à se remettre sur pieds. Moi aussi, quand je suis
perturbée par des soucis envahissants, je m'astreins à
respecter cette hygiène de vie.

Prévention contre ses automatismes de retranchement

Pour rendre la vie commune plus vivable, nous avons également convenu que dès que je le verrai se retrancher, je le lui signalerai. Ensemble, nous avons d'ailleurs repéré trois signes précurseurs de son retranchement :

— la paresse : elle apparaît dès qu'il commence à ne plus respecter le contrat sans raison valable ;

— l'agressivité : il se fâche pour des faits mineurs : une porte qui claque, un bruit de vaisselle ;

— l'évasion : il délaisse ses activités personnelles pour faire de la télé presse-bouton.

Quand je vois apparaître l'un de ces trois symptômes, je le lui fais remarquer simplement, après quoi je retourne à mes affaires sans me soucier du résultat. Ce n'est pas l'amorce d'une discussion, mais seulement un signal d'alarme. Ce contrat préventif a porté ses fruits, et j'ai appris que ce qui importe dans ce cas, c'est de rester très neutre émotionnellement. Si je m'implique, si je m'obstine à le faire changer, alors commence entre nous un jeu de rivalité qui nous éloigne toujours du vrai problème à résoudre, et pire, qui le renforce dans sa mauvaise foi.

Quand la coopération est impossible

Mais quand la vie de couple s'avère destructrice parce que le conjoint de comportement retranché est et reste de mauvaise foi, que les essais pour l'aider sont inefficaces car il a décidé une fois pour toutes qu'il n'avait aucun tort et rien à changer, alors la conduite à tenir est toute différente. C'est une question de santé mentale et physique. Expériences faites, il est plusieurs attitudes à éviter absolument :

Ne jamais faire son autocritique devant lui

Il y a cinq ans, j'ai commis une grave erreur que j'ai dû payer chèrement ensuite pendant plusieurs années. Comme notre couple battait de l'aile, j'avais voulu réfléchir aux attitudes qui chez moi pouvaient nuire à la vie commune. De tempérament décidé, j'avais tendance à imposer à mon foyer un certain nombre de principes : « Il faut vivre simplement, ne pas s'offrir de cadeaux, ni faire de bons repas, même si on en a les moyens, c'est du gaspillage ! Je veux bien rendre service, mais je n'accepte pas qu'on me rende la pareille. » J'ai compris que ces idées toutes faites étaient des reliquats de mon éducation. Je les ai rejetées puis me suis appliquée à bien vivre et à accepter les services que les autres me proposaient. Contente de cette prise de conscience, je pensais que notre vie de couple allait en bénéficier et j'ai fait part à mon mari des points concrets que j'étais en train de changer. Loin de se réjouir et de m'encourager, il a utilisé mes explications comme des arguments pour me mettre à ses pieds : il m'a reproché de l'écraser et il a commencé à me faire un procès en règle. Dès que je n'agissais pas comme il l'entendait, il me lançait : « Oui de toute façon, toi, tu fais ce que tu veux, comme tu le veux, quand tu le veux et les autres n'ont qu'à se débrouiller. » Il prenait même parfois les enfants à témoin. J'étais complètement découragée d'autant que j'avais vraiment pris le contrepied de mes principes étroits. Or pendant qu'on parlait de moi et de ma prétendue dominance, il nous rendait la vie impossible, à moi et aux enfants. J'avais commis l'erreur de faire mon auto-critique devant lui. En fait, je lui avais procuré des armes pour me dominer mieux encore.

Ne pas chercher à comprendre

Voyant à ce point mon mari retranché, tendu et noué, j'ai essayé pendant des années de dialoguer avec lui, de l'écouter. Comme je m'y perdais, j'ai commencé à prendre des notes devant lui car émotions et faits, faits et intentions, faux et vrais arguments, passé et présent, tout était entremêlé. Après quelque temps, je relisais avec lui ces notes incohérentes. Chaque fois, il partait fâché ! Et moi de mon côté, en essayant de le comprendre, j'entrais dans le brouillard, dans son monde fantasmatique où régnait la confusion : je ne savais plus où j'en étais, et j'y laissai progressivement ma santé. Et ce, pour rien. J'en ai déduit que la discussion avec mon mari sur ce qu'il ressent, ne sert à rien, sinon à m'entraîner dans son auto-destruction.

Le partenaire doit se dégager émotionnellement et mener sa vie
de son côté

J'étais très préoccupée par le comportement de mon mari
et m'éteignais de plus en plus. Or, un jour, lors d'une
réunion entre assistantes sociales, l'une de mes collègues a
dit à propos d'une cliente : « Elle n'est pas responsable du
sauvetage de son conjoint. Si cet homme ne veut rien faire
pour sortir de sa difficulté, c'est son problème! » Cet
éclairage latéral m'a frappée. J'y ai longuement réfléchi et
j'ai conclu : « Mon mari m'en a fait tant voir qu'aujourd'hui
je ne suis plus affectivement attachée à lui. Il faut absolument que je mette un holà à sa rage de destruction, que je
dresse un mur entre lui et moi pour que je sauve ma peau et
celle de mes enfants. » Pour mettre les points sur les « i », je
lui ai montré globalement comment il agissait et ce que moi
je comptais faire. Je lui ai dit : « Tu es un enfant gâté qui se
plaint tout le temps et envie les autres alors que tu as une
situation tout à fait confortable. Or sache bien que sans moi,
mon travail, mon argent, mes services tu n'aurais rien de tout
cela. Tu t'accroches à des principes et aux institutions
uniquement parce que ça t'arrange : tes enfants te doivent
respect parce que tu ES leur père, alors que tu ne te
comportes pas comme tel avec eux. Tu me répètes que je
SUIS ta femme pour le meilleur et pour le pire, ainsi tu es sûr
que je ne pourrai pas te quitter. En réalité tu te moques de
nous, les enfants et moi, nous sommes tes animaux de
compagnie et nous devons servir ton image de marque.
Quand nous sommes absents, nous te manquons mais quand
nous sommes à la maison tu es tout le temps sur notre dos.
Dorénavant, je ne discuterai plus avec toi car tu ne dis que
des abstractions et tu ne cherches pas de solution. Quant à
moi, je ne te ferai plus de confidences à mon sujet car tu
utilises ensuite ce que je dis pour me glisser des peaux de
bananes. Tu me reproches d'être dominante, ce n'est, en fait,
que par rivalité car c'est toi qui veux me dominer. Ton
cinéma, états d'âme, improvisations et autres fariboles te
servent à faire tourner tout le monde à la maison autour de
toi. C'est ta façon de dominer. En conclusion, tu t'auto
détruis et tu entraînes la destruction autour de toi, comme l'a

tait ta mère avec toi. Alors, je dis non pour les enfants et non pour moi. Toi, fais ce que tu veux mais si tu dépasses les bornes, sache que j'interviendrai. Si cet état de fait ne te conviens pas, tu es libre de partir. Tu verras la différence quand tu seras seul. Ceci n'est pas à discuter, c'est à prendre ou à laisser. »

Cette intervention ferme et définitive n'a pas changé son comportement de fond mais aujourd'hui, je peux le planter là quand il recommence à divaguer ou à chercher la bagarre. Ponctuellement je reprécise certains points notamment au moment des fêtes qu'il prend soin de gâcher chaque année. Depuis cette mise au point nous vivons bien plus paisiblement, et cela dure depuis deux ans.

Pour ma part, je suis tout à fait autonome matériellement, j'ai ma voiture et gagne correctement ma vie. Et par ailleurs comme je n'écoute plus les élucubrations de mon mari j'ai gagné une énergie et un temps précieux que j'utilise pour vaquer à mes occupations : je me retire dans mon bureau où je peux travailler en toute tranquillité. Je participe activement à l'élaboration d'un projet dans mon secteur social. Pour la première fois depuis que je suis mariée j'ai trouvé le temps d'avoir un moment de loisir régulier ; je fais du chant choral. Bref, j'ai retrouvé mon entrain et je mène à bien différents projets dans chacun des secteurs de ma vie. En couple, on se rend des services, on élabore ensemble des projets matériels que l'on parvient à réaliser. Par contre, je ne lui demande plus de s'occuper des enfants ni même des courses... Je préfère limiter les occasions de conflit. Bien sûr, c'est vrai que j'assure tout le travail à la maison sauf le bricolage, mais c'est le choix que j'ai fait. Je ne veux pas courir après une situation idéale, je préfère m'en tenir à une position réaliste ! Je crois que ce nouveau mode de vie aide mon mari. Dans la mesure où il voit que son cinéma ne marche plus, que cela m'indiffère, il arrête ses orages émotionnels beaucoup plus vite. *Le fait de me voir ainsi désimpliquée, semble le rassurer, l'apaiser. La vie commune est maintenant possible.*

CHAPITRE 7

DES ENFANTS DIFFICILES

Observations

Très tôt l'enfant retranché, envahi par une impression floue mais tenace d'être mal aimé, éprouve bien des difficultés à se situer au sein de sa famille. Il se sent différent des autres, à part... Bien sûr, lorsqu'il commence à fréquenter l'école, ce malaise demeure et souvent même s'intensifie. Conséquences : son intelligence peut s'en trouver bloquée et il parvient alors difficilement à entretenir des relations normales tant avec ses maîtres qu'avec ses camarades. C'est pour sortir de cette impasse qu'il se forge alors des armes relationnelles.

L'enfant retranché a des *difficultés à s'intégrer à la vie collective,* même quand il s'agit des loisirs. Voici ce que des éducateurs de jeunes enfants ont observé sur plusieurs années au cours de colonies de vacances. Généralement, les enfants de trois à dix ans apprécient la vie collective, surtout si les activités proposées sont de qualité. L'absence des parents ne leur pèse pas. Or on constate de façon répétitive que dans ces groupes, les enfants retranchés ont tout d'abord beaucoup plus de difficultés que les autres à quitter leur mère, après quoi ils restent en retrait tout au long du séjour Ils ne respectent pas les règles de vie commune pourtant arrêtées d'un commun accord, et ils s'octroient un statut d'exception. Dès les premiers jours certains mettent la main sur un copain souvent plus jeune. Ils le tiennent à leur botte et le rendent complice de toutes leurs frasques. Bien souvent, c'est cet associé moins habile qui se fait punir à leur place. Plus grave, quand un enfant de comportement retranché commence ses vacances dans ces dispositions, il peut créer autour de lui une cohésion « contre », contre toutes propositions constructives et parfois contre une tête de turc. Il s'agit bien ici d'enfants de trois à dix ans et non d'adolescents plus naturellement portés à la contestation.

Une assistante sociale travaillant avec des cas sociaux explique : « Dans mon exercice professionnel, j'ai remarqué ce type d'enfant : en classe, il ne cesse de jouer pour tenter de se mettre au centre, il fait les pires bêtises et cherche souvent des noises à ses camarades. Conséquences : trop distrait, il ne suit pas et il est menacé de redoublement. Pour éviter ce gâchis je le confie alors à un psychologue ou un psychomotricien qui ne lui trouve en général aucune déficience. Tout au contraire, il constate qu'il a affaire à un enfant intelligent, très affectueux, vif d'esprit et souvent fort drôle. Confiant, le thérapeute cesse donc de suivre l'enfant. Celui-ci, *privé de sa relation préférentielle retourne à sa paresse et à son agitation précédente*. Ses résultats sont tels qu'il doit redoubler sa classe. »

L'enfant retranché dispose très tôt d'un arsenal d'armes relationnelles avec lesquelles il sait désorienter l'adulte. Un psycho-pédagogue rapporte ses démêlés avec Denis, huit ans : « Quand le groupe de Denis arrive au centre, j'en suis rapidement averti par le vacarme qui s'ensuit. Au milieu de la mêlée, je suis sûr de trouver immanquablement un Denis, rouge et vociférant. Quand il est absent, ce groupe est d'ailleurs bien plus calme. Pendant la thérapie, il se montre familier, m'appelle par mon prénom et s'assure régulièrement que je le considère toujours comme mon ami. Quand il bute sur une difficulté, son premier réflexe est la projection : d'un ton suspicieux il me demande : « Et toi, saurais-tu le faire ? » Son autre stratégie est le mensonge : au retour de week-end, à plusieurs reprises il m'a joué le même numéro : « Tu sais, j'ai bien fait mes exercices, mais j'ai été tellement fatigué par les longues visites à ma famille, que ce matin, j'ai oublié mon cahier chez moi ! » En guise de réponse, je sors alors devant ses yeux ébahis, le fameux cahier : « Tu racontes des bobards, Denis. Tu n'as pas fait tes devoirs puisque je n'en avais pas donné, d'ailleurs, tu vois, ton cahier est resté ici. » *Le seul mode de relation possible avec lui est une grande fermeté.* Alors il se calme pour le temps de la consultation, mais dès qu'il est sorti, il recommence de plus belle à hurler et à gesticuler. Ce gosse décourage ses instituteurs les uns après les autres. En début d'année, ils se promettent bien d'en tirer quelque chose, mais au bout d'un trimestre, ils y renoncent, refusant à tout prix que l'enfant redouble dans leur classe. Pourtant Denis est loin d'être sot ! »

Certains enfants retranchés se mettent quand même au travail après quelque temps, trouvant là une façon gratifiante d'avoir enfin une place. Ils se jettent alors dans les études avec la même énergie qu'ils mettaient à chahuter *Leur détermination les rend capables ae rattraper ιeur retard assez rapidement.* Ainsi nous avons recensé plusieurs cas de retranchés aujourd'hui médecins, vétérinaires ou ingénieurs, pour lesquels les orientateurs scolaires avaient pourtant pronostiqué en quatrième un arrêt des études au niveau du brevet, tant leurs résultats étaient désastreux !

Mais d'autres, trop perturbés par des conflits familiaux par exemple, ne peuvent remonter la pente et combler leurs lacunes. Pour se sortir de là, ils passent alors le temps à améliorer leurs armes relationnelles pendant les cours qui ne les intéressent pas. Une enseignante nous donne son expérience avec un élève de seize ans. « Yannick est en troisième, il a deux ans de retard. Physiquement, il est grand et fort, mais laid. Sur le plan scolaire il est nul, très brouillon, son écriture est illisible et il semble incapable de se concentrer. Au début de l'année, il intervient avec à-propos pour jauger mes réactions, puis de plus en plus souvent il prend la parole anarchiquement et hors de propos. Après un mois, il se met au dernier rang et s'entoure d'une cour restreinte d'admirateurs, deux garçons et deux filles qui pouffent de rire dès qu'il ouvre la bouche. Pendant mon cours, il sabote toute tentative de réflexion par des remarques idiotes. Il discute sans arrêt mais si je le prends sur le fait il nie l'évidence. Il se pose même en victime : « C'est toujours moi qui prends, c'est toujours après moi qu'on en a, avec le prof de maths, c'est la même chose. » Pendant la récréation, il essaye de me prendre à parti en me rapportant les faits et gestes des autres professeurs... Quand un autre élève réussit, Yannick ne le supporte pas. Un camarade présente un exposé intéressant sur le système solaire. Yannick l'interrompt : « Regarde, ta braguette est ouverte. » Confus, l'autre ne sait plus où se mettre. Pour établir un rapport de force et m'intimider, Yannick m'a mise en condition dès nos premières rencontres : « Je vous préviens, nous sommes une classe très unie, vous allez avoir la vie dure. » Pour ma part, pas une seule fois je ne me suis laissé intimider par ce terroriste en herbe, et j'ai soigneusement évité de rentrer en rivalité avec lui. Bien sûr, je ne me suis pas gênée pour le mettre à la porte, lui ou l'un de ses acolytes, mais je m'en suis tenue aux faits, encourageant les efforts et sanctionnant les devoirs bâclés. Par ailleurs, avec l'ensemble des élèves, j'ai peu à peu démonté le mythe de la classe unie qui tenait en fait à la petite maffia de six élèves qui gravitaient autour de Yannick. Après avoir pris l'avis des autres professeurs qui confirmaient mes observations, un matin, j'ai envoyé en études ces six provocateurs, arrivés intentionnellement en retard. Avec les vingt autres élèves qui restaient, j'ai tiré les conclusions qui s'imposaient. Il se dégageait clairement que sur les vingt-six élèves, vingt étaient tout à fait disposés à travailler. Alors j'ai demandé à Yannick de réintégrer la classe et publiquement j'ai dressé le bilan de ses attitudes : jalousie vis-à-vis du succès des autres, rivalité à tout bout de champ, provocation qui retient l'attention et le met au centre, interventions blessantes pour les autres. Il a été très surpris par ce tableau d'autant plus que je citais des faits récents, et que ses camarades l'ont pris à parti directement. Curieusement, ce qui a le plus affecté Yannick dans ce portrait global, c'est que ses camarades le trouvaient méchant et intimidant, alors qu'il se croyait sympathique et rigolo. Résultat, dès qu'il l'a pu, il a cessé de venir au collège. »

L'enseignante pouvait-elle agir autrement ? Son premier devoir était certainement de sauver la classe pour permettre à l'ensemble de continuer à travailler. Cette solution n'est bien sûr pas satisfaisante pour Yannick. Une fois de plus, il a fait l'expérience que décidément il n'a pas sa place parmi les

autres. Que faire ? Une thérapie efficace ne peut faire
l'économie d'un travail de réflexion avec les parents. Sans
leur apport, enseignants et thérapeutes ne peuvent guère
avancer. Mais les parents de Yannick ne sont jamais venus au
collège. Il est vrai que tous deux ont un métier prenant. De
plus, leur couple bat de l'aile. Ils ont d'autres chats à fouetter
que de s'occuper de cet adolescent à problèmes.

Des solutions

Une institutrice rapporte le travail personnel qu'elle a
effectué avec un enfant de cinq ans, ainsi que la collaboration
qu'elle a pu amorcer avec la mère de l'enfant.

« Je constate qu'en classe l'enfant retranché est souvent
un élève à problèmes. Il n'entend pas les explications que je
donne à l'ensemble de la classe. *Il n'écoute et ne saisit le sens
de mes paroles que lorsque je m'adresse à lui seul.*

Benoît a cinq ans, il refuse de participer aux activités de la
classe, il n'écoute pas et ne respecte aucune clause du contrat
arrêté avec les enfants. De plus, il a accumulé un retard
important : il s'exprime par mots juxtaposés sans former de
phrases et n'a aucune notion des nombres. Au début de
l'année, il veut régulièrement s'asseoir sur les genoux de ses
camarades pendant les leçons. Puis il dérange la classe en
criant et en se promenant à quatre pattes sous les tables,
m'interrompant pour me dire des sottises. Pendant la récréation il prend le parti de rester à l'écart. Quand je vois sa mère
à la rentrée, je comprends qu'elle n'a aucune estime pour son
fils. Cet enfant qu'elle a eu lorsqu'elle avait seize ans, l'agace
profondément. Elle ne voit en lui que l'obstacle qu'il
représente pour ses propres projets. Je lui donne quelques
solutions pour l'aider mais elle n'en fait rien. Pour ma part,
je décide d'aider Benoît à combler son retard et lui donne des
cours particuliers, en pure perte. Il ne cherche pas à
progresser. En revanche, je constate aux regards charmeurs
qu'il me coule chaque fois que je lui fais une remarque, qu'il
est ravi de m'avoir pour lui seul. Usée par tant d'énergie
déployée pour rien, je finis ma journée sur les genoux,

énervée et consciente des répercussions de mon état sur les autres enfants de la classe. Je suis si tendue que j'en viens à appréhender de le retrouver le matin. De son côté, Benoît accumule les effronteries, arrive en retard de plus en plus fréquemment et sabote les jeux collectifs. A la fin du premier trimestre je fais le point : Benoît n'a pas progressé, et il me pompe mon énergie. Je prends à cœur sa réussite alors que lui s'en moque. En sa présence je suis envahie d'un flot émotionnel que je ne contrôle plus : je m'énerve, je crie puis m'en culpabilise. C'est un peu comme s'il me disait : « Je suis dans la panade, et toi, tu vas y rester avec moi ! » Or, chaque année, je me laisse prendre au piège de ce type d'enfant. Il est vrai que mes automatismes de comportement (fusionnante active) m'interdisent de laisser un enfant à la traîne, j'en fais une affaire personnelle et j'y laisse ma santé. En fait, j'ai un peu une âme d'ambulancier, toujours prête à secourir quiconque, même celui qui ne m'a rien demandé. (Et je connais nombre d'enseignants qui réagissent comme moi.)

A la rentrée suivante, j'ai donc changé de stratégie avec Benoît. Je l'ignore dans ses moments difficiles : qu'il apprenne ce qu'il veut, c'est son problème. En revanche, il n'est plus question qu'il ne respecte pas les règles de vie commune : je suis intraitable sur ce chapitre : il est en retard, qu'il reste dans le couloir ! Il ne range pas, eh bien, il ne participera pas à l'activité suivante ! Il ne s'habille pas, il repartira sans manteau ! Retrouvant ainsi mon calme et mon énergie, j'ai pu à nouveau me rendre disponible à l'ensemble des enfants qui l'ont remarqué. Et Benoît ? *Privé de son public et de ma sollicitude, il commence à sortir de son statut d'exception.* Progressivement il trouve plus agréable de participer aux activités de la classe que de ne rien faire de toute la journée. Cette mise au point a d'ailleurs été grandement facilitée par le fait que les autres enfants ont adopté d'instinct la même attitude que moi : ils ne s'occupent de lui que lorsqu'ils ont affaire au « Benoît agréable ».

Mais il est certain que *le problème de fond reste entre les mains de sa mère.* Je la rencontre au début du deuxième trimestre. J'en profite pour lui expliquer que jusqu'à l'âge de quatre ou cinq ans, l'enfant enregistre mieux certains acquis à la maison qu'à l'école. Elle décide alors de reprendre avec

Benoît certains exercices qu'il n'a pas compris : l'enfant progresse, il commence à savoir compter et à mieux s'exprimer. Certes tout n'est pas réglé pour autant car il ne retient pas encore l'écriture des chiffres et ne peut les comparer entre eux, mais il est sûr que son déblocage intellectuel est amorcé. Je proposerai qu'il reste un an de plus dans ma classe afin qu'il puisse rattraper ses lacunes avant d'entrer en primaire.

Demeurent ses retards systématiques, ses oublis et ses conduites désordonnées. En parlant avec la jeune femme, je comprends que les retards ne sont pas imputables à l'enfant qui « traîne sur la route » comme elle me l'a toujours assuré, mais à sa mère. En effet, elle se lève cinq minutes avant la rentrée des classes. Son fils ne peut donc être à l'heure ! Elle en convient avec moi, et me promet de s'organiser. Après sa visite, je reprends ce fait avec Benoît : « J'ai eu tort de te gronder pour tes retards, dorénavant, c'est ta mère que je gronderai, je m'expliquerai directement avec elle ! » Sourire de soulagement sur le visage de l'enfant qui se sent *réhabilité*. Lors de l'entretien avec la mère, je me suis également aperçue que si Benoît n'a toujours pas l'ardoise exigée en début d'année, c'est parce que sa mère n'a pas voulu le croire quand il le lui a demandé. Je retraite ce deuxième fait avec lui : « Nous trouverons une autre solution en attendant que ta mère t'achète l'ardoise, mais je trouve vraiment dommage qu'elle ne t'ait pas cru ! » Depuis ces deux mises au point, Benoît est plus souriant, plus détendu, par conséquent moins agressif avec les autres. En continuant à collaborer ainsi avec sa mère, je pense que nous parviendrons à le sortir de l'impasse.

Des parents avisés

Evidemment, ce sont les parents qui, mieux que quiconque, peuvent aider l'enfant à avoir prise sur ses automatismes de comportement. La mère d'Emmanuel raconte comment son mari et elle sont parvenus à aider leur enfant.

Mise en place probable du comportement

« Contexte de sa naissance : à cette époque, nous changeons tous deux de situation professionnelle. Cette deuxième naissance aurait été souhaitée, mais pas si tôt. Balloté entre la gardienne et la maison, l'enfant est souvent seul. Nous lui consacrons peu de temps.

Manifestations de son comportement :
— Une peur excessive des étrangers.
— Physiquement il est triste, peu épanoui.
— Vers dix-huit mois, il s'oppose d'une façon particulièrement accentuée : il jette rageusement les objets qu'on lui tend et ne les laisse pas tomber par jeu, comme le font les autres enfants de cet âge.
— De deux ans et demi à quatre ans : mutisme hostile dès qu'il est contrarié. Net retard de langage, un médecin O.R.L. nous met en garde. L'enfant ne sait pas jouer seul et détruit systématiquement les jeux de son frère aîné. Son mode de communication : mutisme et pleurs.

Conséquences chez les parents :
Son père râle beaucoup intérieurement et intervient surtout quand l'enfant accuse les autres ou démolit leurs jeux. Sa grosse voix terrorise l'enfant.

Moi, sa mère, je regrette le contexte de la naissance et m'en culpabilise si bien que je manque de fermeté. Cette culpabilisation dure, et l'enfant en profite pour s'imposer.

Tous deux, nous sommes énervés par ses attitudes. C'est un cercle vicieux : l'enfant nous devient insupportable, et nos énervements sont disproportionnés par rapport aux faits. Lui se bloque de plus en plus.

Regards extérieurs sur l'enfant :
— Un couple d'amis qui le garde pendant quelques jours, s'aperçoit qu'Emmanuel manipule son frère : il pleure pour que ce dernier lui termine ses dessins, ses puzzles. Il l'accuse de ses propres bêtises et refuse ensuite de s'excuser. Paradoxalement, son frère prend sa défense et l'excuse quand les adultes lui font des remarques. Les comportements des deux frères s'emboîtent et se renforcent, dans des rapports de type dominant-dominé.
— La maîtresse, de son côté, constate qu'Emmanuel est

allergique au travail. Quand elle le met au pied du mur, il est capable de réaliser en cinq minutes un travail qu'il met habituellement une matinée à finir.

C'est alors que va s'amorcer un déblocage dans nos relations avec l'enfant, et que par ailleurs il va progresser. Ce déblocage se fait en plusieurs étapes. Nous abordons une difficulté à la fois.

Rompre le cercle vicieux

Première étape : nous commençons à sortir du cercle vicieux :
Nos amis qui ont connu pareille situation avec l'un de leurs enfants, nous donnent quelques conseils : soyez fermes sur l'essentiel, et indifférents à sa réaction. Par ailleurs, consacrez-lui un temps spécifique. Après une semaine, le changement est spectaculaire, l'enfant est plus détendu, nous aussi. »

C'est que l'image mentale que les parents se font de l'enfant commence à se modifier, par conséquent l'image mentale que l'enfant se fait de lui-même se modifie également. Il comprend peu à peu qu'il est accepté, qu'il a sa place, et donc qu'il n'a plus à se méfier.

Deuxième étape : les repas
« L'enfant est capricieux à table, il picore. Les repas sont pénibles. Solution proposée par un pédiatre : menu identique pour tout le monde, l'enfant mange ce qu'il veut, mais à la fin du repas, il n'a pas droit à une double part de dessert s'il a encore faim. Déblocage spectaculaire, tout le monde est détendu.

Troisième étape : les retards de langage
Nous lui avons expliqué les choses très pratiquement : « Pleurer ne résoud rien. Tu n'arrives pas jusqu'au robinet ? Trouve une solution, prends une chaise ou demande de l'aide ; apprends à parler, c'est utile. » Pendant plusieurs mois, nous faisons chaque soir cinq minutes d'exercice avec lui, il répète ses propres phrases et celles d'un livre d'enfant. Il fait de nets progrès et peut ainsi communiquer avec chacun.

Quatrième étape : le retraitement de fond
Lorsque l'enfant a quatre ans j'ai une explication avec lui

sur ses premières années : mon surmenage lors de sa naissance, le temps que nous ne lui avons pas consacré, mes énervements, le cercle vicieux dans lequel nous nous sommes laissés enfermés. Je lui présente mes excuses pour tous nos excès. Puis je lui montre notre changement d'attitude et le sien. Je le félicite pour les progrès énormes qu'il a fait. Cette explication semble le soulager, mais il change vite de sujet de conversation, comme chaque fois qu'on parle de lui et qu'on le félicite.

Malgré tout, mon mari et moi restons toujours préoccupés. Ainsi, nous sommes soucieux quand nous devons le laisser chez des amis, craignant qu'il ne s'adapte pas. A cinq ans, il doit partir pour huit jours environ. Pendant la semaine qui précède son départ, mon mari et moi le préparons en lui montrant tous les avantages de ces vacances : tu feras du poney, tu iras à la piscine... Mais, en fait, intérieurement nous sommes très inquiets, redoutant que cette séparation se passe mal, comme d'habitude. Et c'est ce qui arrive : il ne s'est jamais montré aussi odieux !

Après une réflexion sur la transmission des émotions entre parents et enfants, nous décidons de nous interdire tout sentiment négatif chaque fois que nous pensons à lui.

Maintenant nous souhaitons et visualisons que les séparations vont bien se passer, et nous le lui disons avec conviction. Quotidiennement, nous voulons que tout se passe bien en classe, qu'il travaille correctement et entretienne des rapports constructifs avec ses copains. Par ailleurs, mon mari lui a offert un livre : « Emmanuel, un enfant comme les autres », qui l'a beaucoup touché. De mon côté, j'ai décidé de ne plus me culpabiliser aujourd'hui, j'ai réparé mon erreur. Je ne fais plus de différence entre les deux enfants.

Et c'est ainsi qu'étape après étape, nous avons rompu le cercle vicieux dans lequel Emmanuel et nous, étions enfermés.

— Nous avons modifié nos émotions inadaptées, et nous lui avons rendu justice en reconnaissant nos erreurs. Nous avons ainsi touché du doigt sa problématique d'injustice, et nous avons précisé que cette situation de rejet n'est plus d'actualité. Aujourd'hui, Emmanuel a sa place parmi nous, au même titre que son frère aîné. D'ailleurs il a beaucoup de qualités attachantes que nous soulignons à l'occasion d'une fête ou d'un anniversaire.

— Cependant, il est hors de question qu'il prenne un statut d'exception. Les règles de vie sont les mêmes pour tout le monde, et nous refusons tout conflit inutile. Nous réglons ainsi sa deuxième problématique de haute idée de lui-même. Ainsi, alors que pendant cinq ans nous avons été amenés à lui donner un statut d'exception pour combler son insécurité affective, aujourd'hui nous donnons à Emmanuel sa vraie place, celle d'un enfant comme les autres, ni trop, ni trop peu.

Bilan actuel : l'enfant a six ans

Nos amis ont remarqué un changement sensible chez Emmanuel, y compris sur le plan physique. Il connaît maintenant un épanouissement que l'âge seul n'explique pas. Il respecte les règles de vie commune. Il rend facilement service. Il reconnaît ses torts et répare. Il accuse beaucoup moins les autres. Il est devenu agréable à vivre.

Ce qui reste difficile encore :

Il a du mal à finir ce qu'il a commencé. Quand il est contrarié lors d'un jeu par exemple, il se montre encore irritable, empêchant tout le monde de continuer. Solution adoptée jusque-là par mon mari : « Emmanuel, s'il y a un problème, dis-le, on va voir comment le régler. »

Si cet enfant prend ainsi l'habitude de formuler clairement à haute voix le motif de ses énervements, il aura prise plus facilement encore sur ses automatismes de type retranché.

POUR CONCLURE CE PREMIER VOLUME

LA PERCEPTION

A propos de la motivation qui nous fait agir, nous avons écrit dans « Alors survient la maladie » (pages 119 et 120) : « Nous fonctionnons comme un train dont la locomotive serait à l'arrière, propulsant l'ensemble vers l'avant. Ce fait semble d'autant plus important que mes automatismes ont été mis en place par d'autres, au cours de mon éducation. Pour savoir ce qui motive aujourd'hui mes actes, je dois me demander aussi qui a été un jour intéressé à ce que je sois motivé de cette façon... »

Nous pouvons alors être tentés de penser : « Si je ne maîtrise pas le moteur de mes actions, si je n'ai pas prise sur une motivation qui trouve sa source dans mon passé, qui a été programmée par d'autres, au moins, il me reste l'avantage de pouvoir m'appuyer sur ma perception de l'environnement. Je peux voir correctement les embûches qui se présentent sur mon chemin. Je vois et j'entends correctement les personnes qui sont autour de moi. Si l'homme est une machine propulsée aveuglément, il perçoit tout de même ce qui se trouve devant lui. Ceci compense en partie cela. » Erreur...

Nous pourrions penser que la vision se limite à une simple stimulation de la rétine, et que l'audition procède d'une simple vibration du tympan. Or, toute perception, par les cinq sens qui nous permettent d'explorer l'environnement, met en jeu une interaction de systèmes neuroniques si complexes qu'ils n'ont pas encore livré tous leurs secrets.

COMMENT FONCTIONNE LA PERCEPTION

Notre cerveau ressemble à un pilote d'avion enfermé dans une cabine opaque. Le pilote ne perçoit l'environnement que grâce à divers instruments : caméras, thermomètres, baromètres, qui recherchent et transmettent les informations. De la même façon par nos cinq sens nous recevons, cherchons sans cesse un nombre incalculable d'informations qu'il nous faut reconnaître, classer, analyser et intégrer dans un comportement adapté.

Observons une scène tout à fait banale : Caroline rentre chez elle. Dans la rue elle croise Marc, un voisin de palier et échange avec lui quelques propos rapides sur la pluie qui n'arrête pas et les impôts qu'il faut payer prochainement.

Cette simple opération qui consiste à reconnaître une personne, se révèle déjà prodigieusement complexe (1). La perception est une opération centrale dans notre vie quotidienne. Percevoir c'est reconnaître, comparer, se souvenir, concentrer son attention, nommer... *On peut définir la perception comme l'ensemble des mécanismes qui agissent sur l'information sensorielle et qui en réalisent l'interprétation, la classification et l'organisation.*

Une des raisons principales de la complexité du sujet tient au fait qu'interviennent la mémoire, l'attention et aussi le langage. Bref, « L'étude de la perception chez l'individu devient donc en fin de compte l'étude de l'être humain ». (Lindsay Norman (2).)

Lorsque quelques minutes plus tard Caroline rentre chez elle, elle s'empresse de raconter la scène à son mari : « Je viens de croiser Marc : bon chic, bon genre, comme toujours : cravate de cuir noir, veste écossaise et des chaussures neuves rouge vif dernière mode. Un vrai minet ! J'ai horreur de ce genre de personne... »

En prononçant ces mots, Caroline revoit Marc dans sa tête, comme s'il était encore là devant elle. Mais on ne peut comparer ce processus à celui d'un projecteur qui repasse un film : Caroline a déjà singulièrement déformé l'image brute. A la cravate noire, veste écossaise et aux chaussures rouges

qui sont des images concrètes, elle a associé des appréciations abstraites et subjectives : « minet », « bon chic, bon
genre ».

Le cerveau humain est ainsi capable d'évoquer des *images
réelles criantes de vérité,* tout comme il peut raisonner sur des
notions abstraites comme celles de liberté par exemple. On a
regroupé toutes ces images, des plus fidèles aux plus rema-
niées, sous le terme d'*objet mental.* Parmi ces objets mentaux, il faut distinguer percept et concept.

Le percept

Empruntons à *L'homme neuronal* de Jean-Pierre Changeux (3) cette définition : « Le percept primaire représente
en quelque sorte une image, une copie presque fidèle de la
réalité, son contenu sensoriel est riche (4). » La cravate
noire de Marc, par exemple, est un percept primaire.

De ce percept primaire, le cerveau extrait une image,
c'est-à-dire qu'il la met en mémoire. En fait, à ce stade
élémentaire, une foule d'opérations ont déjà eu lieu : une
partie du cerveau fonctionne comme un radar qui donne une
image constamment réajustée de la réalité. Marc n'avait pas
seulement une cravate, une veste et des chaussures. Il portait
également une chemise, un pantalon, des chaussettes, une
montre... Tout cela, Caroline l'a vu mais ne l'a pas regardé.
Seuls quelques détails ont retenu son attention, parce qu'ils
avaient une signification *à ses yeux.*

Parmi les informations qui lui étaient accessibles, elle a
opéré un tri, une sélection. La perception apparaît dès le
début comme un *processus sélectif.* C'est en quelque sorte
une fenêtre sur le monde qui s'ouvre ou se ferme selon
l'intérêt de la personne. Or, cet intérêt dépend avant tout des
expériences passées.

Le concept

A partir des percepts, le cerveau effectue une sorte de
généralisation qui aboutit à une notion de plus en plus
abstraite : cravate, veste et chaussures dernière mode sont

trois percepts que Caroline conceptualise aussitôt dans le terme de « bon chic, bon genre ». Ce concept lui-même donne d'ailleurs lieu à une nouvelle conceptualisation « c'est un minet ».

Du percept au concept, il existe une continuité : « Le concept est, comme l'image, un objet de mémoire, mais ne possède qu'une faible composante sensorielle, voire pas du tout... (5). »

L'épreuve du réel

Si quelques semaines plus tard, Caroline rencontre Marc vêtu très simplement, elle se dira probablement : « Tiens, il a changé de style. » Et si son mari lui parle de Marc comme d'un « minet », elle le corrigera certainement : elle aura alors modifié son concept parce qu'elle l'aura confronté à de nouveaux percepts : cette confrontation concept-percept équivaut à l'épreuve du réel (6).

L'importance des émotions

Gérard Morin insiste sur le caractère *affectif* de la perception. En effet, dans toute mémorisation il existe une participation émotionnelle déterminante.

Ainsi, lorsque Caroline perçoit Marc comme un « minet », elle associe à sa perception une appréciation péjorative. Peut-être a-t-elle dans le passé, connu des expériences désagréables avec ce genre de personnes ; de ce fait, sa perception actuelle se trouve émotionnellement orientée : sa rencontre avec Marc est vécue comme déplaisante.

Pourquoi cette orientation émotionnelle ? Parce que la reconnaissance (essentielle dans la perception) fait intervenir amygdale et hippocampe, deux structures clé du système limbique encore appelé « cerveau affectif ».

« La mémorisation ne s'effectue donc qu'à travers un système de meurtrières ou de lucarnes plus ou moins orientées et *en fonction de l'affectivité pré-établie* du sujet. La perception, considérée comme une interprétation de la sensation, est donc liée à ce phénomène de mémorisation sélective ou préhension élémentaire. Il est bien connu, en psychologie, que l'on ne perçoit bien que l'image affective, celle qui est chargée d'une signification personnelle. » (G. Morin — p. 100 et 101.)

C'est ainsi que l'accumulation des expériences passées peut modifier la perception elle-même, privilégier certains détails, en effacer d'autres de façon absolue et imprimer sa marque sur le comportement de l'individu (7).

Ainsi nous ne percevons que ce qui nous intéresse, et nous ne nous intéressons qu'à ce qui nous a déjà ému.

« Quidquid recipitur modo recipientis recipitur » déclare Thomas d'Aquin : « Tout est perçu à la façon de celui qui perçoit... »

A partir d'expériences quotidiennes, nous allons maintenant toucher du doigt dans quelle mesure la perception est capable de rester fidèle à la réalité, de quelles façons elle peut devenir subjective, très subjective, et enfin de quelles façons elle peut se laisser submerger tout à fait par l'imaginaire personnel ou collectif.

LA PERCEPTION SUBJECTIVE DE L'INDIVIDU

Interaction entre percept et concept au cours de la perception

Deux plâtriers sont venus exécuter des travaux dans ma maison. Ils sont Italiens. Ils ont fait du bon travail contre un prix raisonnable. Nous avons échangé quelques propos gentils, et nous nous sommes séparés en nous serrant la main : « Au plaisir de vous revoir. » Deux autres Italiens sont venus les attendre à la sortie du chantier. Toutes ces personnes avaient en commun le teint mat, un certain accent, et l'habitude de faire beaucoup de gestes en parlant. A partir de ces quatre contacts — et à mon insu — s'est mis en place dans ma tête un mécanisme de *généralisation :* ces diverses constantes ont créé chez moi un *concept :* le concept de l'Italien.

En voici le résultat. Passant mes vacances en Suède, je

rencontre d'autres touristes. Deux d'entre eux attirent plus spécialement mon attention, je me dis : « Tiens, voilà des Italiens. » En effet, plusieurs traits que j'observe aujourd'hui chez eux correspondent à mon concept de l'Italien. Je ne me suis pas trompé : « Italiani ? — Si, si ! » Comme mes plâtriers, ces gens se montrent affables. Je commence à apprécier les Italiens pour leur travail et leur agréable compagnie.

A midi, au restaurant, j'aperçois d'autres Italiens assis autour d'une table. Ils parlent fort, il rient bruyamment, ils font beaucoup de gestes, et se coupent mutuellement la parole. A mon concept de l'Italien s'ajoute une nouvelle particularité : exubérants.

Le lendemain, au volant de ma voiture, je suis obligé de m'arrêter, car il y a un attroupement au milieu de la route. Sur le bas-côté, je vois un autocar immatriculé en Italie. Bon. Des Italiens. Je commence à les connaître. Mais pourquoi le passage est-il encombré ? Parce que ces touristes italiens sont en train de faire une photo de groupe. Ils prennent tout leur temps, il y a toujours quelqu'un dans le groupe qui par une réflexion déclenche un éclat de rire. Ils n'en finissent pas de s'amuser. Je m'impatiente, je klaxonne. Les touristes italiens me font de grands sourires, mais ne se pressent pas pour autant. Enfin, la photo est prise. Ils finissent par dégager la route, et me laissent passer en me faisant gentiment des signes de la main. Dans ma tête, mon concept de l'Italien s'enrichit d'une nouvelle généralité : l'Italien est décontracté. Dorénavant, chaque fois que je rencontrerai un Italien, non seulement je reconnaîtrai de plus en plus rapidement son appartenance ethnique, mais de plus, à ma perception se mêlera l'image que je me suis faite de l'Italien : teint mat, affable, bruyant, exubérant, sans gêne.

Si je me donnais la peine de retraiter toutes ces rencontres, j'en tirerais les conclusions suivantes : les *Italiens que j'ai vus* ont le teint mat, sont consciencieux au travail, exubérants et décontractés en vacances. Bien sûr, je ne fais pas cet effort. Et mon concept de l'Italien devient composite et confus. Dès lors, arrive ce qui devait arriver.

Lorsque je rencontre à nouveau des Italiens, à mon insu, un va-et-vient se produit entre mon *percept* (les renseigne-

ments que mes sens me procurent aujourd'hui) et mon
concept. C'est là une faculté fort appréciable du cerveau
humain : alors que j'ignore encore tout de la personne qui se
trouve en face de moi, grâce à mon concept, je suis capable
de dire d'emblée qu'il s'agit d'un Italien. Mais en même
temps, mes appréciations de l'Italien — bonnes ou mauvaises
— viennent s'interposer devant mes yeux, comme une paire
de lunettes. Tout naturellement, j'essaye de retrouver dans
la conduite de cet homme les caractéristiques que j'ai
enregistrées concernant les Italiens. Se met-il à rire, je me
dis : « Le voilà exubérant lui aussi, ils sont bien tous les
mêmes. » Parle-t-il normalement, j'ai tendance à trouver
qu'il parle fort. Et dans ses attitudes pourtant irréprochables,
je retrouve tout de même un je-ne-sais-quoi de décontracté.
Donc, ma perception de cet homme passe au travers d'un
prisme quelque peu déformant. Dès lors, il m'est difficile
d'entrer en contact avec la personne qui se trouve en face de
moi, en la considérant comme un être original avec ses
qualités et ses défauts. Puis, au fur et à mesure de mes
rencontres avec des Italiens, cette difficulté va s'accroître :
j'arrive de moins en moins à m'intéresser aux particularités
de la personne, pour m'en tenir de plus en plus à des
généralités. La personne que j'ai en face de moi devient alors
pour moi comme un écran de cinéma sur lequel *je projette
l'image que moi je me suis faite* de l'Italien. Chaque nouvelle
rencontre ne fait que confirmer, corroborer ce que je savais
déjà de par mon concept.

Ainsi, la faculté qu'a notre cerveau de fabriquer des
concepts présente de gros avantages, mais aussi des inconvénients pour une perception objective. En effet, si je n'y
prends garde, la perception est de plus en plus remplacée par
la projection. Après quoi j'aurai ma petite idée sur les
Italiens, et vous ne m'en ferez plus démordre. L'image
mentale, née des expériences précédentes, conditionne
désormais ma perception des Italiens que je vais rencontrer.

Faisons un pas de plus, un pas important. Comme tous les
autres peuples, les Italiens ont une façon particulière de se
comporter en société. Sur cette attitude-là, *j'ai aussi ma petite
idée, qui vient tout droit de mon éducation.* Si cette éducation
m'a conditionné à apprécier la décontraction, la spontanéité

la joie de vivre, la libre expression et la rigolade, la vie à la bonne franquette, conformément à cette image, je trouverai le comportement social de l'Italien tout à fait agréable. Le film « Fellini Roma » me procurera un vif plaisir. J'aurai envie de passer mes prochaines vacances en Italie. En revanche, si mon éducation m'a donné de la vie en société une conception toute de réserve, de discrétion, de retenue, l'exubérance et la spontanéité communes à beaucoup d'Italiens me deviendront insupportables. Et le même film « Fellini Roma » me donnera la migraine. Je quitterai la salle avant la fin du spectacle, incapable de supporter tant de vacarme et de désordre.

Ainsi, selon les cas, les Italiens « exubérants et nonchalants » me paraîtront attachants ou deviendront pour moi des gens insupportables. Tout dépend si leur conduite sociale est en accord ou en désaccord avec l'éducation que *moi* j'ai reçue. Dès lors, une sympathie ou une antipathie à priori se mêlera à ma perception. Suis-je capable de prendre sur moi dans ce domaine ? En d'autres termes, est-ce que je suis capable de modifier cette appréciation ? Je pressens que ce sera difficile, car cela suppose que je remette en cause mon éducation elle-même, ainsi que le lien qui m'a toujours rattaché à mes éducateurs. Non seulement mon comportement social a été modelé par d'autres selon *leurs* critères, mais de plus, je l'ai renforcé tout au long de ma vie par des automatismes. Ainsi émotionnellement colorée et orientée, ma perception des Italiens est en bonne partie subjective.

Retenons de cet exemple ce qui lui est particulier. A travers les rencontres successives que j'ai faites personnellement, en contact direct avec la réalité, c'est bien moi qui me suis forgé une certaine idée des Italiens. Moyennant un effort, je peux donc me dire : « Jusque-là, je me suis fait une certaine idée sur les Italiens, mais j'ai intérêt à en rencontrer d'autres, et à les observer d'un regard neuf. Je pourrai vérifier alors si je n'ai pas tiré des conclusions trop hâtives à partir d'un nombre trop restreint d'individus. » Il est nécessaire de retourner à la réalité. Après avoir vu « Fellini Roma », je peux envisager de passer quelques jours à Rome pour confronter cette vision de Fellini à la réalité quotidienne des Romains, afin de me faire une opinion personnelle, mise à jour. Je peux aussi remettre en cause l'éducation que j'ai reçue et me dire : bien sûr, la réserve, la retenue ont une certaine valeur, mais elles peuvent aussi créer un certain froid dans les rapports avec les autres. L'exubérance a ses inconvénients, elle a aussi ses avantages : plus spontané, on est souvent plus franc. Cette réflexion me demandera un réel effort. Pourtant, elle est indispensable si je recherche une perception plus objective.

Quand l'émotion d'un autre précède la perception

La peur

L'enfant a peur devant l'inconnu. Lorsque des personnes qu'il ne connaît pas viennent rendre visite à ses parents, il cherche refuge dans les jupes de sa mère. Non, il ne veut pas dire bonjour à ces gens qu'il ne connaît pas. Il a peur.

Or, voici que Maman lui dit : « Le voisin a été mordu par un chien, il faut te méfier, ce sont des animaux dangereux. » L'enfant lui-même n'a rien vécu de semblable, mais sa peur instinctive est maintenant associée aux chiens, à tous les chiens. Dorénavant, même lorsqu'il se trouvera en présence d'un chien doux et gentil, il associera cet animal à sa peur, et prendra la fuite. Pour le débarrasser de cette peur, il faudra mettre l'enfant en contact avec un chien affectueux, autre versant de la réalité. Il faudra l'inviter à le caresser, pour qu'à travers son expérience propre, il puisse modifier l'image que les autres lui ont donnée du chien. Au départ, l'enfant devra surmonter sa réticence, sa méfiance. Ce sera peut-être difficile. Il se peut même qu'il garde à jamais une certaine appréhension devant les chiens. Ainsi, Médor qui est objectivement affectueux, pourra être faussement perçu par l'enfant comme dangereux. Il dira « Ce chien me fait peur ». Non, ce n'est pas le chien qui fait peur, il ne fait rien du tout. *C'est l'enfant qui projette sur cet animal paisible comme sur un écran de cinéma, une peur qui au départ se trouve en lui.*

Le respect

L'anecdote qui va suivre remonte à une trentaine d'années. Elle est authentique, et fut rapportée par celui qui l'a vécue à l'un des auteurs de cet ouvrage. Il s'agit d'un consul, représentant son pays à l'étranger. Ce haut fonctionnaire a été éduqué dans le respect des institutions et de leurs représentants. Catholique, on lui a appris à respecter l'habit ecclésiastique en général, et celui de l'évêque en particulier. Il a évidemment participé à un grand nombre de réceptions et cérémonies de toutes sortes, ainsi, ses réflexes de respect n'ont pu que se renforcer. Or voilà que ce consul reçoit un jour un avis de la police : un ressortissant du pays qu'il représente vient d'être arrêté. Il s'agit d'un ancien légionnaire devenu escroc, qui depuis plus d'un an circule déguisé en évêque, multipliant cérémonies, visites pastorales et... quêtes. Il appartient au consul d'accueillir le prisonnier, de confirmer son état d'arrestation, et de le faire remettre à la Justice de son pays. Le consul est outré par la conduite de cet énergumène dont il partage la nationalité. Il a préparé à son intention un discours digne et musclé. Il s'apprête à le recevoir. Entre alors l'escroc, encadré de deux gendarmes, et habillé en évêque. A sa vue, le consul perd tous ses moyens. Il demeure silencieux, fasciné par cet habit. Bien qu'il soit prévenu, bien qu'il se soit préparé à cette rencontre, il ne parvient pas à reconnaître dans ce personnage ainsi déguisé, le truand qu'il est en réalité.

Telle fut la réaction première du consul ; par la suite, il s'est ressaisi, il a réfléchi à l'incident. Il a retraité cet effet de surprise, pour ne plus tomber dans ce genre de pièges.

Une petite philosophie inculquée par d'autres précède la perception

Un exemple : le racisme

Que se passe-t-il dans ma tête lorsque je me trouve en présence d'un homme de couleur ? Quand j'étais enfant, on m'a parlé des « nègres », et ce mot a été associé à ma peur instinctive. Je n'avais alors jamais rencontré d'Africain, mais toute une imagerie est venue structurer cette peur : les nègres, ce sont des gens qui se promènent tout nus dans la rue, ils manquent décidément d'éducation. Les nègres, ils ont plusieurs femmes, ils consultent de méchants sorciers, ils sont cannibales. Et puis, ils exécutent des danses sauvages. J'ai lu « Tintin au Congo » : les Africains y sont présentés comme des enfants naïfs. « Africain » et « enfant » sont ainsi réunis dans un même concept : les Africains sont tous des enfants. Tout récemment, j'ai vu des Africains qui vendaient de la drogue à la dérobée dans une rue mal éclairée de la capitale. Ils logeaient dans des masures. Ce nouvel élément s'ajoute à ma peur déjà bien développée et visualisée. Aujourd'hui on sonne chez moi. J'ouvre la porte, et j'entrevois un homme à la peau noire : je referme la porte aussitôt, car « cet homme me fait peur ». Non, il ne fait rien du tout, *c'est moi qui projette sur lui la peur qui se trouve en moi de longue date.* Une peur qui s'appuie exclusivement sur une imagerie *reçue des autres.* Une peur qui ne correspond à aucune expérience personnelle. Pourtant, cette fois-ci, l'occasion m'était offerte de faire une expérience personnelle de l'homme africain. Mais je préfère, et de beaucoup, ne pas en prendre le risque. Je préfère ne pas connaître cet homme. Je ne veux pas le revoir. « Ce que je sais sur ces gens-là me suffit. » L'homme à la peau noire qui s'est présenté devant ma porte, je le confonds avec tous les autres de sa race. Ainsi, une perception objective de cet homme m'a été rendue physiquement impossible par l'idée que j'ai en tête. Une idée émotionnellement très chargée. Une idée que j'ai reçue des autres, de quelques personnes auxquelles j'ai toujours été lié par la confiance. Entrer en contact avec un homme à la peau noire suppose que je parvienne à dépasser une vieille peur, structurée par d'autres ; mais alors, j'aurais l'impression d'écarter les informations qu'ils m'ont données, et ainsi, de trahir en quelque sorte la confiance que j'ai toujours eue en eux. C'est à cause de ce mécanisme-là que je refuse d'engager une expérience personnelle, et que j'évite de me faire une opinion propre.

Une leçon à retenir : si une information — surtout me concernant — a attisé mes émotions, et si par la suite, je refuse d'aller par moi-même voir ce qu'il en est, méfiance. Si je me dis « non, j'ai mon idée sur la question, cela me suffit » : c'est faux, car l'idée que je crois avoir n'est justement pas la mienne, mais celle d'un autre. Et si j'appréhende d'aller vérifier par moi-même ces informations, n'est-ce pas parce que je pressens que mon informateur m'en voudrait pour cette démarche ? Peut-être qu'il craint d'être démasqué ? Raison de plus pour passer outre.

Revenons à l'homme noir. Je viens d'apprendre qu'un chef d'état africain doit venir prochainement dans notre pays en visite officielle. Je ne suis pas raciste, mais tout de même, il y a là quelque chose que je n'arrive pas à comprendre : me rapportant à toute l'imagerie négative que j'ai sur lui, je me demande comment un Africain peut-il être chef d'état ? En effet, le concept du chef d'état que je dois à mon éducation et à ma culture comporte les traits suivants : respectable, intelligent, cultivé, supérieur, prestigieux... Un Africain chef d'état ? Non, vous ne me ferez pas entrer ça dans le crâne. Et voilà qu'apparaît sur le petit écran le chef d'état africain. Surprise : il est bien habillé. Cherchant instinctivement chez lui les traits qui confirment son infériorité présupposée, je suis polarisé par la façon dont il parle le Français avec un drôle d'accent. Tout de même, il n'a pas la prestance de notre président, ni la même aisance d'expression... Evidemment, puisque pour cet Africain, le Français est une langue étrangère. Il parle d'abord la langue de son pays, et sans accent, pour le coup. Oui, bien sûr... Mais une langue africaine n'est quand même pas comparable à nos langues européennes, ce n'est jamais qu'une espèce de patois à usage interne pour les autochtones d'une même tribu. Tout cela, je le pense tout bas, évidemment. *Je raisonne malgré moi, inconsciemment,* je me laisse téléguider par mon appréciation négative de l'homme noir. Je ne peux pas m'empêcher de penser qu'un Africain, même instruit, n'est pas pour autant un homme évolué. Il n'a quand même pas l'intelligence d'un blanc. Pourquoi ? Parce qu'un noir, même s'il est cultivé, restera toujours un noir, et un homme noir évoquera toujours pour moi un certain nombre d'idées négatives que *personne ne m'enlèvera de la tête.* Un petit exemple de l'intelligence de l'homme blanc : il y a quelque temps, des dignitaires africains ont été reçus en Allemagne, pays civilisé par excellence. Pour remercier les autorités du pays qui leur avaient réservé un bon accueil, ces Africains ont terminé la réception en chantant une chanson. Une chanson africaine, comme on le fait dans leur pays. Et certains journalistes se sont esclaffés : ces noirs, tout de même, quels grands enfants...

Percevoir la réalité à travers le prisme déformant d'un système

Un psychologue, au bout de quelques années d'exercice de sa profession, après avoir été ébranlé par plusieurs critiques, a fait le constat suivant :

« Il faut que je rectifie le tir, car je ne fais pas du bon travail. Les études de psycho que j'ai faites m'ont fourni un certain nombre de modèles selon lesquels fonctionnent les individus, tout comme la socio fournit un certain nombre de modèles selon lesquels fonctionnent les divers groupes. Au départ, nos maîtres ont observé une série de cas concrets, puis, par voie d'abstraction et de généralisation, ils ont construit une maquette de référence, voire un système, et partout où je vais, je porte dans la tête cette collection de maquettes.

Quand je reçois un patient, je remarque au fil de la conversation plusieurs traits qui me font penser à tel modèle, à telle maquette. C'est intéressant, car cela me permet de faire plus rapidement le diagnostic de la difficulté dont souffre cette personne mais il faut que je prenne garde de juger trop vite. Car en écoutant plus à fond ce que dit le patient, je serai peut-être amené à me référer à d'autres maquettes. La confrontation entre la réalité de cette personne et mes maquettes doit se poursuivre tout au long des entretiens. C'est ce patient que je dois aider, et pas n'importe comment. Il ne faudrait jamais perdre de vue sa réalité, fût-ce un instant.

Or, j'ai pris la fâcheuse habitude de procéder ainsi : dès que j'ai à l'esprit une certaine maquette, c'est elle qui captive prioritairement mon attention. Je retiens dans les propos du patient ce qui correspond à cette maquette, et je n'accorde plus d'attention qu'à cela. Je lui colle une étiquette. Je le classe dans tel syndrome, et cela me rassure. Je sais où je vais. Je raisonne. Toujours autour de ma maquette. Et inconsciemment, je déforme certains éléments que le patient me soumet. Il en a résulté plusieurs fois qu'un client m'a quitté plus perturbé qu'à son arrivée. Je constate aussi qu'en vivant trop dans cet univers mental de modèles, je deviens totalement insensible à l'homme qui est en face de moi. De plus, quand je me retrouve avec d'autres personnes, amies ou inconnues, j'ai le réflexe de me mettre en marge du groupe, au-dessus des autres, pour observer le comportement des gens et pour les classer. Alors qu'ils ne me demandent rien. Du coup, ils sont intrigués par ma position de retrait. La façon dont je manipule les sciences humaines m'a conduit à manquer de rigueur, et à considérer les hommes comme des objets. Pourtant au départ, j'avais choisi cette profession pour résoudre mes propres problèmes, bien sûr, mais aussi dans le but d'aider les autres. Je constate que je me suis égaré en m'éloignant de la réalité. »

Un constat qu'il ne faudrait jamais perdre de vue : de par son fonctionnement, le cerveau est incapable de distinguer ce qui est vrai de ce qui est faux. Nous sommes obligés de retourner sans cesse sur le terrain de la réalité pour vérifier ce qu'il en est. C'est pour aider à cette vérification que nous avons consacré le présent chapitre à l'étude de la perception.

La perception faussée par l'interprétation

Une petite légende chinoise (Lie-Tseu).

« Un homme ne retrouvait pas sa hache. Il soupçonnait le fils de son voisin de la lui avoir prise, et se mit à l'observer. Son allure était typiquement celle d'un voleur de hache. Les paroles qu'il prononçait ne pouvaient être que des paroles de voleur de hache. Toutes ses attitudes et comportements trahissaient l'homme qui a volé une hache... Mais très inopinément, en remuant la terre, l'homme retrouva soudain sa hache. Lorsque le lendemain il regarda de nouveau le fils de son voisin, celui-ci ne présentait rien ni dans l'allure ni dans le comportement qui évoquât un voleur de hache. »

Prenons la peine de démonter cet autre mécanisme qui interfère dans notre perception, car il ne cesse de se renouveler dans la vie quotidienne. Ainsi, le propriétaire de la hache est fortement contrarié de ne plus la trouver.

L'absence de sa hache déclenche chez lui une émotion. Sa réaction aurait dû être de s'asseoir, et d'essayer de se rappeler où il avait utilisé cet outil pour la dernière fois. Mais son émotion est trop forte. Au lieu de rechercher calmement sa hache égarée, il se met à raisonner dans le vide. Il donne à l'absence de sa hache une *explication*, une *interprétation* : quelqu'un la lui a volée. Son émotion s'emballe. D'abord contrarié, il est maintenant indigné, décidé à mettre la main sur son voleur. Son émotion continue à monter : à la contrariété et à l'indignation s'ajoute maintenant la détermination.

C'est alors que ses pensées l'orientent vers le fils de son voisin. Rapidement, le soupçon cède la place à la certitude. Car en épiant les propos et les gestes de ce jeune garçon, il croit détenir maintenant « la preuve ». En voyant l'adolescent, il *perçoit* le voleur de son outil, car il superpose à la simple vision du jeune homme l'image mentale qu'il a élaborée à son sujet. Il interprète tout le comportement de ce garçon. Son émotion de colère est maintenant à son comble. Il est prêt à agir. Or, à ce moment, par hasard et juste à temps, voilà qu'il retrouve sa hache : il l'avait lui-même recouverte d'un peu de terre par inadvertance. Sa grande émotion tombe sur-le-champ, et sa thèse imaginaire pourtant bien structurée s'efface comme par enchantement. Rencontrant à nouveau le fils de son voisin, il le perçoit tel qu'il est. Dans ses propos et attitudes, il ne perçoit plus rien de suspect.

Ici se termine une première série de cas de figure. Dans leur diversité, ils comportent tous deux constantes :

— L'individu ne reçoit pas de pression externe particulière.

— Il est toujours à même de retraiter le contenu de sa perception. Il peut la rajuster sur la réalité objective qui demeure à sa portée. Sans cette vérification fréquente, comment saurait-il à quel moment son cerveau traite des réalités, et à quel moment il fonctionne avec des données appartenant au délire ?

Les trois cas de figure qui vont suivre ne présentent plus cette marge de sécurité. L'individu devient prisonnier de tout un conditionnement collectif ; des pressions de toutes sortes sont exercées sur lui, et ses moyens de vérification s'amenuisent au point de disparaître.

Le signal d'alarme est donné : nous allons entrer dans une zone à haut risque pour la perception... et donc pour tout ce qui s'en suit.

CONDITIONNEMENT COLLECTIF
DE LA PERCEPTION

Quand la perception est remplacée par « l'Information »

Il est arrivé un terrible accident à un car qui transportait des enfants : beaucoup ont été tués. Ce fait, qui constitue pour les familles une grande souffrance collective, devient pour certains journalistes une grande émotion à exploiter auprès du public. Cela s'appelle dans le jargon du métier : « Traquer la vérité à chaud, en toute indépendance, et sans hésiter à prendre position. » Dans les heures qui suivent l'accident, certains média désignent le coupable : c'est le chauffeur du car, qui roulait trop vite. Indignation. Quelques heures plus tard, il n'y a plus un coupable, mais deux : le chauffeur d'un autre car faisait lui aussi des excès de vitesse. Pire : les deux hommes faisaient la course, chacun cherchant à dépasser l'autre. Ainsi, à l'immense peine des familles s'ajoute une nouvelle émotion : l'indignation. Cette information-éclair est d'autant plus indélicate que le conducteur du car accidenté a lui aussi trouvé la mort. Ainsi, sa famille se trouve non seulement endeuillée, au même titre que les autres, mais de plus, elle est salie. Elle devient la famille d'un grand assassin. Or, quelques jours plus tard, on apprend qu'un automobiliste allemand s'est présenté comme témoin : il a assisté à l'accident, et il affirme que cette course entre les deux cars est une pure invention, et que le car accidenté roulait à une vitesse tout à fait normale. Une commission est chargée de l'enquête, et au bout de plusieurs mois, elle livre ses conclusions, sans éclat : elle a retenu une quarantaine de causes susceptibles d'expliquer l'accident.

Pour bien comprendre le processus qui vient de se dérouler, comparons-le au précédent, celui de l'homme-à-la-hache. Le Chinois de la légende a vécu l'événement lui-même, sur le tas. Contrarié par la perte de sa hache, il s'est « monté le bobichon », et il en a accusé faussement le fils de son voisin. Une fois la hache retrouvée, il détenait la preuve formelle que son raisonnement fallacieux ne tenait pas debout. Il l'a donc oublié aussitôt.

En revanche, il en va tout autrement dans l'affaire de l'accident de car. Ici, les personnes qui apprennent le drame par la radio, la télévision ou le journal n'ont pas assisté à l'accident. Elles ne sont pas du tout dans la même position que le Chinois, acteur et témoin direct de sa mésaventure. A partir des communiqués d'information lus ou entendus, ces personnes *imaginent* ce qui a bien pu se passer. Elles n'ont pas rencontré les familles en deuil, elles imaginent seulement leur souffrance. Voir un événement, ou l'imaginer à partir des propos d'un autre, voilà qui est tout différent.

Mais il y a plus, beaucoup plus : tous autant que nous sommes, nous avons des points sensibles. Le mot « famille », par exemple et plus encore le mot « enfant » sont des *mots-tilt*. Celui qui vient attiser le feu qui couve sous ces mots-là provoque immanquablement une déflagration émotionnelle violente et incontrôlable. Les journalistes le savent bien. Or qu'ont fait certains d'entre eux ? A cette émotion rendue très vive dans la population par la description détaillée et inutile de l'accident, ils ont associé une accusation hasardeuse, et probablement fausse. Dans la tête de nombreux usagers de la route, l'image mentale du chauffeur de car fou-du-volant crée une nouvelle explosion émotionnelle considérable. Auditeurs et lecteurs qui pourtant n'ont rien vu, de leurs yeux vu, conservent dans la tête un pur fantasme émotionnel-lement très chargé. Sans doute ne s'en débarrasseront-ils jamais, car ce fantasme s'est élaboré en dehors de leur réalité, ils ne peuvent donc pas y exercer leur esprit critique, c'est-à-dire comprendre, faire la part des choses. Pour ces personnes, le seul moyen de se dépêtrer de cette affaire serait de participer personnellement aux travaux de la commission d'enquête, en s'efforçant de ne pas s'impliquer... ce qui n'est pas simple.

Ici nous touchons du doigt les inconvénients parfois graves qui surviennent lorsque nous ne sommes plus renseignés par une perception directe, mais par l'intermédiaire des media. Nous ne percevons rien de la réalité, nous ne percevons qu'un article de journal. Nous apprenons les événements par personne interposée, et le plus souvent, il ne nous est pas possible de vérifier la véracité de ces informations, ni de nous mettre en prise directe avec les faits relatés. Et pourtant, bien des gens sont persuadés de connaître, de savoir. Le journal l'a dit, donc, c'est vrai.

Récemment, un journaliste russe a fait passer en Occident une séquence filmée sur Sakharov. Les images démontrent que le savant et sa femme se portent bien. Certains détails « prouvent » que ce film a été tourné récemment, dans la ville de Gorki. Donc, l'ensemble du témoignage, à partir de là, est censé être crédible. Mais d'autres journalistes, au parfum des astuces du métier, ont déclaré que malgré ces détails « authentiques », nous pouvions fort bien nous trouver en présence d'un montage fallacieux. Leur conclusion est frappée au coin du bon sens : le seul moyen de savoir ce qui est vrai ou faux dans ce reportage serait qu'un journaliste, un autre, soit autorisé à rencontrer Sakharov, et à l'interroger directement.

A juste titre, ils se méfient des mass-média qui tantôt informent, tantôt désinforment, tantôt informent faussement le public selon les besoins de la cause. Mais n'en est-il pas de même dans nos pays occidentaux où les mass-média, obéissent souvent, eux aussi, à des groupes de pression financiers, politiques ou religieux ? C'est cette prise de conscience qui, en 1842, poussait Crémieux à dire lors d'un discours aux Loges : « Comptez l'argent pour rien, les places pour rien, la popularité pour rien ; c'est la Presse qui est tout. Achetez la Presse et vous serez maîtres de l'opinion, c'est-à-dire les maîtres du pays. »

Et un siècle plus tard, Bernanos fit le même constat : « Je suis un homme comme vous, comme n'importe qui parmi vous, mais je sens ce que vous ne sentez pas, ce que vous subissez sans le sentir : l'immense pression exercée chaque heure, jour et nuit, sur nous par des méthodes ingénieuses et implacables pour la déformation des esprits. »

A lire :

DELACOUR M.-O. et WATTENBERG Y. — *Dix petits tableaux des mœurs journalistiques.* Editions Mégrelis, 1983.

JANNES H. — *Watergate français.* — Diffuseur « Le Hameau », 15 rue Servandoni, Paris 75006, 1978.

KAHN J.-F. — *La guerre civile.* Editions du Seuil, 1982.

REVEL J.-F. — *La Nouvelle Censure,* exemple de mise en place d'une mentalité totalitaire. Editions Laffont, 1977.

RIMASSON G. — *Main basse sur l'opinion d'une ville et d'un pays.* Diffuseur Gérard Rimasson, B.P. 627, 76007 Rouen, 1984.

Procédés diffamatoires et leurs effets sur la perception

Polémiques et diffamations appartiennent aux pratiques quotidiennes, et occasionnent beaucoup de dégâts dans la vie collective. Personne n'est à l'abri de ces attaques sournoises. Journellement, des gens se lèvent — ou se cachent — pour salir la réputation de leur semblable. Certains pensent ainsi se purifier de leurs propres intentions, vices ou troubles, en rejetant sur autrui ce qu'ils ne veulent pas reconnaître en eux-mêmes. Il y a les propos malveillants qui circulent dans un milieu restreint. Celui qui se trouve prisonnier de ce réseau peut avoir l'impression que l'univers en est rempli.

Voici un homme très engagé dans le comité de parents d'élèves. Les relations avec la municipalité en place ne sont pas bonnes. Approchent les élections, cet homme se présente sur la liste d'opposition à l'équipe actuelle. Des rumeurs commencent alors à circuler sur son compte. Des rumeurs diffamatoires : il aurait détourné de l'argent... La fièvre ordinaire des élections se complique maintenant d'une tension supplémentaire : cette personne est directement visée. Elle s'en trouve paralysée.

Mais, pour l'instant, la priorité est à la lutte électorale, et

le problème particulier de sa réputation n'intéresse pas grand
monde. Ne trouvant pas d'appui auprès de ses propres amis,
il reste pétrifié. Qui prendra la défense de sa cause ? Est-ce
qu'au lendemain des élections, tout le monde aura oublié ?
Rien n'est moins sûr. Son entourage a été plus ou moins
pollué par cette diffamation. Et les uns et les autres ne
pourront s'empêcher de superposer à son visage l'image
honteuse née des rumeurs. Certains s'écarteront de lui
comme d'un personnage douteux. D'autres auront du mal à
lui adresser encore la parole. Pourtant, jusque-là, cet homme
était bien considéré dans le village, personne n'avait jamais
eu de reproche à lui faire. Reste cependant que des bruits ont
couru à son sujet, et que certaines personnes ne pourront
s'empêcher de se méfier de lui, et de le voir désormais avec
d'autres yeux.

Ce qui se produit à petite échelle peut se produire aussi
aux dimensions d'un pays. Qui ne se souvient de « l'Affaire
Salengro » ? Ministre de l'Intérieur sous la Quatrième Répu-
blique, Salengro a fait les frais d'un procès de presse digne de
l'Inquisition médiévale. Le journal « Gringoire » l'a cloué au
pilori, puis la plupart des journaux ont emboîté le pas. De
quoi s'agissait-il ? D'atteindre le gouvernement de Gauche
tout entier ; lui, servait de cible. Il lui fut reproché une
affaire remontant plusieurs années en arrière. Pendant la
Première Guerre mondiale, il serait — dit-on — passé à
l'ennemi. Les anciens combattants, les familles qui avaient
perdu un être cher pendant cette guerre encore récente se
trouvaient émotionnellement ébranlés, parfois révoltés.
Homme public, appartenant au gouvernement en place,
Salengro ne manquait pas de défenseurs de marque. De
débats en débats, il fut décidé de soumettre l'affaire au
Parlement, à charge pour lui de trancher si Salengro était
coupable ou non. Il fut innocenté. Mais le lendemain même
de cette réhabilitation, il se suicidait. Il avait été cassé dans sa
dignité. En 1982, la télévision a consacré une émission à ce
dossier. Plusieurs personnalités sont venues apporter leur
témoignage personnel sur le processus de la diffamation,
pour en avoir elles-mêmes fait les frais : Jacques Chaban-
Delmas, Françoise Giroud, Michel Debré. Ils n'appartiennent pas au même bord politique que Salengro, mais sur les

manœuvres diffamatoires, ils tenaient tous le même langage . si le diffamé veut se défendre publiquement, le mal est pire, car la diffamation se prolonge et s'enfle. L'un d'eux ajoutait : « Ne cédez jamais à la tentation de lire un article diffamatoire vous concernant, car il est toujours hautement toxique. »

Il relève donc d'une mesure de salubrité publique de démonter clairement les procédés utilisés au service d'une campagne de diffamation haineuse. Pour pouvoir reconnaître ce terrorisme qui se manifeste toujours à l'improviste, il faut d'abord apprendre à bien connaître les méthodes auxquelles il a recours. Nous allons en dresser un profil moyen ; il faudra évidemment le ramener à des dimensions moindres, ou au contraire l'accentuer, selon les circonstances. De même, les procédés que nous passerons en revue ne sont pas nécessairement tous employés à chaque fois. Encore que... Dans tous les cas, nous nous retrouvons dans un univers morbide.

FICHE TECHNIQUE

Poussé par la jalousie, l'esprit de vengeance ou tout autre mobile toujours inavoué, voici un individu décidé à éjecter son semblable. Il faut savoir que cette victime sert de cible, mais que le but visé se trouve ailleurs : l'agresseur veut détruire une entreprise réussie dont il prend ombrage. Pour y parvenir, il cherche à supprimer celui qu'il considère à tort ou à raison comme l'un des piliers de cette œuvre réussie. La diffamation est donc le plus souvent comparable à un jeu de billard : si une première boule va heurter une deuxième, c'est pour placer une troisième à un endroit voulu. Le diffamateur a recours à une opération « Mururoa ». Il lance une bombe radioactive : la diffamation. Il infecte ainsi les réseaux de confiance entre des personnes qui se connaissent. Il empoisonne les sources naturelles de la vie sociale.

— Pour faire sérieux, il dissimule sa haine derrière un simulacre de thèse. Est-ce qu'il y croit lui-même ? La question ne se pose même pas.

— Il a recours à une panoplie d'armes à effet psychique pour contaminer les esprits.

— Il présente un semblant d'histoire, pour gagner la confiance de ses confidents. Ceux-ci ne disposent généralement d'aucun moyen pour vérifier ses dires.

— Pour désorienter ceux qui pourraient savoir quelque chose, il embrouille peu à peu toutes les pistes. Il entremêle le passé et le présent. Bien qu'ils aient du mal à le suivre, ceux qui reçoivent ses discours cherchent à comprendre. En vain. Ce processus qui consiste à obnubiler la réflexion critique de l'auditeur est une forme d'induction hypnotique. Il s'agit à proprement parler d'une mise en incapacité de l'hémisphère gauche, dès lors, l'auditeur se trouve dans un état de réceptivité accrue.

— Il a soin de coller fidèlement à l'Histoire, dans l'énumération chronologique de certains faits saillants. Ainsi, personne n'imagine que d'autres faits, moins vérifiables immédiatement, sont réorganisés selon une chronologie inversée.

— Paroles, écrits, photos, séduisant par leur caractère d'authenticité, sont sortis de leur contexte, puis introduits dans une grille interprétative. Ainsi dénaturés, ils ne signifient plus rien... ou bien tout autre chose. On est impressionné. Mais ce qu'on ignore le plus souvent, ce qu'on ne soupçonne même pas, c'est que par-dessus le marché, l'homme haineux a opéré un tri dans ses pièces à conviction : il met en évidence et grossit celles qui servent sa thèse, tout en écartant soigneusement celles qui la contredisent. Ainsi se réalise son montage fallacieux, à l'aide d'une paire de ciseaux et d'un pot de colle.

— Tout cela resterait encore assez banal (?), si le chimiste habile n'y ajoutait sans crier gare des produits qui rendent le tout radioactif. Mots-tilt, adverbes saignants, projections, insinuations, amalgames, interprétations, analogies, emprunts de toutes sortes, autant de propos qui soulèvent l'émotion, et qui s'imposent ainsi à l'auditeur devenu réceptif, comme des évidences... ou plutôt comme des suggestions.

Enfin, ces matériaux pourris sont reliés entre eux par un

raisonnement logique qui va droit au but. Un but fixé d'avance.

Evidemment, personne ne saurait là-dessus exercer le moindre esprit critique. D'autant plus que tout le monde reste ébloui par la lueur de cet éclair thermique. Dès lors, deux réactions sont possibles :

Le naïf, friand de scandales, ou amateur de situations explosives, fait confiance les yeux fermés. Pour lui, le mensonge éblouissant s'interpose désormais entre lui et la réalité. Cet écran l'empêchera — peut-être à jamais — de percevoir, et donc de connaître la réalité, telle qu'elle existe objectivement, matériellement vérifiable. Maintenant qu'il s'est laissé enfermer dans les visions de l'homme haineux, il ne cherchera plus à entendre un autre son de cloche, car désormais, *il sait*. Il sait d'autant plus sûrement, qu'il a cru sans avoir vu.

Et puis, il y a une autre réaction. Celui qui connaît, et qui est donc capable de reconnaître ce genre de bombe hypnotique, aura d'instinct un mouvement de recul. Il commencera par se soustraire de façon absolue à l'emprise de l'imposteur. Car enfin, une action de type hypnotique se reconnaît aisément :

1 — Nous savons d'expérience tout le temps qu'il faut pour comprendre correctement le message d'un autre. Instinctivement, notre esprit critique formule ses objections. Aussi, lorsqu'une information s'impose brutalement à nous comme l'évidence, gommant tout ce que nous savons par ailleurs, méfiance, c'est la preuve que les canaux empruntés ne sont pas ceux d'une communication saine.

2 — Nous savons d'expérience tout le temps qu'il faut pour donner à quelqu'un notre confiance. A aucun de nos proches nous n'accordons un assentiment plein et entier. Alors, si quelqu'un que nous ne connaissons pas, ou peu, déclenche en nous sur-le-champ une confiance inconditionnelle et totale, ces rapports sont suspects. Il est urgent de prendre du recul.

L'homme avisé qui veut en savoir plus long sur les discours qu'on lui tient, va s'adresser à d'autres informateurs moins douteux. Mais en aucune façon, il n'ira fouiller dans les ordures qui lui sont présentées, mêlées à des déchets radioactifs. S'il se pose quelque question, elle concernera la personne du diffamateur, et ses mobiles. A qui doit profiter le crime ? Qui a des intérêts à tirer de cette manœuvre ? Quels intérêts ? Qui cherche par là sa propre publicité ? Et quelle publicité ? Enfin, l'homme avisé se souviendra de ceux qui dans le passé ont fait l'objet d'une opération diffamatoire. Le plus souvent, ce sont des personnes qui ont travaillé, qui ont réussi. Or, c'est là une faute que certains ne pardonnent pas : qu'un autre réussisse.

La victime

La diffamation est une arme à effet psychique, particulièrement dangereuse pour celui qui en fait les frais. Son efficacité s'appuie là encore sur un procédé qui s'apparente au phénomène hypnotique.

— *La mise en réceptivité.* Le malfaiteur harcèle sa victime sans qu'elle puisse se défendre : coups de fil et lettres anonymes, menaces, dénonciations, agissements dans le secret, puis diffusion de rumeurs, et enfin publication au grand jour d'écrits diffamatoires. Il s'agit avant tout d'intimider, de paralyser, de terroriser la personne, de la fasciner pour l'affaiblir le plus possible psychiquement, physiquement et socialement.

— *La suggestion.* Le diffamateur élabore des projets chargés de haine, parfois il souhaite purement et simplement la mort de sa victime : « Je le talonnerai jusqu'à ce qu'il se suicide... » Ces souhaits émotionnellement chargés finissent par se matérialiser dans l'esprit de la victime en une image mentale qui s'impose, grandit et peut se faire obsédante au point que l'individu se supprime effectivement... Il s'agit alors d'un assassinat avec préméditation perpétré à distance Une forme de sort...

Comment se défendre

C'est ici que la position de la victime décide de l'efficacité ou de l'inefficacité de cette entreprise maléfique.

— *Ou bien elle se met en phase avec son agresseur :* elle entre dans la controverse, elle discute, elle se justifie. Il en résulte une usure des nerfs, une obnubilation sur cette affaire, qui l'empêche de s'occuper par ailleurs de ses propres intérêts. Alors, la réceptivité est totale, la victime se laisse imprégner du projet de son adversaire. Elle est peu à peu hantée par des idées suicidaires. La suggestion réorganise la perception et le comportement et peut engendrer des maladies.

— *Ou bien la victime se déphase par rapport à l'agres seur :* elle ne s'occupe plus de lui, elle ne s'intéresse plus du tout à ses agissements ; elle s'investit pleinement dans ses projets personnels, se tenant ainsi à l'écart du faux débat qui, au fond, ne la concerne pas. Comment faire pour ne pas céder aux pensées obsédantes qui remontent sans cesse ? Chasser de son esprit avec une grande détermination les projets de l'adversaire, et les retourner mentalement à l'envoyeur. Au début, il faudra renouveler l'opération un certain nombre de fois, il en coûtera un effort. Mais la personne diffamée retrouvera bientôt son indépendance, car elle aura ainsi rompu le lien qui s'était noué entre le malfaiteur et elle par le biais de cette agression de nature parapsychologique.

Idéologie et perception

Des malheurs infiniment plus graves encore se sont produits au cours de l'Histoire, selon un processus à la fois analogue et plus complexe, aux dimensions d'un continent tout entier. Entre mille exemples, prenons celui des pogromes contre les Juifs au Moyen Age. Nous emprunterons certaines informations à l'ouvrage de Jean Delumeau, *La peur en Occident du quatorzième au dix-huitième siècle* (Fayard, 1978). Selon l'auteur, il semble que jusqu'au douzième siècle, les Juifs vivaient paisiblement dans la plupart des pays d'Europe. Ils étaient bien intégrés dans la population, mais leur réussite faisait parfois des jaloux. (Usuriers, ils étaient les seuls à exercer ce métier puisque l'Eglise frappait d'excommunication tout chrétien pratiquant l'usure.) Ce sentiment de jalousie, il ne faudrait pas le traiter à la légère, même s'il ne touchait qu'une partie de la population. L'argent est un point sensible chez bien des gens, et l'émotion qui s'y rattache peut s'emballer facilement. Surtout si certains se mêlent de jeter de l'huile sur le feu.

Un autre point sensible fut touché, pour ne pas dire malmené : la famille. Parmi ceux qui devaient partir pour la croisade — souvent à leur corps défendant — certains ne cachaient pas leur amertume : « A quoi bon s'en aller au bout du monde combattre les Sarrazins, quand nous laissons demeurer parmi nous d'autres infidèles, mille fois plus coupables envers le Christ que les Mahométans ? ». Etrange raisonnement qui amalgame le douzième siècle avec le début de l'ère chrétienne, et les Juifs, paisibles contemporains, avec d'autres individus tout à fait inconnus, mêlés jadis à la condamnation de Jésus. Rapprochement incongru évidemment. Mais ce raisonnement est en rapport avec un certain discours théologique qui à cette époque connaît un développement accru : « le peuple déicide ». Les Juifs, tous les Juifs, de tous les temps et en tous lieux sont déclarés coupables d'avoir tué Dieu en personne. Evidemment, cela ne correspond à aucune réalité tangible ni matérielle, à rien de réel. On est d'ailleurs en droit de se demander si ceux qui structurent un tel fantasme y croient eux-mêmes ? N'auraient-ils donc aucun moment de lucidité ? Toujours est-il que dans ce contexte, le Jeudi Saint 1144, il se produit en Angleterre un fait divers décisif. Un jeune apprenti est trouvé mort, assassiné dans un bois près de Norwich. Quelqu'un fournit aussitôt une explication à ce meurtre : l'assassin ne peut être qu'un Juif. Non contents d'avoir tué le Christ, voilà que les Juifs s'en prennent maintenant à ses disciples. L'accusation, quoique purement gratuite, est néanmoins retenue et répercutée dans les églises lors de la prédication dominicale. Le système délirant du « Peuple déicide » fournit une explication à cet assassinat, et à son tour, cet assassinat vient corroborer la thèse du « Peuple déicide ». On croit rêver. Non, on fait rêver la population, ou plus exactement, on lui fait vivre un cauchemar collectif. Trois ans plus tard, lors de la prédication de la deuxième croisade à Wurtzburg, on découvre le cadavre d'un chrétien. C'en est trop. Accusés d'assassinat, plusieurs Juifs sont exécutés sur-le-champ. En 1171 à Blois, la mort accidentelle d'un chrétien entraîne la condamnation à mort de trente-huit Juifs innocents. Ainsi, à la simple perception d'une mort, se superpose aussitôt le concept du « Juif assassin et fils d'assassin ». Pourtant par la Bulle d'Or de 1236, l'empereur Frédéric lave les Juifs de l'odieuse accusation dont ils font maintenant l'objet de façon répétitive. Mais cette déclaration officielle « passe par-dessus les têtes ». Dans la population, les uns et les autres ont maintenant « leur petite idée sur la question ».

L'émotion collective ne cesse de monter. Les années passent, et les mises à mort de Juifs innocents se multiplient. Tolède, 1490. La rumeur se répand comme une traînée de poudre : un enfant chrétien a été crucifié, comme le Christ. Aussitôt onze Juifs sont arrêtés et mis à mort, cinq d'entre eux pourtant étaient des convertis au christianisme. Des prédicateurs attisent l'émotion collective en présence d'un meurtre si atroce, perpétré sur la personne d'un enfant. Mais, cet enfant crucifié, qui l'a vu ? Personne. Quel parent a signalé la disparition de son enfant ? Aucun. Où et par qui fut retrouvé ce pauvre petit corps ? Pas de réponse. Ainsi, nous ne sommes plus cette fois-ci en présence d'une interprétation malveillante, mais d'une invention pure et simple. Et pourtant, non seulement les prétendus coupables ont été exécutés, mais ce nouveau crime est colporté par des prédicateurs ambulants, qui sèment la terreur et la haine sur leur passage. Cette fable monstrueuse a la vie dure, si bien qu'on propose bientôt à la vénération de la foule « le Saint Enfant de la Guardia ». Cet enfant qui n'a jamais existé attise le feu de la haine contre les Juifs.

Trente, 1475. Dans cette ville, la population a toujours vécu jusque-là en bonne intelligence avec la colonie juive. Or, voilà qu'un prédicateur ambulant adresse une grave mise en garde aux parents : veillez de près sur vos enfants, surtout à l'approche de la Semaine Sainte, car les Juifs déicides cherchent à voler vos enfants pour les immoler au cours de leurs sacrifices rituels. Perçus jusqu'alors comme des gens ordinaires, les Juifs, du jour au lendemain deviennent pour la population des voleurs et des tueurs d'enfants. Par malheur, le petit Simon, âgé de vingt-huit mois, échappe à la surveillance de ses parents. On le retrouve noyé. Tous les Juifs de la ville sont immédiatement arrêtés, et neuf d'entre eux sont soumis à la torture, jusqu'à ce qu'ils avouent leur crime, ils sont alors aussitôt exécutés. Dominicains et Franciscains s'en vont de pays en pays offrir à la vénération des foules « le petit Simon, tué par les Juifs pendant la Semaine Sainte ». Le Pape Sixte IV intervient personnellement pour rappeler que cette interprétation manque de preuves, et pour interdire la vénération de ce petit malheureux déclaré martyr. Mais les religieux fanatisés poursuivent obstinément leur route et finissent par obtenir la béatification du petit Simon, un siècle plus tard, en 1582. Bien sûr, la vénération de ce pseudo martyr attise toujours plus la haine fantasmatique dont les Juifs font l'objet.

Pendant le Moyen Age, plus de cent cinquante « meurtres rituels perpétrés par les Juifs » ont été ainsi jugés par les tribunaux. Plusieurs papes ont dénoncé ces accusations fausses : Innocent IV et Grégoire X (treizième siècle), Eugène IV (quinzième siècle), Clément XIII (dix-huitième siècle). Mais les fanatiques brandissaient le « dossier », le dossier irréfutable de cent cinquante procès, avec leurs chefs d'accusation, les dépositions des témoins, et les condamnations prononcées. L'émotion collective a été enchaînée à ce dossier, rendant les gens sourds à d'autres voix, et aveugles devant la réalité matérielle, tangible. Non, les gens n'avaient plus besoin d'aller vérifier sur le tas la véracité de ces accusations. D'ailleurs, ils n'en étaient plus capables. De toute façon, ils savaient ce qu'il en était. Ils savaient. Ils étaient persuadés de savoir, alors qu'en réalité, ils vivaient en plein délire. Un délire entretenu par la peur.

Quelle fut à la même époque l'attitude du célèbre réformateur de l'Eglise Martin Luther ? Au départ, il avait adopté envers les Juifs une position plutôt bienveillante. Croyant la fin des temps proche (comme tant d'autres de son époque), Luther pensait que les Juifs allaient bientôt se convertir à la foi chrétienne, conformément à certaines prophéties. Autre fantasme, qui comme un prisme déformant lui fit percevoir la réalité d'une certaine façon. Or, il fallait bien se rendre à l'évidence : les Juifs n'abandonnaient pas leurs traditions pour embrasser la foi dans l'Evangile. C'est ainsi qu'en .543, Luther publia un premier pamphlet d'environ deux cents pages intitulé « Contre les Juifs et leurs

mensonges », bientôt suivi d'un autre plus violent encore :
« Shem Hamephoras. » En voici un extrait : Lorsque Judas
s'est pendu « les Juifs ont peut-être envoyé leurs serviteurs,
avec des plats d'argent et des brocs d'or, pour recueillir sa
pisse avec les autres trésors, et ensuite, ils ont mangé et bu
cette merde, et ont de la sorte acquis des yeux tellement
perçants qu'ils aperçoivent dans les Écritures des gloses que
n'y ont trouvé ni Matthieu ni Isaïe lui-même (...). Quand
Dieu et les anges entendent péter un Juif, quels éclats de rire
et quelles gambades ! » Ces ouvrages n'ont connu que deux
ou trois éditions, et les réformateurs suisses désapprouvèrent
la violence de ces propos. Mais Luther a fourni aux Nazis des
arguments pour justifier leurs horreurs. Hitler a diffusé à des
millions d'exemplaires ces sentences hystériques, prononcées
par une autorité nationale et religieuse incontestable, toujours reconnue comme telle aujourd'hui en Allemagne
Martin Luther.

De quoi parlions-nous ? De la perception. Au bout de ce
périple, nous constatons que l'aveuglement a frappé des
nations entières, des siècles durant, sans épargner les érudits.
Qui a entraîné les foules dans ce monde ténébreux ? La
preuve est faite aujourd'hui comme hier qu'une idéologie
peut rendre sourd et aveugle. Elle peut changer les hommes
en robots. Des robots à tuer. Aveuglément.

POINTS DE REPÈRE
pour cerner une réalité matérielle

Trop d'événements sont là pour le prouver : notre
cerveau est capable de fonctionner de façon durable sur le
mode du délire, délires de l'individu, mais aussi délires
collectifs ont ensanglanté l'histoire.
Le seul moyen d'éviter, ou d'arrêter ce fonctionnement
désastreux consiste à vérifier régulièrement sur le tas ce qu'il
en est de la réalité objective.

Quelle réalité objective?

Souvent la réalité se compose d'une série de faits bruts entremêlés. Mais notre cerveau ne peut examiner correctement qu'une question à la fois. Il faudra donc aborder les faits bruts séparément, l'un après l'autre.

Dans un fait brut, quatre composantes se prêtent à une vérification objective :

— un fait matériel,

— situé dans un contexte-espace : différentes circonstances en présence,

— situé dans un contexte-temps : à un moment précis de 'évolution en cours,

— la causalité : rapports de cause à effet, acteur-acte-conséquences.

Un garde-fou : respecter l'ordre chronologique des événements.

Ainsi, seul ou à plusieurs, nous pouvons dégager le fait matériel que nous avons décidé d'examiner.

Le contexte-espace et le contexte-temps se laisseront appréhender sans difficulté, car ils se composent d'éléments matériels, et donc vérifiables. L'écueil consiste ici à oublier — ou à ne pas retenir — certains éléments importants.

L'affaire devient plus difficile dès qu'il s'agit de cerner la causalité. Elle existe, objectivement, matériellement, certes, mais il sera souvent difficile de l'établir. Pourquoi? Parce que dans la vie, les faits ne se laissent pas observer comme des expériences en laboratoire. En effet, dans le cadre d'une expérimentation en laboratoire, on peut autant de fois qu'on le souhaite, répéter les mêmes expériences, et vérifier ainsi à plusieurs reprises si dans des conditions identiques, les mêmes causes produisent bien les mêmes effets. Il en va tout autrement dans la vie : un fait ne se produit qu'une fois. Même si à bien des égards, il ressemble à d'autres faits, il demeure pourtant unique. Unique et fugitif. Ainsi, plusieurs centaines de soldats sont morts le même matin, au cours d'une même bataille, sur une même plage de débarquement, et pourtant, chacun est mort d'une façon particulière, unique. Il faudra donc réfléchir à la causalité à partir des données matérielles qui sont propres à la situation. Un respect rigoureux de la chronologie constituera un garde-fou pour éviter certains dérapages : en effet, un acte précède nécessairement ses conséquences. Et si entre l'acte et ses conséquences supposées, il se déroule un certain laps de temps, prudence : il se pourrait que ses conséquences se rattachent à d'autres causes survenues entre-temps, et sans qu'on le sache.

Reprenons maintenant plus en détail ces quatre composantes du fait brut pour mieux comprendre de quelle façon, et dans quelles limites, elles se prêtent à une vérification objective.

Le fait matériel

Il existe, il peut être observé. Deux exemples :

Un enfant vient de naître. Qu'il ait été désiré ou non relève du domaine des *intentions* ou des *émotions*. Les parents avaient rêvé d'un garçon, et c'est une fille qui est venue. Cette déception appartient aussi au domaine du fantasme et des émotions. Demeure un fait matériel dont tout le monde doit prendre acte : l'enfant est né, et c'est une fille.

Des conjoints séparés ont engagé une procédure de divorce. Voilà un fait matériel. Pour l'un des deux, cette situation est épouvantable, pour l'autre, elle est libérante. Ceci relève des *émotions* que chacun des deux rattache à l'événement. Pour son confort moral, l'un de leurs parents se dit : « Cela ne peut-être qu'une crise passagère. » Il s'agit alors d'une *interprétation*. Un autre ajoute : « Celui qui divorce me fait penser à une religieuse qui sort de son couvent ou à un prêtre qui remet en cause sa vocation. » Cette fois-ci, il s'agit de considérations par *analogie*. Par-delà tous ces commentaires, demeure le fait matériel : ces conjoints divorcent.

Le contexte-espace

Chaque fait se produit dans un certain contexte-espace, et se trouve ainsi lié à un concours de circonstances : celles-ci ont été souvent déterminantes. Cette conjoncture objective, matérielle, est donc observable. Un exemple :

J'ai eu trois accidents de voiture en six mois. Quelqu'un me coupe déjà la parole : « Pour avoir trois accidents en si peu de temps (amalgame), il faut être un chauffard, un assassin sur la route ! » Un autre ajoute : « D'ailleurs, sur la route, on ne voit plus que des fous au volant » (généralisation). Laissez-moi donc raconter ces trois accidents dans le détail, remettant chacun dans son contexte.

Le premier : je roulais sur un chemin verglacé. Je conduisais prudemment, et tout à coup, ma voiture a fait un tête-à-queue, puis elle est allée cogner par l'arrière un pylône électrique.

Le deuxième : il s'est produit sur une route où j'avais la priorité. Je ne faisais pas d'excès de vitesse, une voiture a débouché sur ma droite, et c'est ainsi que la collision a eu lieu.

Le troisième accident : je me trouvais sur l'autoroute, un premier juillet, jour de grands départs. Les voitures roulaient à une vitesse raisonnable. Un camion a freiné brutalement, à l'improviste, à la suite de quoi, une quinzaine de voitures se sont télescopées. Je faisais partie du nombre.

Ainsi, chacun de ces trois accidents, replacé dans son contexte, redevient pleinement un fait en soi. L'amalgame n'est plus possible. Certains feront peut-être la remarque suivante : « Le conducteur doit rester maître de son véhicule à tout moment. » (système). Dont acte. Mais là, nous sortons du fait brut.

Le contexte-temps

Un événement se rattache nécessairement à un contexte-temps. Il se produit à un moment donné de l'histoire. L'histoire se compose du passé, de l'instant présent, et de l'avenir. Un exemple.

« Ce qu'il faut dire aux Algériens ce n'est pas qu'ils ont besoin de la France, mais que la France a besoin d'eux. C'est qu'ils ne sont pas un fardeau, mais qu'ils seront au contraire la partie dynamique et le sang jeune d'une Nation française dans laquelle nous les aurons intégrés... Leur religion participe, comme la religion chrétienne, à la civilisation occidentale. (...) Je ne crois pas qu'il existe plus de race algérienne que de race française. (...) Comment un pays qui a déploré longtemps de ne pas avoir assez de jeunes, ne pourrait-il évaluer le fait d'en avoir cinq ou six millions de plus » (les jeunes Arabes). Ces propos sont de Jean-Marie Le Pen, publiés dans le « Journal officiel » du 28 janvier 1958. (*Le Canard Enchaîné* du 12 septembre 1984.) Ce discours fut prononcé à une date précise, et se comprend à la lumière du contexte de cette époque, pas autrement.

Un autre exemple. Pendant la guerre, j'ai fait partie de la Résistance. J'étais jeune à cette époque. Aujourd'hui, je suis un retraité tranquille, je ne fais plus partie d'un réseau secret, et je ne pose plus de bombe. Les temps ont changé, et moi-même, j'ai évolué. Si demain mon pays était à nouveau soumis à un régime totalitaire, quelle serait mon attitude ? Je m'interroge... Le film « Marie Octobre », un classique du cinéma qui eut son heure de gloire, évoque une rencontre d'anciens résistants vingt ans après la guerre. Unis autrefois autour d'une même cause, ils ont vécus alors une aventure inoubliable qui les a profondément marqués. Et pourtant, vingt ans plus tard, comme ils ont changé, chacun à sa façon.

La causalité : acteur — acte — conséquences

Essayons de préciser qui fut *l'acteur*. Parfois, il n'y en a qu'un. D'autres fois, on en trouve plusieurs : un acteur principal, secondé par des acteurs subordonnés, coéquipiers, collaborateurs, coursiers ou mercenaires. Ces personnes collaborent au même acte à des niveaux différents. Pour ne pas se compromettre, l'acteur principal, le maître d'œuvre, se dissimule parfois derrière des acolytes. Il ressort de l'ombre pour s'approprier la victoire, mais disparaît pour de bon quand il s'agit d'endosser certaines responsabilités. C'est ainsi par exemple que dans le banditisme de la Mafia, la justice ne détient jamais de preuves suffisantes contre les principaux meneurs.

Quel fut *l'acte ?* Il ne s'agit pas de l'apprécier ou de

l'excuser, mais simplement de l'observer dans sa matérialité objective.

Quelles sont les *conséquences* ? Elles existent, elles sont là, matérielles. Même une sentence de justice ne saurait les supprimer.

Arrive maintenant le moment critique où il faut établir les rapports de causalité. Un exemple montrera combien cette démarche peut être aléatoire et subjective, même quand on prend la peine de suivre les événements scrupuleusement, selon l'ordre chronologique.

Lors d'une récente éruption de l'Etna en Sicile, un attroupement de croyants s'appliquait à exorciser le démon du volcan par des chants, des prières et de l'eau bénite. D'autre part, au même moment, des techniciens italiens, secondés par Haroun Tazieff, cherchaient à détourner le fleuve de lave qui menaçait les villages environnants. Et le mal fut conjuré. Si nous nous en tenons à la cause matérielle de cette heureuse issue, nous devons l'attribuer à l'intervention des techniciens qui, en faisant sauter une partie de la montagne, ont fait en sorte que la lave s'écoule sur un autre versant. Mais les croyants pourront l'attribuer au Ciel. Une mentalité scientifique et une mentalité magique n'établiront pas le même rapport de cause à effet...

Autre exemple, autre démarche. Il y a une trentaine d'années, l'affaire Dominici défrayait la chronique. Un matin, au bord de la propriété des Dominici, on avait découvert trois cadavres : une famille d'Anglais, assassinés pendant la nuit. Pas de témoin. Les autopsies ont permis à la police de définir avec certitude comment chaque victime avait été tuée, quel *acte* avait été perpétré sur chacune d'elle. Restait à trouver *l'acteur*. Plusieurs personnes ont été interrogées. Un des fils Dominici fut suspecté, puis un autre, qui finit par accuser son père. Interrogé à son tour, le père a d'abord nié puis avoué, et enfin, il s'est rétracté. Qui était l'assassin ? Mystère. Le tribunal s'est réuni pour l'audience. Outrés par ce triple crime crapuleux qui réclamait vengeance, les jurés ont écouté attentivement les témoins qui se succédaient à la barre. Ils ont entendu les plaidoiries des deux avocats. Enfin, ils ont dû se prononcer selon « leur intime conviction »... A défaut de véritable preuve, cette conviction reposait sur l'hypothèse qui leur parut alors être la plus plausible : c'est ainsi que le père Dominici fut condamné. D'autres personnes qui n'étaient aucunement impliquées dans cette affaire, n'ont pas été convaincues pour autant de la culpabilité de ce vieil homme. Au nom de leur « intime conviction » certains pensaient que le coupable était plutôt l'un des fils. Autre hypothèse. Ainsi, lorsqu'il s'agit de remonter du crime (conséquence) jusqu'au coupable (acteur), la démarche demeure toujours très aléatoire. Il faut des preuves, de véritables preuves pour établir les rapports de cause à effet.

Ainsi, il arrive fréquemment que des gens prennent position devant une situation déplorable : « Tout cela, c'est de la faute de... » Prudence. Ont-ils étudié sérieusement le dossier ? Le plus souvent, non. Ils se contentent d'établir des rapports de cause à effet, comme ça, pour dire quelque chose, par pure bêtise. Ou bien, ils s'appuient sur leur intuition. Quelle intuition ? Des sentiments d'antipathie envers une personne. Parfois, ils se prononcent ainsi pour se venger à propos d'une toute autre affaire. D'autres fois — et la démarche est plus sordide encore — leur accusation n'est qu'un subterfuge pour se disculper eux-mêmes.

Questions annexes

Les nuances

Cette réflexion nous conduit à respecter certaines règles de prudence : ayons toujours le souci de faire la distinction entre ce qui est sûr, ce qui est probable, ce qui est possible, et ce qui relève d'une hypothèse à peine envisageable. Cette distinction vaut dans le domaine de la perception, dans celui de la mémorisation, et aussi lorsqu'il s'agit d'établir des rapports de cause à effet. Quiconque veut aborder un fait matériel avec son contexte et sa causalité doit absolument souscrire à cette rigueur et s'y tenir fermement. Peu à peu, elle deviendra un mode de réflexion instinctif, et un mode de communication avec les autres.

Les priorités

Qu'est-ce qui est prioritaire ? Qu'est-ce qui peut attendre ? Qu'est-ce qui peut être sacrifié ? Qu'est-ce qu'il faut absolument préserver ? Objectivement, matériellement, les décisions arrêtées aujourd'hui entraîneront des conséquences objectives, matérielles, à plus long terme. Mais là, il est plus difficile de se mettre d'accord à plusieurs. En effet, chacun obéit à des schémas préétablis, à sa propre programmation, à une collection de petites philosophies faisant partie de son environnement socio-culturel et de son héritage. Certains réussissent à l'âge mûr à tirer de leurs expériences quelques positions tant soit peu réfléchies. Mais tous les vieillards ne possèdent pas cette sagesse...

Alors, d'après vous, qu'est-ce qui importe le plus ? La famille ? Le travail ? La patrie ? Le couple ? La santé ? L'argent ? Les relations et les amis ? Une solide culture ? Une image de marque sociale ? Le pouvoir ? La tradition ? Une œuvre de vengeance ? Bien entendu, chacun là-dessus a sa petite réponse.

Le langage

Très souvent, nous parlons d'une réalité que l'un d'entre nous a vue, mais que les autres n'ont pas vue. Alors intervient le système du *codage* et du *décodage*. Voici en quoi il consiste. Celui qui a vu une réalité la traduit en langage, par des mots : il se livre à un *codage*. A partir de son discours, les autres opèrent une reproduction imaginaire de la réalité évoquée. Ils font là un *décodage*. Il existe des codages fidèles, il en est d'autres qui ne le sont pas. De même le décodage est parfois rigoureux, mais pas toujours. Quel sera alors le rapport entre la réalité, traduite tant bien que mal par des mots, et la reproduction imaginaire que chacun aura effectuée ?

Difficulté supplémentaire, les hommes communiquent fréquemment entre eux sans s'appuyer sur la moindre réalité matérielle. Ainsi, l'un traduit en langage... ses émotions. Quelle sera l'image mentale suscitée chez celui qui reçoit cette pollution émotionnelle ? Un autre traduit en langage un fantasme de son cru. Son interlocuteur, qui lui fait confiance, se fait alors une image mentale de ce fantasme, qu'il risque de prendre pour la réalité. La communication entre les hommes peut aussi dégénérer en compétition verbale : principe contre principe, idée contre idée, système contre système, abstraction contre abstraction.

Dans une interview accordée au journal « Télérama », Laborit disait : « Avec le langage, vous construisez un monde abstrait qui n'a aucune réalité. Vous êtes dans le domaine des ombres. Vous affirmez votre désir, vos pulsions, et vos automatismes culturels. Tant que vous ne savez pas comment cela fonctionne là-dedans, comment votre système nerveux est organisé, et comment il va vous permettre d'agir sur votre environnement (attention, votre environnement, ce n'est pas les espaces verts, ce sont d'abord d'autres hommes), vous êtes enfermés dans votre langage : vous faites bla-bla-bla-bla. Et vous vous entretuez, vous faites la guerre, des meurtres, des génocides. Et vous avez toujours raison avec votre langage. Vous êtes bien tranquilles. De droite, de gauche ou du milieu, le langage a toujours raison. Il y a toujours un discours logique qui débouche sur une connerie. L'instinct de mort, c'est le langage. Il n'existe pas chez les animaux, parce qu'ils ne se parlent pas. Les animaux (d'une même espèce) ne se tuent pas entre eux. Il y a un instinct de mort chez l'homme parce que l'homme parle, et que le langage de l'autre est ce que nous *ignorons*. Alors, nous avons peur de l'autre, nous sommes angoissés parce que l'autre est un inconnu. On devient agressif parce qu'on ne sait pas agir en face de l'autre. Dès la naissance, enfermés dans notre peau, nous cherchons l'autre, et nous ne le trouvons pas. Détail amusant : on parle de convivialité au combat... A ce moment-là l'autre n'est plus un ennemi, car l'ennemi est en face. L'angoisse est celle de la mort commune : alors, on devient copains. »

Cavanna : « Les hommes vécurent une aventure imprévisible, dans un monde truqué où les mots et les faits ne coïncidaient que par inadvertance » (8).

NOTES BIBLIOGRAPHIQUES

Genèse de la recherche

Le docteur Théodore MILLON est né en 1929. Il exerce actuellement à l'Université de Miami en Floride (USA).

Modern psychopathology

Confronté à la grande diversité des théories sur la personnalité et ses pathologies, Théodore Millon a travaillé plusieurs années avec ses collaborateurs pour établir un cadre de compréhension cohérent à l'intention de ses étudiants. Ce cadre est un essai de synthèse des approches biologique, psychiatrique, psychologique et sociale de la personnalité et de ses pathologies. Ce travail met en évidence la continuité entre la personnalité normale et la descente possible et progressive de chaque type de comportement vers sa pathologie propre. Millon décrit l'évolution des pathologies mentales selon trois stades de gravité croissante : des premiers symptômes jusqu'à la coupure irréversible entre l'individu et son environnement.

Remarque : Le travail de la SIRIC porte uniquement sur l'observation des différents profils de comportement à un stade *antérieur* aux descriptions de Millon, c'est à dire dans la vie *normale*.

Modern psychopathology — a biosocial approach to maladaptive learning and functioning — Ed. Saunders 1969.

PREMIÈRE PARTIE : BASES DU COMPORTEMENT

Chapitre 1 : le développement du cerveau de l'enfant

Une telle approche neuro-psychophysiologique est au goût du jour. Elle est attrayante non par mode mais parce qu'elle offre une approche de la réalité.

Henri Hecaen définit la neuro-psychologie comme étant « la discipline qui traite des fonctions mentales supérieures dans leurs rapports avec les structures cérébrales ».

A ceux qui conçoivent encore le fonctionnement de l'esprit humain hors de tout susbtrat organique, il répond que : « ... dans les relations du comportement et du cerveau, ou des conduites cognitives et du cortex, il s'avère beaucoup plus de sens et de cohérence que de hasard mais sans pouvoir parler d'une adéquation parfaite ».

1. HECAEN H. et LANTERI-LAURA G. — *Les fonctions du cerveau*. Ed. Masson, 1983, p. 2 et 7.

2. MEDIONI J. et VARYSSE G. — « La transmission des comportements. » *La Recherche*, numéro spécial — 1984, *155*, p. 698-712.

3. MEUDLERS et BOISSAC-SCHEPPENS. — *Neuro-psycho-physiologie*, tome 2, Ed. Masson Coll. « Abrégés », 1981, p. 58.

4. LEBOULCH J. — *Le développement psychomoteur de la naissance à six ans* — Le psychocinétique à l'âge préscolaire — Ed. E.S.F. 1981.

5. VERNY T. — *La vie secrète de l'enfant avant sa naissance*. Ed. Grasset-Fasquelle, 1981.

6. KOESTLER A. — *Janus*. Ed. Calmann-Lévy, 1979.

7. JEANNEROD M. — *Le cerveau machine*. Ed. Fayard, coll. « Le temps des sciences », 1983, chap. 9.

8. Le système de récompense ou MFB (Medial Forebrain Bundle) et celui de la punition ou PVS (Peri-Ventricular System) furent respectivement mis en évidence par Olds et Milner en 1954 et par Demolina et Hunsperger en 1962.
   LABORIT H. — *Les comportements*. Ed. Masson, 1973.
   SIRIM — *Alors Survient la maladie*. Ed. Empirika, 1983.

9. DAVID M. — *L'enfant de zéro à deux ans.* — Ed. Privat, coll. Mésopée, 1960.

10. AZEMAR G. — *La fonction ludique*. Annales de l'I.N.S. et de l'I.N.S.E.P., *Spécial Neurophysiologie*, 1976, N° 10.

11. NELSON P. — *Neurophysiologie des instincts et de la pensée*. Ed. Maloine, coll. Recherches inter-disciplinaires, 1982, p. 126.

12. LEBOULCH J. — *Vers une science du mouvement humain*. E.S.F., 4ᵉ édition, 1982, p. 30 et 77.
On peut également se reporter aux études de Wallon sur le dialogue tonique de l'enfant avec son entourage.
BERNARD M. — *Le corps*. Coll. *Corps et Culture*, Ed. J. P. Delarge, 5ᵉ édition, 1978, chap. 4.

13. DEGLIN V. L. — *Nos deux cerveaux*. Courrier de l'UNESCO, janvier 1976, pp. 4-14.

14. ZAIDEL DW — *Les fonctions de l'hémisphère droit*. La Recherche. 1984, Nᵒ 153 pp. 332-340.
L'hémisphère supérieur droit joue un rôle prépondérant dans l'adaptation au milieu : ... « L'une des principales caractéristiques de l'hémisphère supérieur droit réside dans la mémorisation des notions familières, qu'il s'agisse de parcours topographiques, de visages ou d'objets très usuels, par opposition au traitement des informations nouvelles inattendues ou atypiques opéré par l'hémisphère supérieur gauche. »

15. PRINGLE K. Mia — *Les beoins de l'enfant*. Les Publications du C.N.T.E.R.H.I. 1979, Nᵒ 1.

16. WATZLAWICK P. — *Le langage du changement*. Seuil 1980, pp. 13-34.
« Les fonctions remplies par l'hémisphère droit sont en fait équivalentes à ce qu'en psychanalyse on appelle *processus primaires*. Ses associations ne s'y forment pas de manière linéaire et la nature des associations libres nous apparaît donc sous un jour nouveau. (...) La moitié droite du cerveau est « intemporelle » au sens positif comme au sens négatif. Ce qui signifie que, par rapport à son homologue gauche, son contenu se montre bien plus résistant au temps mais que son orientation temporelle et sa perception des séquences temporelles sont bien moins différenciées. » ... « Par rapport à l'hémisphère gauche, le droit est, de la même façon, nettement mieux armé au plan cognitif pour percevoir les structures spatiales complexes, et il détient une image du monde... Ici dominent l'image, l'analogie, et par conséquent aussi, la mémoire des événements et des sentiments et sensations qui les accompagnaient. »

17. DODSON F. — *Le père et son enfant*. Ed. Laffont, 1970, p. 65.
GESELL A. et ILG L. — *Le jeune enfant dans la civilisation moderne*. Paris, PUF, 1978.

18. NELSON P. — *Neurophysiologie de la pensée et des instincts*. Ed. Maloine 1982, p. 111.
« Enfin, le langage permet l'adaptation aux circonstances, d'une part parce qu'il contrôle les émotions, d'autre part parce qu'il contrôle les décisions d'action. Grâce à l'imagination motrice, le chat sait calculer son saut. De même, la région du langage, fonctionnant en mode imaginatif (c'est-à-dire en discours interne), est capable d'évaluer les

conséquences d'une décision et de modifier celle-ci jusqu'à la découverte de la bonne solution. »

19. LAWSON A. — *Les mécanismes du cerveau humain et l'apprentissage* Ed. E.S.F., 1971, p. 42.
20. WATZLAWICK P. — *Le langage du changement.* Ed Seuil, 1980, ch. 4.
« Il n'est d'ailleurs pas incongru d'avancer que, dans des conditions normales, les deux hémisphères parviennent à une intégration et une complémentarité maximales grâce à leurs spécialisations différentes et non malgré elles, et que, bien mieux, l'hémisphère dominant — pour ainsi dire — sera chaque fois celui que sa spécialisation rend le plus apte à régler le problème donné. Voilà pour le cas idéal. »
21. WATZLAWICK P. — *Op. cit.*
« Chez le singe, on peut renforcer artificiellement la prépondérance d'un hémisphère, celle-ci étant, nous l'avons vu, plus rudimentaire et donc plus souple que chez l'homme. D'après Gazzaniga, on développe ainsi la prédominance de l'hémisphère qui s'avère le plus habile à obtenir des récompenses. Or, puisque chez l'homme également les deux hémisphères sont bien moins différenciés dans l'enfance qu'à l'âge adulte, on peut avancer que des stimulations similaires favorisant la prépondérance éventuelle d'un des hémisphères peuvent également être exercées par un parent sur le bébé. »

Chapitre 2 : Eclairage de l'hypnose

1. LABORIT H. — *Eloge de la fuite.* Ed. Laffont, Paris, 1976.
2. CHERTOK L. — *Le non savoir des psy.* Ed. Payot, 1979.
3. ERICKSON M. H. — *The collected papers of M. H. Erickson on hypnosis.* Ed. B. Rossi, Irvington Publishers, inc. New York, 1980.
4. CHERTOK L. — *L'hypnose.* Ed. Payot, 4ᵉ édition, 1969.
5. WATZLAWICK P. — *Op. cit.*
« Au cours des thérapies, pourtant, nous avons bien recours à certaines méthodes moins radicales pour *bloquer temporairement la censure logique, analytique et critique exercée par la raison.* Parmi elles, nous devons accorder une mention toute particulière à la technique de confusion d'Erickson... Comme son nom l'indique, cette technique vise essentiellement à provoquer un état de confusion intellectuelle, de deux façons qui peuvent également se combiner : soit on abreuve le patient d'explications pseudo-logiques extrêmement complexes, soit

on fait allusion à des faits absolument sans importance en termes compliqués, ampoulés et par conséquent déroutants. »

6. CHERTOK L. — *Le non savoir des psy.* Op. cit., p. 156. « Freud a fini par accorder une réalité à la télépathie, dans laquelle il voit la survivance d'une forme de communication archaïque qui se maintiendrait dans la petite enfance. » pour L. Chertok, la télépathie « renvoie à un mode de communication pré-langagien dans lequel les sujets ne se distinguent plus l'un de l'autre, mais se trouvent pris dans une relation fusionnelle archaïque... »

7. DAUVEN J. — *Les pouvoirs de l'hypnose.* Ed. Dangles, 1977.

8. KOESTLER A. — *Janus.* Ed. Calmann-Lévy, 1979.

9. FERENCZY S. — *Œuvres complètes. Psychanalyse T. 1.* Ed. Payot, Paris 1968, pp. 1908-1912.

10. SIRIM. *Alors survient la maladie.* Ed. Empirika, 1983, pp. 106-111.

DEUXIÈME PARTIE · PANORAMA DES FAMILLES DE COMPORTEMENT

Chapitre 1 : Différentes façons d'avoir sa place

1. « *Les idiots utiles* » — Article du Comité d'Etudes Supérieures Industrielles, in G.E.S.I. 1983, n° 8.

« La valeur d'une entreprise tient moins à ses leaders qu'au nombre de ses « idiots utiles ». Ces derniers naturellement, n'accèdent jamais à la direction. Il leur manque la sûreté de soi, la combativité, les relations et surtout la conscience de leur propre utilité.

Dans toute entreprise, on trouve :

— Les leaders. Mais les chefs-nés sont en fait très rares : 10 % tout au plus. Ce sont ceux qui fixent les objectifs, donnent les impulsions et décident du destin de l'entreprise ou de l'organisation.

— Les collaborateurs, « boule-de-billard », la catégorie la plus nombreuse : 77 % d'individus sans initiatives, ils ne travaillent que lorsqu'ils sont poussés.

— Les nullités, environ 12 %, non seulement ne travaillent pas, mais dérangent les autres. Il serait préférable de les mettre à la retraite ou de leur demander d'écrire l'histoire de l'entreprise.

— Les 10 % d'idiots utiles, enfin, font tout le travail. Ils sont véritablement indispensables. Dévoués à l'entreprise et d'une loyauté absolue envers leurs supérieurs. On peut compter sur eux. Le travail est pour eux un plaisir.

Malheureusement, ils ne se trouvent dans leur forme chimiquement pure que dans les grandes entreprises d'au moins 2 500 personnes, les organisations de plus de 250 et les administrations qui comptent plus de 150 employés. Les idiots utiles viennent au monde obsédés par un complexe de « fair play » qui leur fait accepter toutes les injustices d'en haut. Ce même complexe les empeche d'avoir la volonté de s'imposer. Ajoutons à cela une certaine maladresse dans les contacts humains. La plupart des idiots utiles n'ont d'ailleurs pas une vue claire de leur propre intérêt et s'installent dans leur destin médiocre. Ils sont évidemment très appréciés de leurs supérieurs. Non seulement ils leur apportent prestige et considération mais encore des avantages pratiques. L'utilité maximale de ces « idiots » est atteinte lorsque les supérieurs peuvent s'identifier totalement à leur travail et qu'il ne leur reste qu'à signer.

Les idiots utiles ignorent les maladies, ne s'absentent jamais. Le voudraient-ils, qu'ils ne le pourraient pas car il leur faut donner sans cesse des preuves de leur utilité. Par ailleurs, ils doivent pour rester efficaces, se recycler en permanence et travailler sous une pression constante. Ils n'ont pas de temps pour les réunions privées, les cocktails, les véritables lieux où se traitent les affaires et se distribuent les postes. Malgré leur courage et la modestie de leurs ambitions, les idiots utiles subissent sans cesse les attaques d'une majorité de l'entreprise. Ils sont en effet amenés à intervenir en permanence dans des domaines autres que le leur, parce que les titulaires ne veulent, ou ne peuvent, accomplir les tâches importantes de leur fonction. C'est dire que leur simple existence démasque les nullités et les collaborateurs « boule-de-billard ». La critique des idiots utiles n'est presque jamais officielle et motivée, elle reste souterraine et subjective. La majorité leur reproche des exposés trop courts ou trop longs, des propositions trop utopiques ou trop banales, un style trop journalistique ou trop technique. Vraiment, les idiots utiles ne soupçonnent pas combien ils sont utiles. »

Chapitre 2 : Avoir sa place, mécanismes neurophysiologiques

1. B.I.S. : Behavioral Inhibiting System ; système inhibiteur du comportement.
   M.F.B. — P.V.S. — S.I.A. :
2. LABORIT H. — *L'inhibition de l'action.* Ed. Masson 1979.
3. SIRIM — *Alors survient la maladie.* Ed. Empirika 1983.

4. NOTES TECHNIQUES SUR LE B.I.S.

C'est en partant du mécanisme d'action des benzodiazépines que divers chercheurs, et principalement Gray, ont mis en évidence le système du B.I.S.

« Le B.I.S. jouerait le rôle d'un comparateur, qui à chaque instant comparerait les « stimuli perçus » et ce que le sujet escomptait recevoir. Si l'équilibre entre les deux catégories de message est préservé, le B.I.S. reste passif et se borne à vérifier. Si le déséquilibre est trop accentué, ou si le stimulus attendu est trop pénible, le B.I.S. devient actif. Une de ses fonctions qui apparaît alors est le contrôle des activités motrices du sujet » (M. Pasdeloup).

Le filtrage des événements jugés importants est le fait de certaines zones de l'hippocampe (aires CA3, CA1 et Dg).

C'est le subiculum, une autre zone hippocampique, qui compare les informations fournies sur l'environnement, via le cortex entorrhinal, aux attentes de l'individu.

Si le comparateur ne détecte pas de discordance avec les attentes, il permet à l'information de suivre un circuit qui passe par les corps mamillaires, le thalamus antéro-ventral, le cingulum et le cortex préfrontal, avant de revenir au subiculum qui l'intègre pour modifier éventuellement le contenu des prochaines attentes.

On ne sait pas encore si le thalamus, le cingulum et le cortex frontal sont les structures de mémorisation des attentes, ou si elles ne servent qu'à les actualiser. Quoi qu'il en soit, ces structures permettent au comparateur de fonctionner. S'il n'y a pas de discordance, l'information traitée poursuit son chemin pour être intégrée à la réflexion et aux stratégies en cours.

S'il y a discordance, le B.I.S. fonctionne en mode de « contrôle ». Il y a inhibition des programmes en cours et focalisation sur l'information discordante. Parallèlement apparaît l'anxiété : c'est l'état d'alerte, la réaction d'alarme.

H. Laborit, de son côté, décrit le fonctionnement du système périventriculaire (P.V.S.) précisant qu'il est mobilisé dans trois grandes circonstances :

— Situation connue comme déplaisante ou douloureuse,

— Situation potentiellement dangereuse par déficit informationnel,

— Impossibilité d'obtenir une récompense escomptée.

Cette alerte s'accompagne de réactions d'anxiété et de réactions végétatives dues à la substance grise périventriculaire qui représente une superstructure végétative.

On note la similitude entre les circonstances de déclenchement du B.I.S. et l'activation du P.V.S.

A partir de cette réaction d'alarme, plusieurs cas de figure sont possibles dépendant des mémoires propres à chacun.

Le plus souvent cette activation du P.V.S. met en jeu l'axe amygdalo-hypothalamo-médullo-surrénalien. C'est l'axe du fight-flight, le système catécholaminergique qui permet de faire face ou volte-face selon l'expression de Cannon.

L'activation du P.V.S. met donc à contribution et de façon importante, le système végétatif. C'est par ce biais qu'il peut être source de dérèglement si la réaction est trop intense ou se prolonge.

L'épuisement de la réaction type P.V.S. mène finalement au cercle vicieux du système .inhibiteur de l'action. Ce S.I.A. peut être également mis en jeu d'emblée si l'individu estime sa situation sans issue. Tout dépend *de la façon dont il a appris à réagir*.

Dans ce cas, c'est l'axe hippocampo-hypothalamo-cortico-surrénalien qui est sollicité, avec sécrétion cortisolique échappant aux feed-backs habituels (test à la Dexaméthasone négatif).

Le fait que les deux axes soient antagonistes permet de comprendre pourquoi l'action, même parfaitement inutile, constitue un frein à l'angoisse générée par le B.I.S. Laborit voit dans certains dérivatifs comme la drogue ou la délinquance, une conséquence directe d'une activation non éteinte du P.V.S. Il s'agirait en somme de masquer l'angoisse et de trouver un compromis qui permette de ne pas tomber dans le cycle destructeur de l'inhibition de l'action.

GRAY J. A. — *Anxiety as a Paradégum case of evolution.* British Medical Bulletin 1981, *Vol. 37*, N° 2, pp. 193-197.

GRAY J. A. — *Precis of the neuropsychology of anxiety :* an enquiry into the functions of the septo-hippocampal system, in « The behavioral and brain sciences », 1982, *N° 5*, p. 469-534.

PASDELOUP M. — « L'anxiété : de la molécule au comportement. » *La Recherche. N° 134*, p. 780-782.

LABORIT H. — *Les comportements.* Ed. Masson, 1979.

DELMAS A. — *Voies et centres nerveux.* 9ᵉ édition. Masson, 1970.

CONCLUSION

la perception

1. « Quand on réfléchit aux calculs qu'exigerait la simple reconnaissance d'une scène aussi familière que celle d'une personne traversant la rue, on est stupéfait qu'une série aussi extraordinaire d'opérations détaillées puisse s'accomplir en un si court laps de temps et exiger aussi peu d'efforts. »

CRICK F. — *Réflexions sur le cerveau.* In « Le cerveau », Bibliothèque « Pour la Science », diffusion Belin, août 1982, p. 201-208.

2. NORMAN L. — *Traitement de l'information et comportement humain.* Ed. Etudes Vivantes. Montréal, Premier trimestre 1980.

3. CHANGEUX J.-P. — *L'homme neuronal.* Ed. Fayard, Coll. Le Temps des Sciences, Février 1983.

4. *Le percept primaire* correspond au fonctionnement des neurones des cartes ou homoncules des zones primaires et secondaires du cortex.

5. CHANGEUX J.-P. *Op. cit.*

« Le passage de l'image au concept suit deux voies distinctes mais complémentaires : l'élagage de la composante sensorielle, et l'enrichissement dû aux combinaisons qui résultent du mode d'enchaînement des objets mentaux. »

6. « On peut concevoir l'épreuve du réel en termes de résonnance et dissonnance entre graphes neuronaux. Sera dès lors considéré comme *vrai* « le concept résonnant adéquat au réel ». Ici intervient le langage « comme véhicule dans la communication des concepts entre individus du groupe social ». (CHANGEUX J.-P. *Op. cit.*, p. 189.)

7. MORIN G. — *Le champ central.* Ed. E.S.F., 1974.

La mémorisation. Il est bien évident que toute la construction de la personnalité (et partant, son mode de réaction en face des situations nouvelles) dépend de l'accumulation des expériences passées. Ce « caractère » au véritable sens de ce qui est imprimé, peut donc modifier la perception elle-même, privilégiant certains détails, ou les scotomisant, et va « secondariser » le comportement de l'individu. (MORIN G. *Op. cit.*, p. 100 et 101.)

8. CAVANNA — ... *et le singe devint con, l'aurore de l'humanité.* Ed. Belfond, 1984.

ONT COLLABORÉ A LA RECHERCHE :

S.I.R.I.M.

LAMAZE	Bernard	médecin – chef de service hospitalier
LESAGE	Benoît	médecin
DEVIN	Bernard	ergothérapeute
BLANCHARD	Jean-Paul	médecin – spécialiste pneumologue – allergologue
ASSENAT	Anne	infirmière
PERRET	Pascale	ergothérapeute en neurologie
RAVAUX	Xavier	docteur vétérinaire – directeur départemental des services vétérinaires
GEORGE	Denis	médecin
LEONARD	Martine	médecin du travail
GEORGE	Françoise	infirmière libérale
LEBOURDIEC	Laurent	vétérinaire
LEBOURDIEC	Brigitte	masseur kinésithérapeute
VAN GOEY	Marie-Claire	psychologue
VANMAERCKE	Marleen	infirmière
JACQUOT	Brigitte	orthophoniste
VAN GOEY	Bernadette	infirmière
HAWES	Marie-Françoise	aide soignante
SEGOT	Monique	psychologue en C.M.P.P. – formatrice dans un centre de formation pour adultes
GONZALES	Albane	médecin responsable de centre d'hygiène alimentaire – acupuncture
MARMION	Dominique	vétérinaire
SERRAZ	André	masseur kinésithérapeute
DALBIES	Simone	infirmière
DEVRIENDT	Lieve	psychologue

LANSSENS	Françoise	psychologue
DESBONNET	Françoise	assistante sociale
JAN	Martine	assistante sociale
LORTON	Véronique	masseur kinésithérapeute – ergothérapeute
SPAAK	Marie	orthophoniste
ALDIAS	Hélène	assistante sociale
BRAUN	Béatrice	médecin vacataire – protection maternelle et infantile
SZYMANSKI	Claudine	médecin de centre d'hygiène alimentaire – acupuncture
MARMION	Hélène	assistante sociale
BRAUN	Christian	médecin – spécialiste gériatrie et gérontologie
COPIN	Hubert	manipulateur en radiologie
FUME	Bruno	étudiant en médecine
VOIRIOT	Marie	infirmière réanimatrice
SOUMADIEU	Jean-Louis	chirurgien dentiste
CLAUS	Hadewych	psychologue
MARQUIE	Jean-Claude	chercheur au C.N.R.S. en psychophysiologie
HISLEN	Marie-Françoise	pharmacien biologiste
DUFFEZ	Dominique	médecin généraliste – attesté de pédiatrie
DUFFEZ	Sophie	médecin assistant en médecine générale et gériatrie
DUMARD	Sylvie	infirmière
PERRARD	Christiane	assistante sociale
VERMEULEN	Christine	orthophoniste
AYMARD	Marie-Christine	assistante sociale
THIEBAUT	Josiane	assistante sociale
PETIT	Michel	chirurgien dentiste
TACONET	Claire	diététicienne
ABOUT	Marie-Pierre	infirmière enseignante
ALBRIQUE	Catherine	infirmière
RAVAUX	Brigitte	infirmière
ROUDIER	Patrick	assistant à l'école vétérinaire
GRANET	Annie	infirmière en électro-encéphalographie
FENOT	Cécile	infirmière ergonomie – chargée de cours
FERREZ	Philippe	médecin généraliste
PEYRET	Gilles	étudiant en médecine
DELAY-TERMOZ	Brigitte	infirmière
LORTON	Olivier	médecin généraliste
FERSING	Robert	médecin – spécialiste des maladies de l'appareil digestif
FERSING	Claudine	infirmière puéricultrice
LEONARD	Odile	infirmière chirurgie générale
REBIEN	Martine	infirmière

PENET	Olivier	médecin
FERREZ	Sylvie	infirmière urgences
BRUNEEL	Martijn	orthophoniste
SIBONI	Flavie	psychologue clinicienne
VANHUSE	Annick	kinésithérapeute
MARTIN	Stéphane	médecin
MARTIN	Sophie	assistante sociale
NASR	Michel	médecin
FERREZ	Anne	assistante sociale
MINET	Jean-Claude	vétérinaire
HENDERICKX	Sylviane	orthopédagogue
MINET	Marie-Claire	assistante sociale
POPPE	Walter	directeur d'un centre de réadaptation fonctionnelle
NICOL	Jean-Marie	vétérinaire
JOUAN	Jacqueline	infirmière puéricultrice en service de P.M.I.
CAPELLE	Marie-Flore	infirmière en hôpital
MARQUIE	Monique	assistante sociale – vacataire à l'université
THEVENET	Anne-Marie	infirmière
GELIN	Marie-Laure	ingénieur biochimiste
BRACQ	Hélène	ergothérapeute
MENEAU	Monique	secrétaire médico-sociale
VANKOTE	Agnès	assistante sociale – sauvegarde de l'enfance
VIDAL	Nadine	assistante sociale
BAUJARD	Janine	psychomotricienne
ECHARD	Jacques	médecin généraliste – accouchements, homéopathie
THEVENET	Claude	infirmier
CAVALIE	Colette	assistante sociale et formatrice
BUTAYE	Joseph	médecin généraliste
DELBEKE	Frank	psychologue
PENET	Domitille	médecin interne
PAUWELS	Hilde	assistante sociale
BRUNEEL	Etienne	ergothérapeute
MARMION	Françoise	sage-femme
DELRIEU	Elisabeth	médecin conseil
SCHURTER	Anne	médecin du travail
PROPHETTE	Eliane	assistante sociale
VANHULLE	Noël	kinésithérapeute psychomotricien
LAVIOLETTE	Myriam	infirmière à domicile
TOURNIER	Françoise	assistante sociale
CARRIO	Chantal	infirmière
HAMON	Blandine	médecin – protection maternelle et infantile
VILLATE	Didier	vétérinaire
VILLATE	Marie-José	pharmacien

TAVERNIERS	Luc	manipulateur radiologie
VIGUIE	Marie-Sylvie	infirmière
VOISIN	Emmanuel	vétérinaire
GODEMONT	Marc	psychologue en hôpital psychiatrique
BECKERS	Wies	infirmière spécialisée rein artificiel
DE DEYN	Claudine	orthophoniste
NYS	Maria	médecin généraliste
VENET	Danièle	assistante sociale
LORTON	Claire	médecin – spécialiste en allergologie
LORTON	Hubert	médecin généraliste
ROSNET	Chantal	assistante sociale
GARÇON	Chantal	assistante sociale
GARÇON	Benoît	médecin généraliste – gériatrie
SARBACH	Marie-Brigitte	assistante sociale
GERARD	François	médecin généraliste – accouchements – acupuncture
MERLIN	Philippe	vétérinaire – assistant de parasitologie
MERLIN	Marie-Christine	masseur kinésithérapeute
RAMAGE	Thérèse	assistante sociale scolaire
GERARD	Marie-Claude	infirmière

S.I.R.I.C.

ROBERT	Monique	secrétaire de direction
PILLET	Jacqueline	dessinatrice en publicité
JODELET	Lionelle	assistante d'ingénieur
RAMAGE	Bruno	paysagiste chef d'équipe
DELOBBE	Bernard	commis de service judiciaire
COLLARD	Sabine	professeur d'éducation musicale spécialisée
VENET	Luc	maître ès sciences
VILLETTE	Monique	première vendeuse en librairie
ROSNET	Bruno	ingénieur physicien électronicien – responsable informatique
GUEDEL	Alain	ingénieur de recherche en acoustique – docteur en sciences physiques
SZIGETI	Michèle	professeur de musique – disquaire – musicothérapeute
BRAXMEYER	Jean-Marc	ingénieur mécanique développement
SARBACH	Pierre	artisan ébéniste
CARRIO	Jean	mécanicien automobile
RUFFAT	Patrick	contrôleur des douanes
HAMON	Jean-Claude	technicien recherche appliquée
SERRAZ	Annette	bibliothécaire
CROSBY	René	gérant de rayon
STROEBEL	Rémi	ingénieur chimiste
VOISIN	Claire	conservateur de bibliothèque – diplômée de l'école des Chartes

CLENET	Anne	secrétaire de direction
BRUNETON	Denis	ingénieur de fabrication cosmétiques
DOUVILLE-DE FRANSSU	Pierre	ingénieur agronome
PATUREL	Claude	ingénieur thermicien
CUNE	Florence	architecte d'intérieur et décorateur généraliste
LENAERTS	Arsène	directeur adjoint de société
VANDEWIELE	Marleen	professeur de néerlandais et d'anglais
CORNELIS	Marcel	directeur de recherche et traducteur
VILLERMET	Françoise	comptable
HISLEN	Jean-Bernard	professeur certifié d'anglais
LEDEUN	Elizabeth	professeur certifié de français
PROPHETTE	Bruno	technicien agricole
RAVARY	Sylvie	animatrice de formation
DE SOMER	Ignace	auditeur adjoint à la cour des comptes
MICHEL	Françoise	professeur agrégée de mathématiques
MERVOYER	Marie-France	agricultrice, C.A.P. institutrice
SCHURTER	Jean-Michel	photographe
SAGET	Jean-Paul	docteur d'état ès sciences – directeur centre de recherche pétrochimie
SAGET	Nicole	décoratrice étalagiste
JOLIVET	Gérard	ingénieur agronome – conseiller en informatique
RIVIERE D'ARC	Catherine	maîtrise de sociologie spécialisée
VANDORPE	John	programmeur
CROSBY-POTIER	Nathalie	aide-comptable
BRUNETON	Catherine	juriste d'entreprise
DELESTRE	Marie-Odile	agricultrice
ECHARD	Christiane	secrétaire bilingue
SOUMADIEU	Geneviève	secrétaire
MANS	Brigitte	adjoint des cadres hospitaliers
CAVALIE	Jean-Louis	ingénieur agronome chargé de mission à la formation continue dans un centre inter-universitaire
GELIN	Patrick	ingénieur chimiste — chargé de recherche au C.N.R.S.
FUME	Catherine	institutrice en maternelle
DANIEL	Lucienne	institutrice en primaire
DANIEL	Jean-Claude	secrétaire administratif
CORDARY	Noëlle	professeur certifié de lettres
AZIMI	Roxane	traductrice trilingue
LEDEUN	Alain	ingénieur électronicien — professeur A.F.P.A.
FAMY	Jean-Marc	technicien agricole
LACHET	Marie	conseillère en économie sociale et familiale
HENDERICKY	Karel	inspecteur comptable au ministère de la justice

DELRIEU	Robert	chef de service gestion société H.L.M.
CHABERTY	Philippe	agent de fabrication publicité
HALLE	Vincent	architecte
MORAND	Catherine	institutrice en primaire
MORAND	Philippe	technicien en gestion
LEDEUN	Christiane	professeur certifié biologie et géologie
MERVOYER	Xavier	ingénieur agronome
DARRIGAN	Sabine	hôtesse d'accueil
DARRIGAN	Emmanuel	chef du personnel
LESIMPLE	Jacques	attaché de direction centre hospitalier
NICOL	Françoise	professeur certifié de lettres classiques
MICHEL	Jacques	ingénieur chimiste chef de service recherche et développement
LEBOUTEUX	Geneviève	cadre à l'I.N.S.E.E.
BAJ	Claude	analyste financier
ROBERT	Marie-Andrée	éducatrice — responsable de halte garderie
ARNOUX	Annette	institutrice en maternelle
LANSSENS	Jean-René	économe gestionnaire
GIROD	Etienne	chef de cave — technicien en oénologie
DE LAAGE	Elisabeth	professeur de danse
BIJU-DUVAL	Denis	ingénieur — conseiller en stratégie d'entreprise
FLIPO	Donatienne	formatrice
DELAFRAYE	Philippe	architecte
DE LECLUSE	Marie-Thérèse	chef de rayon disques
PATUREL	Marie-Claude	professeur de sciences naturelles et physiques
DELAUNAY	Françoise	institutrice spécialisée
FENOT	Philippe	directeur société H.L.M.
PETITJEAN	Marie-Thérèse	professeur certifié d'anglais
JACQUES	Christian	employé de bureau
ROMAND	Bernard	ingénieur électronicien — chef de projet
BLANCHARD	Hélène	secrétaire assistante médicale
LEURENT	Jean-Vianney	ingénieur électricien
FERREZ	Régis	sous-directeur d'agence bancaire
LAPORTE	Brigitte	ingénieur — conseiller agricole
TACONET	Bruno	docteur ingénieur en automatisme — assistant titulaire en université
LESIMPLE	Anne	professeur histoire-géographie
AYMARD	Gilbert	ingénieur électricien technico-commercial
BAUCHAT	Jean-Paul	ingénieur — professeur en lycée technique
BAUCHAT	Viviane	professeur de lycée technique — enseignement ménager, familial
BRACQ	Dominique	adjoint au chef du personnel
SEGOT	Jean-Pierre	ingénieur E.S.E. — formateur d'adultes
PETITJEAN	Luc	ingénieur mécanicien

PETIT	Marie-Hélène	éducatrice spécialisée
ROBERT	Claude	ingénieur Arts et Métiers — cadre supérieur chef du service exploitation des outillages d'un port autonome
DUPONT	Christophe	cadre commercial
CHABERTY	Edith	éducatrice en crèche
ILLIAQUER	Jean	technicien sélectionneur
MARCHANT	Anne	adjoint de direction d'un établissement public communal
DELOBBE	Corinne	institutrice en école maternelle
LEURENT	Michelle	institutrice spécialisée
GIROD	Myriam	directrice école publique
MENEAU	Jean	agent technique en faculté d'odontologie
LEQUINTREC	Françoise	institutrice primaire
DAUXERT	Marie-Odile	cadre administratif
REMY	François-Noël	docteur ingénieur — chercheur mécanique des fluides
MARCHANT	Isabelle	attachée littéraire
STROEBEL	Liliane	inspecteur des douanes
DE LAAGE DE MEUX	Patrick	technicien avicole
DORBEC	Rémi	éditeur
SCHMITT	Etienne	enseignant centre de formation d'apprentis
BALDY	Michel	docteur ingénieur physique des matériaux — chercheur
CAPELLE	Bruno	ingénieur physique des matériaux — télécommunications
PENET	Arnaud	chef de projet informatique
RIPOCHE	Régine	institutrice
RIPOCHE	Pierre	ingénieur recherche et développement en génie chimique
BALDY	Véronique	comptable
PILLET	Jean-Marie	agent de méthodes de maintenance
ROBERT	Jacques	ingénieur électronicien télécommunications
MARCHANT	François-Xavier	technicien agricole — régisseur
RAVARY	Henri	ingénieur en organisation et bureautique
JEANNIN	Michelle	contrôleur P.T.T.
JEANNIN	Bernard	éducateur spécialisé
WALLUT	Jean-Marie	ingénieur analyste
PIATON-HALLÉ	Véronique	éducatrice jeunes enfants
LAPORTE	Georges	comptable
ROBERT	Hugues	ingénieur bâtiment
VAUSSARD	Odile	éducatrice en crèche
ARNOUX	Roland	sous-directeur d'agence bancaire
BAYON	Odile	chef de section import-export

CUNE	Philippe	disquaire conseil
RUFFAT	Bernadette	étudiante gestion du personnel
VANKOTE	François	cadre commercial
LORTON	Philippe	cadre centre hospitalier
ASSENAT	Pierre	technicien en électricité et automatisme
BLANCHARD	Elisa	professeur d'anglais
VERMAERCKE	Linda	institutrice
REMY	Isabelle	agent éducation nationale
CROMBEZ	Eric	rédacteur technico-commercial en réassurance
SPAAK	Stéphane	ingénieur études électronicien
VRAND	Philippe	inspecteur technique P.T.T.
VAUSSARD	Max	professeur de conservatoire
DUPONT	Nicolette	laborantine
HAWES	Patrick	contrôleur P.T.T.
BRAXMEYER	Anne-Marie	éducatrice en crèche
SZYMANSKI	Gérard	attaché littéraire
LEQUILLEC	Françoise	secrétaire
GAILLOT	Dominique	éducateur spécialisé
BARBIER	Michel	ingénieur méthodes
MARCHANT	Géry	ingénieur travaux publics — régisseur et animateur de société de recherche
LEONARD	Philippe	éducateur — chef de service de prévention spécialisée
SCHMITT	Brigitte	éducatrice spécialisée
DELAFRAYE	Annick	professeur d'anglais
LELOUP	Jean-Pierre	expert-comptable stagiaire
HAGUET	Marie-Claire	ingénieur E.N.S.F.A. — enseignante
VERMEULEN	Philippe	analyste programmeur
BLANC	Philippe	agent technico-commercial
LUROL	Marie-Thérèse	secrétaire de direction trilingue
PERDAEMS	Annie	éducatrice centre d'accueil
LE GUILCHER	Jean	technicien géomètre topographe
LAMBEY	Jacques	représentant de commerce
LAMBEY	Martine	secrétaire trilingue
SOULAYRES	Cécile	déclarante en douanes
GAILLOT	Brigitte	institutrice
PERRET	Guy	moniteur de prothèse dentaire
BOUCHY	Yves	inspecteur comptable
BOUCHY	Nicole	secrétaire
PRENAT	Jacques	comptable
PRENAT	Anne	institutrice
TRUY	Jean-Claude	informaticien

TABLE DES MATIÈRES

CINQUIÈME PARTIE
LE COMPORTEMENT RETRANCHÉ

Achevé d'imprimer en octobre 1985
sur les presses de Métropole Litho Inc.
à Montréal, Québec,
pour le compte des Éditions du Boréal Express